Exilforschung · Ein internationales Jahrbuch · Band 33

Exilforschung
Ein internationales Jahrbuch

Herausgegeben im Auftrag der Gesellschaft für Exilforschung/
Society for Exile Studies von Doerte Bischoff, Claus-Dieter Krohn und
Lutz Winckler

Exilforschung
Ein internationales Jahrbuch

33/2015

»Kometen des Geldes«
Ökonomie und Exil

Herausgegeben von
Ursula Seeber, Veronika Zwerger und
Claus-Dieter Krohn

edition text + kritik

Redaktion der Beiträge:

Dr. Ursula Seeber und
Mag. Veronika Zwerger
Österreichische Exilbibliothek im Literaturhaus
Seidengasse 13
A-1070 Wien
exilbibliothek@literaturhaus.at

Prof. Dr. Claus-Dieter Krohn
Scheideweg 28
20253 Hamburg
cdkrohn@web.de

Dieser Band erscheint seit 2021 als Print-on-Demand-Titel (POD) und E-Book (PDF) bei De Gruyter.
ISBN POD 978-3-11-077996-7
e-ISBN (PDF) 978-3-11-078008-6

Bibliografische Information der Deutschen Nationalbibliothek

Die Deutsche Nationalbibliothek verzeichnet diese Publikation
in der Deutschen Nationalbibliografie; detaillierte bibliografische Daten
sind im Internet über www.dnb.de abrufbar.

ISBN 978-3-86916-451-9

Umschlaggestaltung: Thomas Scheer, Stuttgart

Das Werk einschließlich aller seiner Teile ist urheberrechtlich geschützt.
Jede Verwertung, die nicht ausdrücklich vom Urheberrechtsgesetz zugelassen ist,
bedarf der vorherigen Zustimmung des Verlages. Dies gilt insbesondere für
Vervielfältigungen, Bearbeitungen, Übersetzungen, Mikroverfilmungen und die
Einspeicherung und Verarbeitung in elektronischen Systemen.

© edition text + kritik im Richard Boorberg Verlag GmbH & Co KG, München 2015
Levelingstraße 6a, 81673 München
www.etk-muenchen.de

Satz: Dörr + Schiller GmbH, Stuttgart
Druck und Verarbeitung: Laupp & Göbel GmbH, Talstraße 14, 72147 Nehren

Inhalt

Vorwort — 9

Sonja Niederacher — »Trotz Emigration ungestörter Betrieb?«
Unternehmer in der Emigration — 14

Patrick Rössler — »Mich persönlich würmt deren erfolg am meisten«
Die Rolle ökonomischer Motive für die Emigration aus NS-Deutschland: der Fall Herbert Bayer — 31

***

Martin Münzel — »Finanzmänner im neuen Feld«
Deutsche Bankiers als Emigranten in New York City — 55

Patrick Farges — »Israels fleißige Jeckes«
Der deutsch-jüdische Einwanderer als wirtschaftlicher Pionier und erfolgreicher Entrepreneur in Palästina/Israel — 73

Margit Franz — Technologietransfer und Regionalentwicklung
Exil in Britisch-Indien — 93

Sonja Wegner — Immigrant Entrepreneurs
Jüdische Emigranten in Montevideo und die Gründung einer beruflichen Existenz — 111

Peter Pirker	Liberale Kapseln Die exilpolitischen Seiten der Julius Meinl AG	126

***

Claus-Dieter Krohn	»Emigrationsgewinnler«? Zur Politischen Ökonomie vertriebener Wissenschaft	150
Nikola Herweg	Inoffizielle Gehälter und »Persilscheine« Exil und Ökonomie in Japan während der 1930er und 1940er Jahre	172
Thomas Pekar	Die Bereitstellung der ökonomischen Basis für Exil und Emigration in Ostasien während des Zweiten Weltkrieges durch jüdische Hilfsorganisationen	185
Georg Pichler	Im Lager (über-)leben Formen der Wirtschaft in den französischen Internierungslagern	199

***

Helga Schreckenberger	»Man muss gute Nerven haben, um Metro auszuhalten.« Die Arbeitsbedingungen exilierter Drehbuchautorinnen in Hollywood am Beispiel von Salka Viertel	213
Hadwig Kraeutler	Alma S. Wittlin (1899–1992) In bester Gesellschaft und »Self-made«	228

Helmut G. Asper	*Die Vergessenen* Eine Fernsehdokumentation aus dem Jahr 1956, »die etwas bewirkt hat«	246
Sylvia Asmus und Kathrin Massar	Was kostet Exil? Überlegungen zum Wert und zur Preisgestaltung der Werke und Zeugnisse des Exils 1933–1945	264

Rezensionen 285

Kurzbiografien der Autorinnen und Autoren 305

Vorwort

> Ich erhalte die – sehr bescheidene – Rechnung des – kümmerlichen – Hotels, in dem ich mehr Kredit genieße als Behaglichkeit. Ich halte die Rechnung des Hotels neben die Abrechnung des Verlegers. Der Vergleich veranlaßt mich, einen Ausschnitt aus diesem Tagebuch zu veröffentlichen. Über das »Thema« eines »Artikels« nachzudenken, bin ich nicht mehr imstande. Ich reiße ein paar Seiten aus meinem Tagebuch und schicke sie ab wie eine Flaschenpost …
> *Joseph Roth, Paris 1937*
>
> Die alte Frau war ihr Leben lang nichts anderes gewesen als Mutter und Großmutter. Das ständige Unterstütztwerdenmüssen geht ihr gegen den Stolz. Sie kommt auf den Gedanken, heimlich selbstgebackenes Brot zu verkaufen. Aus Zufallsverkäufen wird ein richtiger Beruf. Jetzt ist diese alte Frau die Ernährerin von elf Menschen.
> *Anna Seghers, Paris 1938*
>
> Anstelle von Gedichten verfaßte meine schreibende Mutter nun Reklametexte, um ihre Fähigkeiten als Masseuse anzupreisen; anstatt die Dienstmädchen herumzukommandieren, hielt mein eleganter, reizbarer Vater unsere Wohnung selbst in Schuß und erzielte kleine Einsparungen, indem er zum Beispiel Brot vom Vortag kaufte, wofür er von allen gelobt werden wollte.
> *Eva Kollisch, New York um 1940*

Geldfragen und ökonomische Probleme wurden in der Exilforschung, wenn überhaupt, nur am Rande thematisiert. Die Tagung der Gesellschaft für Exilforschung 2014 in Wien mit finanzieller Unterstützung der Gesellschaft der Freunde der Österreichischen Exilbibliothek wollte das ändern, in systematischen Studien und Fallgeschichten beschäftigte sie sich mit dem ebenso ergiebigen wie zu wenig erforschten Zusammenhang von Ökonomie und Exil. Sie nimmt damit den Faden eines früheren, ebenfalls von der Österreichischen Exilbibliothek mitorganisierten Wiener Symposiums von 2011 zum 125. Geburtstag des Schriftstellers und Textilfabrikanten Hermann Broch auf, in dem bereits fächerübergreifend das Thema Ökonomie, Kommerz und Kapitalismuskritik in Brochs literarischen wie theoretischen Texten und in biografischen Kontexten abgehandelt worden war.[1]

---

1 Das Gemeinschaftsprojekt von Österreichischer Exilbibliothek, Österreichischer Gesellschaft für Exilforschung öge, dem Literaturarchiv der Österreichischen Nationalbibliothek und dem Internationalen Arbeitskreis Hermann Broch und der Washington University, St. Louis, fand vom 03. bis 05.11.2011 statt. Hermann Broch Tagung, unter: http://www.exilforschung.ac.at/archiv/Broch_Tagung.pdf [abgerufen: 21.04.2015].

Wie vorsätzlich und konsequent die Verfolgung durch die Nationalsozialisten mit Enteignung und Ausplünderung verknüpft war, wird durch die intensiven Forschungen der letzten Jahre zum Komplex Raub und Restitution wieder in Erinnerung gerufen und hat das Bewusstsein für die Dimensionen dieses Unrechts durch zunehmende Offenlegung der Fakten geschärft. Die Forschungen zur sogenannten Arisierung von Wirtschaftsgütern und denen aus den Bereichen Kunst und Kultur drangen nicht zuletzt durch spektakuläre Fälle wie die Affäre um die Sammlung des Kunsthändlers Hildebrand Gurlitt in die weitere Öffentlichkeit. Das unerwartete Auftauchen jahrzehntelang vermisster oder zerstört geglaubter Bilder im Besitz des Sohnes, der sogenannte »Schwabinger Kunstfund«, der Gegenstände enthält, die als »NS-Raubkunst« zu qualifizieren sind, hat Symbolwert. Er beweist, dass 1933/38 begangenes Unrecht vielfach bis heute nicht gesühnt, geraubter Besitz nicht zurückgegeben wurde und Wiedergutmachung durch jahrzehntelanges Taktieren und Hinauszögern in den Nachkriegsgesellschaften Deutschlands und Österreichs immer hindernisreicher geworden ist.

Exil und Ökonomie: Durch legislative Winkelzüge und gezielte Maßnahmen war die Emigration mit der Ausplünderung der Ausreisewilligen verbunden, sollten mit der Ausreise gleichzeitig Besitz und Vermögen möglichst zurückbleiben. Dazu kommt der Entzug von Rechten, mit denen Verdienst verbunden war, wie Urheberrechten oder Rechten auf Patente etc. Im Fall der jüdischen Verfolgten wurde die politische Praxis noch durch das Klischee vom »reichen Juden« verschärft. Da Juden in gewissen Berufszweigen (Rechtsanwälte, Ärzte, Bankiers) vor 1933/38 stark vertreten waren, verfestigte sich die Vorstellung der jüdischen Vormachtstellung im öffentlichen und wirtschaftlichen Leben, die antisemitische Vorurteile beförderte. Die Bildsprache der NS-Propaganda, die den »jüdischen Kapitalisten« nicht nur physiognomisch karikiert, sondern mit Frack, Zylinder, Zigarre, Schmuck und Geldsack zeigt, ist bekannt.[2]

Der Titel dieses Jahrbuchs geht auf einen 1933 erschienenen Essayband von Paul Elbogen zurück.[3] Darin porträtiert der später in die USA emigrierte Schriftsteller und Essayist berühmte Wirtschaftskapitäne seiner Zeit wie den schwedischen Tycoon Ivar Kreuger, der als

---

[2] Fritz Backhaus, Raphael Gross und Liliane Weissberg (Hg.): Juden. Geld. Eine Vorstellung. Eine Ausstellung des Jüdischen Museum Frankfurt am Main. Frankfurt a. M., New York 2013, darin besonders: Frank Bajohr: »… Die hatten immer das meiste Geld.« – Funktion und Bedeutung eines antijüdischen Klischees im »Dritten Reich«, S. 362–374, Bilderstrecke S. 375–388.

[3] Paul Elbogen: Kometen des Geldes. Wien, Leipzig 1933.

»Zündholzkönig« in die Literatur eingegangen ist, oder den »Napoleon der Industrie« genannten Eisenbahnunternehmer Henry Strousberg. Kometenhafte ökonomische Aufstiege gelangen im Exil jedoch selten. Erfolgsgeschichten wie die der Bronfmans, Zabars, Pritzkers oder des weniger bekannten Immobilienhändlers und Philanthropen Paul Reichmann, so eine rezente Themennummer des *Aufbau*[4], können nicht darüber hinwegtäuschen. Die meisten Flüchtlinge nach 1933 hatten »ihr Leben gerettet, ohne zu wissen, wovon sie es fristen sollten«.[5]

An der Biografie des Wiener Textilfabrikanten und Kunstsammlers Bernhard Altmann lassen sich beispielhaft mehrere Aspekte zeigen, die auch in den Studien dieses Bandes als Parameter wirtschaftlichen Überlebens im Exil herausgearbeitet wurden. Nur auf den ersten Blick scheint sein Fluchtbericht, den er 1957 in der Betriebszeitung *Selfix-Post* publizierte[6], kleinteilig und unspektakulär. Altmann, der seit den 1920er Jahren in Wien eine weltweit exportierende Firma für Strickmoden aufgebaut hatte, musste im März 1938 allein aus Wien fliehen. Zu Fuß ging er über die Grenze nach Ungarn, in der Tasche 200 Schilling. Im Verlauf seiner weiteren Flucht über Jugoslawien, Griechenland und Italien nach Paris wird er, der auf ein Depot von Schweizer Franken zurückgreifen konnte und Vertreter und Kunden im Ausland kannte, mehrmals Devisen eintauschen, einmal beim Kartenspiel Geld gewinnen, einmal ein Darlehen bekommen, zweimal Fluchthelfer bestechen und – ein Glücksfall – auf Beamte treffen, die nicht Dienst nach Vorschrift machen.

Für einen Neubeginn mit seinem Unternehmen in den USA boten sich gute Voraussetzungen, weil der Textilbetrieb zur Weiterführung im Ausland geeignet war und Altmann schon vor der Emigration über eine solide ökonomische Basis, Vermögen im Ausland und bereits bestehende berufliche und familiäre Netzwerke verfügte. Altmann konnte so im Exil in seiner Branche tätig bleiben, die neu aufgebaute Existenz fand nach 1945 dann eine Fortsetzung in Wien, wo die »arisierte«

---

4 Erfolg aus Tradition. Familienfirmen: Wie Unternehmen über Generationen erfolgreich bleiben (= Aufbau, 80/5 [2014]).
5 Hans Albert Walter: Die materielle Lage der Exilierten bis Kriegsbeginn – Verdienstmöglichkeiten, sozialer Status und Lebensbedingungen. In: Ders.: Asylpraxis und Lebensbedingungen in Europa. Deutsche Literatur im Exil 1933–1950. Bd. 2. Darmstadt, Neuwied 1972 (= SL 77), S. 159–358; hier: S. 159.
6 Bernhard Altmann: Mein Weg in die Freiheit! In: Selfix-Post 1/1 (1957), S. 3–6, 1/2 (1957), S. 3–5, 1/3 (1957), S. 10–12, 1/4 (1957), S. 6–8. Zur Firmengeschichte vgl. Ulrike Felber, Peter Melichar u. a.: Ökonomie der Arisierung. Teil 2: Wirtschaftssektoren, Branchen, Falldarstellungen. Wien, München 2004, S. 75–83. Zum Kunstsammler Altmann vgl. Nelly und Bernhard Altmann. In: Recollecting. Raub und Restitution. Hg. v. Alexandra Reininghaus. Wien 2009, S. 52–65.

Firma zurückerstattet wurde und Altmann dank seiner internationalen Verbindungen im rohstoffarmen und infrastrukturell schwachen Nachkriegsösterreich rasch reüssieren konnte.

Aus derselben Familie stammt Maria Altmann, die aus einem großen Restitutionsprozess bekannt ist. Als Erbin des Wiener Industriellen Ferdinand Bloch-Bauer wurden ihr nach langem Rechtsstreit 2006 fünf Gemälde von Gustav Klimt aus dem Besitz ihres Onkels übergeben, die 1938 beschlagnahmt und nach 1945 von der Republik Österreich nicht zurückgestellt worden waren, darunter das 1907 gemalte Porträt von Adele Bloch-Bauer, das später als »Goldene Adele« bezeichnet wurde. Das Bild hatte bis dahin zu den Attraktionen der Österreichischen Galerie im Belvedere in Wien gehört. 2012 als Buch für ein amerikanisches Publikum als Familiensaga aufgebaut und in einen attraktiven Wien-zur-Jahrhundertwende-Kontext verwoben, 2015 unter dem Titel »Woman in Gold« von Simon Curtis als amerikanisch-britisches Filmdrama mit Helen Mirren in der Hauptrolle verfilmt, wurde die Geschichte eines Raubes und einer langwierigen Restitution zum »Stoff« und selbst zum Kommerzfaktor.[7]

Damit sind jene Beiträge dieses Bandes angesprochen, die sich auch der Nachgeschichte des Exils mit ihren Erwartungen und Verwertungen widmen – seien es die Reaktionen im Nachkriegsdeutschland auf das Elend der in ihrem Fluchtland Überlebenden, seien es Überlegungen zur »Konjunktur« der Werke und Zeugnisse des Exils 1933–1945 auf dem Buch- und Antiquariatsmarkt.

In den Studien und Fallgeschichten dieses Bandes bekommen nicht nur die in der Exilforschung schon mehrfach allgemein thematisierten Aspekte des erzwungenen »Abstiegs« in berufsfremde Bereiche oder gar in die Arbeitslosigkeit genauere Konturen, wobei als Hintergrund auch die Enteignungen 1933/38 in familiären und Firmennetzwerken sowie ökonomische Motive für den Gang ins Exil zur Sprache kommen. Behandelt werden ebenfalls die materiellen Seiten der Arbeit von politischen, jüdischen und privaten Hilfsorganisationen und der Beitrag der Emigranten zum wirtschaftlichen Fortschritt in den Zufluchtsländern. Untersucht werden dabei bislang weitgehend unerforschte Praxis- und Erfahrungsfelder von Vertriebenen unterschiedlicher sozialer, ideologischer und professioneller Zugehörigkeit in allen Phasen des Exils. Dazu gehört auch ein Bericht über den Aufwand für die Unterbringung von Flüchtlingen am Beispiel der Kostenstrukturen französi-

---

7 Hubertus Czernin: Die Fälschung. Bd. 1: Der Fall Bloch-Bauer. Bd. 2: Der Fall Bloch-Bauer und das Werk Gustav Klimts. Wien 1999; Anne-Marie O'Connor: The Lady in Gold. The Extraordinary Tale of Gustav Klimt's Masterpiece Portrait of Adele Bloch-Bauer. New York 2012.

scher Internierungslager sowie die dortigen Wirtschaftsformen – Waren- und Leistungstausch – als Überlebensstrategie des Exilalltags.

Die Beiträge beschäftigen sich mit Berufsgruppen wie Bankiers, Geschäftsleuten, Gewerbetreibenden, Ärzten, Wissenschaftlern, Schriftstellern und Künstlern und ihren »Karriereverläufen« unter den ökonomischen und mentalen Konditionen in den Fluchtländern. So steht dem hermetischen Japan, das vor allem ausgewählten Wissenschaftlern gute Arbeitsmöglichkeiten bot, das dem Wissenstransfer aufgeschlossene Britisch-Indien gegenüber, das Ärzte ins Land holte, während medizinisch besser ausgestattete Länder wie Großbritannien oder die USA die Arbeitsmöglichkeit auf Druck der dortigen Standesorganisationen an eine Re-Qualifizierung der Zuwanderer knüpften. Andererseits zogen gerade diese Länder vor allem Vertreter der Wissenschaftsemigration an, die dort mit neuen Disziplinen und Forschungsparadigmen vielfach große Erfolge hatten. In Palästina leisteten neben den aus Deutschland geflüchteten Entrepreneurs vor allem die an den Technischen Hochschulen Prag und Brünn ausgebildeten tschechischen Ingenieure enorme Beiträge zum Aufbau des späteren Staates Israel, nicht nur als Lehrende am *Technion* in Haifa, sondern auch in der Praxis der Lebensmittel-, pharmazeutischen und metallverarbeitenden Industrie.[8] Ebenso profitierten lateinamerikanische Einwanderungsländer vom Unternehmergeist und Know-how der mitteleuropäischen Flüchtlinge, wie am Beispiel Uruguay gezeigt wird. Und immer wieder bestätigt sich in den Beiträgen die bereits bekannte Tatsache, dass es oft die Frauen waren, die sich in der Situation als kreativ und unerschrocken erwiesen, etwa Pensionen oder Mittagstische ins Leben riefen und ihren Männern mit Überbrückungsjobs die berufliche Umorientierung ermöglichten.

Nicht zuletzt wird an den Beiträgen dieses Bandes evident, wie ergiebig eine Re-Lektüre der Quellen und Literatur im Zusammenhang mit dem Thema ist. Diese Lektüre bezieht sich nicht nur auf das Wiederlesen von literarischen Texten, Korrespondenzen und Erinnerungsliteratur des Exils unter dem Prätext des Ökonomischen, sondern auch auf die Neubewertung von Textsorten wie Annoncen[9] in Exilzeitschriften, Mitteilungsblättern oder Theaterprogrammen. Und es lohnt sich ein zweiter Blick auf Exil-Dokumente. Die beschrifteten, bekritzelten, bedruckten Rückseiten von Briefen oder Archivalien, die doppelte Verwendung des Papiers oft dem Mangel geschuldet, geben bisweilen mehr Auskunft als die Vorderseiten versprechen.

---
8 Joseph C. Pick: The Economy. In: The Jews of Czechoslovakia. Historical Studies and Surveys. Bd. 1. New York 1968, S. 359–438.
9 Vgl. jüngst Anthony Grenville: The joys of advertisements. In: AJR Journal 15/3 (2015), S. 1 f.

Sonja Niederacher

»Trotz Emigration ungestörter Betrieb?«
Unternehmer in der Emigration

I. Einleitung

Der ironisch anmutende Titel »Trotz Emigration ungestörter Betrieb?« soll auf die Herausforderungen und die dahinter stehenden Anstrengungen hinweisen, die Unternehmer zu überwinden hatten, die in der Emigration beruflich wieder Fuß zu fassen versuchten. Unternehmer, die aufgrund ihrer jüdischen Herkunft und nicht etwa aus primär wirtschaftlichen Gründen auswandern und in einem fremden Land neu anfangen mussten, befanden sich in einer Extremsituation. Sie konnten daher kaum langfristigen Unternehmensstrategien folgen, sondern mussten sich rasch den neuen Gegebenheiten anpassen. Im Folgenden werden Aspekte herausgearbeitet, die sich, im Nachhinein betrachtet, als günstig für eine Weiterführung bzw. Neugründung eines Unternehmens in einem Emigrationsland herausgestellt haben. Als Beispiele dienen ein Edelsteinhändler, zwei Kunsthändler und ein Herrenschneider, die in den eineinhalb Jahren nach dem »Anschluss« Wien verlassen mussten. Sie emigrierten nach Brüssel, London und New York.

Im Zentrum der Betrachtung steht die Person des Unternehmers und nicht die Rechtsform ihrer Unternehmen und deren Transfer in ein anderes Land. Trotz mannigfaltiger Fremdbestimmung ermöglicht der Fokus auf die Unternehmerpersönlichkeit an sich, dass diese als handelnde Subjekte und nicht lediglich als Opfer der Verfolgung dargestellt werden können.[1] Gleichzeitig folgt der vorliegende Artikel einem historiografischen Ansatz, in Abgrenzung zu einer wirtschaftswissenschaftlichen Herangehensweise, etwa der Entrepreneurship-Forschung, die sich ebenfalls, aber aus anderer Perspektive, der Position des Unternehmers bzw. Unternehmensgründers widmet.[2] Die hier dargestellten Unternehmensinhaber sind alles Männer. Diese Auswahl ist vor allem durch die Quellenlage bedingt, denn Geschäftsfrauen traten in der Öffentlichkeit kaum als Unternehmerinnen auf. Dazu kommt, dass der

---

1 Vgl. Ingo Loose: Das Bild ›des Juden‹ in der Historiographie zur NS-Wirtschaft im deutsch-polnischen Vergleich. In: Der ›virtuelle Jude‹. Konstruktionen des Jüdischen. Hg. v. Klaus Hödl. Innsbruck, Wien, Bozen 2005, S. 23–40; hier: S. 35.
2 Vgl. Per Davidsson: Researching Entrepreneurship. New York 2005.

Begriff des Unternehmers an sich stark geschlechtlich kodiert ist. Eine Fragestellung, die sich auf Unternehmer bezieht, meint damit implizit den Unternehmer als männliches Subjekt. Die Präsenz von Frauen im Geschäftsleben herauszuarbeiten, bedarf hingegen konkreter, auf Geschlechterkonstruktionen abzielende Fragestellungen.[3]

Unternehmenserfolg als eigentliches Ziel jedweden ökonomischen Handelns ist unter den Umständen einer erzwungenen Emigration eine relative Kategorie, ist doch bereits eine unternehmerische Tätigkeit überhaupt wieder aufnehmen zu können, in diesem Zusammenhang schon als erfolgreich zu bezeichnen. Diese Problematik wird punktuell für jene Bereiche, in denen die vier Unternehmer untereinander vergleichbar sind, erörtert. Dies betrifft ihre wirtschaftliche Ausgangsposition, die Umstände ihrer Emigration und die Ausrichtung ihrer späteren Geschäftstätigkeit.[4] Es ist bereits ein erstes Ergebnis der Untersuchung, dass die Geschichte des Unternehmers in der Emigration nicht erst mit der Ankunft im Emigrationsland beginnt. Vielmehr spielt die Positionierung im sozialen und geschäftlichen Feld des Herkunftslandes eine große Rolle. Sich bereits einen Namen gemacht zu haben, stellte sich auch in der Emigration als wesentlich heraus. Ferner ist der Zeitpunkt der Emigration bedeutend. Je früher man Österreich verlassen konnte, umso größer waren die Chancen, unbeschadet in Sicherheit zu gelangen. So war es 1938 auch leichter möglich, (betriebliche) Waren und Umzugsgut auszuführen, während ab 1940 Ausreisen kaum mehr möglich waren und Gepäck schon ab Kriegsausbruch nicht mehr befördert wurde. Das Emigrationsland und konkret der Ort hatten ebenfalls Einfluss darauf, ob ein Unternehmen sich dort etablieren konnte.

II. Jüdische Unternehmen in Wien vor 1938

In den letzten Jahren entstanden zahlreiche Darstellungen von jüdischen Wiener Unternehmen und von Familien, die dadurch zu großem Wohlstand und gesellschaftlichem Einfluss gekommen waren.[5] Namen

---

3 Diese Problematik wird ausführlich diskutiert in Sonja Niederacher: Eigentum und Geschlecht. Jüdische Unternehmerfamilien in Wien (1900–1960). Wien, Köln, Weimar 2012, S. 45 ff.
4 Für eine umfassende Bearbeitung des Themas am Beispiel von Frankfurt a. M. siehe Benno Nietzel: Handel und Überleben. Jüdische Unternehmer aus Frankfurt am Main 1924–1964. Göttingen 2012.
5 Gemäß den Berechnungen von Roman Sandgruber waren 1910 in Wien von 929 MillionärInnen 57,6 Prozent jüdischer Herkunft. Roman Sandgruber: Traumzeit für Millio-

jüdischer Wirtschaftseliten der Zwischenkriegszeit erfuhren über Fachkreise hinaus Bekanntheit, wie etwa die Zuckerfabrikanten Strakosch, die Bankiersfamilie Ephrussi oder der Industrielle Ferdinand Bloch-Bauer.[6] Doch waren es nicht die schillernden Namen, sondern eine Vielzahl von Einzel- bzw. Kleinunternehmern, die, je nach Branche, allgemein das Wirtschaftsleben in Wien im ersten Drittel des 20. Jahrhunderts prägten und auch repräsentativ für die jüdische Wirtschaftstätigkeit standen. Statistische Untersuchungen sprechen übereinstimmend von der großen Bedeutung der selbständigen Erwerbstätigkeit innerhalb der jüdischen Bevölkerung.[7] Studien zum Vermögensentzug der jüdischen Bevölkerung weisen ebenfalls auf das Überwiegen von kleinen und allenfalls mittleren Unternehmen, die keine oder nur wenige Angestellte hatten, hin.[8]

Diese Gruppe der Unternehmer jüdischer Herkunft in Wien um 1938 lässt sich dahingehend beschreiben, dass sie vorwiegend aus sogenannten Eigentümerunternehmern bestand und meist regional, jedenfalls nicht bedeutend international strukturiert war. Auffallend ist, dass die meisten bereits von einer Migrationserfahrung geprägt waren. Sie waren entweder selbst oder zumindest ihre Väter und Mütter aus Böhmen, Mähren und Ungarn nach Wien zugewandert. Eine weitere wirtschaftliche Besonderheit findet sich in der Familienfinanzierung der Unternehmen. Solche Unternehmen konnten ihren Geldbedarf durch Familienmitglieder decken, was sie etwas unabhängiger von Banken machte. Noch zu Beginn des 20. Jahrhunderts war die Mitgift, die Frauen in die Ehe brachten, ein bedeutender Beitrag für die Finanzierung eines Unternehmens, in vielen Fällen war es gar der entscheidende Beitrag. Ähnlich bedeutungsvoll ist der generationenübergreifende Beitrag für viele Unternehmen. In meiner Studie über geschlechterspezifische Vermögensverteilungen innerhalb von jüdischen Unternehmerfa-

---

näre. Die 929 reichsten Wienerinnen und Wiener im Jahr 1910. Wien, Graz, Klagenfurt 2013, S. 151.

6 Siehe beispielsweise: Marie-Theres Arnbom: Friedmann, Gutmann, Lieben, Mandl und Strakosch. Fünf Familienportraits aus Wien. 2. Aufl. Wien, Köln, Weimar 2003. Die Familiengeschichte der Ephrussis, erzählt von einem Nachfahren, wurde ein Bestseller: Edmund De Waal: Der Hase mit den Bernsteinaugen. Das verborgene Erbe der Familie Ephrussi. Wien 2011. Der Name Bloch-Bauer erfuhr im Jahr 2006 große Aufmerksamkeit in Zusammenhang mit der Restitution eines Ölbildes von Gustav Klimt, das seine Frau Adele darstellte, an die Erben nach Bloch-Bauer. Sophie Lillie, Georg Gaugusch: Portrait of Adele Bloch-Bauer. New York 2007; Hubertus Czernin: Die Fälschung. Der Fall Bloch-Bauer und das Werk Gustav Klimts. Wien 1999.
7 Vgl. Leo Goldhammer: Die Juden Wiens. Eine statistische Studie. Wien 1927.
8 Ulrike Felber, Peter Melichar, Markus Priller, Berthold Unfried und Fritz Weber: Ökonomie der Arisierung. Teil 2: Wirtschaftssektoren, Branchen, Falldarstellungen. Wien, München 2004.

milien in Wien, auf deren Ergebnisse ich mich bei der Beschreibung der Gruppe der jüdischen Klein- und Mittelunternehmer stütze, stellte sich heraus, dass im Jahr 1938 die Hälfte aller Unternehmen der Untersuchungsgruppe bereits in zweiter Generation geführt wurden.[9] Dies korreliert mit der großen Einwanderungsbewegung und dem Anwachsen der jüdischen Bevölkerung in Wien eine Generation zuvor. Die Migrationserfahrung sowie ein auf jüdischer Bildungstradition beruhendes höheres Bildungsniveau bewirkten, dass sich Berufsfelder im Allgemeinen und ein selbständiges Unternehmertum im Speziellen im Vergleich zu jener der christlichen Bevölkerung unterschiedlich entwickelten. Berufliche Diskriminierungen resultierten zu Beginn des 20. Jahrhunderts zwar nicht mehr aus gesetzlichen Verboten, doch antisemitische Praktiken prägten weiterhin die Berufsfelder der jüdischen Bevölkerung. So waren Juden und Jüdinnen im öffentlichen Dienst unterrepräsentiert, während sie in den freien Berufen eine bedeutende Stellung einnahmen.[10] Ebenso waren sie als selbständige Unternehmer im Gegensatz zu Lohnbeschäftigten signifikant stark vertreten.[11]

III. Vier Beispiele von Unternehmern in der Emigration

Im Folgenden wird der berufliche Weg in die Emigration von vier Wiener Unternehmern schlaglichtartig nachgezeichnet. Es handelt sich um den Edelstein- und Perlenhändler Sigmund Lukacs, der nach Belgien emigrierte, um den Schneider Friedrich Wolff-Knize und den Kunsthändler Otto Kallir-Nirenstein, die beide ihr Geschäft nach New York verlegten, und schließlich den Buchhändler Heinrich Fischer, der mit seinem Kompagnon Kurt Levai in London eine Kunstgalerie eröffnete. Die Auswahl dieser Personen ist zufällig.

Ihre jeweiligen Geschichten in vorliegendem Text basieren auf verschiedenen Quellengattungen, die die Erzählung unterschiedlich formen. In Bezug auf Sigmund Lukacs stehen ausschließlich amtliche Quellen von österreichischen und belgischen Archiven zur Verfügung. Die Geschichte von Harry Fischer basiert auf einem Interview mit des-

---

9 Zur Untersuchungsgruppe und weiteren Ausführungen zu Unternehmensstrukturen und damit verbundenen Familiennetzwerken siehe Sonja Niederacher: Eigentum und Geschlecht (s. Anm. 3).
10 Marsha L. Rozenblit: Die Juden Wiens: 1867–1914. Assimilation und Identität. Wien, Köln, Graz 1989, S. 57 f.
11 Vgl. Steven Beller: Vienna and the Jews, 1867–1938. A Cultural History. Cambridge 1999.

sen Sohn und Firmennachfolger Wolfgang Georg Fischer, weshalb das Gewicht in der Darstellung eher auf Fischer als auf seinem Geschäftspartner Levai liegt. Zu Otto Kallir und seiner Galeristentätigkeit liegen Publikationen von seiner Enkelin und Geschäftsnachfolgerin Jane Kallir vor. Außerdem sprach Kallirs langjährige Mitarbeiterin und nunmehrige Co-Direktorin der *Galerie St. Etienne*, Hildegard Bachert, in einem Interview zum Thema Unternehmer und Emigration. Die Ausführungen zu Frederick Knize beziehen sich auf behördliche Quellen zur »Arisierung« und Restitution von Knizes Kunstsammlung und Unternehmen sowie auf die aktuelle Firmenchronik des Unternehmens.

III.1. Sigmund Lukacs, Edelstein- und Perlenhändler
Sigmund Lukacs wurde 1877 geboren und stammte ursprünglich aus Bátaszék/Ungarn. Nach seiner Übersiedlung nach Wien eröffnete er einen Gemischtwarenhandel, den er als Versandhandel führte. Es scheint, als habe er sich erst nach seiner Verehelichung mit der Tochter eines Edelsteinhändlers ebenfalls auf Edelsteine spezialisiert. Seine Braut Mathilde Herzl brachte anlässlich ihrer Hochzeit im Jahr 1909 50.000 Kronen als Heiratsgut mit. Mit diesem Kapital wandelte Sigmund Lukacs seine Firma in eine Gesellschaft mit beschränkter Haftung um. Er verlegte den Firmensitz an den neuen Wohnort des Paares am Rudolfplatz im ersten Bezirk und erteilte seiner nunmehrigen Ehefrau die Prokura an der Firma.[12] Wahrscheinlich begründete ihr Familienhintergrund und das Heiratsgut ihre starke Position im Unternehmen.

Nicht nur Mathildes Eltern waren in der Edelsteinbranche tätig, sondern auch ihr Bruder Max, der sich als Diamanthändler in Belgien niedergelassen hatte. Der Ehemann ihrer in Wien lebenden Schwester Anna, Berthold Reis, war ebenfalls Diamanthändler. Sigmund Lukacs hatte also nahezu in eine Dynastie von Edelsteinhändlern eingeheiratet. Die Familie seiner Frau scheint offensichtlich Voraussetzung und Grundlage seines eigenen Geschäftes gewesen zu sein.[13] In einem Brief an die belgischen Behörden schrieb Lukacs, er hätte in Max Herzls

---

12 Wiener Stadt- und Landesarchiv, Handelsgericht Wien, HG A3, 153, Sigmund Lukacs, Ehepakte 15.04.1910.
13 Vgl. Gerhard Neumeier: Jüdische Unternehmer in München um 1900. Der Einfluss von Heiratsverhalten sowie geographischer und sozialer Herkunft auf den Unternehmenserfolg. In: Business History. Wissenschaftliche Entwicklungstrends und Studien aus Zentraleuropa. Wien 1999, S. 157–172.

Auftrag Vermittlungsgeschäfte für Diamanten in Österreich, Rumänien und Serbien übernommen.[14]

Nach dem »Anschluss« beschlagnahmte die Gestapo einen Teil von Lukacs' Warenlager, und er selbst wurde verhaftet. Nach einigen Wochen wurde er unter der Auflage freigelassen, bis Sommer 1938 das Land verlassen zu haben. Sein Schwager Max Herzl aktivierte daraufhin in Belgien sein berufliches Netzwerk, um dem Ehepaar Lukacs Einreisevisa nach Belgien zu besorgen. Er mobilisierte dafür einige namhafte Personen, darunter den Präsidenten des belgischen Diamantclubs. Charles van Antwerpen wandte sich an das belgische Innenministerium mit der Bitte, man möge Sigmund Lukacs und seiner Frau die Einreise genehmigen, da Lukacs mit seiner Arbeit einen wichtigen Beitrag für die Diamantbranche in Belgien leisten könnte. Er wies auch auf die Gefährdung Sigmund Lukacs hin und darauf, dass dieser Österreich sofort verlassen müsse.[15] Diese Interventionen an den politischen Stellen zeitigten Erfolg. Im August 1938 konnte das Ehepaar Sigmund Lukacs nach Belgien ausreisen. Lukacs war es vor seiner Abreise gelungen, seinen Warenbestand zurückzubekommen, allerdings gegen Bezahlung.[16] Er löste alle seine Versicherungen auf, um den Kaufpreis aufzubringen, damit er seine Geschäftsgrundlage für Belgien zurückerhielt.

Belgien war wegen der dortigen Verwandtschaft und der beruflichen Möglichkeiten in der Diamantstadt Antwerpen das naheliegende Emigrationsland, nur war es nicht weit genug weg, um den Nationalsozialisten entkommen zu können. Im Oktober 1943 wurden Mathilde und Sigmund Lukacs von der Gestapo verhaftet und in ein Greisenasyl interniert, wo sie bis zur Befreiung durch die Alliierten bleiben mussten.[17]

Lukacs waren in Belgien nur fünf Jahre geblieben, bis er interniert wurde. Es ist nicht bekannt, wie seine berufliche Tätigkeit während dieser Zeit aussah, ob er nur vom Abverkauf seines Warenbestandes lebte oder ob er breiteren Handel betrieb. Sein vormaliger Wirkungsbereich in den österreichischen Nachbarländern war ihm ja durch den

---

14 Ministère de la Justice, Service des étrangers, Sigmund und Mathilde Lukacs, A 299.07. Brief Sigmund Lukacs an das Königliche Generalkonsulat von Belgien in Wien, 07.06.1938.
15 Ministère de la Justice, Service des étrangers, Sigmund und Mathilde Lukacs, A 299.07. Brief Charles van Antwerpen an Sureté Publique, 27.07.1938.
16 Einen wertvollen Smaragd, der von der Gestapo entwendet worden war, erhielt er jedoch nicht mehr zurück, auch seine Bemühungen nach dem Krieg hatten diesbezüglich keinen Erfolg. Wiener Stadt- und Landesarchiv, VEAV, 1. Bez., Nr. 728.
17 Wiener Stadt- und Landesarchiv, VEAV, 1. Bez., Nr. 728. Persönlicher Bericht von Sigmund Lukacs, 15.05.1947.

Krieg verschlossen. Dazu kommt, dass Sigmund Lukacs bereits über 60 Jahre alt war, als er in Belgien ankam, ein Alter, in dem ein Neuanfang auch ohne politische Hindernisse schwer zu bewerkstelligen ist.

III.2. Otto Kallir (Otto Kallir-Nirenstein), Kunsthändler

Otto Kallir-Nirenstein war bereits in Wien Inhaber einer Kunsthandlung, der Neuen Galerie. Kunsthistorikerinnen und Kunsthistorikern ist er auch als der Verfasser der ersten beiden Werkverzeichnisse über Egon Schiele bekannt.[18] Ursprünglich trug er den Namen Nirenstein. In den 1930er Jahren nahm er den Namen Kallir an, doch führte er noch bis zu seiner Emigration den Doppelnamen Kallir-Nirenstein, da er unter seinem ersten Namen bereits publiziert hatte. In den USA angekommen, nannte er sich Kallir. Als Unterstützer des Schuschnigg-Regimes war ihm die eigene Gefährdung und die seiner Familie früh bewusst, und er traf bereits vor dem »Anschluss« Vorkehrungen für eine Emigration, indem er Geld in der Schweiz anlegte.[19] Als er 1938 das Land verlassen musste, übergab er seine Galerie an seine Mitarbeiterin Vita Künstler, was offiziell eine »Arisierung« darstellte. Seinen persönlichen Bestand an Kunstwerken meldete Kallir-Nirenstein zur Ausfuhr an. Es erwies sich als vorteilhaft, dass seine Sammlung vorwiegend aus Werken von damals modernen Künstlern bestand, die nicht genehmigungspflichtig waren.[20] Dank persönlicher Kontakte konnte er außerdem mit dem Entgegenkommen der für Ausfuhren zuständigen Behörde rechnen. Er konnte, abgesehen von einigen Werken aus dem 19. Jahrhundert, alles ausführen. Im Juni 1938 reisten Otto und Fanny Kallir mit ihren zwei Kindern in die Schweiz, wo sie, da sie über genügend finanzielle Mittel verfügten, eine Aufenthaltserlaubnis erhielten. Eine Arbeitserlaubnis war damit jedoch nicht verbunden. Während seine Familie in Luzern blieb, ging Otto Kallir nach Paris und eröffnete dort Anfang 1939 eine neue Galerie, die er als Referenz an den Stephansdom *St. Etienne* nannte.[21] Er zeigte dort seine Kunstwerke aus Wien, die er per Spedition nach Paris gesandt hatte. Sophie Lillie berichtet in ihrem Standardwerk zu entzogenen Kunstsammlungen von

---

18 Otto Nirenstein: Egon Schiele. Persönlichkeit und Werk. Wien 1930; Otto Kallir: Egon Schiele. Œuvre Catalogue of the Paintings. New York 1966.
19 Jane Kallir: Saved From Europe. Otto Kallir and the History of the Galerie St. Etienne. New York 1999, S. 17.
20 Das Ausfuhrverbotsgesetz galt nur Werken, deren Urheber länger als 20 Jahre verstorben war. StGBl. 90/1918; BGBl. 80/1923.
21 Siehe auch die Darstellung von Gabriele Anderl zu Otto Kallir: Österreichische Kunst- und Antiquitätenhändler im Exil. In: Feuchtwanger und Exil: Glaube und Kultur 1933–1945. »Der Tag wird kommen«. Hg. v. Frank Stern. Oxford, Wien 2011, S. 333–364; hier: S. 344–346.

Interventionen Vita Künstlers, Kallirs Geschäftspartnerin in Wien, bei den Behörden, die die Überstellung der Gegenstände sicherstellen sollten.[22] Nach Kriegsausbruch blieben nämlich in vielen Fällen die Umzugslifts in den Speditionshallen liegen und wurden von den Nazi-Behörden beschlagnahmt und verkauft.[23] Dies passierte auch mit dem Umzugsgut von Friedrich-Wolff Knize.

Es war bald klar, dass man in Paris nicht dauerhaft sicher war, und die Kallirs suchten einen neuen Ort. Gerade noch vor Kriegsausbruch kamen sie im September 1939 in New York an. Seine Kunstsammlung musste Otto Kallir in Paris zurücklassen. Er eröffnete in New York innerhalb kurzer Zeit eine, wie er anfangs meinte, Filiale seiner Pariser Galerie und nannte sie ebenfalls *Galerie St. Etienne*. Aus der Filiale wurde bald die Hauptgalerie, und nach dem Krieg war nicht mehr die Rede davon, nach Paris oder auch nach Wien zurückzugehen.

Die in Paris eingelagerten Kunstgegenstände Kallirs überstanden den Krieg unbeschadet, wurden weder zerstört noch gestohlen und konnten 1946 vollständig in die USA verschifft werden. Darunter befanden sich viele Werke von Schiele und Klimt, die langfristig den Geschäftserfolg der Galerie gewährleisteten. In den 1940er Jahren jedoch waren diese Künstler in den USA völlig unbekannt. Als Interessenten kamen nur österreichische Emigranten in Frage, die jedoch oft nicht über genügend finanzielle Mittel zum Kunstankauf verfügten, auch wenn vor allem Schiele zu dieser Zeit noch äußerst günstig zu bekommen war. Die ersten zehn Jahre in New York konnte Kallir an österreichischer Kunst so gut wie gar nichts verkaufen, erzählt Hildegard Bachert.[24] Daher musste er einen neuen inhaltlichen Schwerpunkt setzen und verlegte sich auf amerikanische Folk Art und populäre Kunst. Jane Kallir schrieb dazu:

> While it may seem ironic that an Austrian immigrant should end up promoting such quintessentially American phenomena as Walt Disney and Grandma Moses, it is also true that Europeans have been among the most acute observers of our culture, often recognizing things overlooked by us natives.[25]

---

22 Sophie Lillie: Was einmal war. Handbuch der enteigneten Kunstsammlungen Wiens. Wien 2003, S. 542.
23 Zuständige Behörde war die 1940 gegründete Verwaltungsstelle für jüdisches Umzugsgut der Gestapo (VUGESTA), vgl. Sabine Loitfellner: Die Rolle der »Verwaltungsstelle für jüdisches Umzugsgut der Gestapo« (Vugesta) im NS-Kunstraub. In: NS-Kunstraub in Österreich und die Folgen. Hg. v. Gabriele Anderl und Alexandra Caruso. Innsbruck, Wien, Bozen 2005, S. 110–120.
24 Interview Sonja Niederacher mit Hildegard Bachert, 29.01.2014.
25 Kallir: Saved From Europe (s. Anm. 19), S. 28 f.

Otto Kallir war gut vernetzt, anfänglich vor allem in der Emigrantenszene, wo er in der *Austrian-American League* politisch aktiv war. Diese Arbeit stellte sich allerdings als so zeitaufwändig und psychisch aufreibend heraus, dass er nicht nur der Arbeit in seiner Galerie weniger nachkommen konnte, sondern auch einen Herzinfarkt erlitt.[26] Nach Österreich unterhielt er nach Ende des Krieges weiterhin Kontakt mit Proponenten der Kunsthandels- und Museumsszene. In New York selbst arbeitete er verstärkt mit Museen zusammen und versuchte über diesen Weg, Egon Schiele einem breiteren – vor allem einem amerikanischen – Publikum bekannt zu machen. Diese Anstrengungen machten sich langsam bezahlt, und ab den 1950er Jahren wurde Egon Schiele Kunstkennern in den Vereinigten Staaten immer mehr ein Begriff. Der Künstler, dessen Preise im Verlauf des 20. Jahrhunderts kometenhaft anstiegen, trug zum Prosperieren der Galerie bei, die ihre Spezialisierung auf österreichische Kunst weiter vorantrieb. Einen erheblichen Anteil an der Entwicklung der Galerie hatte Otto Kallirs Sekretärin, Hildegard Bachert, die als junge Frau Ende 1940 in die Galerie eintrat. Sie war selbst zwangsweise aus Deutschland nach New York gekommen. Im Gegensatz zu Kallir, der bei seiner Ankunft in New York schon über 40 Jahre alt war, konnte die erst 20-jährige Bachert sehr gut Englisch.[27] Sie trug nicht nur dazu bei, das Unternehmen mit ihren Sprachkenntnissen voranzubringen, sie sorgte in späteren Jahren auch für Kontinuität. Als Otto Kallir 1978 starb, übernahm Bachert zusammen mit Kallirs Enkelin Jane Kallir, die zu diesem Zeitpunkt erst Mitte 20 war, die Leitung der Galerie. Im Jahr 2015 ist Hildegard Bachert 75 Jahre lang in der Galerie beschäftigt.[28]

III.3. Heinrich Fischer (Harry Fischer), Kunsthändler
Heinrich Fischer war Teilhaber der Buchhandlung *Frick*, Am Graben im 1. Bezirk in Wien.[29] 1938 wurde die Buchhandlung »arisiert«, und

---

26 Kallir: Saved From Europe (s. Anm. 19), S. 33f. Die damaligen Konflikte zogen sich bis in die unmittelbare Gegenwart. Die Familie Kallir verfasste eine Gegendarstellung auf eine historische Abhandlung über den Kreis um Otto Habsburg in New York: Gerhardt Plöchl: Willibald Plöchl und Otto Habsburg in den USA – Ringen um Österreichs ›Exilregierung‹ 1941/42. Wien 2007. (Der Verfasser Gerhardt Plöchl ist der Neffe von Willibald Plöchl.) Gegendarstellung unterzeichnet von Jane, John und Evamarie Kallir: Willibald Plöchl und Otto Kallir. Wien, New York o. D., unter: http://www.doew.at/cms/download/1041 m/kallir.pdf [abgerufen: 21.04.2015].
27 Interview Sonja Niederacher mit Hildegard Bachert, 29.01.2014.
28 Anlässlich ihres 70. Berufsjubiläums veröffentlichte sie ihre Erinnerungen an die Galerie: Hildegard Bachert. A Memoir. Hg. v. Jane Kallir. New York 2011.
29 Die Geschichte, wie sie hier wiedergegeben wird, ist eine Zusammenfassung eines Gesprächs der Autorin mit Wolfgang Georg Fischer, 22.01.2014. Fischer veröffentlichte anlässlich seines 80. Geburtstages ein persönliches Fotoalbum. Wolfgang G.

Fischer musste mit seiner Frau und seinem Sohn Wolfgang emigrieren. Sie gingen zuerst nach Jugoslawien, dann nach London. Heinrich, später Harry, trat dort der englischen Armee bei, wo er den ebenfalls aus Wien stammenden Kurt Levai kennenlernte. Mit ihm beschloss er, nach dem Krieg ein Geschäft zu eröffnen. Fischer arbeitete zunächst kurze Zeit in der Kunsthandlung einer ebenfalls aus Wien emigrierten Galeristin. Fischer und Levai nannten ihre gemeinsam 1948 eröffnete Kunsthandlung *Marlborough Fine Art*. Die damals vergleichsweise geringen Mieten in London und geringe bürokratische Auflagen erleichterten den Schritt in die Selbständigkeit. Levai, der sich in Frank Lloyd umbenannt hatte, brachte zwar kaum Berufserfahrung mit, sein Vater war jedoch Antiquitätenhändler gewesen.[30] Das Geschäftsfeld war ihm daher vertraut. Zusätzlich hatte er einen in Frankreich lebenden Schwager, der ebenfalls Antiquitätenhändler war. Dieser stellte *Marlborough Fine Art* das Startkapital zur Verfügung. Fischer hatte keine Geldgeber und daher einen geringeren Kapitalanteil. Wie Otto Kallir in New York zur selben Zeit, verkaufte auch diese Galerie in den 1940er Jahren noch keine österreichische Kunst, sondern handelte in der ersten Zeit hauptsächlich mit französischen Meistern. Französische Kunst, vor allem die Impressionisten, galten damals als der Inbegriff der modernen Kunst überhaupt. Frank Lloyd, der Französisch sprach, fuhr alle drei Monate nach Frankreich, um Kunstwerke zu kaufen, so Wolfgang Fischer.

Die beiden Galerieinhaber waren zwar im Alltagsleben in die österreichische Emigrantengemeinschaft in London eingebunden, mit ihrer Galerie zielten sie jedoch auf ein britisches und bald internationales Publikum ab. Als sie einen englischen Adeligen als Teilhaber in die Galerie holten, konnten sie Kundenkreise ansprechen, die sie als jüdische Einwanderer selbst niemals erreicht hätten, betont Wolfgang Fischer. Die Galerie war sehr erfolgreich, und 1962 trat Harry Fischers Sohn Wolfgang, der in den USA studiert hatte, in die Galerie ein. Man begann, sich unter anderem auf den deutschen Expressionismus zu konzentrieren, auf Künstler, die während der NS-Zeit als »entartet« gegolten hatten. Die Galerie wurde in dieser Sparte zum Hauptagenten für deutsche Museen. 1964 zeigte *Marlborough* erstmals Egon Schiele

---

Fischer: In 80 Jahren um die Welt. 1933 – Wolfgang Georg Fischer – 2013. Mit 152 Abbildungen aus acht Jahrzehnten des 20. und 21. Jahrhunderts. Wien 2013.
30 Das Geschäft seines Vaters Alexander Levai in der Weihburggasse im 1. Bezirk wurde liquidiert. Er selbst wurde von Paris (Drancy) nach Auschwitz deportiert. Anderl: Österreichische Kunst- und Antiquitätenhändler im Exil (s. Anm. 21), S. 333.

in einer Einzelausstellung in Großbritannien.[31] Dem folgten eine zweite Ausstellung 1969 und eine weitere 1972.[32] Im Katalog zur Letzteren ist zu bemerken, dass sämtliche in Großbritannien wohnhaften Leihgeberinnen und Leihgeber österreichischer Herkunft waren, die Emigrantengemeinde also bis in die 1970er Jahre in diesem Kontext präsent war.[33]

Die Galerie expandierte stark und eröffnete weltweit Filialen an wichtigen Handelsorten für Kunst. Doch Fischer und Lloyd gingen bald getrennte Wege. Harry und Wolfgang Fischer eröffneten 1972 die Galerie *Fischer Fine Art*, während *Marlborough* von Lloyds Sohn Gilbert weitergeführt wurde. Sie besteht heute noch.[34] Frank Lloyd selbst übersiedelte nach New York. Die dortige Filiale ist immer noch in seinem Familienbesitz.[35] Lloyd starb 1998 als bedeutende und gleichzeitig umstrittene Persönlichkeit des internationalen Kunsthandels.[36] Harry Fischer war bereits 1977 gestorben. Wolfgang Fischer setzte sich 1995 zur Ruhe und kehrte nach Wien zurück. Er hatte während seiner Berufstätigkeit zahlreiche Bücher über österreichische Kunst verfasst und Romane geschrieben, die teilweise in andere Sprachen übersetzt wurden.[37]

III.4. Friedrich Wolff-Knize (Frederick Knize), Herrenschneider

Die Firma *Knize & Comp.* gehört zu den alteingesessenen Traditionsunternehmen in Wien, die heute noch bestehen. Der Name des Unternehmens geht auf das Jahr 1858 und auf Josef Knize zurück, doch wurde der Schneidersalon ab 1888 von der Familie Wolff geführt. Das

---

31 Marlborough Fine Art Ltd.: Egon Schiele. Paintings, Watercolours and Drawings. Exhibition Catalogue, October 1964.
32 Marlborough Fine Art (London) Ltd.: Egon Schiele. Drawings and Watercolours: 1909–1918. Exhibition Catalogue, February – March 1969.
33 Fischer Fine Art Ltd. London: Egon Schiele 1890–1918, Exhibition Catalogue, November/December 1972.
34 Marlborough Fine Art, unter: http://www.marlboroughfineart.com/gallery.php [abgerufen: 21.04.2015].
35 Marlborough Fine Art, unter: http://www.marlboroughgallery.com/galleries/new-york [abgerufen: 21.04.2015].
36 Roberta Smith: Frank Lloyd, Prominent Art Dealer Convicted in the 70's Rothko Scandal, dies at 86. In: The New York Times, 08.04.1998, unter: http://www.nytimes.com/1998/04/08/arts/frank-lloyd-prominent-art-dealer-convicted-in-the-70-s-rothko-scandal-dies-at-86.html [abgerufen: 21.04.2015]; Obituary: Frank Lloyd. Frank Lloyd, perhaps the world's greatest art dealer, died on April 7th, aged 86. In: The Economist, 16.04.1998, unter: http://www.economist.com/node/160658 [abgerufen 21.04.2015].
37 Beispielsweise Wolfgang G. Fischer: Egon Schiele 1890–1918. Pantomimen der Lust, Visionen der Sterblichkeit. Köln 1998; Wolfgang G. Fischer: Wohnungen. München 1969. Frz. Ausgabe: Appartements. Paris 1973.

Geschäft in Wien 1, Am Graben 13 entwickelte sich zur ersten Adresse für anspruchsvolle Herrenmode und zum k. u. k. Hoflieferanten.[38] Das Geschäftslokal wurde von Adolf Loos gestaltet. In den 1920er Jahren wurden Filialen in Karlsbad, Berlin und Paris eröffnet. In den 1930er Jahren folgten Prag und Bad Gastein. Ab 1924 war Friedrich Wolff, geb. 1890, in zweiter Generation Geschäftsinhaber von *Knize & Comp.* 1935 erhielten er und seine Familie die behördliche Genehmigung, den Doppelnamen Wolff-Knize zu führen. Das Unternehmen hatte eine derart starke Marke entwickelt, dass es namensgebend für den Unternehmer wurde, anstatt umgekehrt.

Die Wolff-Knizes mussten Österreich 1938 aufgrund der Nürnberger Gesetze verlassen. Das Wiener und das Berliner Geschäft wurden von Angestellten »arisiert«. Es handelte sich nur bedingt um eine »freundliche« Arisierung, doch »auf jeden Fall besser als durch Fremde«, sollte Frederick Knizes Sohn, Peter Knize, später sagen.[39] Wolff-Knize emigrierte zunächst nach Paris, wurde jedoch nach Kriegsausbruch als feindlicher Ausländer in einem Lager in der Nähe von Bordeaux interniert. Die Pariser Filiale der Firma wurde von französischen Behörden beschlagnahmt, unter kommissarische Verwaltung und nach 1940 unter deutsche Leitung gestellt.[40] Die Familie konnte in die USA flüchten. Dort eröffneten sie 1941 in Manhattan ein neues Herrenschneidergeschäft. Wolff-Knize anglisierte in New York seinen Vornamen auf Frederick. Er und seine Familie ließen den Namensteil Wolff weg und nannten sich fortan nur noch Knize.

Der Kundenstock des neu gegründeten Geschäftes speiste sich anfangs aus den ebenfalls emigrierten ehemaligen Kunden nicht nur aus Wien, sondern auch den anderen Städten, wo das Haus Dependancen gehabt hatte.[41] Der bekannteste unter ihnen war Billy Wilder.[42] Wie Knize das Startkapital für das neue Geschäft aufbrachte, ist nicht bekannt. Sein Übersiedlungsgut, das auch eine Kunst- und eine ethnografische Sammlung enthielt, wurde 1941 beschlagnahmt und von der Vugesta versteigert.[43] Doch erhielt er wichtige Teile nach dem Krieg

---

38 Catharina Christ: Jüdische k. u. k. Hoflieferanten in Wien in der Textilbranche mit Niederlassung in Wien in der Zeit von 1870–1938. Univ.-Dipl. Wien 2000, S. 73–77.
39 Peter A. Knize: Kunstwerke aus jüdischem Besitz (Leserbrief). In: Wiener Zeitung, Nr. 048, 10.03.2004, S. 10.
40 Lillie: Was einmal war (s. Anm. 22), S. 1343, Lillie beruft sich dabei auf Aussagen des Sohnes von Frederick Knize.
41 Mode-Atelier Knize, unter: http://www.knize.at [abgerufen: 21.04.2015].
42 János Kalmár, Mella Waldstein: K. u. k. Hoflieferanten Wiens. Graz 2001, S. 115–119.
43 Sonja Niederacher: Dossier zu Egon Schiele »Liegende Frau«, 1917, 16.05.2011, S. 8–10, unter: http://www.kunstkultur.bka.gv.at/Docs/kuku/medienpool/20878/dossier_schiele_liegendefrau.pdf [abgerufen: 21.04.2015].

restituiert.⁴⁴ Vor allem stellten 1945 die »Ariseure« das Unternehmen formlos, ohne Rückstellungsverfahren, an Frederick Knize zurück.⁴⁵ Knize konnte auf diese Weise das New Yorker Geschäft in sein Filialnetz, das noch übrig war, eingliedern. Das Berliner Geschäft war ausgebombt, und die Filialen in Karlsbad und Prag fielen laut eigenen Angaben aufgrund des Kalten Krieges weg.⁴⁶ Gemäß anderen, jedoch nicht näher spezifizierten Angaben stand die Filiale in Prag bereits 1938 zum (zwangsweisen) Verkauf; die Karlsbader Filiale wies 1938 kein Betriebsvermögen mehr auf.⁴⁷

Die Filiale in Paris, die Knize ebenfalls zurückerhalten hatte, wurde noch bis 1972 weitergeführt. Das New Yorker Geschäft hatte bis 1974 geöffnet. In den 1970er Jahren beteiligte sich in Wien Rudolf Niedersüß an *Knize & Comp*. Er bzw. sein Sohn leiten das Geschäft bis heute.⁴⁸

IV. Schlussfolgerungen

Sigmund Lukacs Geschichte passt im Grunde nicht so recht in das Narrativ eines erfolgreichen Unternehmers in der Emigration, wie es dieser Artikel nachzuzeichnen versucht. Doch erlauben gerade jene Aspekte, die letztlich einer erfolgreichen Etablierung seines Edelsteingeschäftes in Belgien entgegenstanden, Überlegungen darüber, was eine erfolgreiche Geschäftstätigkeit unterstützt hätte. Dies bedeutet jedoch nicht, dass dies von den Protagonisten unmittelbar beeinflussbar gewesen wäre. Denn gerade bei Lukacs kamen vor allem die außerhalb seines Aktionsfeldes befindlichen politischen Entwicklungen in seinem Emigrationsland zum Tragen, die seine Möglichkeiten nicht nur einschränkten, sondern seine Geschäftstätigkeit letztlich verhinderten. Andererseits jedoch war es genau seiner beruflichen Tätigkeit und viel mehr noch seiner familiären Bindung zu Max Herzl zu verdanken, dass er und seine Frau Österreich so rasch verlassen und in Belgien Zuflucht finden konnten. Dieses verwandtschaftliche und gleichzeitig berufliche Netzwerk sicherte nicht allein sein Leben und das seiner Frau. Mathilde Lukacs' Schwester, Anna Reis und deren Ehemann Berthold konnten im Jänner 1939 ebenfalls nach Belgien entkommen.⁴⁹ Unab-

---

44 Bundesdenkmalamt: Personenmappe Knize. Wiener Stadt- und Landesarchiv: VEAV, Bez. 4/5, Z. 666; Bez. 1, Zl. 168 N, 122; Bez. 1, Zl. C 93.
45 Österreichisches Staatsarchiv, AdR, 06, AbgF. 943.
46 Mode-Atelier Knize (s. Anm. 41).
47 Österreichisches Staatsarchiv, AdR, 06, VVST., 30.899 VA Friedrich Wolff-Knize.
48 Mode-Atelier Knize (s. Anm. 41).
49 Ministère de la Justice, Service des étrangers, Berthold und Anna Reis, A 326.631.

hängig von der politischen Verfolgungssituation war es Sigmund Lukacs fortgeschrittenes Alter, das keine längerfristigen beruflichen Perspektiven erlaubte. Zum Vergleich: Die anderen Unternehmer waren in einem Alter, in dem sie bereits Lebens- und Berufserfahrung gesammelt hatten, aber noch eine gewisse Lebenszeit vor sich hatten. Otto Kallir war 46 Jahre alt, als er in New York seine Kunsthandlung eröffnete, Frederick Knize war 1940 50 Jahre alt. Heinrich Fischer war bei der Galeriegründung 45 Jahre alt, sein Kompagnon, Frank Lloyd war zehn Jahre jünger.

Als zentral erwies es sich, finanzielle und Betriebsmittel ins Emigrationsland transferieren zu können. Das Geschäft von Sigmund Lukacs wurde, wie die meisten kleinen jüdischen Unternehmen der Sparten Handwerk, Verkehr und Handel, im Sinne einer Strukturbereinigung liquidiert.[50] Die Buchhandlung von Harry Fischer, der *Herrensalon Knize* und die *Neue Galerie* wurden »arisiert« und von anderen Personen weitergeführt.[51] Alle drei Unternehmer erhielten nach dem Krieg ihre Unternehmen restituiert. Allerdings bedeutete eine Restitution nicht von vornherein einen Gewinn, weil viele »arisierte« Unternehmen wegen schlechten Wirtschaftens der zwischenzeitlichen Eigentümer oder infolge von Kriegseinwirkungen in ihrem Wert gemindert waren. In manchen Fällen ging eine Restitution mit hohen Abschlagszahlungen einher.[52] Obwohl keine Zahlen vorliegen, kann angenommen werden, dass für die drei Unternehmer die restituierten Unternehmen finanziell zumindest keinen Verlust darstellten. Vor allem aber stellten sie wieder eine stärkere Bindung an Wien her. Alte Verbindungen konnten wieder reaktiviert, neue soziale Kontakte geknüpft werden.

Der Beginn der bis heute andauernden Erfolgsgeschichte von Kallirs *Galerie St. Etienne* verdankt sich diesen Faktoren. Er hatte in Wien bereits ein gut eingeführtes Geschäft und konnte den wichtigen Teil seines Warenbestandes mit in die Emigration nehmen. Seine Mitarbeiterin

---

50 Zu staatswirtschaftlichen Überlegungen hinsichtlich der »Arisierungen« siehe Götz Aly: Hitlers Volksstaat. Raub, Rassenkrieg und nationaler Sozialismus. Frankfurt a. M. 2005, S. 210.
51 Weiterführend zu Arisierung und Restitution siehe Verena Pawlowsky und Harald Wendelin (Hg.): Raub und Rückgabe: Österreich von 1938 bis heute. 2. Arisierte Wirtschaft. Wien 2005; Gerhard Botz: Arisierungen in Österreich (1930–1940). In: Die politische Ökonomie des Holocaust. Zur wirtschaftlichen Logik von Verfolgung und »Wiedergutmachung«. Wien, München 2001, S. 29–51.
52 Helen B. Junz, Oliver Rathkolb, Theodor Venus, Vitali Bodnar, Barbara Holzheu, Sonja Niederacher, Alexander Schröck, Almerie Spannocchi und Maria Wirth: Das Vermögen der jüdischen Bevölkerung Österreichs. NS-Raub und Restitution nach 1945. Wien, München 2004, S. 156–158.

Vita Künstler, die sein Wiener Geschäft »arisierte«, tat dies in seinem eigenen Interesse. Sie bewahrte, abgesehen vom Unternehmen, auch Kallirs berufliches Netzwerk in Wien, worauf er in späteren Friedenszeiten wieder aufbauen konnte. Während Vita Künstler die Kontinuität der *Neuen Galerie* in Wien bis in die 1970er Jahre wahrte, tut dies Hildegard Bachert in New York bis heute. Vor allem als Kallirs Enkelin Jane nach seinem Tod die Galerie mit Bachert gemeinsam übernahm, gewährleistete sie den Wissenstransfer zwischen den Generationen.

Das Kapital für *Marlborough Fine Art* kam zwar nicht von Fischers und Lloyds Wiener Unternehmen, doch konnten sie auf die beruflich in ähnlicher Weise tätige Verwandtschaft von Lloyd in Frankreich zurückgreifen. Was Wolfgang Fischer als zentral für die erfolgreiche Unternehmensgründung seines Vaters in London ansah, trifft wohl auch auf die beiden New Yorker Unternehmen zu: die im Vergleich zu Österreich niedrigeren bürokratischen Hürden bei der Eröffnung eines Geschäftes in Großbritannien und den USA, was die Grundvoraussetzung für eine Selbständigkeit darstellte. Handelsgeschäfte hatten in dieser Hinsicht einen Vorteil gegenüber dem produzierenden Gewerbe, da sie wenig bis gar kein Personal erforderten und einen relativ kleinen Flächenbedarf hatten. Von größerer Bedeutung war hingegen eine urbane Lage der Geschäfte. Unternehmensgründungen verliefen vielversprechender an Orten, an denen sich auch andere österreichische Emigrantinnen und Emigranten befanden, weshalb London und New York als Zentren der österreichischen Emigration in dieser Hinsicht ideale Standorte waren.

Nicht nur das soziale und private Umfeld der emigrierten Unternehmer bestand vornehmlich aus österreichischen Emigrantinnen und Emigranten, sondern diese waren auch unter den ersten Kunden. Während die beiden Kunsthandlungen in New York und London sich auch um Kunden und Kundinnen außerhalb der Emigrantenszene bemühen mussten, da diese in ihrer Gesamtheit nicht über das notwendige Budget für das Luxusgut Kunstwerk verfügten, konnte der Herrenschneider Knize genau diese Klientel bedienen. Bei diesem Unternehmen steht noch weniger als bei den anderen der Neuanfang im Vordergrund. Viel wichtiger schien die Kontinuität über den Atlantik hinweg. Diese Kontinuität traf, abgesehen vom Kundenstock, auch auf die Unternehmensstruktur zu, die mit mehreren Filialen bereits international ausgerichtet war. Für die ersten Kunden, ebenfalls österreichische Neuankömmlinge in New York, mögen der vertraute Name und das vertraute Produkt sentimentale Bedeutung gehabt haben. Dies zu einer Zeit, als die amerikanischen und europäischen Wirtschaftsräume noch stärker getrennt und nur wenige Waren beidseits des Atlantiks in gleicher

Form verfügbar waren. Mit einem Anzug von Knize konnte man ein Stück Heimat und Vergangenheit erwerben. Hierzu kam die starke Markenbildung des Unternehmens *Knize & Comp.*, die ein Resultat geschickter PR-Strategie in den 1920er Jahren war. Damals hatte man einen Designer mit der Entwicklung einer Werbelinie beauftragt und den ersten Herrenduft samt Pflegeserie kreiert, *Knize Ten*.[53] Dies nahm in gewisser Weise schon die spätere Internationalität und Mehrsprachigkeit vorweg. Berühmte Kunden wie Marlene Dietrich, die sich von Knize ihre Bühnenkostüme schneidern ließ, verliehen der Marke zusätzlichen Glanz. Der gute Name, den sich Knize in den Zwischenkriegsjahren erarbeitet hatte, kam ihm auch in der Emigration zugute.

Langfristig gesehen konnten Fischer, Knize und Kallir mit »Produkten« reüssieren, die sie – in übertragenem Sinne – aus Österreich mitgebracht hatten. *Marlborough Fine Art* führte die österreichische Moderne und den deutschen Expressionismus auf dem englischen Markt ein. Knize bot sein in Wien erlerntes Schneiderhandwerk in Kombination mit einem traditionellen und gleichzeitig modernen Markennamen an. Otto Kallir war der Wegbereiter für österreichische Kunst in den USA.[54] Die wachsende Beliebtheit von Egon Schiele, die Kallir selbst förderte, und die steigenden Preise von Werken des Künstlers trugen wesentlich zum Unternehmenserfolg bei. Otto und Jane Kallir setzten bzw. setzen sich auch auf akademischer Ebene mit dem Künstler auseinander und prägen maßgeblich dessen Rezeptionsgeschichte im 20. Jahrhundert, die stets in einem Konnex zur *Galerie St. Etienne* steht.[55] Die Erfolgsgeschichte des Künstlers ist somit zugleich die Erfolgsgeschichte der Galerie.[56]

Anders als die *Galerie St. Etienne* ist die Galerie *Marlborough*, deren englischer Name keinen Hinweis auf die österreichische Herkunft der beiden Unternehmensgründer gibt, in der heutigen öffentlichen Wahrnehmung nicht mehr mit Österreich zu assoziieren. Dazu beigetragen haben Teilhaberwechsel sowie die stark internationale und sehr breite Ausrichtung.

Die Firma Knize wird in der Literatur vor allem als der ehemalige k. u. k. Hoflieferant und erfolgreiche Traditionsbetrieb rezipiert. In der

---

53 János Kalmár und Mella Waldstein: K. u. k. Hoflieferanten Wiens. Graz 2001, S. 115–119.
54 Zu anderen österreichischen Kunsthändlern in New York siehe Anderl: Österreichische Kunst- und Antiquitätenhändler im Exil (s. Anm. 21), S. 341 f.
55 Jane Kallir: Gustav Klimt, Egon Schiele: eine Würdigung Otto Kallirs und seiner Arbeit. New York, Wien 1980; Otto Kallir-Nirenstein: ein Wegbereiter österreichischer Kunst. Hg. v. Historisches Museum der Stadt Wien: 98. Sonderausstellung 20.02.–27.04.1986, Wien 1986.
56 Galerie St. Etienne, unter: http://www.gseart.com [abgerufen: 21.04.2015].

Eigendarstellung der Firma auf ihrer Homepage wird auf die lange Firmengeschichte Bezug genommen. Die Themen Vertreibung, Emigration und »Arisierung« werden hingegen nur am Rande gestreift. Wie andere Unternehmen auch, ist Knize in seinem Werbeauftritt bestrebt, das Positive herauszustreichen. Eine erzwungene Emigration passt nicht in eine offizielle Darstellung. Dies ist ein Phänomen, das auch bei anderen Unternehmen, die eine »Arisierungsgeschichte« aufweisen, zu beobachten ist.[57]

Sigmund Lukacs hatte als Edelsteinhändler in Wien vor allem mit Branchenkollegen zu tun und bekam wohl selten Öffentlichkeit. Mit seiner Internierung 1943 beendete das Unternehmen von Lukacs endgültig seine Tätigkeit und wurde vergessen, ohne je Aufmerksamkeit erhalten zu haben. Damit steht Lukacs für die große Zahl an Unternehmern, die aufgrund der nationalsozialistischen Verfolgung und Enteignung ihre Geschäftsgrundlage verloren hatten und nicht wieder etablieren konnten. Dem stehen Fischer, Kallir und Knize mehr oder weniger als Ausnahmen gegenüber.

---

57 Siehe das Beispiel des österreichischen Gewürzherstellers Kotányi, unter: http://www.kotanyi.com/kotanyi-unternehmensseite/ueber-kotanyi/ueber-kotanyi [abgerufen: 21.04.2015]. Zur »Arisierungs«- und Restitutionsgeschichte der Firma siehe Niederacher: Eigentum und Geschlecht (s. Anm. 9), S. 181–209.

Patrick Rössler

»Mich persönlich würmt deren erfolg am meisten«
Die Rolle ökonomischer Motive für die Emigration aus NS-Deutschland: der Fall Herbert Bayer[1]

»Bayer sailed for the United States, arriving in New York on August 28 [1938] with less than twenty dollars in his pocket.«[2] Eine solch plastische Beschreibung setzt in unseren Köpfen fast zwingend die gespeicherten Bilder der bekannten Auswandererschicksale in Gang, und man glaubt schier, die Szenerie vor sich zu sehen: ein Mann, ärmlich und abgerissen, neben ihm vielleicht ein schäbiger Koffer mit all seinen Habseligkeiten, einsam und alleine auf dem Landungssteg, der ihn in eine ungewisse Zukunft führen sollte, seiner bisherigen Existenz beraubt, heimatlos, entwurzelt. Traurige Wirklichkeit – oder nurmehr eine Legende, erzählt, um die Brüche in der eigenen Biografie leichter ertragen zu können?

Die Sachlage erscheint bei genauerer Betrachtung tatsächlich um einiges differenzierter, als es die einprägsame Formulierung eines Biografen – im Rückblick nach über 40 Jahren – suggeriert. Der gebürtige Österreicher Herbert Bayer, ehemaliger Jungmeister am Dessauer Bauhaus und später erfolgreichster Werbegrafiker im NS-Deutschland, wurde zweifellos in die Emigration gezwungen; »das minderwertige geistige niveau, die geistige abgeschlossenheit, die allgemeine isoliertheit«[3] spielten dabei sicher eine wesentliche Rolle, genauso die Abstam-

---

1 Die vorliegende Ausarbeitung verdichtet die Forschung im Kontext der Ausstellungen »mein reklame-fegefeuer. herbert bayer 1928–1938«, Berlin und Mainz 2013/14: Patrick Rössler: Herbert Bayer: Die Berliner Jahre. Werbegrafik 1928–1938. Berlin 2013; Ders. und Gwen Chanzit: Der einsame Großstädter. Herbert Bayer: Eine Kurzbiografie. Berlin 2014. Ich danke Gwen Chanzit, Ph. D., Kuratorin für Moderne Kunst und Archiv/Sammlung Herbert Bayer im Denver Art Museum (Colorado, USA) für ihre engagierte Unterstützung bei meinen Recherchen, insbesondere für den umfassenden Zugang zum Archiv Herbert Bayer im DAM.
2 Arthur A. Cohen: Herbert Bayer. The Complete Work. Cambridge/Mass. 1984, S. 41. Dazu die Interviews mit Herbert Bayer im Rahmen des California Oral History Projects: American Archives of Art/Smithsonian Institution [im Folgenden: AAA-OHP]: Montecito, California, 03. und 07.10.1981 (Interviewer: Ruth Bowman). November 1981, 08.–10.03.1982 (Interviewer: Arthur A. Cohen); hier Cohen, S. 6.
3 Herbert Bayer: Tagebuch 1932–1938. Herbert Bayer Archive/Denver Art Museum [im Folgenden: HBA/DAM], Box 12, S. 79. Hier und im Folgenden wird die von Herbert

mung seiner Ehefrau, die (im Jargon der Machthaber) als »Halbjüdin« Verfolgung und Internierung befürchten musste. Aber die vielleicht entscheidende Rolle für Bayers Weg ins Exil spielten ökonomische Überlegungen, die im Mittelpunkt dieses Beitrags stehen sollen.

Anhand der Fallgeschichte dieses keineswegs typischen Flüchtlings vor dem NS-Regime wird ein Einblick in ein spezifisches Erfahrungsfeld auf dem Gebiet der angewandten Künste gegeben, der in zwei Abschnitten nicht nur die Umstände und Hintergründe der Ausreise beleuchtet, sondern auch die lange Phase des Verbleibs in Deutschland mit der impliziten täglichen Entscheidung, das Land *nicht* zu verlassen. Dabei wird herausgearbeitet, wie zentral vergleichsweise simple Fragen nach einem möglichen Lebensunterhalt bei der Entscheidung für oder gegen eine Emigration sein konnten – und welche Fallstricke der komplexe Prozess einer legalen Ausreise unter wirtschaftlich gesicherten Bedingungen barg.

Die verschiedenen Darstellungen zum Leben Herbert Bayers haben diese Lebensphase lange nur oberflächlich gestreift;[4] eine intensivere Auseinandersetzung wurde erst nach seinem Tod möglich und mündete vor Kurzem in zwei umfassende biografische Untersuchungen, die erstmals den vollständigen Nachlass des Künstlers verwerten konnten. Anhand der Briefe, Tagebuchaufzeichnungen und anderen persönlichen Dokumente, die im Herbert Bayer Archive des Denver Art Museums verwahrt werden, und weiteren Recherchen im Kreis der Familie und Freunde (bzw. deren Nachfahren) sollen im Folgenden die beruflichen Strategien und wirtschaftlichen Aspekte betont werden. Eine Grundthese dabei lautet, dass Bayers späte Emigration durch ein sorgfältig aufgebautes und lange gepflegtes persönliches Netzwerk unterstützt wurde, das sicher keine optimalen, aber im Vergleich zu anderen, deutlich tragischeren Schicksalen relativ komfortable Bedingungen für den vermeintlichen Neuanfang im Gastland bot.[5]

Bayer zeitlebens propagierte und von ihm und seinen Freunden aus dem Bauhaus gepflegte Kleinschreibung der Texte beibehalten.

4 Vgl. Cohen: Herbert Bayer (s. Anm. 2); Alexander Schug: Herbert Bayer – ein Konzeptkünstler in der Werbung der Zwischenkriegszeit. In: Ahoi Herbert! Bayer und die Moderne. Hg. v. Elisabeth Nowak-Thaller und Bernhard Widder. Weitra 2009, S. 173–185; Ders.: Moments of Consistency. Eine Geschichte der Werbung. In Zusammenarbeit mit Hilmar Sack, hg. v. Stefan Hansen. Bielefeld 2004, hier: S. 60–73; Gwen F. Chanzit: From Bauhaus to Aspen. Herbert Bayer and Modernist Design in America. Michigan 1987. Erw. Neuausg. Boulder 2005; Magdalena Droste: Herbert Bayers künstlerische Entwicklung 1918–1938. In: Herbert Bayer. Das künstlerische Werk 1918–1938. Hg. v. Bauhaus-Archiv Berlin. Berlin 1982, S. 18–79; Alexander Dorner: the way beyond ›art‹ – the work of herbert bayer. New York 1947, S. 219–249.

5 Vgl. Bernhard Widder: Emigration: New Yorker Jahre. In: Ahoi Herbert! (s. Anm. 4), S. 233–239; hier: S. 234.

I. Aufstieg

I.1 Von Österreich über das Bauhaus nach Berlin
Der persönliche Werdegang des im Jahr 1900 geborenen Herbert Bayer beginnt in Haag am Hausruck vor den Toren von Linz, wo er mit drei Geschwistern in bescheidenen, aber gesicherten Verhältnissen als Sohn eines Steuerbeamten und einer Wirtstochter aufwächst.[6] Der frühe Tod des Vaters, den Bayer selbst 1917 sterbend im Haus vorfand, verschärfte die wirtschaftliche Situation der Familie, weshalb der künstlerisch begabte Sohn zunächst kurz für die oberösterreichische Bahndirektion arbeitete und dann für 18 Monate als Einjährig-Freiwilliger zum Militärdienst einrückte. Über verschiedene Ausbildungsstätten (u. a. auf der Darmstädter Mathildenhöhe, wo er bereits mit dem Gebiet der Reklamegestaltung in Berührung kam) führte sein Weg im Oktober 1921 schließlich an das Weimarer Bauhaus, wo er sich für das Studium in der Abteilung Wandmalerei bei Wassily Kandinsky entschied. Im Zuge der Vorbereitungen für die für 1923 geplante Bauhaus-Ausstellung orientierte Bayer sich stärker zu dem frisch berufenen ungarischen Konstruktivisten László Moholy-Nagy hin, unter dessen Einfluss er sich auf die Gebiete Schrift, Typografie und Reklame spezialisierte.

Herbert Bayers Wirken am Bauhaus ist an anderer Stelle ausführlich dokumentiert; im vorliegenden Zusammenhang sei aber darauf hingewiesen, dass der verarmte Bayer unter bescheidensten Bedingungen im Prellerhaus, dem Ateliergebäude des Weimarer Bauhauses, untergekommen war und in der zweiten Jahreshälfte 1922 ein Stipendium beantragen musste.[7] Das Bauhaus und insbesondere seine Schüler waren Leidtragende der 1923 kulminierenden Hyperinflation im Reich, und so erscheint es mehr als eine Ironie der Geschichte, dass gerade Bayer, ein noch weitgehend unbekannter 23-jähriger Grafiker, von Gropius und Moholy-Nagy geheißen wurde, das Notgeld des Landes Thüringen zu gestalten und damit den wohl repräsentativsten Auftrag zu bearbeiten, den das Bauhaus bis dato von außen erhalten hatte. Einem Briefwechsel zwischen der Thüringer Staatsbank und der Leitung des Bauhauses lässt sich entnehmen, dass offenbar ungültige Millionenscheine aus den Gropius und Bayer übergebenen Probeexem-

---

6 Vgl. im Folgenden Elisabeth Nowak-Thaller: Herbert Bayers künstlerische Anfänge in Linz (1919–1920) und Darmstadt (1921). In: Ahoi Herbert! (s. Anm. 4), S. 37–55.
7 Vgl. AAA-OHP Cohen, S. 10; Meisterratssitzung vom 11.12.1922. In: Die Meisterratsprotokolle des Staatlichen Bauhauses Weimar 1919 bis 1925. Hg. v. Volker Wahl. Köln u. a. 2001, S. 281.

Abb. 1: Herbert Bayer an seinem Dessauer Montagetisch im Bauhaus
(Foto: Irene Bayer; ca. 1926)

plaren in Umlauf geraten waren, und es spricht einiges dafür, dass Bayer diese aus der Not heraus verwendet haben könnte.[8]

Auch aufgrund seiner prekären Verhältnisse am Bauhaus entscheidet sich Bayer noch im Herbst 1923, gemeinsam mit seinem österreichischen Kommilitonen Sepp Maltan das seinerzeit in Ausbildungsberufen noch durchaus übliche Wanderjahr im Rahmen der Gesellenzeit in Italien zu verbringen. Wie sich in seinen Reisetagebüchern[9] nachlesen lässt, lebten Bayer und Maltan, quasi mittellos gestartet, äußerst bescheiden, schliefen im Heu und verdienten sich als Anstreicher ein wenig Geld für ihren Lebensunterhalt. Die Großzügigkeit eines entfernten Bekannten von Maltan, einem norddeutschen Baron, erlaubte es ihnen, mit Auto und Zug von Sizilien aus wieder zurückzureisen, so

---

8 Vgl. ausf. Nele Heise: Das Bauhaus in allen Taschen. In: bauhauskommunikation. Innovative Strategien im Umgang mit Medien, interner und externer Öffentlichkeit. Hg. v. Patrick Rössler. Berlin 2009, S. 265–280.
9 Herbert Bayer: Reisetagebuch 1923/24, 6 Bde. HBA/DAM, Box 70.

dass Bayer am 29. Oktober 1924 wieder ans Bauhaus heimkehrte, wo ihm Walter Gropius nach erfolgreich abgelegter Gesellenprüfung einen Posten als sogenannter Jungmeister versprochen hatte.

Dies sicherte ihm erstmals in seinem Leben ein zwar geringes, aber regelmäßiges Einkommen. Und dennoch: Die finanzielle Situation am Bauhaus war immer schwierig, Bayer deswegen stets auf der Suche nach zusätzlichen Aufträgen aus der Wirtschaft, mit Arbeit überlastet und trotzdem nicht wohlhabend. Schon während der Vorbereitungen zur Bauhaus-Ausstellung 1923 hatte er Irene Hecht, eine zwei Jahre ältere Amerikanerin ungarischer Herkunft, kennengelernt, nachdem diese sich vergeblich für die Aufnahme in den Vorkurs beworben hatte.[10] Das Paar sieht sich am 11. Dezember in Weimar wieder und einigte sich im darauffolgenden Vierteljahr auf eine rasche Eheschließung, die dann im November 1925 erfolgte. Ein mutmaßlicher Schwangerschaftsabbruch im April 1925 geschah wohl auch, weil Herbert Bayer sich aus finanziellen Gründen noch nicht im Stande sah, eine Familie zu gründen; weitere Indizien sprechen dafür, dass Herbert im Gegenzug in eine schnelle Heirat einwilligte.

Schon unmittelbar nach der Heirat muss es aber zu gravierenden Meinungsverschiedenheiten zwischen den Eheleuten Bayer gekommen sein. Bayers notorische Untreue – als blendend aussehender Jungmeister war er umgeben von hübschen Bauhaus-Schülerinnen – trug dazu bei, dass Irene Bayer übergangsweise zu ihrem Bruder nach Leipzig zog. Dort lebte sie einerseits selbständig und unabhängig, war andererseits aber von dem Unterhalt abhängig, für den Herbert nach wie vor aufkam, und bemühte sich, auf Distanz ein Eheleben aufrecht zu erhalten. Das Ehepaar Bayer-Hecht litt währenddessen permanent unter knappen finanziellen Mitteln, und seine Möglichkeiten reichten nie aus, um beiden ein unbeschwertes und sorgenfreies Leben zu ermöglichen. Allein aus gesundheitlichen Gründen konnte Irene wenig zu dem gemeinsamen Lebensunterhalt beitragen. Die Unterstützung Bayers, auf die sie deswegen angewiesen war, blieb ihr immer unangenehm, selbst wenn keine einzige Situation dokumentiert ist, in der Bayer nicht bereit gewesen wäre, selbst das schmale Einkommen mit ihr zu teilen. In einem Brief aus ihrer Kur in Leysin kristallisierte sich exemplarisch die heikle Situation: »auch werde ich selbstverständlich dich nie um geld bitten. es ist für mich schlimm genug wenn ich neben dir lebe, es annehme, und selber nichts verdiene.«[11]

---

10 Vgl. hier und im Folgenden Rössler/Chanzit: Der einsame Großstädter (s. Anm. 1) mit weiteren Fundstellen.
11 Irene an Herbert Bayer, 21.05.1932. HBA/DAM, Box 12.

Nach nervenaufreibenden Jahren in einem kleinen Atelierzimmer des Dessauer Bauhauses (und damit quasi permanent unter Beobachtung durch die Kollegen) bezog das Paar im Herbst 1927 eine gemeinsame Wohnung in Dessau und hatte sich anscheinend wechselseitig auf eine ganz der neusachlichen Auffassung von einer ›Kameradschaftsehe‹ entsprechende Haltung verständigt. Aber schon seit Ende 1926 trug sich Herbert Bayer mit dem Gedanken, das Bauhaus und die von ihm ohnehin nicht sonderlich geliebte Lehrtätigkeit zu verlassen und seine bemerkenswerten Talente auf dem Gebiet des Grafik-Design für lukrativere Zwecke zu nutzen.

I.2 Erste Erfolge in der Selbständigkeit

Das Bauhaus bildete nicht nur die Grundlage für Bayers berufliche Karriere, sondern auch für den Aufbau eines persönlichen Beziehungsnetzwerkes, das seinen privaten Lebensweg ebenso wie seine schöpferische Entfaltung wesentlich prägte. Neben seinem Entdecker, beständigen Mentor und väterlichen Freund Walter Gropius sowie dessen Frau Ise wäre außerdem sein Lehrer László Moholy-Nagy zu nennen, den er zeitlebens als unterschätzten Bauhaus-Meister betrachtete, und schließlich seine Kommilitonen Marcel Breuer und der Trauzeuge Xanti Schawinsky, beide jüdischer Herkunft und im Sommer 1928 Partner auf einer dreimonatigen Fahrradtour durch Südfrankreich, Italien und Korsika.[12] In den Jahren 1928 und 1929 verließen diese Personen aus unterschiedlichen Gründen das Bauhaus, und auch Herbert Bayer nutzte die Gelegenheit, um den Schritt aus der Hochschule in die freie Wirtschaft zu wagen. Nach einem Intermezzo als Art Director der deutschen *Vogue*-Ausgabe, für die ihn der international renommierte Grafik-Designer Mehmet F. Agha rekrutierte, gründete er 1930 das *Studio Dorland*, die lokale Entwurfs- und Gestaltungsabteilung der gleichnamigen internationalen Werbeagentur, der er bis zu seiner Emigration 1938 als selbständiger künstlerischer Leiter vorstehen sollte.[13]

Walther Matthess, ehedem Anzeigenleiter für die *Vogue*, hatte Dorland Deutschland von dem New Yorker Mutterhaus Condé-Nast zurückgekauft und war daran interessiert, mit einem renommierten Designer die Zukunft seiner Agentur zu sichern. Da er sich einen gut verdienenden Angestellten während der Weltwirtschaftskrise nicht leis-

---

12 Zu Bayers Netzwerken am Bauhaus vgl. Patrick Rössler: Exil mit Kalkül. Strategische Netzwerke als Starthilfe: Herbert Bayers »Neubeginn« in den USA (1938). In: Netzwerke des Exils. Künstlerische Verflechtungen, Austausch und Patronage nach 1933. Hg. v. Burcu Dogramaci und Karin Wimmer. Berlin 2011, S. 51–70.
13 Patrick Rössler: Das Bauhaus am Kiosk. die neue linie 1929–1943. Bielefeld 2007, S. 15–20; Rössler: Herbert Bayer (s. Anm. 1), S. 32–37.

ten konnte, »führte Matthess die kaufmännischen Geschäfte der Dorland GmbH, während Bayer als künstlerischer Leiter das ›dorland-studio‹ übernehmen sollte. Das ›dorland-studio‹ [...] wurde finanziell selbständig und somit von Bayer eigenverantwortlich geleitet.«[14] Dieser unabhängige Status war Bayer gar nicht unrecht, denn er ermöglichte ihm einerseits ein gesichertes Grundeinkommen und andererseits alle Freiheiten, zusätzliche persönliche Aufträge mit der renommierten Adresse zu akquirieren. Ausdruck dafür ist die Vielfalt an persönlichen Signaturen, die Bayer auf seinen Entwürfen hinterließ und die – soweit rekonstruierbar – die jeweils unterschiedliche Urheber- und Honorarsituation widerspiegeln.[15] Seine spätere Darstellung im Katalog der New Yorker Ausstellung, er sei von 1928 bis 1938 »Direktor der Werbeagentur Dorland«[16] gewesen, ist allerdings irreführend, denn er leitete das der Agentur angeschlossene Atelier Dorland – nicht weniger, aber auch nicht mehr.

In die frühen 1930er Jahre fallen auch jene prestigeträchtigen Aufträge, mit denen Herbert Bayer seinen Ruhm (und damit seine nun mehr als auskömmliche finanzielle Lage) begründete und die hier aus Platzgründen nur aufgezählt seien: von der Gestaltung einiger Umschläge der modernen Modezeitschrift *die neue linie* über die Tourismus-Drucksachen für den Westfälischen Verkehrsverband Lippe im Teutoburger Wald bis hin zu seiner Beteiligung an der Gestaltung des Deutschen Pavillons auf der Pariser *Société des Artistes Décorateurs*-Ausstellung vom 14. Mai bis zum 30. Juli 1930. Im Auftrag des Deutschen Werkbundes entwickelten Gropius, Moholy-Nagy, Breuer und Bayer dort nicht nur ein hochmodernes räumliches Ausstellungserlebnis, Bayer schuf außerdem das Plakat *Section allemande* und die Katalogbroschüre, die beide bis heute als herausragende Beispiele moderner Werbegrafik gelten.[17]

Er selbst wurde zunehmend auch als Künstler wahrgenommen, wie seine ersten Einzelausstellungen von Bildern, Fotos und Reklameentwürfen in der Pariser Galerie von Jacques Povolozky und seiner Frau

---

14 Schug: Moments of Consistency (s. Anm. 4), S. 46 und S. 50.
15 Vgl. den Beitrag zu den verschiedenen Signaturen Bayers von Ute Brüning: –y– = Herbert Bayer? Als der Urheber aus der Gebrauchsgraphik verschwand. In: Rössler: Herbert Bayer (s. Anm. 1), S. 64–80.
16 Eintrag zu Herbert Bayer in »Lebensdaten der Bauhausmeister«. In: Bauhaus 1919–1928. Hg. v. Herbert Bayer, Walter und Ise Gropius. Ausst.-Kat. Museum of Modern Art. New York 1938 und Stuttgart ³1955, S. 222.
17 Vgl. Rössler: Herbert Bayer (s. Anm. 1). Teil 2, S. 166 ff.

Elena[18], beim oberösterreichischen Künstlerbund »März« in seiner Heimatstadt Linz und insbesondere die mit 26 Fotografien sehr umfangreiche Beteiligung an der aufsehenerregenden Werkbund-Ausstellung *Film und Foto* (FiFo), alle im Jahr 1929, belegen. Parallel dazu erschienen Veröffentlichungen über ihn in renommierten Kulturzeitschriften wie den *Cahiers d'Art* oder im FiFo-Themenheft von Paul Westheims *Kunstblatt*[19], was als überfällige Anerkennung des Kunstbetriebs für den noch nicht 30-jährigen Ex-Bauhäusler angesehen werden kann. Als Eigenwerbung ökonomisch noch wichtiger dürften allerdings die von Bayer initiierten Beiträge in der grafischen Fachpresse gewesen sein – etwa in der Zeitschrift *Die Reklame* des Verbands deutscher Reklamefachleute (VdR), die im Januar 1929 einen Beitrag über »Bauhausreklame« ausschließlich mit Arbeiten von Herbert Bayer illustrierte, oder noch wirkungsvoller sein 18-seitiges Portfolio in der national und international führenden Monatsschrift *Gebrauchsgraphik* vom Mai 1931.[20] Im Bauhaus Dessau, seiner ehemaligen Wirkungsstätte, zeigte er schließlich vom 18. bis zum 24. Mai 1932 das komplette Spektrum seiner künstlerischen Techniken – am Ende der Weimarer Republik war Herbert Bayer auf dem Zenit seines Schaffens angelangt.

Obwohl Irene Bayer ihren Mann nach Berlin begleitete, wird 1928 auch als das Jahr ihrer Trennung bezeichnet – denn beide bezogen separate Wohnungen, und Herbert gründete eine Wohngemeinschaft mit Xanti Schawinsky, ganz in der Nähe der Wohnungen von Marcel Breuer und des Ehepaars Gropius, mit denen sich Bayer weiterhin häufig zum Abendessen traf.[21] Obwohl das Ehepaar Bayer in Berlin getrennt lebte, muss es zumindest im November 1928 nochmals zu einer intimeren Begegnung gekommen sein, denn die von Irene lang ersehnte, gemeinsame Tochter kam am 12. Juli 1929 zur Welt und sollte das Privatleben Bayers in den kommenden Jahren maßgeblich bestimmen. In große seelische Aufruhr versetzte ihn freilich eine andere private Entwicklung, die ihn phasenweise bis in die Selbstzerstörung trieb: Das an anderer Stelle ausgeführte, außereheliche Verhältnis mit Ise, der

---

18 »Herbert Bayer est cubiste ou constructiviste ou surréaliste, selon certains critères. Oui, tout cela et bien d'autres choses encore: c'est un jeune peintre d'aujourd'hui.« Paul Dermée, Begleittext zum Ausstellungsfaltblatt, Galerie Povolozky, Paris 1929.
19 Vgl. Film und Foto der zwanziger Jahre. Hg. v. Ute Eskildsen und Jan-Christopher Horak. Stuttgart 1979; Christian Zervos: Herbert Bayer (Galerie Povolozky). In: Cahiers d'Art 4 (1929), H. 4, S. 56; Paul Westheim: Herbert Bayer, Photograph und Maler. In: Kunstblatt 13 (1929), H. 5, S. 151–153.
20 Vgl. Karl Theodor Haanen: Bauhausreklame. In: Die Reklame 22 (1929), H. 1, S. 11–14; K.H. Frenzel: Herbert Bayer. In: Gebrauchsgraphik 8 (1931), H. 5, S. 2–19.
21 Vgl. AAA-OHP Cohen, S. 22.

deutlich jüngeren Gattin seines Ziehvaters Walter Gropius.[22] Diese intime Beziehung bestand bereits seit Frühsommer 1930 im Verborgenen, aber die Situation spitzte sich im Sommer 1932 zu, als Walter Gropius endlich von Ise eingeweiht wurde – und von der Person seines Nebenbuhlers angeblich vollkommen überrascht war. Mitte Juli kam es dann zur offenen Aussprache mit Bayer, auf die hin dieser kurzzeitig hinter Klostermauern Ruhe und Abstand suchte. In der Folgezeit flammte die Leidenschaft zwischen Ise und Bayer zwar immer wieder auf, unter anderem durch einen von Gropius genehmigten, zweiwöchigen Aufenthalt in den Bergen von Arosa. Aber letztlich wurde Gropius zum Sieger im Wettstreit der Gefühle, und trotz der Ereignisse hatte die Freundschaft zwischen den beiden Männern lebenslang Bestand. Im vorliegenden Zusammenhang ist diese Episode nur deswegen von Bedeutung, weil sie einen Beitrag zur Erklärung der Frage leistet, weshalb die für die deutsche Geschichte so schicksalsträchtigen Ereignisse im Winter 1932/33 in der Biografie Bayers zunächst kaum sichtbare Spuren hinterließen.

I.3 Goebbels »anonymer Favorit«
So schwer es für uns Nachgeborene zu akzeptieren sein mag: Angesichts der komplizierten Arrangements in seiner persönlichen Lebensführung – von Arbeit überhäuft, privat hin- und hergerissen zwischen der Loyalität zu seiner Noch-Ehefrau Irene, die seit zehn Jahren durch alle Höhen und Tiefen mit ihm ging, den Verpflichtungen aus der Verantwortung für die über alles geliebte Tochter und der fast schon ödipal zu nennenden Leidenschaft für die Frau seines Ziehvaters Gropius – hatten die politischen Turbulenzen der Epoche keinen Platz in Herbert Bayers Leben. Sein früherer Kollege am Bauhaus Josef Albers bescheinigte ihm später einmal eine »standhaft apolitische Haltung«[23], und selbst schrieb Bayer einmal in sein Tagebuch, »mein leben in berlin die ganzen jahre bis 1938 ist regelmässig und fast bürgerlich« verlaufen.[24] Sein zweifellos tief empfundener Widerwillen gegen die Nazi-Machthaber wurde, soweit erkennbar, von ihm nie als politische Opposition, sondern immer kulturell-ästhetisch begründet. In der Lesart von Sachsse konnte Bayer den Verbleib in Deutschland nur mit einer politi-

---

22 Vgl. hier und im Folgenden Rössler/Chanzit: Der einsame Großstädter (s. Anm. 1), S. 94–125; zuvor z. B. Reginald R. Isaacs: Walter Gropius. Der Mensch und sein Werk, 2 Bde. Berlin 1983–84, S. 602–611.
23 Zit. n. Josef und Anni Albers – Europa und Amerika. Hg. v. Josef Helfenstein und Henriette Mentha. Köln 1998, S. 65–81; hier: S. 67.
24 Herbert Bayer: Tagebuch 1932–1938 (s. Anm. 3), Eintrag von Ende 1937.

schen Blindheit ertragen, in der er sein Handeln in eine tagtägliche Pragmatik ohne jede Perspektive münden ließ:

> Pragmatik bedeutete für Herbert Bayer selbst in erster Linie unbedingte Loyalität gegenüber jedem Auftraggeber, denn die Abhängigkeit seines Tuns von äußeren Anstößen implizierte eine grundsätzliche Angst davor, nach dem nächsten Auftrag keinen weiteren mehr zu erhalten, also die Basis des eigenen Handelns zu verlieren.[25]

Es würde hier den Rahmen sprengen, die bereits an anderer Stelle ausführlich dokumentierte Kompromisshaltung Bayers zum nationalsozialistischen Regime[26] auszubreiten, weshalb hier einige summarische Bemerkungen genügen müssen. Trotz des rücksichtslosen Kampfes der faschistischen Machthaber gegen die Bauhaus-Angehörigen[27] erfasste er nicht alle ihre Lebensbereiche.[28] Daher konnte Bayer auch nach 1933 rund um sein Studio ein Netzwerk aus früheren Kollegen aufrecht erhalten, darunter Kurt Kranz, Hans Ferdinand und Hein Neuner, Xanti Schawinsky oder Hin Bredendieck; Heinz Loew, Joost Schmidt und Werner Graeff waren engere oder losere Mitarbeiter; außerdem diente die Agentur als Treffpunkt des sogenannten ›Inneren Bauhauskreises‹ um Ise und Walter Gropius, Marcel Breuer, László Moholy-Nagy, Marianne Brandt und Otti Berger, die, bis auf Brandt, im Laufe der folgenden Jahre alle nach England emigrierten.[29]

Neben der weiteren Arbeit an den Umschlägen für *die neue linie* schuf Bayer als Buch- und Zeitschriftengestalter auch systemnahe Entwürfe; an der Trilogie der NS-Großausstellungen – *Deutsches Volk, deutsche Arbeit* (1934), *Das Wunder des Lebens* (1935) und *Deutschland* (1936) – war Bayer jeweils durch Broschüren und Drucksachen beteiligt, die

---

25 Rolf Sachsse: Von Österreich aus: Herbert Bayer. In: Camera Austria 16 (1994), H. 46, S. 3–11; hier: S. 4.
26 Vgl. Rössler: Herbert Bayer (s. Anm. 1), Kap. 2; Rössler/Chanzit: Der einsame Großstädter (s. Anm. 1), S. 126–171.
27 Vgl. Magdalena Droste: Der politische Alltag. Bauhäusler berichten – Briefe aus der Zeit des Dritten Reiches. In: bauhaus berlin. Auflösung Dessau 1932, Schließung Berlin 1933, Bauhäusler und Drittes Reich. Hg. v. Bauhaus-Archiv. Weingarten 1985, S. 209–234; hier: S. 209, sowie die abgedruckten Korrespondenzen.
28 Peter Hahn: Bauhaus und Exil. Bauhaus-Architekten und -Designer zwischen Alter und Neuer Welt. In: Exil. Flucht und Emigration europäischer Künstler 1933–1945. Hg. v. Stephanie Barron mit Sabine Eckmann. München, New York 1997, S. 211–223; hier: S. 214; verfolgt wurden zuvorderst jüdische und kommunistische Bauhäusler.
29 Vgl. Ute Brüning: Herbert Bayers neue Linie. Standardisierte Gebrauchsgrafik aus dem Hause Dorland. In: Moments of Consistency (s. Anm. 4), S. 221–226; hier: S. 224; Dies.: Bauhäusler zwischen Propaganda und Wirtschaftswerbung. In: Bauhaus-Moderne im Nationalsozialismus. Zwischen Anbiederung und Verfolgung. Hg. v. Winfried Nerdinger. München 1993, S. 24–47; hier: S. 26 mit weiteren Literaturverweisen.

Abb. 2: Studioporträt Herbert Bayer (Foto: Jorge Fulda; ca. 1934)

seine charakteristische, moderne Handschrift tragen. Besonders die stilisierte Darstellung eines gläsernen Doryphoros für *Das Wunder des Lebens*, wie der erhaltene Originalentwurf (»man in egg«) zeigt als Airbrush-Illustration dem Foto einer gläsernen Kugel einbeschrieben, bezeichnete er zeitlebens als einen seiner gelungensten Entwürfe.[30] Von ihm immer verharmlost, dienten alle drei Ausstellungen dem Regime als sinn- und gemeinschaftsstiftende, integrative Medienereignisse zu Propagandazwecken.[31] Im Bereich der Wirtschaftswerbung schließlich, sei-

---

30 Originalentwurf: The Wolfsonian – Florida International University, TD1994.36.2. Obwohl von ihm nie bestätigt, dürfte Bayer sich bei der Darstellung an den Astral-Visualisierungen der seinerzeit populären, okkulten Literatur orientiert haben; vgl. z. B. Charles W. Leadbeater: Der sichtbare und der unsichtbare Mensch. Darstellung verschiedener Menschentypen, wie der geschulte Hellseher sie wahrnimmt. 2. Aufl. Leipzig 1908.
31 Vgl. u. a. Patrick Rössler: Herbert Bayers Bildsprache für die Propagandaausstellungen des Reiches. Zur Mediatisierung von Alltag im NS-Deutschland. In: Die Mediatisierung der Alltagswelt. Hg. v. Maren Hartmann und Andreas Hepp. Wiesbaden 2010,

Abb. 3: Werbeanzeige von Herbert Bayer für seine gebrauchsgrafische Tätigkeit

nem Haupt-Aufgabengebiet bei Dorland, entstanden (neben vielen unpolitischen Entwürfen für Mode- und Hygieneartikel) auch Propagandaanzeigen, zum Beispiel KdF-Kleinplakate.[32]

Im Lichte dieser Werkgruppen lässt sich kaum argumentieren, bei Bayer habe es sich um einen »ästhetischen Widerstandskämpfer« gehandelt.[33] Richtig ist sicher, dass er sein konsequent modernes Gestaltungsprogramm ohne nennenswerte künstlerische Konzessionen weitergeführt hat – aber dies ist weniger als »Widerstand« zu interpretieren. Eher verdeutlichen die genannten Arbeiten die Rolle der Bauhaus-Absolventen als »domestizierte Avantgarde« im NS-Staat, die sich selbst für Propagandazwecke hervorragend instrumentalisieren ließ.[34] So war er auch auf der Verbandsausstellung »Deutsche Werbegraphik 1936« mit mindestens drei Veranstaltungsplakaten vertreten.[35] Vereinzelte negative Äußerungen, die aus seinem persönlichen Umfeld dokumentiert sind, beziehen sich etwa auf berufliche Nachteile bei der Auftragsvergabe: »heute habe ich geglaubt, einen großen auftrag zu

---

S. 211–230. Die zuweilen geäußerte Annahme, er habe auch an der Gestaltung der Ausstellungen selbst mitgewirkt, entbehrt jeglicher Grundlage, und entsprechende Zuschreibungen sind unzutreffende Spekulationen; vgl. z. B. Jeschke, Hauff & Auvermann: Katalog der Auktion 50, 13.11.2007, Los Nr. 112–119. Ich danke Magdalena Droste und Ute Brüning für die entsprechenden Hinweise und die Einschätzung.
32 Siehe hier und im Folgenden Rössler: Exil mit Kalkül (s. Anm. 12).
33 »It is amazing how long Bayer managed to brave the fascist authorities in Berlin with his utterly anti-absolutistic, visual speeches«, Alexander Dorner: the way beyond ›art‹ – the work of herbert bayer. New York 1947, ²1949; hier: S. 179.
34 Vgl. Patrick Rössler: Vielfalt in der Gleichschaltung – die »domestizierte Moderne« am Kiosk. Eine Lifestyle-Illustrierte zwischen Bauhaus-Avantgarde und NS-Propaganda. In: Jahrbuch für Kommunikationsgeschichte. Bd. 9. Hg. v. Holger Böning, Arnulf Kutsch und Rudolf Stöber. Stuttgart 2007, S. 150–195.
35 Vgl. Paul Pfund: Eine Ausstellung als Grundlage eines Künstlerarchivs. In: Gebrauchsgraphik 13 (1936), H. 5, S. 34–37, mit den entsprechenden Abbildungen auf S. 36.

bekommen. aber braune herren haben diese aussicht wieder zugemacht (doch scheisse es war kacke).«[36]

Umgekehrt hatte Bayer wenig Berührungsängste mit den Machthabern; seit der für das NS-Ausstellungswesen richtungsweisenden Großausstellung *Die Kamera* (1933) verfügte Bayer, der den Umschlag und das Layout für den Katalog lieferte, durch den in der Nachrichtenabteilung der Berliner Messegesellschaft tätigen Ingo Kaul auch über Kontakte in das Reichsministerium für Volksaufklärung und Propaganda (RMVP).[37] Engste Freunde bezeichneten Bayer deswegen ironisch als »Star«[38] des Propagandaministers und er sich selbst als dessen »anonymen Favoriten«.[39] Aber anders als viele ›Konjunkturritter‹ jener Tage, die für den schnellen Erfolg in die Partei eintraten und sich dem Regime anbiederten, hat sich Bayer niemals aktiv für den Hitler-Faschismus und seine Ziele eingesetzt. Gleichwohl waren ihm Auftraggeber aus dem Dunstkreis von Staat und Partei nicht unwillkommen, und solange sich die von ihm verlangten Arbeiten seinem diffusen Verständnis von Kultur- und Wirtschaftswerbung zuordnen ließen und auch die Einnahmen daraus stimmten, sah er in ihnen nicht mehr als die Herausforderung, eine grafisch und ästhetisch möglichst überzeugende Lösung zu finden.[40] In diesem Bestreben hielt er auch seinen alten Bekannten die Treue, wie Max Gebhard, ehedem sein Schüler in der Dessauer Reklamewerkstatt, bestätigt, den Bayer mit Aufträgen über Wasser hielt, obwohl er von dessen illegaler Arbeit für die KPD wusste.[41]

Die private Situation des vermutlich bestverdienenden angewandten Künstlers im Dritten Reich war hingegen nach wie vor kompliziert: Mitte der 1930er Jahre bestimmen Ausschweifungen und ein erotischen Eskapaden nicht abgeneigter Lebensstil seinen Alltag, der Bayer offenbar eine willkommene Ablenkung von den existenziellen Zeitfragen bot. In seinem an Vergnügungen wie dem regelmäßigen Skiurlaub, Bootstouren mit der eigenen Jolle oder Ausfahrten im offenen Wagen orientierten

---

36 Brief von Herbert Bayer an Marcel Breuer, 12.12.1933. American Archives of Art/ Smithsonian Institution, Marcel Breuer Papers, 1920–1986, Series 2 – Correspondence, 1923–1986 [im Folgenden: AAA-MBP], R 5709, F 349.
37 Vgl. Ute Brüning: »Fotografie war nicht mein Ziel«. Ausbildung und Werbepraxis in den Jahren 1924–1940. In: Dies. und Angela Dolgner (Hg.): Vom Bauhaus zur Burg Giebichenstein. Dessau 1996, S. 13–61; hier: S. 56; Brüning: Bauhäusler zwischen Propaganda und Wirtschaftswerbung (s. Anm. 29), S. 26.
38 Brief von Ise Gropius an Marcel Breuer, 19.02.1934. AAA-MBP, R 5709, F 426.
39 Brief von Herbert Bayer an Josef Albers, 31.01.1934, zit. n. Schug: Herbert Bayer (s. Anm. 4), S. 182.
40 Vgl. hierzu Rössler: Herbert Bayer (s. Anm. 1), S. 44–62.
41 Vgl. Max Gebhard: Kommunistische Ideen im Bauhaus. In: bauhaus 3. Hg. v. d. Galerie am Sachsenplatz. Leipzig 1978, S. 10–13; hier: S. 11–12.

Abb. 4: Sommerliche Ausfahrt im Cabriolet – Herbert Bayer, Willy B. Klar und eine unbekannte Dame (Fotograf unbekannt; ca. 1936)

Dasein spiegelte sich auch ein gewisses Geltungsbedürfnis, gepaart mit einer zuweilen narzisstischen Veranlagung, die sich sicher aus seiner blendenden Erscheinung, seinem gewinnenden Wesen und seinen unzähligen Eroberungen speiste. So schrieb Ise Gropius 1934 an beider Freund Marcel Breuer: »herbert läuft hier braun in der stadt herum und macht die mädchen verrückt […]. und da er über das weibliche geschlecht dasselbe denkt wie du, liegt das leben problemlos vor ihm.«[42]

Gleichzeitig versuchte er, seiner Tochter so etwas wie ein geregeltes Familienleben zu bieten, und unterstützte seine Noch-Ehefrau jüdischer Herkunft, deren Situation in Deutschland trotz ihrer amerikanischen Staatsbürgerschaft zunehmend bedrohlich wurde, finanziell mit erheblichen Summen. Dass die Zahlungen an Irene in Dorland-Kreisen

---

42 Brief von Ise Gropius an Marcel Breuer, 18.04.1934. AAA-MBP, Reel 5709, Frame 492. – Vgl. Willy B. Klar: … ein bißchen Chuzpe und ein Haufen Glück. Mein Leben mit Texten und Textilien. Oberaudorf a. I. 1984, S. 92–99.

Anlass für eine Denunziation Bayers bei der Staatsmacht boten, ist nur ein Indiz dafür, dass sich spätestens Ende 1936 sein kräftiger Rückenwind in einen spürbaren Gegenwind gedreht haben dürfte: »ich bin denunziert und der strafe gewärtig«[43], schrieb er an Marcel Breuer, und obwohl sich dieses Problem noch gütlich klären ließ, war das Paar Bayer-Hecht damit ins Visier des Regimes geraten. Als Bayer dann »vergaß«, die Abstammungsnachweise für sich und seine Frau bis zum Ablauf der allgemeinen Einreichungsfrist am 30. September 1936 vorzulegen, war das Misstrauen der Behörden wohl endgültig geweckt.[44]

II. Ausstieg

II.1 Der Druck verstärkt sich
Die faschistische Diktatur in Deutschland trieb die meisten Mitglieder in Bayers engerem Beziehungsnetzwerk in die Emigration – manche wie Breuer oder Schawinsky früher, weil sie im Fadenkreuz der NS-Rassenpolitik standen, andere wie Moholy-Nagy, Gropius oder Dorner später, weil sie zunächst noch daran glaubten, ihr Programm der Moderne auch unter den Vorzeichen der neuen Gesellschaftsordnung umsetzen zu können. »[I]ch bin also der letzte der in berlin allein zurückbleibt«[45], schreibt er bereits 1934 resignierend. Einerseits unternimmt er mindestens zweimal Anläufe, über einen Hausbau in Berlin nachzudenken, für den Marcel Breuer oder später der frühere Bauhaus-Schüler Gustav Hassenpflug die Entwürfe liefern sollten. Andererseits zeigen zahlreiche Tagebucheinträge, dass sich Bayer darüber im Klaren war, dass es kein richtiges Leben im falschen geben kann, aber er verzweifelt an seiner eigenen Lethargie. Bei seinem Abwägen des Für und Wider einer Emigration dominierte immer auch die Angst vor materiellen Engpässen – ohne finanzielle Absicherung schien es ihm nicht denkbar, Deutschland zu verlassen und sich in eine unsichere Zukunft zu stürzen: »bei mir ist immer nur die schwierigkeit, wovon ich im auslande leben soll.«[46]

Geldangelegenheiten blieben lange sein einziges Kriterium für die Auswanderungspläne, die stets dann abrupt abbrachen, wenn sich am Zielort keine unmittelbaren Arbeitsmöglichkeiten auftaten. So kom-

---

43 Brief von Herbert Bayer an Marcel Breuer, 10.01.1935, AAA-MBP, Reel 5709, Frame 642.
44 Vgl. hier und im Folgenden Rössler: Herbert Bayer (s. Anm. 1), S. 101–107.
45 Herbert Bayer: Reisetagebuch 1934, Eintrag vom 09.06.1934. HBA/DAM, Box 70.
46 Brief von Herbert Bayer an Marcel Breuer, 06.09.1935, AAA-MBP, Reel 5709, Frame 713.

mentierte er beispielsweise seine Sondierungen für ein Exil in der Schweiz mit den Worten: »[I]n die schweiz werde ich nicht wieder gehen wegen teuer.«[47] Die entscheidenden Weichenstellungen für Herbert Bayers späte Emigration im Spätsommer 1938 erfolgten dann im Laufe des Vorjahres, so dass in seinem Falle keineswegs von einer überstürzten Abreise oder gar Flucht aus Nazi-Deutschland die Rede sein kann. Nur stichwortartig seien die vier wichtigsten Aspekte zusammengefasst:[48]

- Seine Karriere in Deutschland ging ab Mitte 1936 deutlich bergab, denn an der Propagandaoffensive anlässlich der Berliner Olympiade 1936 war er nur noch mit wenigen nebensächlichen Arbeiten beteiligt, an der vierten NS-Großausstellung *Gebt mir vier Jahre Zeit* von 1937, ebenfalls von der Berliner Messegesellschaft ausgerichtet, überhaupt nicht.
- Denkbar ist, dass im Propagandaministerium die Propagandaschau *Entartete Kunst* bereits ihre Schatten voraus warf und Bayers Bauhaus-Vergangenheit nunmehr selbst eine indirekte Kooperation unmöglich machte. Schließlich war eines seiner Werke, die *Landschaft im Tessin* von 1924 aus den Beständen des Folkwang-Museums Essen, in der berüchtigten Ausstellung von 1937 und der daran anschließenden Wanderschau zu sehen.
- Wegen einer illegalen Ausreise nach London, um seine Einzelausstellung in der London Gallery vorzubereiten, war er Ende 1936 gerügt worden. Gegenüber den Machthabern begründete er diese Präsentation im Ausland, für die er seine österreichische Herkunft sogar als Namenszusatz betonte, dann listig mit einer Stärkung der deutschen Exportwirtschaft aus möglichen Kunstverkäufen. Bei zwei verkauften Werken (von 62) war das Unterfangen zwar ein Misserfolg, Bayer konnte aber aus diesem Anlass quasi alle seine Hauptwerke legal außer Landes bringen und auch sein Talent in angewandter Reklamegrafik potenziellen Auftraggebern vorstellen.
- Bei einem Sommerbesuch 1937 im Hause Gropius in den USA ergaben sich zwei Optionen für eine Tätigkeit, nämlich die Vorbereitung einer groß angelegten Bauhaus-Retrospektive im New Yorker Museum of Modern Art und außerdem die Aussicht auf einen Lehrauftrag an dem von Moholy-Nagy geleiteten New Bauhaus in Chicago.

Im Anschluss an die Londoner Ausstellung war Bayer also zu seiner ersten USA-Reise aufgebrochen und bat Ise und Walter Gropius, ihm

---

47 Brief von Herbert Bayer an Marcel Breuer, 10.01.1935, AAA-MBP, Reel 5709, Frame 641.
48 Vgl. Rössler: Herbert Bayer (s. Anm. 1), Kap. 6.

dafür Aufträge zu vermitteln.⁴⁹ Das Ehepaar lud den engeren Bauhaus-Kreis 1937 in die Sommerfrische nach Planting Island, Marion in Massachusetts ein, um mögliche Perspektiven zu besprechen. Marcel Breuer, der noch 1937 nach Cambridge in den USA emigrierte, wo er auf Vermittlung von Walter Gropius eine Stelle an der Harvard University angeboten bekommen hatte und als Partner in Gropius' Architekturbüro eintrat, finanzierte die Überfahrt. Gropius stellte laut Unterlagen der Einreisebehörden die Einladung für Bayer aus, womit er für den weitgehend mittellos einreisenden Freund bürgte.⁵⁰ In Gesprächen u. a. mit John McAndrew, Kurator im MoMA, wurde die für 1938 geplante Bauhaus-Retrospektive diskutiert und in Konzeption und Umsetzung an Herbert Bayer delegiert, gemeinsam mit dem Auftrag, nach seiner Rückkehr in Deutschland und Europa die notwendigen Exponate bei den früheren Bauhäuslern einzusammeln und daneben Ausstellung wie Katalog federführend zu gestalten. Als Honorar stellte man Bayer, wie seine handschriftliche Kostenkalkulation nahelegt, die Summe von 1.000 Dollar in Aussicht, was einem Viertel des Gesamtbudgets entsprach. Weitere Kontaktversuche etwa bei der *Vogue* im Condé-Nast-Verlag – schließlich sein erster Arbeitgeber nach dem Bauhaus – blieben allerdings ohne konkretes Ergebnis. Pflichtschuldig kehrte Bayer aus den USA zunächst wieder nach Deutschland in sein »reklame-fegefeuer«⁵¹ zurück, um die legale Ausreise vorzubereiten, d. h. in Berlin sein Atelier Dorland abzuwickeln, seinen Hausstand aufzulösen und insbesondere auch seiner Familie die Übersiedlung in die USA zu ermöglichen.

Bayers Haltung war jetzt entschlossen:

> ich werde versuchen eine anleihe aufzunehmen, dass ich mindestens 4–6 monate zu anfang hier aushalten kann. wenn mir das gelingt bin ich anfang februar hier um die bauhausausstellung zu machen. wenn es mir nicht glückt warte ich in berlin auf die tatsächliche berufung nach chicago. denn ich riskiere nicht, ganz ohne geld hier anzufangen.⁵²

---

49 »könnt ihr mir nicht einen auftrag in america bringen. um einige monate dort sein zu können?«, so Herbert Bayer an Ise und Walter Gropius, 17.04.1937, AAA-HBG, Rolle 2287A.
50 »herbert, der doch wahrscheinlich pennyless ankommt«, Brief von Ise Gropius an Marcel Breuer, 03.07.1937, AAA-MBP, Reel 5709, Frame 1008; Dazu National Archives, Washington D.C.: Records of the Immigration and Naturalization Service, Passenger and Crew Lists of Vessels Arriving at New York, 1897–1957, T715_6025, Zeile 2.
51 Brief von Herbert Bayer an Walter Gropius, 25.01.1937, AAA-HBG, Rolle 2287A.
52 Brief von Herbert Bayer an Walter Gropius, 28.10.1937, BHA Berlin, Nachlass Walter Gropius, Mappe 247.

Letzter Auslöser für die Emigration war, wie er selbst mehrfach berichtete, die Annexion seiner Heimat Österreich, die ihn zwangsweise zu einem Reichsdeutschen werden ließ. In den USA hoffte er auf einen vielversprechenden Neubeginn, denn dieses Konsumparadies bot nicht nur Gebrauchsgrafikern ein gut bezahltes Tätigkeitsfeld. Auch die Lehren speziell des Bauhauses konnten jenseits des Atlantiks auf Sympathie zählen[53], nicht zuletzt, weil – beginnend mit Josef Albers, dem ersten Bauhaus-Meister und seiner Frau Anni in den USA – inzwischen der gesamte innere Kreis des Bauhaus-Netzwerks um Walter Gropius dorthin übersiedelt war. Herbert Bayers Name hatte in den USA zudem einen guten Klang, denn Anfang des Jahrzehnts war sein Cover für die Bauhaus-Zeitschrift 1928 auf der Ausstellung *Foreign Advertising Photography* in New York von den amerikanischen Art Directors mit dem ersten Preis ausgezeichnet worden, und die international verbreitete Zeitschrift *Gebrauchsgraphik* hatte seinen Stil in den dortigen Fachkreisen bereits populär gemacht.

I.2 Abschied ohne Tränen
Zurück aus Amerika stabilisierte sich die Beziehung zu Frau und Kind, die Bayer unbedingt in die USA nachholen wollte. Letztlich ist es auch Irenes Vater, der für die Familie bürgt und allen das sogenannte »Affidavit« verschafft, ohne welches die Einreise in die Vereinigten Staaten nicht möglich gewesen wäre. Die »oberen bemühungen und die papiere müssen beide geklappt haben, dann komme ich, die ausstellung zu machen und anschliessend zu starten. wenn nicht, warte ich solange es notwendig wird«, schrieb er Weihnachten 1937 an Ise Gropius – und tatsächlich erhielt das Polizeipräsidium die Unbedenklichkeitserklärung des Wilmersdorfer Finanzamts erst am 13. August 1938, woraufhin ihm gerade noch rechtzeitig vor der gebuchten Schiffspassage sein Reisepass ausgestellt werden konnte.[54]

Der Umzug musste laut Vorschrift gemeinsam erfolgen, weshalb Herberts Hausrat aus seiner Wohnung zunächst zu Irene gebracht wurde, bevor beider Habseligkeiten dann in einem gemeinsamen Container auf die Reise gingen.[55] Herbert Bayer verließ Deutschland aber am 15. August 1938 allein von Bremerhaven aus. Er hinterließ nicht nur eine ungeklärte Situation im Studio Dorland mit erheblichen Querelen,

---

53 Zu diesem Kapitel insgesamt vgl. die grundlegende Arbeit von Gabriele Diana Grawe: Call for Action. Mitglieder des Bauhauses in Nordamerika. Weimar 2002.
54 Mitteilung des Finanzamts Wilmersdorf-Nord an den Polizeipräsidenten von Berlin vom 13.08.1938. HBA/DAM.
55 Vgl. hier und im Folgenden Rössler: Herbert Bayer (s. Anm. 1), S. 116–125; Rössler/Chanzit: Der einsame Großstädter (s. Anm. 1), S. 182–188.

sondern außerdem größere Zollformalitäten wegen seiner noch immer in London befindlichen Kunstwerke, ein umfangreiches Belegstückarchiv, das den Krieg schließlich bei seinen Verwandten in Österreich überdauerte, schließlich hatte seine Gattin noch keine gültigen Ausreisedokumente. Auf seine Barschaft bezogen, ist die eingangs referierte Aussage von Bayer auch nicht falsch – er betrat tatsächlich relativ mittellos amerikanischen Boden. Was er aus der Abtretung von Rechten und Lizenzen erlösen konnte, benötigten er oder Irene und Tochter Muci für die Reisevorbereitungen. »Ich habe alles getan, um einnahmen zu sichern. aber es scheint alles umsonst gewesen zu sein. […] das geld gehört dem geliebten staat.« Was die Reichsfluchtsteuer noch übrig gelassen hatte, büßte Bayer dann bei der Abfahrt ein: Dort, so schrieb er, wurde ihm noch »mein gesamtes geld abgenommen […] dieser staat bedient sich der masslosesten räuberei und ausbeutung. jeder staatsbürger ist eine nummer zur schlechten verwendung und ein opfer.«[56]

Mit der Wahrung seiner Interessen beauftragt, aber ohne vernünftige Vollmacht, und einen unfähigen Anwalt an ihrer Seite schoss Irene Bayer zunächst über 1.300 Reichsmark vor, um eine Steuerschuld des Studios zu begleichen. Es gibt Streit mit den Ex-Kollegen um Bayers Wagen und die Außenvertretung des Studios. Auch wollte Matthess den geschlossenen Vertrag nicht einhalten, weil durch Bayers Auslandsaufenthalt kaum eine Chance bestanden hätte, seine Interessen vor Gericht durchzusetzen. Sein künstlerischer Nachfolger Kurt Kranz ist im Dorland-Dunstkreis als »naziobertyrann«[57] umstritten, weshalb Irene den Eindruck gewann, seine Ex-Kollegen »benehmen sich wie ein pack wölfe und matthes und steinbring [damals Dorland-Personalchef; d. Verf.] hecken täglich eine neue gemeinheit aus«. – »Ich bin überzeugt, dass die bücher frisiert sind und dorland uns übers ohr haut, aber ich bin hilflos«:[58] Ihr wurde kein Zugang zu den Unterlagen gewährt, und die versprochenen Zahlungen trafen nicht ein, weshalb sie irgendwann damit drohte, die staatliche Devisenstelle einzuschalten, der sie für die Ausreise Rechenschaft schuldete. Schließlich erreichte sie wenigstens, dass Dorland die Umzugskosten bei der Spedition beglich. Seine Habseligkeiten konnte Bayer, zusammen mit seinen Bildern, dann Anfang 1939 in New York in Empfang nehmen, nachdem Irene alles zollamtlich abgefertigt und am 29. September zur Verschiffung an eine Spedition übergeben hatte. Diese packte versehentlich auch die

---

56 Herbert Bayer, Tagebuch 1938–1940, HBA/DAM, Box 12, S. 3–4, 13. – »I left money for irene and julia to take care of travel expenses.« Herbert Bayer, answer to Arthur Cohen's questionnaire no. 14, 08.03.1982. HBA/DAM, Box 9, folder 98.
57 Willy B. Klar an Herbert Bayer, undatiert [November 1946], HBA/DAM, Box 70.
58 Irene an Herbert Bayer, 09.09. und 16.10.1938, HBA/DAM, Box 12.

Abb. 5: PR-Aufnahme zur Eröffnung der Bauhaus-Ausstellung im MoMA (Foto: Hansel Mieth; 1938)

Hakenkreuzfahne der Bayers mit ein, weshalb Irene (letztlich unbegründet) Schwierigkeiten mit dem US-Zoll befürchtete.⁵⁹

Noch bevor Bayer selbst einen Fuß auf den amerikanischen Boden gesetzt hatte, ereilte ihn ebenfalls die erste Hiobsbotschaft, denn das New Bauhaus war zwischenzeitlich quasi bankrott gegangen, und Moholy-Nagy ließ ihm mitteilen, dass sein Kommen nicht mehr nötig sei.

> [A]lso fristlos entlassen, das erste mal im leben überhaupt, obwohl ich aus diesem grunde hier bin, und alles in berlin aufgelöst habe. so wird meine erste tat hier ein prozess sein. schon stehe ich ungekannten problemen gegenüber. vor allem den gangstermanieren der millionäre.⁶⁰

Von der Klage sah Bayer später ab, doch das Rettungsangebot Moholys, das einen Gehaltsverzicht der Lehrenden vorsah, nahm er nicht an. Damit war die Bauhaus-Retrospektive im MoMA, die nach weiteren

---

59 Vgl. Irene an Herbert Bayer, 26.09. und 16.10.1938, HBA/DAM, Box 12; Herbert Bayer: Tagebuch 1938–1940, HBA/DAM, Box 12, S. 26.
60 Ebd., S. 5–6; vgl. AAA-OHP Cohen, S. 32, sowie den Brief von Moholy-Nagy an Bayer und Schawinsky, 26.09.1938, BHA Berlin, Nachlass Walter Gropius, Mappe 31.

Verzögerungen erst am 7. Dezember 1938 eröffnet werden konnte, Bayers erster und zunächst einziger Auftrag in den USA.

Ebenso wie der Katalog wurde auch die Ausstellung von Bayer (nach seinen eigenen Angaben) fast im Alleingang eingerichtet, mit Arbeitszeiten bis spät in die Nacht. Walter Gropius fand kaum Zeit, ihn vor Ort zu unterstützen, und der als Assistent verpflichtete Xanti Schawinsky schien sich nicht sonderlich zu engagieren, lediglich Ise Gropius half ihm anscheinend bei den Beschriftungen.[61] Die Kritiker gingen später zumeist ungnädig mit Bayers innovativer, die Betrachtungsgewohnheiten der Besucher herausfordernder Installation der Exponate um. Nur wenige Rezensenten lobten das didaktisch-dokumentarische Arrangement der gut 700 gezeigten Exponate, während der Großteil des Feuilletons Bayers Design als verwirrend, rätselhaft oder schlicht unbeholfen bezeichnete.[62] Dennoch stellte die Arbeit an dieser Ausstellung nicht nur wegen des Honorars, sondern wegen der damit verbundenen Kontakte mittelfristig das Sprungbrett für Bayers erfolgreiche Karriere in den USA dar. Zum Ende des Jahres 1938 folgten ihm seine Noch-Ehefrau samt Tochter in die neue Heimat und entkamen damit dem Holocaust und dem sicheren Tod. Ebenfalls in New York lernte Bayer bereits im Herbst 1938 seine spätere zweite Ehefrau Joella Haweis Levy kennen, die er 1944 nach Erhalt der amerikanischen Staatsbürgerschaft und Scheidung von Irene heiratete. Seine lebenslange Freundschaft mit dem Großindustriellen und Mäzen Walter Paepcke sicherte ihm später nicht nur ein auskömmliches Dasein in den Bergen von Colorado, wo er den Ort Aspen als kulturelles Gravitationszentrum der USA mit aufbaute, sondern den notwendigen Freiraum, sich endlich wieder dem freien künstlerischen Ausdruck zu widmen.[63]

---

61 Vgl. AAA-OHP Cohen, S. 33 und 34; Herbert Bayer: Tagebuch 1938–1940, HBA/DAM, Box 12, S. 19: »die ausstellung selbst war eine riesenaufgabe für mich allein.«
62 Für eine ausführliche Beschreibung der Ausstellungsinstallation und der Medienresonanz darauf vgl. Mary Anne Staniszewski: The Power of Display. A History of Exhibition Installations at the Museum of Modern Art. Cambridge 1998, S. 143–152; Gregor Langfeld: Deutsche Kunst in New York. Vermittler – Kunstsammler – Ausstellungsmacher 1904–1957. Berlin 2011, S. 111–117.
63 Vgl. National Archives, Washington D.C., Records of the Immigration and Naturalization Service, Passenger and Crew Lists of Vessels Arriving at New York, 1897–1957, T715 6258, Zeilen 12 und 13; Eckhard Neumann: Kunst als universelle Verantwortung. Der Weg Herbert Bayers in Amerika. In: Herbert Bayer: Kunst und Design in Amerika 1938–1985. Hg. v. Bauhaus-Archiv. Berlin 1986, S. 8–13; Cohen: Herbert Bayer (s. Anm. 2), S. 229–239.

III. Schlussbemerkungen

Das geschilderte Schicksal Herbert Bayers in den 1930er Jahren unterscheidet sich in vielem von den typischen Narrationen, die mit Exil, Vertreibung und Verfolgung zu tun haben – insbesondere in der klassischen Opfer-Perspektive, aus der heraus die Biografien meist erzählt werden. Rückblickend lässt sich zusammenfassen, dass Bayer weder der Faszination der faschistischen Diktatur erlegen noch ein Befürworter des Nationalsozialismus gewesen war. Angesichts seiner extensiven Tätigkeit für die Staatspropaganda in den Jahren 1934 bis 1938 sollte man allerdings nicht von »Innerer Emigration« und genauso wenig von einer »Flucht ins Exil« sprechen (wie es übrigens auch Bayer selbst nie tat).[64] Der lange willfährige Avantgardist, der – trotz seiner Vergangenheit am Bauhaus – von den Machthabern wohlgelitten war, ist gleichzeitig von Selbstzweifeln geplagt worden und empfand die gesellschaftliche Situation offensichtlich als belastend. Offenbleiben muss, ob Bayer während und nach seiner Zeit im NS-Deutschland tatsächlich an die verharmlosenden Interpretationen seiner staatsnahen Aufträge glaubte, oder ob es sich vielmehr um strategische Behauptungen wider besseres Wissen handelte, mit denen er seine Rolle als viel beschäftigter Stargrafiker des Deutschen Reiches herunterspielen wollte. Das zeitgenössische Urteil ehemaliger Kollegen fiel zuweilen harsch aus – etwa das des bereits 1930 nach Paris emigrierten Jezekiel D. Kirszenbaum, der im Januar 1938 urteilte, Herbert Bayer sei »in Deutschland alles Piepe« gewesen, »Hauptsache [war], als erster Nazi-Plakatzeichner zu gelten«.[65]

Die Emigration des ehemaligen Bauhaus-Meisters stellte weniger das verzweifelte Entrinnen in die Diaspora, sondern eher die von ökonomischen Überlegungen bestimmte, reiflich erwogene Ausreise eines Mitläufers dar, der vergleichsweise lange in Nazi-Deutschland verblieb und dort trotz seiner Vergangenheit am Bauhaus zu einem Star unter den Grafikdesignern seiner Generation avanciert war. Sein Beispiel verdeutlicht, dass Exil und Emigration nicht zwingend Flucht und überhastete Ausreise in Nacht und Nebel und unter Verlust von Hab und Gut bedeuten mussten. Auch während der nationalsozialistischen Herrschaft war es manchen Personen möglich, eine Ausreise finanziell abzusichern, durch strategischen Rückgriff auf etablierte Beziehungsnetzwerke von langer Hand vorzubereiten und sich damit manche der

---

64 Vgl. Rössler: Exil mit Kalkül (s. Anm. 12) mit einer Diskussion dieser Begriffe.
65 Brief von Jezekiel Kirszenbaum an Paul Citroën, 04.01.1938, BHA Berlin 8034/190. Ich danke Klaus Weber für den Hinweis auf dieses Dokument.

Grenzerfahrungen zu ersparen, die diejenigen machten, welche ohne jegliches Netz und doppelten Boden einen echten Neuanfang in der Fremde zu bewältigen hatten. In diesem Sinne steht Bayers Schicksal sicher nicht allein, sondern kann als prototypisch gelten für das einer ganzen Reihe von Ex-Bauhäuslern wie Walter Gropius, Ludwig Mies van der Rohe, Marcel Breuer, Josef Albers oder László Moholy-Nagy. Peter Hahn bilanziert hierzu:

> [...] von Exil im strengen Sinne kann in ihren Fällen kaum gesprochen werden, auch nicht von politischem Widerstand gegen die Umwälzung in Deutschland oder gar von antifaschistischem Kampf. Vielmehr waren es berufliche Erwägungen, die den Entschluss zur Auswanderung reifen ließen, verbunden mit der Erwartung, außerhalb Deutschlands bessere Chancen für die Realisierung ihres künstlerischen Credos zu finden.[66]

Als Bayer sich schließlich zur Emigration entschlossen hatte, konnte er diese in einer vergleichsweise privilegierten Form antreten – er hatte ausführlich Zeit für die Vorbereitung einer legalen Ausreise, konnte weite Teile seines künstlerischen Werkes und seines persönlichen Archivs mitnehmen, war der Sprache des Gastlandes bereits mächtig, verfügte über einflussreiche persönliche Kontakte und hatte zumindest erste Optionen für Arbeitsmöglichkeiten sondiert und einen Start der Karriere in den USA vertraglich gesichert. Dass Bayer die Situation in dem fremden Land gerade in ökonomischer Hinsicht als nicht befriedigend empfand, sei keineswegs bestritten. Gleichwohl ersparte ihm die enge Einbindung in sein Beziehungsnetzwerk die existenziellen Negativerfahrungen, über die andere Flüchtlinge berichteten.[67] Für seine in Deutschland verbliebenen Kollegen fand er, obwohl selbst erst kurz vor Kriegsbeginn ausgereist, wenig freundliche Worte:

> [I]n letzter zeit habe ich verschiedene briefe aus deutschland erhalten, aber man wird ja nicht klug daraus. ich habe auch aufgegeben zu antworten, weil man nicht umhinkann, jeden einzelnen der dort noch mitmacht zu beschuldigen. wenn es auch ungerecht sein mag, aber mich persönlich würmt deren erfolg am meisten.[68]

Nachsatz: Im Juni 2007 erschien das Album »We Are the Night« des britischen Electronic-Duos *The Chemical Brothers* mit einer Abwand-

---

66 Hahn: Bauhaus und Exil (s. Anm. 28), S. 216; Vgl. Rössler: Herbert Bayer (s. Anm. 1), S. 147–153.
67 Vgl. Rössler: Exil mit Kalkül (s. Anm. 12), S. 66–69; Schug: Moments of Consistency (s. Anm. 4), S. 73; Herbert Bayer: Tagebuch 1958–1972 (»Occasional Diaries«), HBA/DAM, Box 12.
68 Brief von Herbert Bayer an Ise Gropius, AAA-HBG, 02.05.[1940].

lung der Bayer-Fotomontage »Der einsame Großstädter«, die dieser schon unmittelbar nach seiner Ankunft für seinen ersten Werbeprospekt in den USA verwendet hatte. Die Herbert Bayer Foundation leitete hiergegen juristische Schritte ein, woraufhin der inkriminierte Bayer-Entwurf von dem Albumcover entfernt werden musste.[69]

---

[69] Ich danke Volker Gehrau für diesen Hinweis.

Martin Münzel

»Finanzmänner im neuen Feld«
Deutsche Bankiers als Emigranten in New York City

In ihrer letzten Ausgabe vor Weihnachten 1944 publizierte die New Yorker Emigrantenzeitung *Aufbau* eine ambivalente Analyse zur Situation derjenigen Flüchtlinge, die zuvor Positionen im deutschen Finanzwesen innegehabt hatten. Anders als für Ärzte, Ingenieure und Techniker, so ihr Verfasser Walter Floersheimer, verbinde sich für sie die Umstellung mit großen Schwierigkeiten, seien sie doch

> ausschliesslich Kenner der deutschen Verhältnisse. Für die meisten waren die ausländischen Märkte Neuland. In Deutschland hatten sie das Vertrauen ihrer Landsleute genossen. In den Ländern ihrer Zuflucht waren sie unbekannt, und das Handicap der neuen Sprache machte ein Einschalten in die Wirtschaft der betreffenden Länder besonders schwer.

Durch geschickte Verwaltung ihres Vermögens hätten sich andererseits viele der »Finanzmänner im neuen Feld« selbständig machen können oder Aufnahme in amerikanischen Bankhäusern gefunden. Denn gerade sie seien

> durch ihre Kenntnis der europäischen Verhältnisse und Sprachen prädestiniert gewesen, das internationale Bank- und Finanzgeschäft hierzulande zu fördern [...]. Der Ausbruch des Krieges hinderte indessen die aus Deutschland eingewanderten Bankiers, in diesem Fach produktiv und im Interesse der amerikanischen Wirtschaft zu arbeiten. Mit dem Ende des Krieges wird dieses Feld den Immigranten offen stehen und hoffentlich wird man in späteren Zeiten einmal sagen können: Was einst spanische Refugees für die Entwicklung des Handels in Amsterdam, Saloniki und London getan haben, Aehnliches wurde von den aus Deutschland vertriebenen Finanzleuten in den Vereinigten Staaten geleistet.[1]

Und es war Walter Floersheimer (1900–1989) selbst, der als Repräsentant einer gelungenen Neuetablierung als Bankier gelten konnte: Nach seinem Einstieg als 22-jähriger Prokurist bei der Dresdner Bank hatte er 1924/25 in der New Yorker Vertretung des Unternehmens und schließlich in der Direktion von deren Düsseldorfer Filiale gearbeitet.

---

1 Walter Floersheimer: Finanzmänner im neuen Feld. In: Aufbau, 22.12.1944, S. 44.

Von 1932 bis 1936 Mitinhaber des Berliner Privatbankhauses E.J. Meyer, verließ Floersheimer das Deutsche Reich 1937 und wurde nach einem längeren Aufenthalt in Belgien am 1. Oktober 1939 als Börsenmakler Partner des New Yorker Unternehmens Otto Fuerst & Co., bevor er sich in verschiedenen Investmentfirmen und als Philanthrop betätigte.[2]

I. Einführung

Die umfassenden Forschungen zur deutschen Emigration nach 1933 bieten kaum Anhaltspunkte für eine Überprüfung der zeitgenössischen Beobachtungen und Prognosen Walter Floersheimers. Dimensionen, Verlaufsformen und Folgen der tausendfachen Vertreibung und Flucht deutscher Unternehmer sind bis heute signifikant vernachlässigt worden, obwohl bereits vor 70 Jahren die soziale, berufliche und ökonomische Integration der europäischen Emigranten, die von ihnen errichteten Unternehmen und die Versuche des Transfers europäischer Produkte und Betriebsmethoden zum Untersuchungsgegenstand gemacht wurden.[3]

Für dieses Außerachtlassen bieten sich zwei Erklärungsansätze an:[4] Zum einen mangelt es dem historischen Erscheinungsbild des Unter-

---

[2] Dr. Floersheimer – Partner der Firma Otto Fuerst & Co. In: Aufbau, 01.10.1939, S. 21; Walter D. Floersheimer, Banker, 89. In: New York Times, 06.04.1989, S. D25; Landesamt für Bürger- und Ordnungsangelegenheiten – Entschädigungsbehörde –, Berlin, 253212 (Entschädigungsakte Walter Floersheimer). Im *Aufbau* betreute Floersheimer seit 1939 überdies die Kolumne »Wall Street-Telegramm«.

[3] Auslöser der empirischen Erhebungen waren v. a. Vorwürfe der US-Öffentlichkeit und aus Unternehmerkreisen, die Flüchtlinge stellten eine unliebsame wirtschaftliche Konkurrenz für die amerikanische Bevölkerung dar. Vgl. insbesondere Maurice R. Davie: Refugees in America. Report of the Committee for the Study of Recent Immigration from Europe. New York, London 1947; Sophia M. Robison: Refugees at Work. New York 1942; Gerhart Saenger: Today's Refugees, Tomorrow's Citizens. A Story of Americanization. New York 1941; Julius und Edith Hirsch: Berufliche Eingliederung und wirtschaftliche Leistung der deutsch-jüdischen Einwanderung in die Vereinigten Staaten (1935–1960). In: Twenty Years American Federation of Jews from Central Europe, Inc. 1940–1960. New York 1961, S. 41–70. Siehe als jüngste Studie mit Berücksichtigung der Emigrationsgeschichte Benno Nietzel: Handeln und Überleben. Jüdische Unternehmer aus Frankfurt am Main 1924–1964. Göttingen 2012, S. 221–238, sowie zur deutsch-jüdischen Wirtschaftselite Martin Münzel: Die jüdischen Mitglieder der deutschen Wirtschaftselite 1927–1955. Verdrängung – Emigration – Rückkehr. Paderborn u.a. 2006, S. 245–281.

[4] Vgl. Martin Münzel: Unternehmeremigration. Desiderate und Perspektiven. In: Exilforschung. Ein internationales Jahrbuch 30 (2012): Exilforschungen im historischen Prozess, S. 289–303; hier: S. 190–191; Ders.: Die vergessenen Emigranten. Die Auswanderung deutsch-jüdischer Unternehmer nach 1933 als Desiderat der historischen

nehmers mit seinem durch Diskretion geprägten ökonomischen Handeln und aufgrund fehlender autobiografischer Materialien häufig an scharfen Konturen. Herausgehoben werden dann zumeist einzelne erfolgreiche Wirtschaftspioniere, während die Masse der Unternehmer und nicht zuletzt die gescheiterten und vertriebenen unter ihnen ein geschichtliches Schattendasein fristen.

Zum anderen stehen die typischerweise an individuellem ökonomischen Erfolg ausgerichteten Orientierungen von Unternehmern den klassischen Interessen der Exilforschung an der Verarbeitung des Exils in Kunst und Literatur sowie gemeinsamen politischen, von Idealismus getragenen Aktivitäten und visionären Planungen für ein Deutschland jenseits der NS-Herrschaft entgegen. Als ausschließlicher Teil der jüdischen Massenemigration gerieten sie aus dem Blick der Forschung, die von ihren Wurzeln her von der Konzentration auf die antifaschistischen Kräfte innerhalb der Flüchtlingsbewegung geprägt war[5], während sich andererseits das Interesse gerade auf das prinzipielle Arrangement der (nichtjüdischen) Unternehmerschaft mit den Nationalsozialisten konzentrierte.

Dabei ist die Anschlussfähigkeit an Fragen der historischen Migrationsforschung in Verbindung mit zentralen soziologischen und ökonomischen Themenfeldern evident. So wird unter den Stichworten »ethnic entrepreneurship« und »ethnic economy« der Beitrag von Einwanderern und ethnischen Minderheiten zu Transformationsprozessen innerhalb des Unternehmertums diskutiert und nach der Rolle »ethnischer Ressourcen« und kultureller Prädispositionen für unternehmerischen Erfolg ebenso gefragt wie nach dem Einfluss der durch Migranten transferierten Produkte, Technologien, Methoden und Fachkenntnisse.[6]

Mit den Finanzunternehmern wird allerdings ein seit jeher international ausgerichtetes wirtschaftliches Segment in den Blick genommen. Während indes Darstellungen etwa zu den bis weit in das 19. Jahrhundert zurückreichenden transatlantischen Netzwerken vor-

---

Forschung. In: »... und handle mit Vernunft«. Beiträge zur europäisch-jüdischen Beziehungsgeschichte. Festschrift zum 20jährigen Bestehen des Moses Mendelssohn Zentrums. Hg. v. Irene Diekmann u. a. Hildesheim u. a. 2012, S. 468–485; hier: S. 475–478.

5 Ernst Loewy: Zum Paradigmenwechsel in der Exilliteraturforschung. In: Exilforschung. Ein internationales Jahrbuch 9 (1991): Exil und Remigration, S. 208–217.

6 Siehe als Überblicke u. a. Harold Pollins: Immigrants and Minorities – The Outsiders in Business. In: Immigrants and Minorities 8 (1989), S. 252–270; Roger Waldinger, Howard Aldrich und Robin Ward: Ethnic Entrepreneurs. Immigrant Business in Industrial Societies. Newbury Park 1990; Andrew Godley: Migration of Entrepreneurs, und Anuradha Basu: Ethnic Minority Entrepreneurship. In: The Oxford Handbook of Entrepreneurship. Hg. v. Mark Casson u. a. Oxford 2006, S. 601–610 und S. 580–600; Hartmut Berghoff und Andreas Fahrmeir: Unternehmer und Migration. Einleitung. In: Zeitschrift für Unternehmensgeschichte 58 (2013), S. 141–148.

wiegend jüdischer Privatbankiersfamilien[7] meist mit dem Jahr 1914 enden, soll im Folgenden explizit jene Gruppe von Unternehmern in den Blick genommen werden, die bereits an führender Stelle im deutschen Bankwesen aktiv gewesen waren, bevor sie sich als Flüchtlinge in den USA binnen Kurzem in einem neuen wirtschaftlichen Umfeld behaupten mussten. Mit der Konzentration auf New York City wird dabei nicht nur die weltweit wichtigste Flüchtlingsmetropole der 1930er und 1940er Jahre, sondern zugleich das konkurrenzlose Finanzzentrum der Vereinigten Staaten in den Mittelpunkt gestellt.[8]

Ziel des Beitrags ist es, nach einer knappen quantifizierenden Einordnung der deutschen Unternehmeremigration nach New York exemplarisch Kontinuitäts- und Diskontinuitätslinien nachzuzeichnen.[9]

II. Die Unternehmeremigration nach New York – ein quantifizierender Überblick

Legt man quellenbedingt einen recht breiten Unternehmerbegriff zugrunde, der sowohl selbständige Eigentümer als auch angestellte Manager und unter den Bankiers vor allem Besitzer und Direktoren großer

---

[7] Vgl. u. a. Frederick H. Brunner: Juden als Bankiers – ihre völkerverbindende Tätigkeit. In: In zwei Welten. Hg. v. Hans Tramer. Tel-Aviv 1962, S. 509–535; Kurt Grunwald: Three Chapters of German-Jewish Banking History. In: Leo Baeck Institute Year Book XXII (1977), S. 191–208; für New York Barry E. Supple: A Business Elite: German-Jewish Financiers in Nineteenth-Century New York. In: Business History Review 31 (1957), S. 143–178, und modifizierend Vincent P. Carosso: A Financial Elite: New York's German-Jewish Investment Bankers. In: American Jewish Historical Quarterly 66, September 1976, S. 67–88, sowie zur deutsch-jüdischen Auswanderung im 19. Jahrhundert insgesamt Avraham Barkai: Branching Out. German-Jewish Immigration to the United States 1820–1914. New York, London 1994; Roger Daniels: Coming to America. A History of Immigration and Ethnicity in American Life. 2. Aufl. New York 2002, bes. S. 145–184 und S. 287–306.

[8] Vgl. zur Geschichte deutscher Migranten in New York u. a. Stanley Nadel: Germans. In: The Encyclopedia of New York City. Hg. v. Kenneth T. Jackson. New Haven 1995, S. 463–464; Michael Winkler: Metropole New York. In: Exilforschung. Ein internationales Jahrbuch 20 (2002): Metropolen des Exils, S. 178–198; Steven M. Lowenstein: Frankfurt on the Hudson. The German-Jewish Community of Washington Heights, 1933–1983. Its Structure and Culture. Detroit 1989; Geneviève Susemihl: »… and it became my home«. Die Assimilation und Integration der deutsch-jüdischen Hitlerflüchtlinge in New York und Toronto. Münster 2004; Ilona Stölken: Das deutsche New York. Eine Spurensuche. Leipzig 2013.

[9] Ergebnisse bereits bei Martin Münzel: Flucht, Transfers und Pioniere. Zur Emigration deutscher Bankiers und Verleger nach New York City 1933 bis 1945. In: Zeitschrift für Unternehmensgeschichte 57 (2012), S. 181–202, bes. S. 190–194. Der Beitrag stützt sich auf Ergebnisse eines vom Verfasser durchgeführten und von der Gerda Henkel Stiftung geförderten Forschungsprojekts zur Emigration deutscher Unternehmer nach New York nach 1933.

Privat- und Aktienbanken umfasst, ergibt sich für die nach 1933 einsetzende Unternehmeremigration aus dem Deutschen Reich nach New York folgendes Bild (Abb. 1):[10]

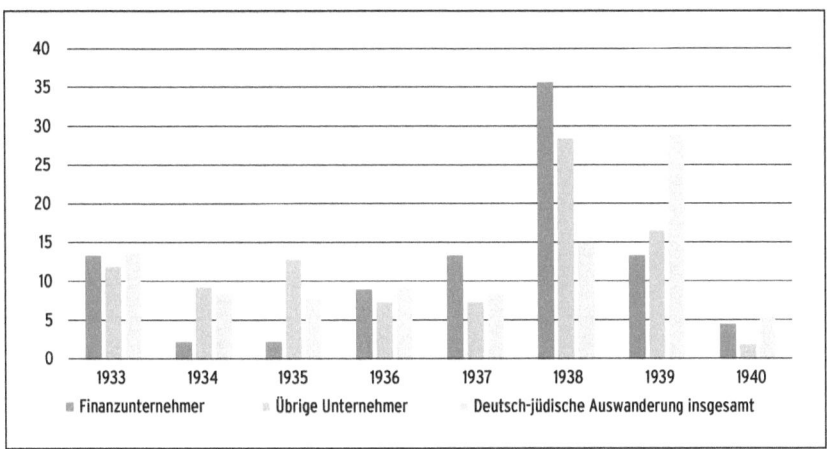

Abb. 1: Jahr der Auswanderung aus Deutschland (in %)

Der im Vergleich mit der gesamten deutsch-jüdischen Auswanderungsbewegung nach der ersten Fluchtwelle 1933 abgeschwächte Emigrationsverlauf unter den Bankiers und Bankdirektoren deutet auf die Tatsache hin, dass die großen Bankhäuser aus ökonomischen Erwägungen heraus zunächst stärker von antisemitischen Boykotts und »Arisierungen« ausgenommen wurden als andere Unternehmen. Vor Novemberpogrom und Gesetzesmaßnahmen 1938/39 wiederum scheinen die bedrohten Unternehmer auf eine Emigration besser vorbereitet gewesen zu sein oder vermochten es zumindest – trotz zum Teil immenser Vermögensverluste durch Reichsfluchtsteuer, »Judenvermögensabgabe«, Transferverluste und Sonderabgaben[11] –, ihre erheblich besseren finanziellen Möglichkeiten und Auslandsverbindungen auszunutzen. Ohne dass hier die vielfachen dramatischen Odysseen jenseits der deut-

---

10 Eigene Erhebung zu insgesamt 169 Personen auf der Basis diverser Quellen; weit überrepräsentativ vertreten sind dabei Verleger. Zahlen zur deutsch-jüdischen Emigration insgesamt nach Herbert A. Strauss: Jewish Emigration from Germany. Nazi Policies and Jewish Responses (I). In: Leo Baeck Institute Year Book 25 (1980), S. 313–361; hier: Tab. VII, S. 326.
11 Vgl. zur großen Bandbreite der Maßnahmen zur finanziellen Ausplünderung der Emigranten u.a. Dorothee Mußgnug: Die Reichsfluchtsteuer 1931–1953. Berlin 1993; Martin Münzel: Expulsion – Plunder – Flight: Businessmen and Emigration from Nazi Germany (1933–1939) [2013], unter: http://www.immigrantentrepreneurship.org/entry.php?rec=174 [abgerufen: 23.04.2015].

schen Grenzen geschildert werden können, bleibt festzuhalten, dass jeder zweite Unternehmer innerhalb eines Jahres die USA erreichte und es in New York rund der Hälfte der erfassten Emigranten gelang, wieder innerhalb der gleichen Branche unternehmerisch tätig zu werden, wobei gerade bei den jüngsten Einwanderern die Kontinuitätsquote mit fast zwei Dritteln besonders hoch war.[12] Mehr als ein Drittel wechselte in andere Wirtschaftszweige oder Tätigkeiten oder remigrierte nach Kriegsende (Abb. 2).

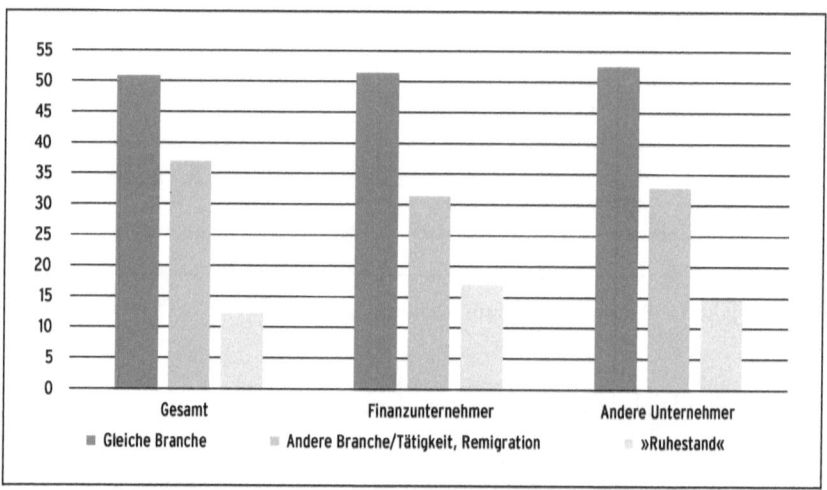

Abb. 2: Unternehmertätigkeit Deutschland – New York (in %)

Unter den hier berücksichtigten 35 Bankenvertretern reüssierten 18 im Finanzbereich, während der Anteil derjenigen, die dauerhaft ohne eigentliche berufliche Tätigkeit blieben, vergleichsweise hoch war, da es ihnen als Experten am ehesten gelang, eigene Vermögenswerte in die USA zu transferieren und sich zur Ruhe zu setzen. Hierzu zählten etwa der frühere Geschäftsinhaber der Berliner Handels-Gesellschaft Siegfried Bieber (1873–1960) sowie die ehemaligen Vorstandsmitglieder der Dresdner Bank Wilhelm Kleemann (1869–1969) und Siegmund Bodenheimer (1874–1966).

---

12 Auf die vor dem Hintergrund einer US-Arbeitslosenquote, die noch 1940 bei 14,6 Prozent lag, und nationalistischer Einflüsse errichteten bürokratischen Hürden und die bis Ende 1942 vorherrschenden Beschäftigungsrestriktionen gegenüber den »enemy aliens« kann hier nicht näher eingegangen werden. Vgl. als neueren Überblick Bat-Ami Zucker: American Refugee Policy in the 1930s. In: Refugees from Nazi Germany and the Liberal European States. Hg. v. Frank Caestecker und Bob Moore. New York, Oxford 2010, S. 151–168.

III. Diskontinuität

Eine entscheidende Ursache für unternehmerische Diskontinuität lag im durch die vorausgegangene Ausplünderung verursachten Mangel an Finanzressourcen – »One may almost say that, while a scholar without position and money is still a scholar, a businessman without a job and money is no longer a businessman.«[13] Zudem konnte keinesfalls immer eine internationale Qualifizierung mit entsprechenden Kenntnissen der Sprache, der Marktstrukturen und der Geschäftsmethoden vorausgesetzt werden und wirkte sich der Mangel an »sozialem Kapital« in Form persönlicher Akzeptanz und erworbenen Vertrauens aus.

Das Zusammenspiel mehrerer dieser Faktoren demonstriert das Beispiel Herbert Gutmanns (1882–1968)[14], der unter anderem in London und Paris ausgebildet worden war, bevor er die Leitung der väterlichen Privatbank in Stuttgart übernahm und seit 1929 an der Spitze der neu eröffneten Frankfurter Filiale der Commerzbank stand. Seine angesichts der herrschenden Bedingungen 1935 geäußerte Bitte, die Tätigkeit in Verbindung mit der Bank ins Ausland zu verlegen, blieb unerfüllt, und auch ein persönliches Treffen mit Max Warburg, bis 1938 Chef der Hamburger Privatbank M.M. Warburg, verlief für Gutmann enttäuschend. Nach einem ersten Besuch in New York im Sommer 1936 gewann er zudem

> den Eindruck, daß niemand auf mich gewartet hatte. Die paar Geschäftsfreunde, mit denen ich über die Bank, teils vorher unter meiner väterlichen Firma, in Verbindung stand, luden mich zwar, wie üblich zum Lunch ein, sahen aber sonst nur wenig Aussicht für mich, in New York irgendwo Fuß zu fassen.[15]

In London, seinem ersten Auswanderungsziel, gelang es Gutmann mit einer nur beschränkte Zeit gültigen Arbeitserlaubnis aufgrund fehlender Mittel nicht, ein Finanzierungsinstitut für Unternehmen anderer Emigranten zu etablieren, so dass er sich ab Anfang Februar 1937 in New York auf monatelange Beschäftigungssuche begab. Trotz verschiedener persönlicher Kontakte[16] scheiterten auch hier verschiedene Anläufe zur Gründung einer Existenz als Unternehmer am Kapitalmangel. Die wirtschaftlichen Rahmenbedingungen ließen es außerdem nicht zu, mehrere eigene Patente zu verwerten. Gleichzeitig galt Gut-

---

13 Saenger: Today's Refugees (s. Anm. 3), S. 123.
14 Vgl. zum Folgenden Herbert H. Gutmann: Es war einmal. Erinnerungen [1952], Leo Baeck Institute New York (LBI NY), ME 935/MM II 18.
15 Gutmann: Es war einmal (s. Anm. 14), S. 36.
16 So war Albert Einstein ein Onkel der Ehefrau Gutmanns.

mann als überqualifiziert – man könne ihm keinen untergeordneten Posten anbieten und eher, so Henry Ittleson, Gründer von Commercial Investment Trust (CIT), einem seiner Laufjungen eine Stellung geben als einem ehemaligen deutschen Bankdirektor. Herbert Gutmann wechselte schließlich in die Versicherungsbranche, absolvierte ein entsprechendes Studium und leitete ab 1939 seine eigene Firma Herbert H. Gutmann & Co.

Paul Kempner (1889–1956), zwischen 1922 und 1938 Teilhaber des traditionsreichen Berliner Privatbankhauses Mendelssohn & Co., emigrierte 1939 über London in die USA.[17] Hier machte er selbst seine im Zuge des spektakulären Bankrotts des Amsterdamer Tochterunternehmens beschädigte Reputation dafür verantwortlich, dass ihm trotz seiner ausgezeichneten Verbindungen keine höhere Position im New Yorker Bankenwesen offeriert wurde. In der Folge empfand Kempner nicht nur eine berufliche, sondern auch eine soziale Isolierung:

> [Ich] stehe voll und ganz am Anfang meiner Laufbahn. Jede Woche denke ich, mit der Erledigung von Vergangenem so weit zu sein, dass ich endlich anfangen kann, rumzulaufen und mich als sprachgewandten Portier bei reichen Leuten oder dergleichen anzubieten. [...] Meine Faehigkeiten werden uebrigens von allen meinen Freunden als hervorragend, meine Unberuehrtheit von der Amsterdamer Sache als hundertprozentig bezeichnet, – dies in solchem Masse, dass der blosse Gedanke, ich koennte Arbeit gebrauchen, diesen meinen Freunden ueberhaupt nicht kommt. [...] Mein Gefuehl, Deutscher zu sein, wuchert sich aus, und ich isoliere mich in ihm. Wirklich intime Freunde von frueher fehlen mir hier. Zu Surrogaten habe ich nie gegriffen [...].[18]

Kempner investierte in eine kleine Firma für Klebstoffe, doch bewog ihn das offenbar unzureichende chemische Fachwissen seines ebenfalls aus Deutschland stammenden Teilhabers zum Ausstieg und zum Beginn eines Abendstudiums im Fach »Business Administration«. Größer und erfolgreicher war dann die im Mai 1941 auf die Produktion von Isolationsmaterial für Kabel und Drähte spezialisierte National Varnished Products Corporation (Natvar) in Rahway/New Jersey, die in den frühen 1950er Jahren 150 Mitarbeiter beschäftigte. Während die Mitgründer – wiederum zwei Emigranten, darunter ein ehemaliger Geschäftspartner der Mendelssohn-Bank – das Kapital und das chemische Wissen einbrachten, konnte Kempner seine kaufmännischen

---

17 Zu Kempner siehe Sebastian Panwitz: Paul Kempner (1889–1956). Bankier, Emigrant, Unternehmer. Unveröff. Manuskript, bes. S. 16–23. Ich danke dem Autor für die Zurverfügungstellung seines Textes.
18 Kempner an Hans Schäffer, 16.10.1939, Leo Baeck Institut Berlin (LBI B), MF 512 (Hans Schaeffer Papers), reel 5.

Abb. 3: Paul Kempner (1889–1956), Privatbesitz

Kenntnisse anwenden und blieb bis zu seinem Tod 1956 Finanzdirektor. Indes beschrieb er seine Existenz weiterhin als »sinnlos« und »unsinnig«, beklagte seine unzureichende Anerkennung als Unternehmer und konstatierte, er stelle »sowenig irgendetwas Eingegliedertes dar [...] wie die meisten eingewanderten Kaufleute«.[19]

Anders als der Privatbankier Kempner zählte Ernst Mandel (1887–1978) zu den angestellten Managern.[20] Er war 1929 zum stellvertretenden Vorstandsmitglied der Deutschen Bank aufgestiegen und fungierte nach der Umstrukturierung der Verwaltungsspitze von 1931 bis einschließlich 1935 als Direktor der Berliner Zentrale. Ende März 1937 aus der Großbank ausgeschieden, traf Mandel mit seiner Familie wenig später in New York ein; doch erst im Herbst 1946 konnte der inzwischen 58-Jährige vorübergehend wieder im Bankensektor tätig werden und verwaltete als Treuhänder die Dollarguthaben der 1919 ursprünglich zur Aufnahme von aus Deutschland stammendem Fluchtkapital gegründeten Continentalen Handelsbank.[21]

---

19 Paul Kempner an Rudolf Löb, 21.11.1945, LBI B, MF 512, reel 9. Intensive Überlegungen Kempners zur Wiedereröffnung von Mendelssohn & Co. in Deutschland wurden letztlich nicht realisiert.
20 Vgl. zu Mandel Historisches Institut der Deutschen Bank (HIDB), Frankfurt am Main, SG 18/2 (Direktoren Disconto-Gesellschaft A–Z) und P80/M6 (Personalakte Mandel).
21 Zu dem Unternehmen Harm G. Schröter: Die Continentale Handelsbank zu Amsterdam 1919–1940. Vom Institut für Fluchtkapital zur deutschen Konzernbank. In: Bankhistorisches Archiv 27 (2001), S. 102–114.

Während über die Emigrationszeit Mandels wenig bekannt ist, dokumentieren die Quellen die Wirkungslosigkeit seiner Nachkriegskontakte zu der von den Alliierten fragmentierten Deutschen Bank. Bevorstehende Umstrukturierungen bewogen Mandel 1952, sich Hilfe suchend an seinen früheren Arbeitgeber zu wenden, da er sich »noch zu jung und arbeitsfreudig« fühle, um sich

> wieder vollständig vom geschäftlichen Leben zurückzuziehen. Für amerikanische Unternehmungen gelte ich allerdings wegen meiner bald 65 Jahre als pensionsreif. Ich kann nicht von Fremden Rücksicht auf die Tatsache erwarten, daß ich fast 9 Jahre unfreiwilligen Ruhestands aufzuholen habe und daß generell gesprochen jemand, der keine der bei guten amerikanischen Gesellschaften üblichen Pensionen bezieht, sich unter den gestiegenen Lebenshaltungskosten und Steuern nicht den Luxus des Privatlebens leisten kann.[22]

Mandel schlug vor, als offizieller Vertreter der Deutschen Bank in New York zu fungieren (die hier bereits bis Herbst 1938 ein Büro betrieben hatte), bot die Ausnutzung seiner »hiesigen Erfahrungen und Beziehungen« an und sprach von einer »Wiederaufnahme unfreiwillig unterbrochener Beziehungen«.[23] Stattdessen musste sich Mandel jedoch mit

Abb. 4: Kempner-Fabrik Rahway / New Jersey (Sammlung Seb. Panwitz, Berlin)

---

22 Mandel an Bankdirektor Fritz Wintermantel, Bankdirektor Oswald Rösler, 17.05.1952, HIDB, P80/M6.
23 Mandel an Bankdirektor Fritz Wintermantel, Bankdirektor Oswald Rösler, 17.05.1952, HIDB, P80/M6.

einer ab 1953 von der Bank gewährten monatlichen Pensionszahlung begnügen, womit sich Hoffnungen auf eine längerfristige berufliche Anknüpfung an frühere Zeiten endgültig zerschlugen. Als ein Beauftragter der Unternehmensleitung ein Jahr später Mandel und andere Emigranten in den USA aufsuchte, um sich nach deren persönlichem Ergehen zu erkundigen, berichtete er, es sei »beinahe tragisch zu sehen, wie diese Menschen alle noch an ihrer alten Heimat hängen und sich das selbst nicht so recht eingestehen wollen«.[24]

IV. Kontinuität

Betrachtet man die Ergebnisse der erwähnten Studien der 1940er Jahre, konnte ein beachtlicher Anteil der aus Europa emigrierten Unternehmer in den USA an die frühere wirtschaftliche Betätigung anschließen. Im Handels- und Finanzbereich war diese Kontinuität demnach besonders stark ausgeprägt, und der Neueinstieg in das Geschäftsleben gelang am schnellsten.[25] Die von den deutschen Flüchtlingen neu etablierten Unternehmen der 1940er Jahre waren – in Relation zu den übrigen europäischen Emigrantenunternehmern – überdies zu einem überdurchschnittlichen Anteil dem Bereich Banken und Börsen zuzurechnen.[26]

Ein entscheidender Vorteil, den gerade viele der hier verstärkt berücksichtigten Repräsentanten großer Bankhäuser hatten, war zweifellos die internationale Ausrichtung mit Ausbildungsstationen, mitunter mehrjährigen Arbeitsaufenthalten und ausgedehnten Besuchs- und Informationsreisen im Ausland. Insbesondere traditionsreiche Privatbankiersdynastien verfügten über verwandtschaftlich abgestützte internationale Geschäftskontakte und bereiteten die Söhne in ausländischen Unternehmen anderer Familienzweige und befreundeter Geschäftspartner auf die Nachfolge vor.

In acht der hier erfassten 18 Fälle kam es in New York zur Gründung einer eigenen Bank durch die Emigranten oder zur Fortführung eines bereits zuvor im Familienbesitz befindlichen Unternehmens. Sie-

---

24 Von Plottnitz an Rösler, 31.03.1954, HIDB, P80/M6.
25 Davie: Refugees in America (s. Anm. 3), bes. S. 128–142 und S. 233–256.; Robison: Refugees at Work (s. Anm. 3), bes. S. 33–55.
26 10,6 gegenüber insgesamt 8,6 Prozent. Vgl. Davie: Refugees in America (s. Anm. 3), Tab. S. 242. Von insgesamt 880 untersuchten Unternehmen wurde gut ein Viertel von Deutschen gegründet, unter denen auch die Branchen Metalle/Mineralien, Felle/Häute, Lederwaren und Chemie überproportional, der von niederländischen Flüchtlingen dominierte Bereich Juwelen/Diamanten dagegen stark unterproportional vertreten war.

ben der Flüchtlinge arbeiteten als Teilhaber oder Leiter eines Finanzunternehmens, wobei es gemessen an Größe und Finanzkraft dieser Banken gleichwohl problematisch ist, von ungebrochenen Karrierewegen zu sprechen oder pauschale Erfolgsmaßstäbe anzulegen.

Im Falle der 1864 gegründeten Privatbank Gebr. Arnhold in Dresden und Berlin machte ein existierendes eigenes New Yorker Unternehmen die Verlagerung zumindest eines Teils der Aktivitäten aus Deutschland möglich.[27] Mit dem Wachstum der US-Geschäfte hatte Hans Arnhold (1888–1966) als Teilhaber des früh in der deutschen und internationalen Industriefinanzierung und insbesondere im Brauereigeschäft, der keramischen Industrie sowie des Elektro- und Spezialmaschinenbaus tätigen Familienunternehmens 1928[28] Arnhold and S. Bleichroeder Inc. als Repräsentanz gegründet. Arnhold selbst, der einen Großteil seiner Banklehre in den USA absolviert hatte, emigrierte weit früher als seine Verwandten schon 1933 nach Frankreich und entkam von dort unmittelbar nach Kriegsausbruch über den Atlantik. Während das Dresdner Stammhaus und das Berliner Geschäft 1935 bzw. 1938 durch die Übertragung auf die Dresdner Bank »arisiert« wurden, gelang es ihm, das New Yorker Unternehmen als internationale Investment- und Finanzierungsbank auszubauen.

Es war ein Merkmal vieler Emigrantenunternehmen, dass in ihnen zunächst vor allem Familienmitglieder und andere Emigranten beschäftigt wurden, und gerade bei den neu errichteten New Yorker Finanzgesellschaften war die Zahl nichtfamiliärer Mitarbeiter besonders gering.[29] So bestand auch bei Arnhold and S. Bleichroeder der Kern der anfangs kaum zwei Dutzend Beschäftigten aus Familienangehörigen und früheren Angestellten aus Deutschland, darunter der ehemalige Geschäfts-

---

27 Vgl. zur Familie Arnhold, der Unternehmensentwicklung und der »Arisierung« Simone Lässig: Nationalsozialistische »Judenpolitik« und jüdische Selbstbehauptung vor dem Novemberpogrom. Das Beispiel der Dresdner Bankiersfamilie Arnhold. In: Dresden unterm Hakenkreuz. Hg. v. Reiner Pommerin. Köln u. a. 1998, S. 129–191; Ingo Köhler: Die »Arisierung« der Privatbanken im Dritten Reich. Verdrängung, Ausschaltung und die Frage der Wiedergutmachung. München 2005, S. 207–243, sowie zu den Aktivitäten in New York Erich Achterberg: Arnhold and S. Bleichroeder Inc, New York. Ein Haus von Tradition. In: Beiträge zur Bankgeschichte. Vierteljahresbeilage der Zeitschrift für das gesamte Kreditwesen 2 (1965), Beilage 4, S. 1–4; Banking Firm Changes Name. In: New York Times, 08.12.1939, S. 48; Hans Arnhold, 78, An Industrialist. In: New York Times, 09.09.1966, S. 45.
28 Interview Henry Arnhold, 12.06.1972, LBI NY, MF 1014 (The oral history collection of the Research Foundation for Jewish Immigration, New York 1971–1981), und Lässig: Nationalsozialistische »Judenpolitik« (s. Anm. 27), S. 136; Achterberg: Arnhold and S. Bleichroeder Inc (s. Anm. 27), S. 1, gibt das Jahr 1929, die New York Times (Hans Arnhold, 78, An Industrialist [s. Anm. 27], S. 45) das Jahr 1927 an.
29 6,4 gegenüber 10,8. Robison: Refugees at Work (s. Anm. 3), S. 38, auf der Basis von 829 Unternehmen im Sommer 1941.

Abb. 5: Villa Arnhold Berlin. Heute Sitz der American Academy

führer der Berliner Filiale Friedrich (Frederick) Brunner (1895–1974) und seit 1947 Hans Arnholds Neffe Henry (geb. 1921). Aber trotz aller akkumulierter internationaler Erfahrung befanden sich die Arnholds als neu eingewanderte Unternehmer in einem für sie schwierigen Umfeld. »Obviously we felt that one weakness, compared to many of our competitors here, was that our relations here were not as well established as those who had grown up here«, erinnerte sich Henry Arnhold. »[H]ere we had to ring the doorbells. Over there, they rang our doorbells. I think that's where, in a way, there is a huge difference.«[30]

Das Unternehmen war nicht nur erheblich kleiner als die vormalige deutsche Arnhold-Bank mit ihren über 1.000 Beschäftigten, sondern musste sich auf ein Bankwesen einstellen, das sich mit seiner Trennung von Commercial und Investment Banking grundlegend von den Traditionen des deutschen Universalbanksystems unterschied. Dennoch wurden längerfristig geprägte »paternalistische« Kontinuitätselemente wie ein Pensionsfonds, soziale Maßnahmen und Versicherungsleistungen auch in den USA fortgeführt.[31] Als aussichtsreich erwies sich letztlich (unterstützt von einem Londoner Zweigunternehmen) die Kon-

---

30 Interview Henry Arnhold, 12.06.1972, LBI NY, MF 1014.
31 »[T]here was a feeling of responsibility which went far beyond the legal responsibility. [...] To some extent, of course, you cannot simply change your attitude, if you have been brought up with this. [...] I think that the employees here already at that time had a feeling of a relationship which went far beyond the type of relationship which is expected between employer and employee.« Interview Henry Arnhold (s. Anm. 30).

zentration auf das Geschäft mit ausländischen Effekten, und nach Kriegsende wirkten die Arnholds an der Reetablierung deutsch-amerikanischer Firmenkontakte mit.³²

Gegenüber dem ehemaligen Reichswirtschaftsminister Schmitt äußerte sich Hans Arnhold 1948 jedoch skeptisch. Er habe sich

> bemueht, ein kleines Bankgeschaeft unter dem Namen Arnhold and S. Bleichroeder, Inc. hier aufzubauen, aber das ist mir nicht recht gelungen, weil ich erstens auch etwas an Kraft verloren habe, zweitens nicht mehr jung genug fuer dieses Land bin, und drittens doch auch hier sehr viel Buerokratie herrscht, und dafuer bin ich vollkommen ungeeignet.

Insgesamt habe man im Nachkriegsdeutschland

> noch immer ein falsches Bild [...] ueber die Situation hier und insbesondere ueber das Schicksal der vielen Refugees. [...] Sie hoeren nur von einigen Wenigen, denen es gelungen ist[,] hier oder in anderen Teilen der Welt Fuß zu fassen[,] und glauben, deren Schicksal verallgemeinern zu können. Glauben Sie mir, die meisten, verstreut ueber die ganze Welt, kaempfen hart von frueh bis abends um ihre Existenz, und taeglich hoert man neues Elend von vielen, die einst gluecklich in Deutschland lebten. [...] Das einzige, was die refugees allerdings haben, ist die Freiheit ihrer Gedanken, und das ist schon sehr viel wert.³³

Parallelen zeigen sich, wenn man sich der Geschichte des 1841 gegründeten, auf großindustrielle Finanzierungen spezialisierten Essener Bankhauses Simon Hirschland zuwendet.³⁴ Nach der »Arisierung« des Unternehmens 1938 wurden vier Faktoren zukunftsbestimmend: Erstens handelte es sich bei den Brüdern Kurt (1882–1957) und Georg Hirschland (1885–1942), die die Privatbank seit dem Tod des Vaters 1912 in dritter Generation führten, um international qualifizierte und erfahrene Bankiers. Kurt Hirschland unternahm nach einem Volontariat in Philadelphia 1904 eine ausgedehnte Studienreise durch die USA,

---

32 Interview Henry Arnhold (s. Anm. 30).
33 Hans Arnhold an Kurt Schmitt, 04.05.1948 und 25.03.1948, zit. n. Gerald D. Feldman: Existenzkämpfe. In: Der Tagesspiegel, 06.11.1998, Sonderbeilage über die American Academy, S. 5.
34 Vgl. zur Familie und zum Bankhaus Hirschland im Folgenden Hermann Schröter: Die Familie Hirschland in Essen. In: Ders.: Geschichte und Schicksal der Essener Juden. Gedenkbuch für die jüdischen Mitbürger der Stadt Essen. Essen 1980, S. 167–185; Keith Ulrich: Das Privatbankhaus Simon Hirschland im Nationalsozialismus. In: Banken, Konjunktur und Politik. Beiträge zur Geschichte deutscher Banken im 19. und 20. Jahrhundert. Hg. v. Manfred Köhler und Keith Ulrich. Essen 1995, S. 129–142; Köhler: Die »Arisierung« der Privatbanken im Dritten Reich (s. Anm. 27), S. 374–380; Otto E. Hirschfeld: In memoriam Kurt M. Hirschland. In: Zeitschrift für das gesamte Kreditwesen 10 (1957), H. 3, S. 88–89; 100 Jahre Simon Hirschland Essen – Hamburg [Essen 1938], LBI NY, MM 39.

Georg Hirschland absolvierte nach juristischem Studium und Promotion eine Ausbildung in Berlin, London und New York. Zweitens wirkte sich aus, dass der dritte Bruder, Franz Hirschland (1880–1973), sich bereits 1908 in den USA niedergelassen hatte und nicht nur Präsident des elektrochemischen Unternehmens Metal and Thermit Corp. geworden war, sondern sich darüber hinaus 1920 an der Gründung der Finanzierungsgesellschaft New York Hanseatic Corporation beteiligt hatte. Drittens glückte die Rettung ausländischer Beteiligungen in Amsterdam, deren Verkauf es wiederum den Hirschlands ermöglichte, Mehrheitsaktionäre der mittlerweile führerlosen und von Liquidation bedrohten New York Hanseatic zu werden.[35] Viertens konnte die unternehmerische Familientradition ab Anfang der 1940er Jahre mit Eric (Erich) (1902–1988) und Kurt Grunebaum (Grünebaum) (1905–1981), den Söhnen von Georgs und Kurts Schwester Agathe, fortgeführt werden.[36]

Wiederum setzte sich der – zunächst nur 17-köpfige – Mitarbeiterstab überwiegend aus ebenfalls geflüchteten ehemaligen Unternehmensangehörigen zusammen und beurteilte Eric Grunebaum rückblickend die unternehmerische Ausgangslage als problematisch: »Tradition and loyalty are assets which in Europe you can put into a balance sheet if you want, but here you have to defend your place in the sun everday. [...] [N]obody waits for you here. You have to work a little bit harder in the beginning.«[37] Und auch bei der New York Hanseatic knüpfte man etwa bei der Krankenversicherung und den Pensionen an Errungenschaften aus der Weimarer Zeit an. Dass seine Bank in den frühen 1950er Jahren zum Entsetzen einiger der weißen Kollegen als eine der ersten in Downtown eine schwarze Angestellte beschäftigte, interpretierte Eric Grunebaum im Übrigen vor dem Hintergrund seiner eigenen Diskriminierungserfahrungen unter der NS-Herrschaft. Das Emigrantenunternehmen der Hirschland-Familie war außerdem in Strukturen eingebunden, die Merkmale eines »deutschen Wirtschaftsnetzwerks« innerhalb New Yorks aufweisen. So brachte es 43 Prozent des Gesamtkapitals der Printrade Machinery Corporation ein, einer Druckmaschinen-Export-

---

35 Vgl. hierzu Interview Eric Grunebaum, 12.07.1972, LBI NY, MF 1014.
36 Beide hatten ein Studium an der London School of Economics absolviert und Ausbildungsstationen im Ausland durchlaufen und waren noch im April 1936 zu Mitinhabern von Simon Hirschland gemacht worden. Georg Hirschland starb bereits 1942, weniger als vier Jahre nach seiner Emigration, Kurt Hirschland, der sich aus gesundheitlichen Gründen schon in der ersten Hälfte der 1930er Jahre zunehmend aus dem Bankgeschäft zurückgezogen hatte, verbrachte seinen Lebensabend erst nach Kriegsende in New York als stiller Teilhaber des teilrestituierten Essener Bankhauses, das weiterhin unter Namen Burckhardt & Co. firmierte.
37 Interview Eric Grunebaum (s. Anm. 35).

gesellschaft des früheren Berliner Großverlegers Karl Ullstein. »Diese Leute sind in ihrer Art Geschäfte zu führen so solide wie es Mendelssohn[s] einst gewesen sind«, bemerkte Ullstein 1946.[38]

Abschließend soll kurz auf Otto Jeidels (1882–1947) eingegangen werden, der nicht nur als langjähriger Geschäftsinhaber der erwähnten 1856 gegründeten Berliner Handels-Gesellschaft (BHG) zu den einflussreichsten deutschen Bankiers der Zwischenkriegszeit, sondern auch zu den bemerkenswertesten Persönlichkeiten innerhalb der deutschamerikanischen Unternehmeremigration während der NS-Herrschaft gehörte.[39] Die BHG hatte sich schon in den 1880er Jahren unter anderem an der Finanzierung des US-Eisenbahnnetzes beteiligt, und auch Jeidels selbst war bereits nach seinem Studium beruflich in New York tätig gewesen und hatte durch seine Teilnahme an den mit Blick auf die deutsche Auslandsverschuldung seit 1931 geführten Stillhalteverhandlungen internationales Renommee erworben.

Abb. 6:
Otto Jeidels (1882–1947),
Ende 1920er Jahre

---

38 Zit. n. Münzel: Flucht, Transfers und Pioniere (s. Anm. 9), S. 195. Wie im Falle der Arnholds bestand ein Londoner Büro, das jedoch aufgrund des Zweiten Weltkriegs geschlossen werden musste. Anfang der 1970er Jahre beschäftigte die New York Hanseatic 350 Mitarbeiter und damit rund 100 mehr als zuvor Simon Hirschland in Essen und Hamburg und wickelte ihre internationalen Geschäfte über Zweigstellen in sechs US-Städten und ein Büro in Amsterdam ab. Interview Eric Grunebaum (s. Anm. 35).
39 Vgl. zu Jeidels im Folgenden Martin Münzel und Christopher Kobrak: Otto Jeidels. Cosmopolitan »Realist« (1882–1947) [2011], unter: http://www.immigrantentrepreneurship.org/entry.php?rec=60 [abgerufen: 23.04.2015].

Knapp eineinhalb Jahre nach seinem erzwungenen Ausscheiden aus der BHG trat Jeidels am 1. Juli 1939 als Teilhaber in die New Yorker Investmentbank Lazard Frères & Co. ein, nachdem er auf einer USA-Reise 1937 seinen langjährigen Kontakt zum Leiter der Bank, Frank Altschul, intensiviert hatte. Jeidels' vielfältige Kenntnisse in Währungs-, Handels-, Industrie- und auch politischen Fragen und seine internationale Erfahrung verbanden sich mit der Tatsache, dass die USA selbst einen Mangel an solchen Bankiers zu beklagen hatten, wie das Magazin *Time* feststellte, das die Ankunft des »Insider from Overseas« aufmerksam beobachtete und diesen als »a present from Adolf Hitler« begrüßte.[40] Sein gesellschaftliches Ansehen und seine Verbindungen zu ranghohen US-Politikern blieben auch von der Tatsache unbeeinflusst, dass Jeidels als früherer deutscher Staatsbürger vonseiten des FBI beobachtet und angeblicher »Nazi-Neigungen« verdächtigt wurde – ein Verdacht dem viele Emigranten ausgesetzt waren.

Mit seiner Berufung zum Vizepräsidenten der Bank of America in San Francisco erreichte Jeidels im März 1943 den Höhepunkt seiner beruflichen Karriere. Für Amadeo Peter Giannini, den Präsidenten des wenig später nach Einlagen und Vermögen zur größten Bank der Welt aufgestiegenen Unternehmens, waren nur wenige Bankiers so gut qualifiziert wie Jeidels. Er hob dessen gerade vor dem Hintergrund der für Deutschland typischen engen Verbindung von Banken und Industrie erworbenen Kenntnisse vom Management und von den inneren Strukturen international tätiger Unternehmen hervor und verwies wiederum auf den Respekt der US-Bankiers, den Jeidels in den Jahren der Stillstandsverhandlungen erworben hatte.[41]

V. Ausblick

Otto Jeidels ist als herausragender Sonderfall innerhalb der US-Emigration deutscher Bankiers und Bankdirektoren nach 1933 anzusehen. Insgesamt kann die Fokussierung der »Finanzmänner im neuen Feld« und anderer einstmals führender Persönlichkeiten der deutschen Wirtschaftswelt in New York nur ein erster Schritt sein, um sich der Mas-

---

40 Insider from Overseas: In: Time Magazine, 03.07.1939, online unter: http://content.time.com/time/magazine/article/0,9171,761619,00.html [abgerufen: 23.04.2015].
41 »He has traveled extensively in Europe and has such a knowledge of international banking and foreign exchange that we feel he can be of much help to us now – and in the years that follow peace. And, of course, he knows American banking both from the commercial and investment end.« A. P. Giannini Takes a Look Ahead. In: Finance, 05.04.1943, S. 19–20.

senflucht von Unternehmern während der nationalsozialistischen Diktatur anzunähern. Dabei gilt es zum einen, die Forschungen auf die Geschichte der unzähligen Klein- und Kleinstunternehmer, einfacher Kaufleute, Händler und Ladenbesitzer auszuweiten, und zum anderen, in die Frage nach der Neuintegration in Wirtschaftsleben und Unternehmerkreise immer auch die Formen und Grenzen der gesellschaftlich-sozialen Einbindung mit einzubeziehen. Familiäre Netzwerke, persönliche Konflikte im Zusammenhang mit der erzwungenen Veränderung des beruflichen und sozialen Status, aber auch die Konfrontation mit Xenophobie und Antisemitismus hatten erhebliche Rückwirkungen auf die Grenzen und Chancen unternehmerischer Betätigung. Gerade der Vergleich mit anderen Emigrationszentren wie London kann dazu dienen, die Bedeutung von Kontakten innerhalb von Emigrantenkreisen und zu Hilfsorganisationen zu untersuchen und das Aufeinandertreffen unterschiedlich geprägter Unternehmenskulturen zu analysieren. Und für die Zeit nach 1945 kommt mit der Rolle von Emigranten und Remigranten im Zuge von »Wirtschaftswunder«, neuer weltwirtschaftlicher Verflechtungen und »Amerikanisierung« ein weiteres groß dimensioniertes Forschungsfeld in Sicht.

Patrick Farges

»Israels fleißige Jeckes«
Der deutsch-jüdische Einwanderer als wirtschaftlicher Pionier und erfolgreicher Entrepreneur in Palästina/Israel

> Aber mein Vater gehörte zu den fleißigen Jeckes,
> die von früh bis Abend arbeiteten.
> Gleich nach dem Morgengebet ging es los.
> *Jehuda Adler*

I. Ein Economic Turn in der (deutsch-)jüdischen Geschichte?

Der Titel des vorliegenden Artikels entstammt einer Studie über deutsch-jüdische (»jeckische«) Unternehmer der Stadt Nahariya im Norden Israels: Klaus Kreppels *Israels fleißige Jeckes. Zwölf Unternehmerportraits deutschsprachiger Juden aus Nahariya*.[1] Eine ähnliche Formulierung über den jeckischen Fleiß findet man in der autobiografischen Lebenserzählung Jehuda Adlers: »Aber mein Vater gehörte zu den fleißigen Jeckes, die von früh bis Abend arbeiteten. Gleich nach dem Morgengebet ging es los.«[2] In der Historiografie und im Erinnerungsdiskurs über die deutschen Juden in Palästina/Israel spielt die Figur des »fleißigen« Unternehmers eine bedeutsame Rolle. Es geht einerseits um die Hervorhebung eines identitätsstiftenden, distinktiv *deutschen* Habitus inmitten eines fremden und oft als »orientalisch« charakterisierten sozioökonomischen Umfeldes. Verschiedene Faktoren hätten demnach die wirtschaftliche Tätigkeit der Einwanderer erschwert, an allererster Stelle die Diskrepanz in den Mentalitäten:

> Die Jeckes neigten zu Professionalität und Systematik und zogen eine praktische und sachliche Einstellung der Ideologie vor. (...) Diese Fakto-

---

1 Klaus Kreppel (Hg.): Israels fleißige Jeckes. Zwölf Unternehmerportraits deutschsprachiger Juden aus Nahariya. Bielefeld 2002. Eine mikrohistorische Unternehmensgeschichte, die von Österreich nach Israel führt, liefert Michael John: Kraus & Schober. Über ein Linzer Warenhaus. Eine erfolgreiche Unternehmerfamilie und eine Spurensuche in Israel. In: Linz Aktiv 130 (1994), S. 47–54.
2 Gideon Greif, Colin McPherson und Laurence Weinbaum: Die Jeckes. Deutsche Juden aus Israel erzählen. Köln, Weimar, Wien 2000.

ren erschwerten die unternehmerische Tätigkeit erheblich, und dazu kamen noch das unterschiedliche Geschäftsgebaren, die teuren Kredite und die Tendenz der zionistischen Institutionen, Privatinitiativen zu benachteiligen.[3]

Doch der Rekurs auf eine Tradition jenes Fleißes, der bereits von den »Vätern« praktiziert worden sei, dient andererseits auch zur intergenerationellen Verankerung in eine distinktiv *jüdische* Zugehörigkeit. Dies wird besonders im Selbstnarrativ Jehuda Adlers hervorgehoben, der den »deutschen« Fleiß unmittelbar mit der religiösen Praxis – dem »Morgengebet« – verknüpft. Außerdem ist an diesem Beispiel interessant, dass das Familiengedächtnis geschlechtsspezifisch zu sein scheint: Erinnert wird ausdrücklich an den Fleiß des Vaters.[4]

Als »Fünfte Alijah« ist die Emigration deutschsprachiger Juden (im israelischen Sprachgebrauch: »Jeckes«) nach Palästina in den 1930er Jahren in die Geschichtsbücher eingegangen. Obzwar diese Migration lange Zeit historiografisch unterbeleuchtet war, zeigt sich seit über zehn Jahren ein reges historisches Interesse für die Jeckes in Israel und deren Beitrag zum Aufbau und zur Staatswerdung Israels. Diese neue Jeckes-Historiografie findet zeitgleich mit einer grundsätzlichen Hinterfragung der »großen Erzählung« des Zionismus in Palästina/Israel statt. Besonders kritisiert wird dabei der Mythos des (männlich konnotierten) »Neuen Juden«, der kraft seiner Beharrlichkeit und seines körperlichen Einsatzes Wüstenland erobert und fruchtbar gemacht habe. Im vorliegenden Artikel soll besonders auf den wirtschaftlichen Aspekt dieser »großen Erzählung« eingegangen werden.[5] Mit welchen wirtschaftlichen Mitteln emigrierte man nach Palästina? Wie war die Realität der Wirtschaftslage in Palästina/Israel? Inwiefern entsprachen die Jeckes dem dominanten Ideal des »Neuen Juden«?

---

3 Nachum Gross: Entrepreneure: Einwanderer aus Mitteleuropa in der Wirtschaft Palästinas. In: Zweimal Heimat. Die Jeckes zwischen Mitteleuropa und Nahost. Hg. v. Moshe Zimmermann und Yotam Hotam. Frankfurt a. M. 2005, S. 132–133.

4 Zum »geschlechtsspezifischen Erinnerungsdiskurs« siehe Miriam Gebhardt: Das Familiengedächtnis. Erinnerung im deutsch-jüdischen Bürgertum 1890 bis 1932. Stuttgart 1999, S. 25 f.

5 Die Begriffe »große Erzählung« bzw. »Masternarrativ« sind auf den »Narrative Turn« zurückzuführen, der verschiedene kulturwissenschaftlich orientierte Bereiche betrifft. Der u. a. auf Roland Barthes' Begriff der Alltagsmythologien basierende Narrative Turn stellt die Narrativität sozio-kultureller Erfahrung in den Vordergrund. Ein für den vorliegenden Artikel wichtiges Element dieser Narrativität sind z. B. die kleinen exemplarischen Erzählungen über alltägliche Helden, die zu Kristallisationspunkten kollektiver Identität werden.

Es ist nicht leicht, jüdische Wirtschaftsgeschichte zu schreiben, ohne die Geister von Shylock, Karl Marx oder Werner Sombart wachzurufen.[6] Gideon Reuveni bemerkt hierzu:

> (T)he general image of the Jews is overloaded with tropes and motifs taken from the sphere of economics. Yet despite the centrality of economics to Jewish life and to the image of Jews and Judaism in modern times, Jewish historiography has generally tended to highlight religious, cultural, and political aspects of the Jewish past more intensively than its economic features.[7]

Die Vorstellung über den »geschäftlichen Instinkt« der Juden ist ein altes Stereotyp, das der Wirtschaftstheoretiker Werner Sombart in Anlehnung an Max Webers *Die protestantische Ethik und der Geist des Kapitalismus* (1904–1905) systematisierte. Sombart veröffentlichte im Jahre 1911 *Die Juden und das Wirtschaftsleben* und wollte damit seinen Beitrag an der durch das Weber'sche Werk ausgelösten »Kapitalismusdebatte«[8] leisten. Sombart bediente sich der damals zirkulierenden Rassentheorien. Alle Eigenschaften, die Max Weber im Protestantismus und Puritanismus verankert sah, wurden laut Werner Sombart noch intensiver von Juden praktiziert, weil ihr geografischer Ursprung in der Wüste des Nahen Ostens sie dazu genetisch geprägt hätte (!): Der Jude sei also der wahre »Homo Economicus«.

Die Folge dieser Überdeterminierung sei, so Jonathan Karp, dass *»there has never been a systematic and programmatic effort to construct a subfield of economic scholarship within Jewish studies«*.[9] Dabei ist Wirtschaft ein wichtiger Aspekt materieller und kultureller Lebenswelten, und deshalb fordern kulturwissenschaftlich orientierte Forscher aus den Jüdischen Studien einen »*Economic Turn*«. Im Laufe des Industrialisierungsprozesses seien, so Derek Penslar, der ökonomische Status der Juden und ihre Identifikation mit bestimmten Wirtschaftssektoren zu neuen Stützen einer immer säkularisierteren modernen jüdischen Identität geworden.[10] Diese Wirtschaftskultur setzte sich im ersten

---

6 Siehe Derek J. Penslar: Shylock's Children. Economics and Jewish Identity in Modern Europe. Berkeley 2001.
7 Gideon Reuveni: Prolegomena to an ›Economic Turn‹ in Jewish History. In: The Economy in Jewish History. New Perspectives on the Interrelationship between Ethnicity and Economic Life. Hg. v. Ders. und Sarah Wobick-Segev. New York, Oxford 2010, S. 1.
8 Nicolas Berg (Hg.): Kapitalismusdebatten um 1900. Über antisemitisierende Semantiken des Jüdischen. Leipzig 2011.
9 Jonathan Karp: An ›Economic Turn‹ in Jewish Studies. In: AJS Perspectives. The Magazine of the Association for Jewish Studies (Herbst 2009), S. 8.
10 Penslar: Shylock's Children (s. Anm. 6), S. 38.

Drittel des 20. Jahrhunderts fort, aber sie führte weniger zur befürchteten Auflösung jüdischer Identitäten als zur Schaffung distinktiv (deutsch-)jüdischer Identitäten, bei denen weniger religiöse als soziokulturelle Aspekte im Vordergrund standen.[11] Was bedeutet nun ein solcher »Economic Turn« für die Jeckes-Historiografie?

Die Figur des Unternehmers erscheint als ein Knotenpunkt, der kollektive Identitäten, Familiengedächtnis, die Emanzipation des westlichen Judentums durch Konsum und Wirtschaft[12], das pionierhafte zionistische Masternarrativ und letztendlich auch gendergeschichtliche Aspekte miteinander verknüpft. Im Folgenden werden folgende narrative Quellen ausgewertet: einerseits das von Anne Betten und Miryam Du-nour in den 1990er Jahren erhobene »Israel-Korpus (1. Generation)«, bestehend aus annähernd 160 Interviews mit deutschsprachigen Israelis[13]; andererseits Autobiografien, Selbstzeugnisse und andere, veröffentlichte oder unveröffentlichte, lebensgeschichtliche Quellen. Besonders auffallend in diesen narrativen Selbstzeugnissen ist die Anzahl von Erfolgsgeschichten, in denen die Figur des pionierhaften Unternehmers vorkommt.

II. Der Einwanderer-Entrepreneur in migrationshistorischer Perspektive

Verschiedene Faktoren beeinflussten die wirtschaftliche Tätigkeit der Jeckes. Einige dieser Faktoren waren charakteristisch für Palästina, andere treffen allgemein für Einwanderer zu. In dieser Hinsicht ist die »Fünfte Alija« durchaus mit anderen Exil- und Migrationsphänomenen vergleichbar. Denn die wirtschaftlichen Diskurse, die im Kontext von Migrationen kursieren – vom Diskurs über billige Arbeitskräfte bis hin zum Diskurs über hoch qualifiziertes »human capital« – beeinflussen und verändern jeweils die politisch-historische Perzeption der Migration. In der Literatur über Migration werden oftmals Unternehmer als eine Elite unter den Einwanderern dargestellt.[14] Hervorgehoben wer-

---

11 Siehe Michael Brenner: The Renaissance of Jewish Culture in Weimar Germany. New Haven/CT 1996.
12 Dan Diner: Gedächtniszeiten. Über jüdische und andere Geschichten. München 2003, S. 216–218.
13 Siehe die Präsentation auf der Internet-Seite des Instituts für Deutsche Sprache (Mannheim), unter: http://dsav-oeff.ids-mannheim.de/DSAv/KORPORA/IS/IS_DOKU.HTM [abgerufen: 28.10.2013].
14 Ganz besonders im Falle der idealtypischen Einwanderernation USA. Siehe beispielsweise das Projekt Immigrant Entrepreneurship: German-American Business Biogra-

den »ethnic networks«, d. h. landsmannschaftlich-regionale bzw. familiäre Solidaritäten und Kettenmigrationen, bis hin zu intergenerationellen »business strategies«.[15] Der in der Ankunftsgesellschaft ausgeübte Beruf dient folglich als Distinktionskriterium zwischen »guten« und »schlechten« Einwanderern. Geschichten von Einwanderergruppen stellen demnach gerne die Rolle des Unternehmers als »community leader« und Erfolgssymbol in den Vordergrund.[16] Dieses Bild wird nicht selten von den Einwanderern selbst übernommen, die somit ihren eigenen Lebensweg als heroische Überbrückung von Anfangshürden bis hin zur erwarteten Verbesserung der Lebensqualität der Kinder stilisieren. Es scheint also, als erhöhten individuelle Erfolgsgeschichten den symbolischen Status *aller* Mitglieder der eigenen Migrationsgruppe. Doch wie ist eine solche Erfolgsgeschichte politisch und symbolisch konstruiert?

Im Falle der Jeckes in Israel ist wohl die archetypische Unternehmerfigur diejenige Stef Wertheimers, des »German-born Israeli business magnate, philanthropist and former politician«[17], der von der Zeitschrift *Forbes* in die Liste der »World's billionaires« platziert wurde.[18]

Geboren wurde Stef Wertheimer 1926 im süddeutschen Kippenheim. Seine Familie emigrierte 1937 in das Mandatsgebiet Palästina und siedelte sich zunächst in Tel Aviv an. Wertheimer gehört zu jener »Generation 1,5« unter den Jeckes, d. h. zu den Jüngeren, die noch teilweise in Deutschland sozialisiert wurden und als Kinder bzw. Jugendliche nach Palästina kamen. 1952 gründete er die Firma ISCAR (Israel Carbide[19]), die dank der boomenden Konjunktur der 1950er und 1960er Jahre sowie der inneren Nachfrage nach Hartmetallen bald zum Imperium wuchs. Im Interview mit Klaus Kreppel wird Wertheimer als »schwäbi-

---

phies, 1720 to the Present des German Historical Institute Washington D. C., unter: http://www.immigrantentrepreneurship.org [abgerufen: 24.04.2015].
15 Siehe Alejandro Portes, William Haller und Luis Guarnizo: Transnational Entrepreneurs: The Emergence and Determinants of an Alternative Form of Immigrant Economic Adaptation. In: American Sociological Review 67/2 (2002), S. 278–298.
16 Zum Stellenwert des Narrativs über Unternehmens- bzw. Wirtschaftsethik in der Geschichte siehe das Impulsreferat von Jens Ivo Engels und Julian Ostendorf, »Geschichte von Unternehmensethik schreiben. Konzeptionelle Überlegungen« während der Tagung »›Krumme Touren‹ in der Wirtschaft. Zur Geschichte ethischen Fehlverhaltens und seiner Bekämpfung in Privatwirtschaft und Unternehmen«, Institut für Geschichte der TU Darmstadt, 28.–30.11.2013.
17 So die Wikipedia-Seite, unter: http://en.wikipedia.org/wiki/Stef_Wertheimer [abgerufen: 24.04.2015].
18 http://www.forbes.com/profile/stef-wertheimer [abgerufen: 24.04.2015].
19 Siehe http://www.iscar.com/newarticles.aspx/countryid/1/newarticleid/163 [abgerufen: 24.04.2015].

scher Tüftler« bezeichnet, der den Weltmarkt »erobert«[20] und somit in die lange Liste der innovativen »fleißigen Schwaben« gehört, die sich von klein auf hoch gearbeitet haben, wie etwa vor ihm Robert Bosch[21] oder Gottlob Bauknecht.[22]

Besonders hervorgehoben werden außerdem seine philanthropischen Leistungen, ja seine individuelle Leistung zum nationalen Aufbau Israels und zum zionistischen Projekt. Verdienstvoll sei vor allem seine langjährige Investition in Industrieparks in wirtschaftlich vernachlässigten Regionen Israels. Wertheimer gründete 1985 den Industriepark Tefen (Galiläa) im Norden des Landes, in dem sich neben industrieller Standorte auch ein »Offenes Museum« mit Skulpturengarten, Sonderaustellungen und einem 2005 neu eröffneten »Museum der deutschsprachigen Juden« befindet. Die Leistung des Unternehmers Wertheimer wird als vielschichtig dargestellt: Nicht nur sei der jeckische Entrepreneur innovativ und industriell erfolgreich – er zeige auch soziales Engagement und trage dazu bei, das brisante Problem der Völkerverständigung im Nahen Osten zu lösen. In Tefen würden – so das 2005 veröffentlichte Buch *The Tefen Model. Industrial Development for Economic Independence* – »Juden und Araber« kooperieren. Hier ist die Rede von der »success story« des »Tefener Modells« der Verständigung und vom Konzept eines »Industrial Entrepreneurship for Coexistence«.[23] 2008 erhielt Stef Wertheimer für seinen »Beitrag zur Verständigung von religiösen oder ethnischen Gruppen« sogar die seit 1968 vom Deutschen Koordinierungsrat der Gesellschaft für Christlich-Jüdische Zusammenarbeit verliehene Buber-Rosenzweig-Medaille.

Die (selbst-)mythisierende Dimension des Einwanderer-Entrepreneurs ist hier evident. Das Buch *The Tefen Model* wird mit folgendem Leitgedanken von John Adams eröffnet:

---

20 Kreppel: Interview mit Stef Wertheimer. Ein ›schwäbischer Tüftler‹ erobert den Weltmarkt. Aus der Geschichte des Unternehmens ISCAR. In: Kreppel: Israels fleißige Jeckes (s. Anm. 1), S. 171–182.

21 Siehe Peter Reinhardt: Ein schwäbischer Tüftler und sozialer Unternehmer. In: Augsburger Allgemeine, 22.10.2011, unter: http://www.augsburger-allgemeine.de/wirtschaft/Ein-schwaebischer-Tueftler-und-sozialer-Unternehmer-id16841736.html [abgerufen: 24.04.2015].

22 Siehe Inge Nowak: Schwäbischer Tüftler: Das schwere Erbe Gottlob Bauknechts. In: Stuttgarter Zeitung, 16.01.2012, unter: http://www.stuttgarter-zeitung.de/inhalt.schwaebischer-tueftler-das-schwere-erbe-gottlob-bauknechts.659d1f10-7af6-4f2f-819c-4a127f9fbdd2.html [abgerufen: 24.04.2015].

23 Debbie Simmons (Hg.): The Tefen Model. Industrial Development for Industrial Independence. Tefen 2005. Das Buch ist die englische Übersetzung der 2003 veröffentlichten hebräischen Erstfassung und enthält zahlreiche Zitate von Stef Wertheimer. Es ist eindeutig ein Dokument externer Unternehmenskommunikation mit politischen Implikationen.

> I must study politics and war so that my children may have the liberty to study industry and commerce. My children must study industry and commerce so that their children may have the prosperity to study art and literature. John Adams, 1780, Second President of the United States.[24]

Mit diesem Leitgedanken wird Wertheimer eine Zivilisationsmission im Nahen Osten nach US-amerikanischem Modell zuerteilt. Die Gemeinsamkeiten mit dem US-Mythos der selbst gemachten Einwanderernation werden hier mit zukunftweisenden und intergenerationellen Zügen verknüpft. Außerdem wird über die zionistische Realpolitik der Pionierjahre hinweg auch an das jeckische Ideal der Bildung und Kultur erinnert. Zu Wertheimers Mission bemerkte der kritische Historiograf Israels Tom Segev lakonisch im Interview, Wertheimer sei sicherlich fest davon überzeugt, sein persönlicher industrieller Erfolg sei an sich ein großer Beitrag zum Zionismus.[25] Diese nüchterne Feststellung soll nicht die erbrachte industrielle Leistung des innovativen Entrepreneurs Wertheimer infrage stellen, es geht lediglich darum, die mythisierende Dimension der Selbstdarstellung aufzudecken.

Der »Fall Wertheimer« entspricht dem gängigen Mythos der Entrepreneur-Elite, der im wirtschaftlich-kommerziellen Storytelling so prägend ist. In seiner historischen Untersuchung dieses immer wieder mobilisierten Topos nennt Éric Godelier[26] mehrere Merkmale des idealtypischen Unternehmers: Er sei eine männliche (oder männlich wirkende) Figur, ein Mann mit Charisma und innovativen Ideen, mit überdurchschnittlichen Kompetenzen, taktischem Gefühl und Durchsetzungsvermögen, der sich seiner sozialen Legitimität sicher sei.[27] Anhand dieser wenigen Merkmale könnten, so Godelier, quasi austauschbare Erfolgsnarrative des »selbstgemachten Mannes« gesponnen werden, die zahlreiche narrative Affinitäten mit Heldengeschichten aufweisen.[28] Doch bei solcher narrativen Glättung des »Unternehmerschicksals« – wie

---

24 Simmons (Hg.): The Tefen Model (s. Anm. 23), S. 9.
25 Interview Patrick Farges mit Tom Segev, Jerusalem, 28.04.2013.
26 Éric Godelier: Myths of the Entrepreneurial Elite. In: Historical Reflections/Réflexions historiques 36/3 (2010), S. 75–93.
27 Siehe auch James March und Thierry Weil: Le leadership dans les organisations. Paris 2003.
28 Auch in den »Critical Men's Studies« spielt die Figur des Unternehmers eine zentrale Rolle. Laut der australischen Soziologin Raewyn Connell schaffe der neoliberale, kapitalistische Diskurs männliche Entrepreneur- und Manager-Figuren, deren postulierte Eigenschaften – rationales Handeln, rasches Entscheiden, brutale Effizienz – zum Hauptmerkmal hegemonialer Männlichkeit würden. Vgl. Raewyn Connell: Masculinités, colonialité et néolibéralisme. Gespräch mit Mélanie Gourarier, Gianfranco Rebucini und Florian Voros. In: Contretemps. Revue critique (10.09.2013), unter: http://www.contretemps.eu/interviews/masculinités-colonialité-néolibéralisme-entretien-raewyn-connell [abgerufen: 24.04.2015].

bei Stef Wertheimer etwa – werden grundlegende sozioökonomisch und historisch relevante Fragen übersehen: In welchem genauen wirtschaftlichen Umfeld war es möglich, erfolgreich zu sein? Wie wurden technische bzw. soziale Kompetenzen und Qualifikationen angeeignet? Inwiefern können wirtschaftliches Scheitern bzw. soziale Deklassierung überhaupt Gegenstand der eigenen Lebensgeschichte sein?[29]

Es geht hier nicht darum zu behaupten, die persönlichen Narrative seien »gefälscht«, sondern lediglich den Grad ihrer narrativen und rhetorischen Konstruiertheit in den Vordergrund zu stellen. Denn im Vergleich zu den sozial-beruflichen Positionen (u. a. der älteren Jeckes) *vor* der Auswanderung – Freiberufler, hoher Bildungsgrad, Akademiker, Juristen, Mediziner – war das Gefühl der sozialen Deklassierung[30] oftmals viel ausschlaggebender. Retrospektive Narrative von individuellem Wirtschaftserfolg, in denen Pioniergeist und Entrepreneurqualitäten über ein politisch und wirtschaftlich feindliches Umfeld triumphieren, dienen also eher – so die These des vorliegenden Artikels – zur kollektiven Wiedererlangung des jeckischen Stolzes in der Post-Migration.

III. Wirtschaftshistorische Aspekte der »Fünften Alija«: kontrazyklische Konjunktur und »Teufelspakt«

Die in der Jeckes-Historiografie benutzte Bezeichnung »Fünfte Alija«[31] sollte nicht darüber hinwegtäuschen, dass es sich hier um eine – wenn auch besondere – Migrationswelle handelt, die eben auch von ökonomischen Determinanten geprägt war. Denn obzwar die Emigration von Juden aus Mitteleuropa sich nach der rapiden Durchsetzung der antise-

---

29 Sehr überzeugend hat Claire Zalc am Beispiel von Paris in der Zwischenkriegszeit gezeigt, warum der selbständige Unternehmerstatus oft prekäre Situationen kaschierte. Im Hinblick auf geltende Restriktionen auf dem Arbeitsmarkt war nämlich das selbständige Unternehmen (im Handelssektor etwa) die einzige zugängliche Möglichkeit für Neueinwanderer, einen wirtschaftlichen Status zu erhalten. Unternehmertum war also oft prekär und nicht unbedingt beneidenswert. Vgl. Claire Zalc: Précarité et déclassement: les étrangers dans les secousses de la crise. In: 1931: les étrangers au temps de l'exposition coloniale. Hg. v. Laure Blévis, Hélène Lafont-Couturier, Nanette Snoep und Claire Zalc. Paris 2008, S. 68–71.
30 Zur »Deklassierung« siehe Pierre Bourdieu: Classement, reclassement, déclassement. In: Actes de la recherche en sciences sociales 24 (1978), S. 2–22.
31 Dan Diner macht auf den mythischen und sakralen Charakter dieser Bezeichnung aufmerksam: »Mit seiner Ankunft im gelobten Land legt der als Rückkehrer verstandene Einwanderer die seiner Biographie eingeschriebene historische Zeit ab, um sich einem sakral eingefärbten Zeitverständnis zu fügen. (...) ›Aliya‹ bedeutete insofern nicht allein Ortswechsel, sondern auch einen sakral konnotierten Zeitenwechsel.« Diner: Gedächtniszeiten (s. Anm. 12), S. 236.

mitischen NS-Hasspolitik als lebensrettend erwies, war auch diese Emigrationswelle in einen besonderen migrationshistorischen und -wirtschaftlichen Kontext eingebettet. Und nicht selten reichte dieser Kontext in die Zeit vor 1933 zurück. Als Beispiel sei die Geschichte des berühmten Buchladens »Ludwig Mayer Jerusalem Ltd.« genannt. Es handelt sich um den ältesten Buchladen Jerusalems, um einen Meilenstein jeckischer geisteswissenschaftlich-akademischer Kultur:

> It's dusty, it's cramped, it's old-fashioned – but it's a book-browser's paradise. (…) Jerusalem's oldest book shop is pervaded by an atmosphere of pre-war Europe, and the owners seem to be determined to keep it that way. Founded in 1908 near Jaffa-Gate by Ludwig Mayer, a bookseller who hailed from Prenzlau, north of Berlin, Israel's First quality Bookstore (as it calls itself ambiguously) still occupies the premises it moved to in 1935 in the New Armenian Buildings on Shlomzion Hamalka Street, right behind the Main Post Office.[32]

Der Sohn des Gründers, Hermann Joseph Mayer[33], erinnert im Interview daran, dass die Familiengeschichte vielschichtig ist. Eigentlich fängt die Geschichte 1908 mit der Gründung einer »europäischen Buchhandlung« in Jerusalem an. 1914 remigrierte Ludwig Mayer dann kriegsbedingt nach Deutschland, doch die Firma bestand fort. Und 1933 wanderte die Familie Mayer endgültig nach Palästina aus und eröffnete das alte Geschäft wieder.[34] Diese Unternehmensgeschichte ist transnational und intergenerationell. Sie zeigt, wie individueller »Entrepreneurgeist« sozial und wirtschaftlich eingebettet war.

In einer systematischen Studie über Migrationen während der Weimarer Zeit unterstreicht Doron Niederland seinerseits, dass der Trend zur Auswanderung nach Palästina eigentlich bereits 1924–1925 – unter anderem als Reaktion auf die immer restriktiver werdende US-Einwanderungspolitik – angefangen habe.[35] Seine Analyse lautet:

> (W)e may infer that economic vicissitudes in Germany and Palestine had an effect on the timing of aliya in future years as well. Accordingly, while

---

32 http://www.ludwigmayer.com/site/en/01.php [abgerufen: 24.04.2015].
33 Geb. 1915 in Wismar (Mecklenburg).
34 Israel-Korpus, 1. Generation (IK1), Interview Anne Betten mit Hermann Joseph Mayer, Jerusalem, 17.04.1991. Im Laufe des Interviews rekonstruiert Hermann Joseph Mayer das komplexe Netzwerk jeckischer Buchhandlungen und Antiquariate in Jerusalem, Haifa und Tel Aviv. Er nennt folgende Namen: Blumstein (Tel Aviv), Ringardt (Haifa), Rosenthal-Ben Chorin, Zadek (Tel Aviv), Landsberger (Tel Aviv), Wahrmann, Bamberger, Marx, Hildesheimer …
35 Doron Niederland: Leaving Germany – Emigration Patterns of Jews and Non-Jews during the Weimar Period. In: Tel Aviver Jahrbuch für deutsche Geschichte 27 (1998), S. 169–194.

> Zionist ideology did principally influence the decision to emigrate to Palestine, the timing of its realization in practice was shaped by other factors, most of them economic.³⁶

Niederland analysiert also die »Alija« im Rahmen komplexer Verstrickungen von wirtschaftlichen und politischen Push- und Pull-Faktoren. Zunächst sei das wirtschaftlich boomende Palästina im Kontext dramatischer Konjunkturschwäche und wirtschaftlicher Instabilität in Europa durchaus attraktiv gewesen:

> It can be even stated that economic push factors were a more significant motive for aliyah than the political push factors. (...) The economic push factors were augmented by economic pull factors exerted by the Jewish economy in Palestine during these years (1924–1925, P. F.). This was a period of economic boom in Palestine, manifested in part by an increased demand for manpower.³⁷

Auch der Rückgang der Einwanderung von Deutschland nach Palästina und die Remigrationen nach Deutschland in den Jahren 1926–1928 – manchmal als »Krise der Vierten Alija« bezeichnet – lassen sich, so Niederland, durch die konjunkturelle Baisse in der mandatspalästinischen Wirtschaft erklären. Im Kontext der Weltwirtschaftskrise nach 1929 habe Palästina dann wiederum eine kontrazyklische Konjunkturentwicklung durchgemacht und sei – noch vor 1933 – für Einwanderer besonders attraktiv gewesen.³⁸ Schließlich sei zu bemerken, dass die Trends deutsch-jüdischer Auswanderung während der Weimarer Republik durchaus mit denen der nicht-jüdischen Auswanderung vergleichbar waren:

> It has been shown that German Jewish emigration during the Weimar Republic was stimulated mainly by the economic crises that rocked Germany (...). Their response was manifested in emigration whose broad lines resembled the response of non-Jewish Germans.³⁹

Das Masternarrativ über den heroischen Unternehmer, der das »Gelobte Land« missionarisch bewirtschaftet, muss also mit Blick auf diesen komplexen migrationswirtschaftlichen Kontext nuanciert werden. Dies betrifft ebenfalls die von den Einwanderern der »Fünften

---

36 Niederland: Leaving Germany (s. Anm. 35), S. 185.
37 Niederland: Leaving Germany (s. Anm. 35), S. 186.
38 »The increased tendency to aliyah was associated, in addition to push factors at home, with the improved economic situation in Palestine. While all over the world the number of countries affected by the Depression was growing, the trend in Palestine was actually in the opposite direction« (ebd., S. 189).
39 Niederland: Leaving Germany (s. Anm. 35), S. 194.

Alija« vorgefundenen deutsch-zionistischen Strukturen, die einen Neuanfang zwar nicht völlig ebneten, aber doch maßgebend mitprägten. Hagit Lavsky bemerkt, dass die zionistische Bewegung in vielen Fällen die (nicht nur ideologische) Vorbereitung und die praktische Organisation der Einwanderung ermöglichte:

> Auch wenn ein Großteil der deutschsprachigen Einwanderer nicht aus zionistischen Motiven kam, so war der deutsche Zionismus doch einer der wichtigsten Faktoren, die dem Charakter der Einwanderung und der Art und Weise seiner Integration im Lande ihren Stempel aufprägte.[40]

Außerdem seien wichtige wirtschaftsinstitutionelle Schlüsselpositionen im Mandatsgebiet bereits in den 1920er Jahren von deutschen Zionisten – die zu der Zeit weniger als 1 Prozent des Jischuw darstellten – besetzt gewesen, die somit an der Gestaltung der wirtschaftlichen und gesellschaftlichen Strukturen Palästinas beteiligt waren.[41] Man kann also davon ausgehen, dass jüdischen Einwanderern aus Deutschland in den darauf folgenden Jahren zumindest ein Teil des wirtschaftlichen und wirtschaftsinstitutionellen Umfeldes, ja ein Teil der »Wirtschaftskultur« im Mandatsgebiet, vertraut gewesen sein dürften. Aus diesen institutionellen Gegebenheiten heraus wuchsen sicherlich z. T. auch die oft zelebrierten Erfolgsgeschichten der Jeckes in allen Bereichen der Wirtschaft.

Ein weiterer kontextueller Aspekt bezieht sich auf die Bedingungen der Ausreise und der Auswanderung, die ebenfalls den Neuanfang in Palästina prägten. Diese Bedingungen unterschieden sich erheblich voneinander, je nach:
– Einwanderungsdatum, d. h. der sich ständig verschärfenden politischen Lage sowie den Schikanen des nationalsozialistischen Regimes[42];
– Alter;
– Ausbildung (Art und Fortgeschrittenheit der Ausbildung);

---

40 Hagit Lavsky: Die Besonderheit des deutschen Zionismus. In: Zweimal Heimat. Die Jeckes zwischen Mitteleuropa und Nahost. Hg. v. Moshe Zimmermann und Yotam Hotam. Frankfurt a. M. 2005, S. 72.
41 Hagit Lavsky nennt Arthur Hantke als Leiter der Palestine Land Development Company, Arthur Ruppin als Leiter der Abteilung für Siedlungsarbeit, Richard Kaufmann in der Gesellschaft für die Landentwicklung und Julius Berger im Jüdischen Nationalfonds (ebd., S. 74). Zu Arthur Ruppin, vgl. Etan Bloom: Arthur Ruppin and the Production of the Modern Hebrew Culture, Diss., Universität Tel Aviv 2008, unter: www.tau.ac.il/tarbut/tezot/bloom/EtanBloom-PhD-ArthurRuppin.pdf [abgerufen: 24.04.2015].
42 Siehe Wolfgang Benz (Hg.): Die Juden in Deutschland 1933–1945. Leben unter nationalsozialistischer Herrschaft. München 1996.

– sozialem Status bei der Emigration und deren Vorbereitung;
– Möglichkeiten des Vermögenstransfers.

Die Palästina-Einwanderung war durch ein System von Einwandererkategorien geregelt, deren Quoten die britische Mandatsregierung nach einem »Zertifikatssystem« festlegte. Deren Verteilung übertrug sie an die Jewish Agency for Palestine. Es gab folgende Kategorien:
– A: Personen mit eigenem Vermögen. Darunter waren die berühmten A1-»Kapitalisten-Zertifikate« für Einwanderer im Besitz eines Vorzeigegeldes von 1.000 Palästina-Pfund, die keiner Quotenregelung unterworfen waren. Das »Kapitalistenzertifikat« ermöglichte auch den Freiberuflern des deutsch-jüdischen Mittelstandes – Ärzten, Anwälten, u. a. – die Einwanderung;
– B: Personen mit gesichertem Lebensunterhalt;
– C: Arbeitszertifikate;
– D: Anforderung. Angehörige erhielten somit eine Einwanderungserlaubnis, wenn ihre in Palästina ansässigen Angehörigen für ihren Unterhalt aufkommen konnten;
– »Jugend-Alijah« (vor 1938 Kategorie B3), Studenten und Schüler, deren Lebensunterhalt für zwei Jahre gedeckt sein musste.

Die Vergabe von Arbeitszertifikaten (Kategorie C) und von Zertifikaten für freie Berufe (Kategorien A2 und A3) waren stark von der wirtschaftlichen »Aufnahmefähigkeit«, also von konjunkturellen Faktoren, abhängig.[43]

Zu den wirtschaftlichen Eigentümlichkeiten der »deutschen Alija« gehören auch die ökonomischen Transferoperationen, die unter dem »Ha'avara«-Abkommen[44] stattfanden. Dieses Kapitel gehört zu den komplexesten in der Geschichte der Beziehungen zwischen Zionisten und Nationalsozialisten.[45] Bis zum Beginn des Zweiten Weltkrieges wurde nämlich die Auswanderung der Juden aus Deutschland von der Reichsregierung offiziell vorangetrieben. Das im Mai 1933 unterzeichnete Ha'avara-Abkommen zwischen der Zionistischen Vereinigung für Deutschland, der Jewish Agency for Palestine und dem Reichswirt-

---

43 Hinzu kamen die ab April 1935 einsetzenden und bis 1939 andauernden »arabischen Unruhen« als Reaktion auf die wachsende jüdische Einwanderung. Die britische Mandatsbehörde reagierte, indem sie die Zuteilung der Zertifikate stark einschränkte. Nur die Einwanderung von »Kapitalistenzertifikaten« blieb bis zum Kriegseintritt Englands beinahe unbeschränkt.
44 »Ha'avara« bedeutet »Transfer«. Auch in den deutschen offiziellen Dokumenten der Zeit wird der hebräische Begriff benutzt. Vgl. Tom Segev: The Seventh Million. The Israelis and the Holocaust. New York 1993, S. 20.
45 Siehe Bloom: Arthur Ruppin (s. Anm. 41), S. 398 f.

schaftsministerium war ein wichtiger Aspekt dieser Politik. Durch das Transferabkommen wurde die jüdische Mittelstandseinwanderung aus Deutschland gefördert. Inhaber von »Kapitalistenzertifikaten« erhielten die Möglichkeit, zusätzlich zum Vorzeigegeld von 1.000 Englischen Pfund[46] eine Summe von max. 50.000 Reichsmark zu einem relativ günstigen Wechselkurs zu transferieren. Im August 1933 wurde mit dem Reichswirtschaftsministerium beschlossen, die Durchführung des Transfers einer Treuhandgesellschaft zu übergeben, der Trust and Transfer Office Haavara Ltd. in Tel Aviv. Transaktionsträgerin in Deutschland wurde die Palästina Treuhandstelle zur Beratung deutscher Juden GmbH (Paltreu) in Berlin. So sicherte das NS-Regime Exportaufträge für die deutsche Industrie ins britische Mandatsgebiet: Es wurden Warenexporte nach Palästina (in RM) bezahlt, und den Gegenwert erhielten die Emigranten nach ihrer Ankunft in Palästina in der Landeswährung (Englische Pfund). Auf diesem Weg wurden über die Jahre – das System blieb, obgleich mit Veränderungen, bis zum Kriegsbeginn in Kraft – Finanzflüsse von ca. 140 Millionen RM nach Palästina transferiert. Dies entsprach zwar aufgrund des hohen Kursverlustes und der Transaktionskosten nur einem Teil des Gesamtvermögens der Emigranten, doch es bot manchen eine wichtige Existenzgründungshilfe.[47] Der israelische Historiker Tom Segev (und Jeckes-Sohn) nennt dieses Abkommen einen regelrechten »Teufelspakt« konvergierender Interessen:

> All those involved in the agreement benefited. The Nazis got rid of Jews, increased their exports, even though they did not receive foreign currency, and broke the boycott against them that had been initiated by several, mostly American, Jewish organizations. The Zionist movement gained new settlers who, had they not been allowed to transfer their capital, might not have come to Palestine. And the emigrants escaped Germany with more of their property than they might otherwise have done; only slowly did it become clear that they owed their very lives to the agreement as well. (…) Nonetheless, the haavara was dealing with the devil (…).[48]

Elchanan Scheftelowitz erinnert sich an eine solche Operation, die es seinem Vater ermöglichte, 1936 als »Kapitalist« nach Palästina auszuwandern und anschließend die Familie nachzuholen:

---

46 Dies entsprach umgerechnet 15.000 RM im Jahre 1933 und bis zu 40.000 RM im Jahre 1939.
47 Siehe Werner Feilchenfeld, Dolf Michaelis und Ludwig Pinner (Hg.): Haavara-Transfer nach Palästina und die Einwanderung deutscher Juden 1933–1939. Tübingen 1972; Avraham Barkai: German Interests in the Haavara-Transfer-Agreement 1933–1939. In: Leo Baeck Institute Yearbook 35 (1990), S. 245–266.
48 Segev: The Seventh Million (s. Anm. 44), S. 22.

> Diejenigen, die nach Palästina einwandern wollen, können Geld einzahlen in eine bestimmte Firma, die neu gegründet wurde, nämlich zwischen der Auswandererfirma und Einwanderern, die Ware kaufen können in Deutschland. (...) Diese Firma hieß Paltreu – Palästinatreuhandgesellschaft in Berlin, die im Zusammenhang mit dem Reichsfinanzministerium arbeitete. In Deutschland wurde Ware gekauft und auf der anderen Seite in Tel Aviv an eine Gesellschaft ›Ha'avara‹ (›Transfer‹ wörtlich) geliefert. Das bedeutet, man konnte Ware einkaufen in Deutschland bis zu 1.000 Englischen Pfund und dann bekam man dort die Ware. (...) Jedenfalls: Tatsache ist, der Vater hat daraufhin eingezahlt die 1.000 Englischen Pfund, es wurde sehr viel abgezogen an allem, aber irgendwie bekam er irgendwelche Ware (...) und dann konnte er ein Geschäft gründen in Tel Aviv. (...) Mein Vater gehörte also bereits zu denen, die mit Geld kamen.[49]

Die wirtschaftlichen Bedingungen während der Emigration gaben den Ausschlag für die Qualität der Integration und der Existenzgründung. Pioniere, Entrepreneure und Visionäre hat es zwar gegeben, doch muss auch der größere Kontext mitbetrachtet werden, zumal die ökonomische Eingliederung der während der 1930er Jahre Neu-Eingewanderten durch den kontrazyklischen Konjunkturboom des Zweiten Weltkrieges erleichtert wurde.[50] Das etwa meint Shlomo Erel in einem gedächtnishistorischen Artikel über die »Unternehmer Israel Style«:

> Fest steht, dass die deutschsprachige Alija-Welle (1933–1940) zu einer Zeit ins Land kam, als die Wirtschaft Palästinas zum Aufbruch in die Moderne ansetzte. Die mitteleuropäischen Einwanderer konnten dank der Erfahrungen, die sie im fortschrittlichen Europa gesammelt hatten, diese Entwicklung beschleunigen. Das Bankwesen wurde erweitert und reorganisiert. Neue Industriezweige im Bereich der Pharmazeutik, Glasherstellung, Molkereiproduktion, Konfektion, Metallwarenindustrie, des Hotelgewerbes und des Getreidesilo-Baus blühten auf.[51]

Die von Shlomo Erel aufgezählten Branchen – man könnte das Gesundheitswesen hinzunehmen[52] – sind auch diejenigen, die in der Historio-

---

49 IK1, Interview Anne Betten mit Elchanan (ehem. Erwin) Scheftelowitz, Jerusalem, 27.04.1994.
50 Vgl. Nori Möding: Immigration nach Palästina – Befunde der »Oral History« aus den 1980ern und 1990ern. In: Tel Aviver Jahrbuch für deutsche Geschichte 27 (1998), S. 528.
51 Shlomo Erel: Unternehmer Israel-Style. In: Kaleidoskop Israel. Deutschsprachige Einwanderer in Israel erzählen (aus Briefen, Tagebüchern, Aufzeichnungen und Gedichten). Hg. v. Shlomo Erel. Klagenfurt 1994, S. 380.
52 Siehe Andrea Livnat: »Eure Vorstellungen entsprechen nicht der hiesigen Wirklichkeit«. Der Anteil deutschsprachiger Juden am Aufbau des Gesundheitswesens in Erez Israel. In: Nurinst. Beiträge zur deutschen und jüdischen Geschichte. Schwerpunktthema: Gesundheit, medizinische Versorgung, Rehabilitation (= Jahrbuch des Nürnberger Instituts für NS-Forschung und jüdische Geschichte des 20. Jahrhunderts, 6). Hg. v. Jim G. Tobias und Nicola Schlichting. Nürnberg 2012, S. 109–124.

grafie als die großen Erfolge des Unternehmungsgeistes der Jeckes gesehen werden.⁵³

Weitere ökonomische Aspekte, die wenig angesprochen werden, sind etwa die Rolle der »Wiedergutmachungsgelder« auf die Sicherung einzelner jeckischer Existenzen und die Entfaltung persönlicher Unternehmungsprojekte.⁵⁴ So bemerkt Mosche Shany⁵⁵ im Interview, er habe dank der »Wiedergutmachung« die Möglichkeit genutzt, den Ingenieurstitel 1957 in Aachen zu erhalten. Dann habe das Wirtschaftswunder begonnen, so dass er seine gerade erworbenen beruflichen Kompetenzen problemlos einsetzen konnte.⁵⁶

IV. Der jeckische Unternehmer: Identifikations- und Witzfigur

Ein Teil der zahlreichen Jeckes-Witze befasst sich mit der Figur des Unternehmers, der versuche, inmitten der »Basar«-Mentalität Redlichkeit, Geschäftsethik und Fairness zu bewahren. Shlomo Erel erzählt:

> Die faire Einstellung im Berufsleben beschwor so manche Tragödie herauf. Ein beschäftigungsloser Immigrant aus Deutschland genierte sich, den Empfehlungsbrief eines bedeutenden Wissenschaftlers zu benutzen, was ihm als eine Art von unlauterem Wettbewerb galt, und verzichtete so auf eine geeignete Position. Dies ist kein Witz, obwohl wir Heutigen dergleichen Ethik kaum mehr verstehen können. Nur wenige der Neuankömmlinge vermochten sich mit der Basar-Mentalität anzufreunden, zunächst einen überhöhten Preis zu fordern, um dann den gewünschten niedrigeren wirklich zu erzielen. Der Konkurrent in der Straße gegenüber war stets preiswerter, da elastischer, und mehr als einer hat später dann das Café oder den Laden des Flüchtlings aus Deutschland aufgekauft.⁵⁷

Nachum Gross bringt dies auf eine kurze Formel: »Ein Einwanderer aus Deutschland mit Vermögen findet einen ansässigen Partner mit Erfahrung; nach einer Weile hat der Partner Vermögen und der Jecke Er-

---

53 Z. B. bei Kreppel: Israels fleißige Jeckes (s. Anm. 1).
54 Hierzu zählen auch die Renten, die einzelne Jeckes jeden Monat aus Deutschland erhielten und über die kaum berichtet wird. Siehe Henry Wassermann: Empathie und Beschönigung. Zu einem Buch von Joachim Schlör über die Jeckes. In: Aschkenas. Zeitschrift für Geschichte und Kultur der Juden 14/2 (2004), S. 579–583.
55 Mosche Shany (ehem. Siegbert Scheinniak), geb. 1923 in Bremen. Zionistische Familie. 1936 Auswanderung der Familie nach Palästina.
56 Greif, McPherson und Weinbaum: Die Jeckes (s. Anm. 2), S. 217 (»Mosche Shany«).
57 Shlomo Erel: Deutsche Juden: Die »Jeckes« im israelischen Humor. In: haGalil, 20.03.2008, unter: www.hagalil.com/israel/deutschland/witz.htm [abgerufen: 24.04.2015].

fahrung.«[58] Und Dov Ostro[59], Besitzer einer Kaffeerösterei in Tel Aviv, behauptet über sich selbst, er sei ein Jecke in jeder Beziehung, er sei mehr als pünktlich. Bei ihm sei ein Wort ein Wort, seine Kunden sagten ihm immer:

> »Man sieht, dass Du ein Jecke bist, beim Gewicht. Ein Kilo bei Dir ist immer ein Kilo plus zehn Gramm«. Und ich erkläre den Leuten dann, dass sie nicht für die zehn Gramm Tüte bezahlen brauchen.[60]

Was bleibt also vom Bild des (männlichen) jeckischen Unternehmers? Sicherlich ein identitätsstiftendes, narrativ geladenes Bild von Unternehmerinitiative und Innovation, das der gesamten Jeckes-Gruppe zugute kommt: Individuelle bzw. Familien-Erfolge dienen hier als kollektive Identifikationspunkte. Als Beispiel dafür seien verschiedene Kapitel in Klaus Kreppels »Unternehmerportraits« genannt:
- Strauss – vom Kuhstallbetreiber zum Lebensmittelkonzern. Eine Ulmer Familie vermarktet Milchprodukte;
- »Café Pinguin« – Israels internationaler Treffpunkt. Die westfälischen und hessischen Ursprünge der Familie Oppenheimer;
- Das Hotel Rosenblatt – ein Treffpunkt der Jeckes. Eine Familie aus Würzburg betreibt Gastronomie in Israel.[61]

Zweifellos kristallisieren sich historisches Jeckes-Bild und erinnerte Jeckes-Identität am Beispiel des erfolgreichen (männlichen) Unternehmers. Doch besonders prägnant waren eher die Klein- und Mittelbetriebe sowie die Familienunternehmen.[62] Auch muss hier betont werden, dass die Erfolgsgeschichten des »Sich-von-klein-auf-Hocharbeitens« nicht spezifisch von Männern zu hören sind.[63] Was die meisten Studien über die erfolgreichen Unternehmerjeckes größtenteils *nicht* thematisieren, ist die Tatsache, dass in vielen Fällen die Frauen »ihren Mann standen« und mitunter schneller zum Familienunterhalt beizu-

---

58 Gross: Entrepreneure (s. Anm. 3), S. 136, Endnote 4.
59 Geb. 1921 als Hans Gideon Ostro in Bremen. Emigration 1933 nach Palästina. Kaffeerösterei in Tel Aviv in der Nähe des alten Busbahnhofs.
60 Greif, McPherson und Weinbaum: Die Jeckes (s. Anm. 2), S. 2–3 (»Dov Ostro«).
61 Kreppel: Israels fleißige Jeckes (s. Anm. 1), S. 45–56, 57–72, 73 und 84.
62 Siehe Gross: Entrepreneure (s. Anm. 3), S. 132–136.
63 In seinem sehr kurzen Überblick über jeckische Entrepreneure betont Nachum Gross, er wolle »besonders Initiativen von Frauen« behandeln. Doch außer den »Zuverdienerinnen« nennt er lediglich Frauen, die Pensionen eröffneten – allen voran Käthe Dan, deren kleines Hotel die Grundlage für die Dan Hotels Kette bilden sollte (ebd., S. 133). Ein anderes Beispiel ist Gertrud Towa Kedar (geb. 1901 als Trude Frisch in Nürnberg), die eine kleine Milchwirtschaft und einen Laden selbst betrieb, ab und zu auch mal auf dem Schwarzmarkt verkaufte (IK1, Interview Anne Betten mit Gertrud Towa Kedar, Nürnberg, 06.07.1991).

tragen imstande waren. Historiografisch lässt sich der Unterschied in der Wahrnehmung männlicher vs. weiblicher »Migrantenkarrieren« wie folgt erklären:

> Die soziale Deklassierung der männlichen Intellektuellen oder der Angehörigen höherer Berufe wird generell als Problem registriert und ernst genommen. Demgegenüber schwingt in den die Frauen einbeziehenden Schilderungen die Erwartung mit, dass sie ihre eigene Deklassierung überwinden mussten; sie konnten (und sollten) als »Berufslose« jede Art von Arbeit zur Subsistenzsicherung verrichten; ein anderes Verhalten war unakzeptabel.[64]

Die Überbrückungsjobs zahlreicher Frauen finanzierten die gründliche berufliche Umorientierung der Männer mit, was dann ihren späteren »Erfolg« überhaupt erst möglich machte. Schließlich muss unterstrichen werden, dass die Geschlechterverhältnisse am Arbeitsmarkt in den Pionierjahren Palästinas/Israels sich zugunsten der Männer entwickelten, die immer mehr in den besser bezahlten – und besser qualifizierten – Wirtschaftssektoren arbeiteten.[65]

Besonders bekannt unter den Jeckes-Geschichten ist die Geschichte der »Eier-Jeckes«. Es handelt sich um eine Erfolgsgeschichte, die zeigt, wie erfindungsreich und klug einige der deklassierten Akademiker aus Deutschland trotz allem waren. Besonders emphatisch erzählt diese Geschichte David Bar-Levi[66], der sich selbst vom Eier-Jecke zum Kellner und schließlich zum Beamten im Finanzministerium hocharbeitete:

> In Kfar Schmarjahu[67], da sind diese so genannten Eier-Jeckes, nicht? Kennen Sie schon die Geschichte? Also das waren alles Akademiker und Ärzte usw., die haben da Hühnerfarmen aufgemacht und haben die Eier vermarktet, unter anderem auch nach Jerusalem. Hier gab es also einen Vertreter, der eben die Eier verkauft hat hier an die Hotels, an die Restaurants, an die Cafés und an Private. Er hatte also Leute herumlaufen, die auch privat Eier verkauften und da sagte der zu mir: »Weißt du, wenn du das machen willst, das kannst du machen.« Sag ich: »Ja, mach ich. Wie macht man das? Ich hab im Leben noch nie was verkauft!« – Ich bin aus einer Familie, wo es keine Kaufleute gab. Durch die Generationen gab es

---

64 Christine Backhaus-Lautenschläger: ... Und standen ihre Frau. Das Schicksal deutschsprachiger Emigrantinnen in den USA nach 1933. Pfaffenweiler 1991, S. 134.
65 Diese Tendenz unterstrich bereits eine Studie aus dem Jahre 1948. Siehe Margarete Turnowsky-Pinner: Jewish Women of Palestine in Trades and Professions (Veröffentlichungen der WIZO). Tel Aviv 1948, S. 12–34. Siehe auch Isabelle Lacoue-Labarthe: Femmes, féminisme, sionisme dans la communauté juive de Palestine avant 1948. Paris 2012, S. 98f.
66 Geb. 1912 als Heinz Levisohn in Essen, Emigration 1939.
67 Noch bekannter ist eigentlich die Geschichte der »Eier-Jeckes« von Ramot Hashavim.

keine Kaufleute –, da sag ich also: »Ja, mach ich. Wie macht man das?« Da sagt er: »Du gehst auf den Markt, kaufst dir zwei Körbe und dann kommst du jeden morgen hier um halb acht zu mir in meinen Laden, dann füll ich dir die Körbe und dann gehst du los von Haus zu Haus, Treppe rauf, Treppe runter, klopfst an den Wohnungen und fragst sie, ob sie frische Eier haben wollen. Und dann legst du dir so langsam einen Kundenstamm zu. Das musst du natürlich morgens bezahlen, die zwei Körbe voll, die bezahlst du und dann verkaufst du die. Ich sage dir die Preise und was du übrig hast, das ist dein Verdienst.« Also ich hab das getan, zwei Körbe gekauft, bin losgegangen in hier, Rechawia, durch diese schönen Treppen rauf, Treppen runter, und hab gesagt: »Ich verkauf hier frische Eier« usw. Und auf diese Weise habe ich so langsam mir so einen Kundenstamm besorgt. (...) Nach einigen Monaten hab ich auch in einem kleinen Café in der Stadt Eier verkauft; die brauchten ja Frühstückseier. Die brauchten ja nicht so viel, die kauften nicht in Massen und da ging ich manchmal dann morgens frühstücken. Eines Tages sagte der zu mir: »Ach vielleicht wissen Sie jemand, der hier nachmittags arbeitet an der Kaffeemaschine?« (...) Da hab ich mir im Moment dann überlegt, sag ich: »Ja, ich weiß jemand, mach ich!« Sagt er: »Was? Sie wollen das machen?« Sag ich: »Ja, (Eier verkaufen) mach ich morgens und das (an der Kaffeemaschine arbeiten) mach ich dann nachmittags.« Also morgens bin ich losgegangen und hab bis mittags um eins, Treppe rauf, Treppe runter, diese Eier verkauft und nachmittags bin ich gerannt in die Stadt und hab dann in diesem kleinen Café hinter der Theke an der Kaffeemaschine ausgegeben usw. Daraus ergab sich, dass ich eines Tages den vollen Job (an der Kaffeemaschine) hatte morgens von sechs bis nachmittags um vier. (...) Und dann gab ich das Eiergeschäft auf und hab diesen Job übernommen. Das war 1940 rum. Ich hab nie mehr soviel Rühreier gegessen, wie zu der Zeit![68]

Besonders interessant ist – neben der enthusiastischen, dialogischen und bildlichen Erzählweise des Sprechers – die Tatsache, dass die Geschichte eine doppelte Dimension aufweist: Einerseits rekurriert der Sprecher auf die »gute alte« Eierjeckes-Geschichte von Akademikern, die Hühnerfarmen betreiben. Somit spielt er auf einen bekannten Bezugsrahmen an, der die kollektive Jeckes-Identität der pionierhaften Entrepreneure aufgreift.[69] Andererseits erzählt David Bar-Levi eine – mit vielen Jeckes geteilte – Geschichte von nicht immer gut bezahlten Gelegenheitsjobs und fragmentarischen Übergangstätigkeiten in einem Wirtschaftsumfeld, in dem es viele solcher Jobs gab. Und dies ermöglichte ihm, nur knapp über die Runden zu kommen. Von linearer erfolg- und glorreicher Unternehmerlaufbahn ist hier keine Spur. Das selbständige, aber schlecht bezahlte Ein-Mann-Unternehmen war in

---

68 IK1, Interview Anne Betten mit David Bar-Levi, Jerusalem, 16.04.1991.
69 Eine ebenso bekannte Geschichte ist die Erfindung des Sahneeises durch Jeckes.

vielen Fällen nichts anderes als eine Überbrückungtätigkeit, die man mit geringen institutionellen und wirtschaftlichen Qualifikationen ausüben konnte. Dies führte nicht selten zu beruflichen Zick-Zack-Kursen bei allgemeiner Mittellosigkeit. Daran erinnert Moshe Cederbaum im Interview:

> Also die Situation war ziemlich schwierig, und gerade die Juden aus Deutschland nahmen damals alle möglichen Berufe an, verkauften Eier von Haus zu Haus, trugen Milch aus, wuschen Wäsche, gingen als Reinigungsarbeiter in die Häuser. Wir hatten damals gar keine Scham, waren uns gar nicht unbequem oder, sagen wir, das lag vielleicht daran, dass wir alle ungefähr auf dem gleichen Standard lebten, während heute die Differenzen viel ausgeprägter sind. Und das Gucken in den Topf des Nächsten, des Nachbarn ist heute viel ärger als damals.[70]

V. Schluss

In vielerlei Hinsicht hat die Jeckes-Historiografie den Mythos des männlich konnotierten pionierhaften Entrepreneurs undistanziert übernommen. Dies hängt sicher auch damit zusammen, dass, so Yoav Gelber, »die Schreibung der Wirtschaftsgeschichte des zionistischen Unternehmens (...) aus der Feder von Wirtschaftsfachleuten, nicht von Historikern« begann.[71] Daraus sollte aber nicht der Schluss gezogen werden, es gebe einen besonderen jeckischen Unternehmungsgeist, oder um es frei nach Max Weber umzuformulieren: eine »jeckische Ethik« und ein »Geist des Unternehmertums«. Vielmehr als für die Pionier-Unternehmer sollte sich die Forschung in Zukunft für den historischen Wandel interessieren, der aufgrund der Masseneinwanderung europäischer Juden – nicht nur aus Deutschland und Österreich – die Konsumkulturen in Palästina/Israel grundlegend veränderte. Nachum Gross bemerkt hierzu:

> Klein- und Mittelbetriebe der Jeckes hatten einen erkennbaren Einfluss auf die Entwicklung des Geschäftsgebarens im Lande und auf den städtischen Lebensstil. Dieser Einfluss stand natürlich auch in Verbindung zu einer Erhöhung des Lebens- und Wohlfahrtsstandards in den Jahren der Prosperität (...). Die Jeckes führten europäische Cafés und europäische Delikatessenwarengeschäfte, ästhetische Schaufenster und, im Verhältnis zu dem, was

---

70 IK1, Interview Anne Betten mit Moshe Cederbaum, Tel Aviv, 25.04.1991.
71 Yoav Gelber: Die erste Generation – Der Beginn der Geschichtsschreibung des Zionismus. In: Historikerstreit in Israel. Die »neuen« Historiker zwischen Wissenschaft und Öffentlichkeit. Hg. v. Barbara Schäfer. Frankfurt a. M. 2000, S. 22.

bis dahin im Jischuw üblich war, allgemein ein größeres Bewusstsein für Ästhetik und die Qualität im Einzelhandel ein. Sie entwickelten Qualitätshandwerk, wie zum Beispiel ausgewählte Lederprodukte.[72]

In einem wegweisenden Artikel über jeckische Konsumkulturen hat Joachim Schlör dies auf den Punkt gebracht: »Waschbrett statt Weinbowle«.[73] Das Waschbrett passte ins Bild eines genügsamen zionistisch geprägten Arbeitslebens während die Weinbowle das Beispiel schlechthin dekadenter Konsumkultur darstellte. Schlör schreibt, »contrary to what was expected from them, (the Yekkes) indeed (brought) their punchbowls with them«.[74] Die Migranten wollten also ihre mitteleuropäischen Konsumgewohnheiten weiterführen, sie fanden Letztere durchaus »notwendig« und trugen somit zur Veränderung der Konsumkultur bei. Der Jecke Chaim Stubezki erinnert sich an die Tel Aviver Allenby-Straße, wie er sie bei seiner Ankunft vorfand:

> Die Schaufenster waren so staubig, dass ich nie wusste: Ist das nun ein Friseur oder ein Lebensmittelgeschäft? Auch dass man in Palästina schon zum Frühstück Salate aß, daran mussten wir uns gewöhnen. Die deutsche Einwanderung hat eine gewisse Ordnung in das Vor-Israel gebracht: Plötzlich wurden Wohnungen mit Verträgen vermietet (und nicht per Handschlag), der Fisch wurde in Plastiktüten gereicht (und nicht mehr in Zeitungspapier), und wenn man einen Handwerker bestellte und man Glück hatte, dass es ein Flüchtling aus Deutschland war, dann kam er pünktlich auf die Minute!«[75]

Zudem gehörten zum modernen Konsum auch Geschäfte (statt Schuk-Ständen), dekorierte Schaufenster, Cafés im Wiener Stil sowie Hotels und Restaurants. Das Konsumverhalten wurde also strategisch eingesetzt, in Israel distinktiv *jeckisch* zu handeln.

---

72 Gross, Entrepreneure (s. Anm. 3), S. 132–133.
73 Joachim Schlör: How To Cook in Palestine: Kurfürstendamm Meets Rehov Ben Jehuda. In: Longing, Belonging, and the Making of Jewish Consumer Culture. Hg. v. Gideon Reuveni und Nils H. Roemer. Leiden 2010, S. 167.
74 Schlör: How To Cook in Palestine (s. Anm. 73), S. 167.
75 Zit. n. Thorsten Schmitz: Vierzig Jahre deutsch-israelische Beziehungen: Die Jeckes als Seismografen. In: Süddeutsche Zeitung, 12.04.2005.

Margit Franz

Technologietransfer und Regionalentwicklung
Exil in Britisch-Indien

Im Sommer 1938 reiste der indische Holz- und Textilhändler Kundan Lal Gupta (1893–1966) aus Ludhiana nach Europa. Er suchte medizinische Behandlung, zuerst in Berlin, dann in Wien, wo er sich auch einer Operation unterzog. Nach indischer Familienerzählung soll er im Wiener Krankenzimmer den verzweifelten Alfred Wachsler getroffen haben, mit dem er ins Gespräch kam. Wachsler erzählte von der Situation der verfolgten Juden in der nationalsozialistischen »Ostmark« und suchte nach Fluchtmöglichkeiten. Alfred Wachsler war der einzige überlebende Sohn des Grazer jüdischen Zahnarztes Dr. Alexander Wachsler (1854–1938) und seiner Frau Henriette (geb. 1861–?), welche die Tochter des Besitzers des bekannten Möbelgeschäftes *Orowan* in der Grazer Gleisdorferstraße war. Seine beiden älteren Brüder waren als junge Ärzte im Ersten Weltkrieg an Infektionen gestorben, so hatte sich Alfred Wachsler dem Gewerbe mütterlicherseits zugewandt und war Möbeltischler geworden. Ab April 1937 lebte er mit seiner Frau und seinem kleinen Sohn Arthur in Wien.

I. Technologietransfer und Regionalentwicklung als Beitrag von Flüchtlingen vor dem Nationalsozialismus

Neben seiner gesundheitlichen Genesung war der Inder Kundan Lal Gupta auch auf der Suche nach neuen Geschäftsideen in Europa. So erkannte er in den verfolgten Juden auch mögliche Geschäftspartner bzw. Mitarbeiter, mit deren Hilfe sein Unternehmen in Britisch-Indien florieren könnte. Auf Vermittlung Wachslers fuhr Gupta nach Gedersdorf, in der Nähe von Krems, und kaufte dort die einzigen beiden verbliebenen Maschinen, eine Gattersäge und eine Schälmaschine, vom ehemaligen Besitzer des Sägewerkes, Alfred Schafranek. Das restliche Unternehmen *Gedersdorfer Holzindustrie und Dampfsägewerk* in Brunn im Felde der Brüder Jacques (1881–1942) und Alfred Schafranek war einem kommissarischen Verwalter unterstellt worden, seine Besitzer aus der dazugehörigen Villa und dem Betrieb vertrieben worden.

Mit diesen Maschinen, die nach Indien verschifft wurden, legte Kundan Lal Gupta den Grundstein für eine erfolgreiche Neuorientierung seines Holzbetriebes in Ludhiana, denn Gattersägen werden aufgrund der hohen Schnittgenauigkeit und der extrem dünnen Sägen zur Erzeugung von Flachpressplatten verwendet. Gupta gründete mit diesen Maschinen das erste Spannplattenwerk Indiens, das zuerst zivile Produkte wie Möbel herstellte. Während des Krieges stellte er seinen Betrieb vollkommen auf die Versorgung des Militärs mit Spannholzprodukten um, und verdiente damit in kurzer Zeit ein Vermögen.

Schafranek hatte Gupta seine beiden verbleibenden Maschinen verkauft, aber er hatte auch sein Know-how feilgeboten. Als Gegenleistung half Gupta der Familie bei der Flucht, er übernahm Bürgschaften und Affidavits, die zur Erlangung eines Visums ab Mai 1938 in Britisch-Indien eingeführt worden waren. Wahrscheinlich finanzierte er auch die Reise der Familie Schafranek. Über die Schweiz reiste die Familie nach Italien, von wo sie nach Karachi flog, und von dort nahm sie einen Zug nach Ludhiana. In der Zwischenzeit hatte Gupta Häuser für seine neuen »Vorarbeiter« errichten lassen. Denn die technikversierten Männer waren mit ihren Familien aus der »Ostmark« geflüchtet: Alfred Schafranek (1888–1957) mit seiner Ehefrau Margarete (1897–1963) und seinen Kindern Bruno (1922–?) und Lizzi (geb. 1924). Zudem konnte er seinen Bruder Siegfried Schafranek (1892–1965), den enteigneten Betreiber und Mehrheitsgesellschafter der Autoreparaturwerkstatt *Brüder Schafranek* in Wien II[1], zur Flucht verhelfen; dieser entwickelte sich in Ludhiana zum Holz- und Spannplattenmaschinentechniker.

Der Möbeltischler Alfred Wachsler (1905–1977) kam in Begleitung seiner Frau »Lucy« Chaie Beile Wachsler, geb. Schkolnik (1911–1991), und seines Sohnes Arthur Alexander (geb. April 1938), der bei der Flucht knapp ein Jahr alt war.

Im Jahr 1940 präsentierte Kundan Lal Gupta dem Präsidenten des Obersten Gerichtshofes der Provinzen Punjab und Delhi seinen modernisierten Betrieb: innovative Technologie in Form von leistungsstarken Präzisionsmaschinen gepaart mit dem Know-how, diese zu bedienen und sie auf neue Produktideen anzuwenden. Den virtuellen Technologietransfer übernahmen Alfred Schafranek und sein Sohn Bruno, die die Maschinen zu bedienen wussten, sein Bruder Siegfried, der die Maschi-

---

1 Vgl. Industrie-Compass: Österreich, Čechoslowakei, Jugoslavien, Ungarn. Wien 1931, S. 148 und 646; Österreichisches Staatsarchiv/AT-OeStA/AdR E-uReang Vermögensverkehrsstelle Vermögensanmeldung 9252.

Abb. 1: Besichtigung der Spannplattenfabrik von Kundan Lal Gupta durch den Präsidenten des Obersten Gerichtshofes der Provinzen Punjab und Delhi, Sir John Douglas Young, Ludhiana, ca. 1940 (Quelle: Vinay Gupta, Ann Arbor)

1. Reihe: Kundan Lal Gupta (ganz links), Sir John Douglas Young (Mitte) mit drei Begleitern; 2. Reihe von links: Alfred Wachsler, Bruno Schafranek, Siegfried Schafranek, Alfred Schafranek, Prem Narain (Sohn des Firmeninhabers)

nen warten konnte, und der Möbeltischler Alfred Wachsler, der die Maschinen für neue Produkte zu nutzen wusste.²

Technologietransfer, die »Weitergabe von wissenschaftlichen und technischen Kenntnissen und Verfahren«³ oder die »Weitergabe von technischem Wissen (z.B. Forschungs- und Entwicklungsergebnisse) für die Anwendung im Produktionsprozess«, unterscheidet zwischen »gütergebundenen Technologien«, wie die Spezialmaschinen von Schaf-

---

2 E-Mail-Korrespondenzen und Telefonate zwischen Margit Franz und Vinay Gupta, Jänner bis März 2014; Skype-Interview Margit Franz mit Vijaya Gupta und Vinay Gupta (New Delhi), 03.02.2014; Wiener Stadt- und Landesarchiv: Meldeauskunft; Bundesdenkmalamt-Archiv (Wien), Ausfuhr, Zl. 1024/39: Ansuchen um Ausfuhrbewilligung, Margareta Schafranek, 10.02.1939; Robert Streibel: Die Juden des Landbezirks Krems, unter: http://judeninkrems.at/die-juden-des-landbezirks-krems/ [abgerufen: 28.04.2015]; Robert Streibel: Die übrigen »Arisierungen«, unter: http://judeninkrems.at/9-die-ubrigen-arisierungen/ [abgerufen: 28.04.2015]. Siehe auch Vinay Gupta: From Austria to Australia, via India: A Little Known Route to Escape Nazi Persecution. In: AJR Journal 14/6 (2014), S. 10.

3 Eintrag »Technologietransfer« in Duden online, unter: http://www.duden.de/rechtschreibung/Technologietransfer [abgerufen: 28.04.2015].

ranek, und virtuellen, sprich »freien Technologien«[4], im obigen Beispiel das Know-how bzw. Wissen der Exilanten. Im vertraglich geregelten Technologietransfer wären es Patente und Lizenzen, im Fall der erzwungenen Emigration sind es Wissen und Kenntnisse der Flüchtlinge, wie der wissenschaftliche Brain-Drain auch zur technologischen und wissenschaftlichen Vormachtstellung der USA nach dem Zweiten Weltkrieg beigetragen hat. In der Entwicklungszusammenarbeit stellt der Technologietransfer ein wichtiges Instrument dar, da der Nutzungsgrad von Technologien eine große Bedeutung für das wirtschaftliche Wachstum und somit für die Regionalentwicklung hat.

II. Einfluss der indischen Politik auf Flüchtlingsströme als Beitrag zur Regionalentwicklung Indiens

Auf seinen Europareisen hatte der spätere Premierminister des unabhängigen Indiens Jawaharlal Nehru die strukturelle Marginalisierung von Juden in Deutschland und die allgemeine triste Situation der jüdischen Flüchtlinge, aber auch die rassistische Ausgrenzung vieler indischer Technik- und Medizinstudenten in Deutschland mit Argwohn beobachtet.

II.1 Fachkräftebedarf für Indien
1938 hatte Nehru das Flüchtlingskoordinationskomitee in London mit dem Vorschlag kontaktiert, hoch qualifizierte Flüchtlinge auf dem Gebiet der Technik und der Medizin nach Indien einreisen zu lassen, wofür er auch das *Government of India* gewinnen konnte. Zudem gelang es ihm, das widerstrebende *Indian Medical Council* davon zu überzeugen, deutsche und österreichische medizinische Ausbildungen zu approbieren.[5] Was dazu führte, dass mehr als 100 deutsche und österreichische Ärzte sowie wenige Ärztinnen in vielen Teilen Indiens praktizieren durften und sogar die Gesundheitsreformen ganzer Maharadscha-Staaten mitgestalteten.[6]

---

4 Eintrag »Technologietransfer« in Meyers Lexikon online, unter: https://web.archive.org/web/20080205041655/http://lexikon.meyers.de/meyers/Technologietransfer [abgerufen: 28.04.2015].
5 Vgl. Tilak Raj Sareen: Indian Responses to the Holocaust. In: Jewish Exile to India. 1933–1945. Hg. v. Anil Bhatti und Johannes H. Voigt. New Delhi 1999, S. 55–63; hier: S. 57; Joachim Osterheld: British Policy towards German-speaking Emigrants in India 1939–1945. In: Jewish Exile to India. 1933–1945. Hg. v. Anil Bhatti und Johannes H. Voigt. New Delhi 1999, S. 25–44.
6 Vgl. Margit Franz: German-Speaking Medical Exile to British India 1933–1945. In: Mapping Contemporary History II. Exemplary fields of research in 25 years of Con-

Außerdem konnte er seinen Einfluss im *Indian Chamber of Commerce* geltend machen, was einen verstärkten Aufruf nach Fachkräften zur Folge hatte. Über die Vermittlung der *Jewish Relief Association*[7] wurden Stellenangebote im *Jüdischen Nachrichtenblatt, Ausgabe Wien*, unter der Rubrik »Offene Auslandsstellen genehmigt durch das Arbeitsamt Wien« veröffentlicht.

Am 9. Juni 1939 wurden für Indien

> ein Zuckerchemiker, ein Papierchemiker, […] ein Fachmann für [die] Fabrikation optischer Linsen, [eine] Erzieherin zu [einem] 7jährigen Kind, [ein] Färbe-, Bleich- und Druckfachmann, [ein] Papierfabrikationsfachmann, [eine] Erzieherin zu Kindern (perfekt englisch), [ein] Glasfachmann, [ein] Fachmann für Barometer und Thermometer, [ein] Zuckerchemiker für Spezial Profess., [ein] Ingenieur für Zuckermaschinerie, [ein] Papier-Zellulose-Ingenieur (Fachmann), [ein] Chromlederfachmann, [ein] Fachmann für [die] Erzeugung von Bakelitpulver, [ein] Fachmann für Papiermachéerzeugung, [ein] Maschinenbau-Ingenieur (Erfahrung mit Papierbrei und verschiedenen Papierfabrikenprozeduren), [ein] Fachmann für Strohmattenerzeugung (englische Sprachkenntnisse), [sowie eine] Erzieherin und Pflegerin für [ein] 18 Monate altes Kind[8]

gesucht. Am 27. Juni galt der Aufruf einem »Chemiker für Ölhärtung«, einem »Fachmann mit Erfahrung und Erzeugung von Bleisäure, Akkumulatoren für Wagen usw.«, einem »Sachverständige[n] für die Erzeugung von Töpferei-, Glas- und Geschirrwaren« und einem »Fachmann für [die] Erzeugung von Schmirgel, Sand und Glaspapier, Aluminiumfol[ie]«.[9] Anfang August 1939 suchte man in Hyderadbad einen »Gießereifachmann«, in Patiala einen »Bergbauingenieur mit besonderer Erfahrung im Kupferbergbau« sowie einen »Glasbläser« und in Kalkutta einen »Mechaniker für Frigidaire«. Zudem einen »Erzeuger von chirurgischen Instrumenten«, einen »Erzeuger von Drehbleistiften«, einen »Fachmann für [die] Erzeugung von Schmirgeltuch und Glaspapier« und u. a. einen »Töpfereifachmann für sanitäre Anlagen«.[10]

---

temporary History Studies at Graz University. Exemplarische Forschungsfelder aus 25 Jahren Zeitgeschichte an der Universität Graz. Hg. v. Helmut Konrad und Stefan Benedik. Wien, Köln, Weimar 2010, S. 61–86.

7 Vgl. E. A. Lomnitz (Bombay): Sojourn in India. In: Dispersion and Resettlement. The Story of the Jews in Central Europe. Hg. v. Association of Jewish Refugees in Great Britain. London 1955, S. 34–36; hier: S. 35.

8 Offene Auslandsstellen genehmigt durch das Arbeitsamt Wien. In: Jüdisches Nachrichtenblatt, Ausgabe Wien Nr. 46, 09.06.1939, S. 7.

9 Offene Auslandsstellen genehmigt durch das Arbeitsamt Wien. In: Jüdisches Nachrichtenblatt, Ausgabe Wien Nr. 51, 27.06.1939, S. 8.

10 Offene Auslandsstellen genehmigt durch das Arbeitsamt Wien. In: Jüdisches Nachrichtenblatt, Ausgabe Wien Nr. 61, 01.08.1939, S. 8.

II.2 Entwicklungsmodelle für Indien

Im Jahr 1941 kamen auf 50.000 EinwohnerInnen in Indien »sieben Ärzte, eine Krankenschwester und zwölf Spitalsbetten«.[11] 1947, im Jahr der Unabhängigkeit von Großbritannien, betrug die mittlere Lebenserwartung in Indien 27 Jahre, sie stieg erst nach der Dekolonisation auf 46 Jahre im Erhebungszeitraum 1957–1958. Wohingegen die mittlere Lebenserwartung um die Jahrhundertwende in Deutschland bei Männern schon um 45, bei Frauen bei 48 Jahren lag.[12]

Während Gandhi das Dorf als Entwicklungsmodell für Indien protegierte, favorisierte Nehru die Errichtung großer Industrieanlagen und den Aufbau zentralistischer Strukturen. Im postkolonialen Indien unter Jawaharlal Nehru wurde der Staudamm zum Symbol für Modernisierung, Mechanisierung und Fortschritt des modernen Indien.[13] Gerade in der verstärkten Industrialisierung sah Nehru die Möglichkeit, Indien in einen modernen Staat zu verwandeln. Zusammen mit indischen Visionären, Geschäftsleuten und Industriemagnaten verfolgte Nehru schon ein Jahrzehnt vor der tatsächlichen Entkolonialisierung einen späteren Entwicklungsplan für dieses moderne Indien. Zentraleuropäische Techniker und Mediziner leisteten als Emigranten und Exilanten mittels Technologie- und Wissenstransfer ins koloniale Indien schon in den 1930er und 1940er Jahren einen frühen Beitrag zur Regionalentwicklung Indiens.

III. Wirtschaftliche Netzwerke zwischen Zentraleuropa und Indien als Fluchthilfen für ExilantInnen und Brain-Gain für Britisch-Indien

Neben vielen informellen Netzwerken, wie das Beispiel der Familien Schafranek und Wachsler gezeigt hat, gab es ab Mitte der 1920er Jahre verstärkt wirtschaftliche Verbindungen zwischen Zentraleuropa und Indien in Form von international agierenden Firmen.

III.1 Internationale Konzerne

1894 gründete der Schuhmacher in achter Generation Tomáš Bata (1876–1932) im mährischen Zlín die Bata-Schuhfabrik unter dem Motto, leistbare, qualitativ hochwertige Schuhe für die Massenbevölkerung zu erzeugen. Der Bedarf an Militärschuhen im Ersten Weltkrieg und die Einführung moderner Produktions-, Vertriebs- und Verkaufs-

---

11 Ludwig Krenek: Indien heute. Wien 1953, S. 169.
12 Vgl. Martin Schwind: Allgemeine Staatengeographie. Berlin 1972 (= Lehrbuch der allgemeinen Geographie, 8), S. 216.
13 Vgl. Sunil Khilnani: The Idea of India. London 1997, S. 62 f.

technologien förderten die Expansion der Schuhprodukte Batas bis in die USA. Seit 1922 importierte Bata Gummi und Felle als Rohstoffe aus Indien für sein Werk in Zlín.[14] Während mehrerer Geschäftsreisen erkannte Bata das Potenzial des indischen Subkontinents als Absatzmarkt seiner günstigen Schuhe und der billigen Arbeitskräfte in Indien und eröffnete im Dezember 1931 sein erstes Geschäft in Kalkutta. Im Mai 1933 begann die Produktion einer *Bata* Schuhfabrik in Konnagar bei Kalkutta: »It was the first time rubber and canvas shoes were manufactured in India.«[15] 1934 kaufte die Firma ein riesiges Areal außerhalb von Kalkutta am Hoogli-Fluss und errichtete wie schon in Zlín, Kanada oder Großbritannien eine Satellitenstadt mit sozialen und wirtschaftlichen Einrichtungen sowie Unterkünften für die Arbeiter und Angestellten rund um die Schuhfabrik. Die Modellstadt Batanagar entstand nach urbanen und architektonischen Konzepten aus der Zentrale in der Tschechoslowakei.[16] 1942 erzeugte die firmeneigene Maschinenfabrikationswerkstatt die erste in Indien gefertigte große Schuherzeugungsanlage.

> The mass production of footwear introduced by the company brought about a standardization of sizes, quality and pricing, which was unique in India. Shoemaking was no longer a matter of stitching to the last. It became scientific, modern and sophisticated with Bata's presence in India.[17]

Bei Bata orientierte sich die industrielle Warenproduktion mithilfe von Fließbandfertigungen und hoch spezialisierten, funktionalen Maschinen am Fordismus und im Ablauf der Produktionsfertigungsprozesse am Taylorismus. Sozialprogramme und Unterkünfte erinnern an die auch von Henry Ford angestrebte Sozialpartnerschaft zwischen Arbeitern und Unternehmern.[18]

Vor dem Einmarsch der deutschen Truppen in die Tschechoslowakei gelang es dem Firmenchef Bata, viele seiner jüdischen Angestellten und deren Familien zu den einzelnen Firmenstandorten rund um die Welt

---

14 Vgl. Sreeparna Bagchi: The Zlin Enterprise. A Profile of the Role of the First Multinational Organisation in the Leather Industry in Bengal (1931–1945). In: The Calcutta Historical Journal 25/2 (2005), S. 49–63; hier: S. 51.
15 Bata: A Treasured Trailblazer in India, unter: http://world.bata.com/news/2014/bata-treasured-trailblazer-india [abgerufen: 28.04.2015].
16 Satellite towns outside Europe, unter: http://www.stavebni-forum.com/en/article/14039/bata-export-of-architecture-from-zlin-to-india/ [abgerufen: 28.04.2015]. Zu den Sozialleistungen in Batanagar: Imperial War Museum (London)/RMY15: Bata, Batanagar Company Town. 1939 (Film).
17 Bata: A Treasured Trailblazer in India (s. Anm. 15).
18 Vgl. Bat'a – Batanagar 1937 (Film), unter: https://www.youtube.com/watch?v=Gp5C_zcVqqI [abgerufen: 28.04.2015].

zu evakuieren. In einem Film aus dem Jahr 1940 bedankt sich der Batanagar-Kolonievorsteher John Bartos am 28. September 1940, dem tschechischen Nationalfeiertag, für die Gastfreundschaft Indiens; dafür, dass Tschechen in Indien leben und arbeiten dürfen.[19] Denn Bata-Vorarbeiter und Techniker gehörten zu den ersten eingebürgerten Flüchtlingen in Britisch-Indien.[20] Sieben der insgesamt 50 Einbürgerungen aus Zentraleuropa im gesamten Zeitraum bis Ende 1946 waren Angehörige der Bata-Schuhwerke [in Klammern Datum der britischen Staatsbürgerschaft, Anm. d. Verf.]: John Bartos (12.09.1939), Frank Staroba (12.09.1939), Frank Hanak (12.09.1939), Rudolf Jelinek (29.11.1939), Thomas Yanda (30.11.1939), Joseph Janecek (12.12.1939) und Joseph Bursik (12.12.1939). »Bata Shoe Co., Ltd., 1/B, Old Post Office Street, Calcutta« war die angegebene Adresse für sechs dieser Männer, deren Berufsbezeichnung »Shoe Business« lautete. Lediglich Rudolf Jelinek wird als »Controller, Bata Shoe Co., Ltd., Madras«[21] ausgewiesen und zeigt damit schon Ende der 1930er Jahre die Expansion Batas nach Südindien. Die Quelle zeigt aber auch die Präsenz vieler tschechischer Experten in Indien und den Beitrag dieser international agierenden Firma, Flüchtlingsströme nach Indien durch den Transfer von Fachleuten mit Spezialwissen geleitet zu haben.

In seinem Rückblick aus dem Jahr 1955 schrieb der deutsche Rechtsanwalt und Textilkaufmann Ernst Alexander Lomnitz als Präsident der *Jewish Relief Association Bombay*: »As a matter of fact, the first refugees were indeed relatives or friends of Continental Jews who were living in India as employees of a few business houses engaged in international trade.«[22] Diese Firmen waren beispielsweise der Wiener Büroartikelhersteller *Kores*, der sich auf Kohlepapier und Schreibmaschinenfarbbänder spezialisiert hatte. 1887 von Willi Koreska in Wien gegründet, expandierte das aufstrebende Unternehmen nach dem Ersten Weltkrieg international, 1939 konnte es auf Niederlassungen in Ber-

---

19 Imperial War Museum (London)/RMY31: Film Corporation of India, Czechoslovaks in India: how they live and work. 1940 (Film).
20 Bedingungen für ein positives Ansuchen um die britische Staatsbürgerschaft waren neben Loyalität, einem guten Leumund und Zeugenbekundungen von gut situierten britischen Staatsangehörigen ein fünfjähriger ununterbrochener Aufenthalt im Land bzw. auf britischem Territorium.
21 National Archive of India (NAI), Home Department, No. 10/55/40-II: Public Publication in the »Gazette of India« of lists of aliens who are granted naturalization as British subjects. Abdruck der Namen der 50 zentraleuropäischen Flüchtlinge und britischen StaatsbürgerschaftswerberInnen in Margit Franz: Gateway India. Deutschsprachiges Exil in Indien zwischen britischer Kolonialherrschaft, Maharadschas und Gandhi. Graz 2015, Anhang.
22 Lomnitz: Sojourn in India (s. Anm. 7), S. 34.

lin, Sofia, Shanghai, Kairo und Bombay blicken.²³ Josef Schimmel (1902–1988) aus Bruck/Leitha war von *Kores* als technischer Leiter 1936 nach Shanghai geschickt worden, im Mai 1938 wurde er nach Bombay versetzt, um die dortige Fabrik in Gang zu bringen. Es gelang ihm, seine Eltern Klara, geb. Mayer (1869–1957), und Adolf Schimmel (1863–1950) 1939 nach Bombay nachkommen zu lassen. Seiner Cousine Kamilla, geb. Wewerka (geb. 1895–?), und deren Ehemann Julius Thenen (1896–1988) konnte er mit einem *Kores*-Arbeitsvertrag die Ausreise aus der »Ostmark« ermöglichen.²⁴

Albrecht Robert von Leyden (1905–1994) war seit 1927 für *Agfa Photo Co.* in Indien tätig, Mitte der 1930er Jahre wurde er zum General Manager berufen. Sein Bruder Rudolf Reinhold von Leyden (1908–1983)²⁵, promovierter Geologe und späterer Werbefachmann, musste Deutschland aus politischen Gründen 1933 verlassen und fand Aufnahme bei seinem Bruder in Bombay. Durch die weitläufigen Firmenkontakte von Albrecht durch seine Arbeit bei *Agfa* konnte er seinem Bruder anfänglich große Werbeaufträge für sein Werbunternehmen *The Hand. Commercial Art Studio. Rudolf von Leyden* lukrieren: *AEG*, *Bayer*, *I. G. Farben*, *Agfa* schalteten große Werbekampagnen wie auch englische Firmen, beispielsweise *Continental* oder *Grindlay & Co Ltd.*²⁶ 1939 fanden die Eltern Victor Ernst von Leyden (1880–1963), zwangspensionierter Ministerialdirektor im Preußischen Innenministerium und Senatspräsident, und seine Ehefrau Louise von Leyden, geb. Reichenheim (1883–1976), nach ihrer rassistisch motivierten Vertreibung aus Deutschland Aufnahme in Bombay.²⁷ Auch Albrecht von Leyden verlor seine Anstellung bei *Agfa* im Herbst 1938 aus rassistischen Gründen²⁸, ebenso wie sein Bruder Rudolf die Werbeaufträge der deutschen Firmen verlor und seine Werbeagentur schließen musste.

---

23 Vgl. History of Kores, unter: http://www.kores.com/company/history/ [abgerufen: 28.04.2015].
24 Interviews Margit Franz mit Carol Ross, Néré (Frankreich), 20.–24.08.2010; Archiv der Stadt Bruck/Leitha, Meldeauskunft; Stadt- und Landesarchiv Wien, Meldeauskunft; Österreichisches Staatsarchiv/AT-OeStA/AdR E-uReang Vermögensverkehrsstelle Vermögensanmeldung 2764.
25 Vgl. Margit Franz: Exile meets Avantgarde. ExilantInnen-Kunstnetzwerke in Bombay. In: Going East – Going South. Österreichisches Exil in Asien und Afrika. Hg. v. Margit Franz und Heimo Halbrainer. Graz 2014, S. 403–431; hier: S. 422–429.
26 Vgl. Privatarchiv James von Leyden, Lewes (UK): Diverse Werbematerialien.
27 Vgl. Werner Röder und Herbert A. Strauss (Hg.): Biographisches Handbuch der deutschsprachigen Emigration nach 1933. Bd. 1: Politik, Wirtschaft, öffentliches Leben. München, New York, London, Paris 1980, S. 442.
28 Vgl. A Walking Ticket? In: Filmindia November 1938, S. 7, unter: https://archive.org/stream/filmindia193804unse#page/n321/mode/2up [abgerufen: 28.04.2015].

Abb. 2: Werbeanzeige für *Agfa*, gestaltet von Rudolf von Leyden (Quelle: James von Leyden, Lewes)

Zunehmend bestimmten Antisemitismus, Rassendenken und -vorurteile die Geschäftspolitik des deutschen Unternehmens, das zusammen mit *I. G. Farben* und *Bayer* in der *Havero Trading Co. Ltd.* zusammengefasst war. Diese wurde von Dr. Oswald Urchs, seit 1936 NSDAP-Landesgruppenleiter für Britisch-Indien, Ceylon, Burma und Malaya, geleitet.[29] Der *Deutsche Klub* in Bombay war in der zweiten Hälfte der 1930er Jahre zur Tarnorganisation der NSDAP-Auslands-Organisation und Hauptquartier der NSDAP für Süd- und Südostasien verkommen, unter den nicht-jüdischen Angehörigen deutscher Firmen war die Anzahl der Sympathisanten mit dem Nationalsozialismus sehr groß.[30] Der Artikel *Sample of German Courtesy. Well-known city lawyer man-*

---

[29] Vgl. den autobiografischen Bericht in Fritz Kolb: Leben in der Retorte. Als österreichischer Alpinist in indischen Internierungslagern. Hg. v. Margit Franz und Karl Wimmler. Graz 2014, S. 54 und 220.

[30] Vgl. Viktor Koop: Hitlers fünfte Kolonne. Die Auslands-Organisation der NSDAP. Berlin, Brandenburg 2009, S. 272; Yulia Egorova: Jews and India. History, Image, Perceptions. Abingdon, New York 2007, S. 44.

handled and thrown out by German Assistant in Agfa Photo Co.[31] vom September 1938 berichtet von einem rassistischen Übergriff eines deutschen Geschäftsangestellten auf einen indischen Richter. Die beiliegende Abbildung zeigt den stadtbekannten und sehr vermögenden Juristen in weißem englischen Tropenanzug vor seinem Luxuswagen Buick.

Denn Luxusgüter, zusammen mit moderner Technologie, europäischer (und US-amerikanischer) Entwicklung und Fertigung hatten in Indien in den Jahren nach der Weltwirtschaftskrise einen wichtigen Absatzmarkt gefunden: Schmuck, Automobile, Uhren, Textilien, Interieur, Möbel, Leuchten, Gemälde.[32] Aber auch Rennpferde wurden nach Indien verschifft wie ganze Kühlanlagen und Hochtechnologie. Maharadschas ließen sich Paläste mit modernem Design von europäischen Architekten errichten. Beispielsweise entwarf Eckhart Muthesius einen Palast für den Maharadscha von Indore. »Manik Bagh« wurde mit einer riesigen Luftkühlungsanlage, die *Siemens* baute und vor Ort mit deutschen Technikern installierte, ausgestattet. Die Innenarchitektur beinhaltete Möbelstücke der europäischen Avantgarde wie Wassili, Hans Luckhardt, Marcel Breuer, Le Corbusier und Charlotte Perriand.[33]

III.2 Indische Großunternehmen als Arbeitgeber von zentraleuropäischen Fachkräften in der Zwischenkriegszeit

Brain-Drain bezeichnet die Abwanderung von gut ausgebildeten und besonders talentierten Personen einer Volkswirtschaft durch freiwillige oder unfreiwillige Emigration, im vorliegenden Fall aus dem nationalsozialistischen Zentraleuropa. Die Aufnahmeländer dieser ExilantInnen verzeichnen einen Brain-Gain, also einen volkswirtschaftlichen Gewinn von AkademikerInnen, FacharbeiterInnen, UnternehmerInnen und KünstlerInnen, ohne deren Ausbildung volkswirtschaftlich finanziert zu haben.

Große Arbeitslosigkeit während der Weltwirtschaftskrise in Deutschland und Österreich sowie ein steigender Bedarf an technisch und wirtschaftlich hoch qualifiziertem Personal auf dem indischen Subkontinent

---

31 Sample of German Courtesy. Well-known city lawyer man-handled and thrown out by German Assistant in Agfa Photo Co. In: Filmindia September 1938, S. 46, unter: https://archive.org/stream/filmindia193804unse#page/n185/mode/2up/search/agfa [abgerufen: 28.04.2015].
32 Vgl. Amin Jaffer: Made for Maharajas. A Design Diary of Princely India. London 2006.
33 Vgl. Reto Niggl: Eckart Muthesius 1930. Der Palast des Maharadschas in Indore. Stuttgart 1996.

erhöhte die (temporären) Emigrationen nach Britisch-Indien aus Zentraleuropa seit dem Beginn der 1930er Jahre. Die Auswertung der Zivilinternierten, die sich 1946 noch in Internierung befanden und somit mit wenigen Ausnahmen keine Exilanten, sondern Arbeitsemigranten waren, zeigt eine Facharbeiteremigration aus Zentraleuropa in den Bereichen Stahl- und Industriefacharbeiter in den Segmenten Textil, Leder, Zucker, Papier, Zement und Stahl sowie Chemiker, Baumeister, Maschinenbauingenieure, Diplomingenieure und Elektrotechniker. Die Auswertung derselben Quelle nach Einsatzorten ergibt folgende Zentren: Bombay (35 %), Kalkutta (20 %), Madras (5 %), Bangalore (4 %), Lahore (4 %), (New) Delhi (3 %) und vereinzelte Industriestandorte in den Provinzen wie Tatanagar, die Stahlindustriestadt des *Tata* Konzerns bei Jamshedpur.[34] Damit deckt sich die Emigration der Zwischenkriegszeit mit den Zentren des Exils nach Britisch-Indien: die Hafenstädte Bombay und Kalkutta als wichtigste Anlaufhäfen und ökonomische Zentren der Kronkolonie Indien, Madras als wichtiger Hafen für Exporte und Importe aus Fernost, Bangalore und Lahore als wissenschaftliche und künstlerische regionale Zentren im Süden bzw. Norden mit vielen Museen und wissenschaftlichen Forschungseinrichtungen und New Delhi als neue Hauptstadt und Verwaltungszentrum seit 1931.

Ab 1933 kamen auch vermehrt Flüchtlinge vor dem Nationalsozialismus bei indischen Großunternehmen unter, beispielsweise in der Textilindustrie, die über weltweite Verbindungen verfügte. 1935 wurde der Breslauer Anwalt Ernst Alexander Lomnitz (1904–1985) Direktor der *Sapt Textile Products (India) Private Ltd.* in Bombay.[35] Der Maschinenbauingenieur und Erfinder Georg Foges (1898–1960) und sein Bruder, der Ökonom Arthur Foges (1900–1970), erlangten über Vermittlung ihres einflussreichen Onkels Arthur Kuffler (1869–1941), bis März 1938 Direktor der *Pottendorfer Spinnerei* und Vertreter des *Mautner*-Textilkonzerns sowie anderer Textil-Unternehmen in Ungarn und der Tschechoslowakei[36], führende Posten beim Textilmagnaten

---

34 Quelle: British Library/IOR/L/PJ/7, Coll. 101/10AA/: German Internees in the Central Internment Camp, Dehra Dun. Das Gesamtsample umfasst 267 Personen.
35 Vgl. Röder/Strauss (Hg.): Biographisches Handbuch der deutschsprachigen Emigration nach 1933. Bd. 1. (s. Anm. 27), S. 460; Loyality and Helpfulness. Farewell to Ernst Lomnitz. In: AJR Information XL/5 (1985), S. 7.
36 Vgl. Theodor Venus: Alexandra-Eileen Wenck: Die Entziehung jüdischen Vermögens im Rahmen der Aktion Gildemeester. Eine empirische Studie über Organisation, Form und Wandel von »Arisierung« und jüdischer Auswanderung in Österreich 1938–1941. Wien 2004 (= Veröffentlichungen der Österreichischen Historikerkommission, 20.2), S. 126f.

*Mafatlal.*³⁷ Richard Adolf Beran-Frisch (1897–1968), laut Auswanderungsfragebogen der *Israelitischen Kultusgemeinde* (IKG) Wien »Diplomingenieur des Maschinenbaues, Feinmechaniker, Schweisser, Galvaniseur, Gewerbeschulfachlehrer, Traktorführer, Chauffeur, Kinooperateur, Vermessungsfachmann«, fand 1939 eine Anstellung als »Werkslehrer und Betriebsreorganisator« bei der *Delhi Cloth and General Mills Co. Ltd.*³⁸ In Bombay stellte vor allem Sir Victor Sassoon (1881–1961), jüdischer Großindustrieller und Besitzer großer Textilmühlen, mehrere Flüchtlinge in seinen *India United Mills* ein.³⁹ Generell war das Industriekonglomerat *E. D. Sassoon & Co Ltd.* ein erwerbsmäßiger »Auffanghafen« für viele Flüchtlinge.⁴⁰

IV. Medizinischer Technologietransfer

»Most prominent among the German and Austrian group were doctors and dentists of whom about a hundred had come to the country in the pre-war period and [...] had settled all over India.«⁴¹ In der ersten Phase der Fluchtbewegung nach Indien war es möglich, sich als Medizinerin oder Mediziner in den Großstädten Bombay, Kalkutta, Madras, Delhi, Karachi und Lahore niederzulassen. Erst mit dem Anwachsen des Flüchtlingsstromes aus Nazi-Deutschland ab März 1938 kam es zu Verordnungen, die zentraleuropäische Konkurrenz für die lokale Ärzteschaft beispielsweise in Bombay einzuschränken.⁴² Durch den Einsatz von medizinischem Personal in Missionsstationen, Hill-Stations (Höhenkurorten) und an den Höfen fortschrittlicher Maharadschas ergaben sich weitere Einsatzmöglichkeiten von zentraleuropäischen Fachkräften in Indien nach dem März 1938.

IV.1 Fachärzte in Bombay
Zwischen 1933 und 1938 konnten speziell Fachärzte in den Metropolen Bombay und Kalkutta erfolgreiche Privatpraxen errichten. Einer der

---

37 Vgl. E-Mail-Auskünfte von Peter Foges, 25./26.01.2015; Mafatal. Our History, unter: http://www.mafatlals.com/our-history.html [abgerufen: 28.04.2015]
38 Archiv der IKG Wien, Bestand Jerusalem, A/W 2590,15.
39 Vgl. Rachel Manasseh: Baghdadian Jews of Bombay. Their Life and Achievements: A Personal and Historical Account. Great Neck 2013, S. 98–101.
40 Lomnitz: Sojourn in India (s. Anm. 7), S. 33.
41 Lomnitz: Sojourn in India (s. Anm. 7), S. 34.
42 Vgl. Robert Heilig: Als Emigrant und Arzt 35 Jahre in Indien. In: Vertriebene Vernunft II. Emigration und Exil österreichischer Wissenschaft. Internationales Symposium 19. bis 23. Oktober 1987 in Wien. Hg. v. Friedrich Stadler. Wien, München 1988, S. 802–806; hier: S. 803 f.

ersten Flüchtlinge war der Gynäkologe Erich Albert Kahn (1881–1949) aus Wiesbaden, der im Oktober 1933 in Bombay landete und im »Rafiya Manzil« in der Wodehouse Road 14 eine gynäkologische Ordination betrieb.[43] Im selben Haus ordinierten die deutschen Internisten Friedrich Wilhelm Berger[44] und Arthur Hermann Stern aus Frankfurt[45] zusammen mit dem Kölner Allgemeinmediziner Richard Weingarten (1900–1968). Der exilierte Bayer Hermann David Laemmle führte seit 1934 eine erfolgreiche Hals-, Nasen- und Ohrenpraxis in Bombay.[46] Dr. Oscar Gans (1888–1983), zwangspensionierter Professor und Direktor an der Haut- und Poliklinik der Universität Frankfurt a. M., führte zwischen 1936 und 1939 eine dermatologische Praxis, daneben widmete er sich in Zusammenarbeit mit staatlichen Institutionen der Lepraforschung.[47]

IV.2 Moderne Medizin als Beitrag zur Regionalentwicklung in Peripherien Indiens

Eva, geb. Scherer (geb. 1913, Wien), und Imre Ungár (geb. 1914, Budapest) schlossen zu Beginn des Jahres 1938 ihr Medizinstudium mit einer Fachausbildung am Röntgenlaboratorium an der 1. Chirurgischen Universitätsklinik Wien bei Univ. Prof. Dr. Max Sgalitzer ab. Kurz nach ihrer Approbation im Mai 1938 begannen sie, Fluchtpläne zu schmieden. Ein indischer Kommilitone, Santosh Kumar Sen (1910–1979) aus Delhi, der, da es in Indien keine Möglichkeit gab, Medizin zu studieren, in London studiert und seine Fachausbildung ebenfalls bei Sgalitzer absolviert hatte, hatte ihnen Affidavits für Indien versprochen. Ihr »Visa-Sponsor« Sen verfolgte nämlich den Plan – wie mehrere seiner

---

43 NAI/Home Department/No. 10/147/38 Public: Grant of a certificate of naturalization to Dr. Eric Albert Kahn, a German, under the British Nationality and Status of Aliens Act, 1914, and acquisition of British nationality by Mrs. Marie Kahn.

44 NAI/Home Department/No. 10/55/40-II Public: The following list of aliens to whom certificates of naturalization under the British Nationality and Status of Aliens Act, 1914, have been granted by the Governor-General in Council, and whose oaths of allegiance have been registered since the 1st January, 1939, is published for general information.

45 Vgl. Paul H. Kronenberger: Begegnungen und Wandlungen. In: Bombay and the Germans. Hg. v. Walter Leifer. Bombay 1975, S. 214–226; hier: S. 219.

46 Vgl. Joan G. Roland: The Jewish Communities of India. Identity in a Colonial Era. 2. Aufl. New Brunswick 1998, S. 223; NAI/Home Department/No. 10/55/40-II Public (s. Anm. 43).

47 Vgl. Werner Röder und Herbert A. Strauss (Hg.): International Biographical Dictionary of Central European Emigrés 1933–1945. Vol. 2/1: The Arts, Sciences, and Literature. München, New York, London, Paris 1983, S. 357; NAI/Home Department/No. 10/19/40 Public: Application from Dr. Oscar Gans, a German Jew, for the grant of a certificate of naturalization under the British Nationality and Status of Aliens Act, 1914.

indischen Kollegen –, mithilfe europäischer Ärzte eine gewinnträchtige Privatklinik zu errichten, was weder mit der politischen Einstellung noch dem Ärzte-Ethos des jungen Paares korrelierte.

Letztendlich erhielten sie in einem Spital der *Missionary Society of the Church of England in Canada* an den Ausläufern des Himalayas in Nordindien eine Anstellung im *Lady Irwin Missionary Hospital* in Jubar in den Hügeln um Shimla, das sich der Behandlung von Tuberkulose-Kranken aus der ganzen Region widmete.[48] Mit 25 Jahren wurde Dr. Imre Ungár zum Leiter dieser Tuberkulose-Klinik berufen, seine Frau als Lungenärztin eingestellt, um den einzigen Arzt der Klinik zu unterstützen. Unter einfachsten Bedingungen mussten chirurgische Eingriffe an der Lunge vorgenommen werden. Ihre Fachausbildung als Röntgenärzte in Wien half ihnen, »sich selbst als Lungenchirurgen auszubilden«. Julius Tandlers *Lehrbuch der systematischen Anatomie*, das auch im Reisegepäck gewesen war, diente ihnen bei manch schwieriger Operation in der einfachen Klinik als Nachschlagewerk.

Neben chirurgischen Eingriffen und der Betreuung von Tuberkulose-Kranken widmeten sich die Ungárs auch der Beratung und Weiterbildung von lokalen Ärzten und Hebammen in der Umgebung. Mit einem Auto des Missionsspitals war Imre Ungár in entlegenen Gegenden unterwegs, um regelmäßig Konsilien abzuhalten und damit sein Wissen zur verbesserten regionalen Gesundheitsversorgung in der Himalaya-Region einzusetzen.[49]

Durch die Vermittlung und Anwendung von medizinischem Wissen leisteten Ärzte und Ärztinnen wie das Ehepaar Ungár in marginalisierten Gegenden einen Beitrag zur Regionalentwicklung des Subkontinents. Schon 1935 war der Physiologe und Zahnarzt Fred Berthold Benjamin von Bonn nach Srinagar, der Hauptstadt Kaschmirs, emigriert und führte von 1935 bis 1946 eine erfolgreiche Zahnarztpraxis in der Himalaya-Region.[50]

Die medizinische Entwicklung in der Rajputana, dem heutigen indischen Bundesstaat Rajasthan, wurde nachhaltig vom Wiener Internisten Dr. Robert Heilig (1897–1989) geprägt. 1942 gelangte er mit seinem politischen Gönner, dem Dewan (= Ministerpräsident) Sir Mirza Ismail, von Mysore nach Jaipur, dem Zentrum der Rajputana. Er wurde zum »Consulting Physician to H. H. [His Highness] the Maharaja of

---

48 Vgl. Wilkinson Heber: Thirst of India. The Story of the Growing Church in the Diocese of Amritsar. Toronto 1954, S. 65, unter: http://anglicanhistory.org/india/thirst1954/ [abgerufen: 28.04.2015].
49 Interview Margit Franz mit Prof. Dr. Tamás Ungár, Wien, 22.11.2012.
50 Vgl. Röder/Strauss (Hg.): International Biographical Dictionary of Central European Emigrés 1933–1945. Vol. 2/1 (s. Anm. 47), S. 79f.

Abb. 3: Abschied 1948 von Eva und Imré Ungár vom *Lady Irwin Missionary Hospital* (Quelle: Tamás Ungár, Budapest)

Jaipur« und »Chief Physician« am Hospital in Jaipur. Ab 1949 unterrichtete er am *Sawai Man Singh Medical College* und widmete viele Jahre seiner Pension dem Aufbau der ersten medizinischen Fach-Bibliothek Nordwestindiens, die später als *Dr.-Robert-Heilig-Library* umbenannt wurde und noch heute die wichtigste Fachbibliothek der Region darstellt.[51]

»A few of these Continental doctors were engaged by Maharajahs as their personal physicians and were put in charge of the medical services in Native States.«[52] So wurde beispielsweise der Wiener Embryologe und Radiologe Dr. Georg Politzer (1898–1957) unter dem progressiven Maharadscha Yadavindra Singh (1913–1974) in den 1940er Jahren zum Gesundheitsminister, zum »First Medical Officer of Patiala State«, ernannt. 1937 hatte Politzer einen Vertrag unterzeichnet, nach welchem er durch den Aufbau eines Röntgenambulatoriums die Modernisierung der Gesundheitsversorgung des Princely States unterstützt. Im Juli 1937 war Politzer zusammen mit einem gesamten Röntgenlabor nach Patiala gereist. Er sollte einheimische Ärzte in den neuen Technologien

---

[51] Vgl. Heilig: Als Emigrant und Arzt 35 Jahre in Indien (s. Anm. 42), S. 802–806; Röder/Strauss (Hg.): International Biographical Dictionary of Central European Emigrés 1933–1945. Vol. 2/1 (s. Anm. 47), S. 476.
[52] Lomnitz: Sojourn in India (s. Anm. 7), S. 34 f.

und Diagnoseverfahren einschulen, die der Maharadscha in Europa für sein Spital in Patiala erstanden hatte. Nach dem Überfall Deutschlands auf Österreich blieb Politzer am Hof des Maharadschas, schließlich übertrug man ihm die Gesundheitsversorgung des gesamten Patiala State.[53] Er pflegte eine enge Zusammenarbeit mit seinem Kollegen Dr. Richard Weingarten aus Köln, dem »Chief Medical Officer of Bikaner State«, der im Dienst eines weiteren fortschrittsfreundlichen Maharadschas stand. Neben der Gesundheitsversorgung investierte Maharadscha Ganga Singh von Bikaner (1880–1943) in Bildung, in den Ausbau moderner Infrastruktur wie Straßen, Kanäle und Dämme und in die Modernisierung der Gesellschaft, der Politik wie der Administration. Im Gesundheitswesen verfolgte sein Beauftragter Weingarten eine Modernisierung in Form von Neubauten mehrerer westlicher Krankenhäuser und Gesundheitsstationen, er standardisierte die Ausbildung des Pflegepersonals, forcierte die Einführung von westlichen medizinischen Techniken, Medikationen und Impfungen, insbesondere Vorsorgeimpfungen, und verfolgte die Vorschreibung von Hygienemaßnahmen und die Durchführung flächendeckender Gesundheitsmaßnahmen im gesamten Staat.[54] In den Jahren nach dem Krieg besuchten viele indische Delegationen Bikaner, um dessen Gesundheitssystem für andere Bundesstaaten zu studieren.

Die Berufung westlicher Ärzte sollte die Einführung weiterer wissenschaftlicher Methoden und Analyseverfahren forcieren. Mithilfe der IKG Wien holte der Maharadscha drei Wiener Ärzte nach Bikaner: den Radiologen Dr. Fritz Donath (1898–1973), den Internisten und Chirurgen Dr. Josef Tauber (1895–1970), der zum Chefchirurgen des *Bijej Singh Memorial General Hospital for Men* berufen wurde[55], und den Orthopädiechirurgen Dr. Max Scheck (geb. 1911, Graz). Zudem fand der Purkersdorfer Zahnchirurg und Zahnarzt Dr. Alfred Hollositz eine Anstellung am Hofe des Maharadschas.[56] Im Jahr 1944 wurde die Berliner Kinderkrankenschwester und Hebamme Charlotte Eisenstaedt, geb. Wartenberger (1908–1978), zur »Lady Superintendent of Children Welfare in Bikaner State« ernannt, damit hatte sie als Kinderwohlfahrts-Beauftragte die höchste offizielle Position, die eine Frau im indischen Exil – nach dem Stand der derzeitigen Forschung – je erreicht

---

53 Vgl. Susanne Blumesberger (Hg.): Handbuch österreichischer Autorinnen und Autoren jüdischer Herkunft 18. bis 20. Jahrhundert. Bd. 2. München 2002, S. 1052; Archiv der Universität Wien/Senat S 304.980: Politzer, Georg (22.05.1898–18.12.1956; Embryologie).
54 Vgl. Franz: German-Speaking Medical Exile to British India (s. Anm. 6), S. 75 f.
55 Vgl. ebd., S. 62–80.
56 Vgl. ebd., S. 75.

hat, inne.[57] Diese westlichen, wissenschaftlichen Fachkräfte sollten die allgemeinen Modernisierungsmaßnahmen des progressiven lokalen Herrschers insbesondere im Gesundheitsbereich unterstützen.

V. Schwierige Akkulturation

Die Anfangs erwähnten Familien Wachsler und Schafranek in Ludhiana litten an den getrennten Lebenswelten zwischen Männern und Frauen und am nicht-existenten sozialen und kulturellen Leben westlicher Prägung im provinziellen Ludhiana, aber sie entwickelten auch Probleme mit Kundan Lal Gupta, der ein guter Geschäftsmann war. Mitte 1940 verließen sie Ludhiana und wollten sich in Bombay, wo es eine große jüdische Exilgemeinde gab, niederlassen, wurden aber im Zuge von verschärften Sicherheitsmaßnahmen der Briten nach dem deutschen Überfall auf Frankreich interniert und kamen erst zwei Jahre später wieder frei. Die Familie Schafranek zog nach Bangalore, wo sie wiederum eine Holzverarbeitungsfabrik für einen indischen Fabrikbesitzer aufbauen sollte.[58] Ein noch nach ihrer Abreise 1947 nach Australien[59] anhängiger Patentrechtsstreit aus dem Jahr 1958 zeigt, dass auch dieser Versuch nicht friktionsfrei verlaufen ist.[60]

Technologietransfer und Regionalentwicklung werden heute wie damals im Spannungsfeld zwischen Ausbeutung von lokalen Ressourcen und Wissensträgern, Profitdenken, Gewinn an Know-how und Routine sowie erhöhten Erträgen bzw. Einnahmen abgewickelt. Im historischen Exil in Britisch-Indien bildeten diese oft auch widrigen Lebensbedingungen dennoch eine Möglichkeit, das nationalsozialistische Deutschland verlassen und – wenn auch meist temporär – einen sicheren Hafen erreichen zu können.

---

57 Vgl. Deutsche Nationalbibliothek/Deutsches Exilarchiv 1933–1945/Archivalien/ EB 96/182-B.01.0170/Nachlass Iwan Heilbutt/Korrespondenz mit Karl und Lotte Eisenstaedt.
58 Vgl. Gupta: From Austria to Australia, via India (s. Anm. 2), S. 10.
59 HMAS Manoora, unter: http://archive.today/ryo9O [abgerufen: 28.04.2015].
60 Vgl. Medury Bhaskara Rao und Manjula Guru: Patent Law in India. Alphen aan den Rijn 2010, S. 407; N.S. Gopalakrishnan und T.G. Agitha: Principles of Intellectual Property. Lucknow 2009, S. 517–523.

Sonja Wegner

Immigrant Entrepreneurs
Jüdische Emigranten in Montevideo und die Gründung einer beruflichen Existenz

Über Geld spricht man nicht – das zeigt sich auch in den Berichten über die Emigrationserfahrung der deutschen Juden in der Zeit des Nationalsozialismus. In den meisten autobiografischen Zeugnissen werden keine Zahlen genannt. Die schwierige Archivsituation macht es selbst für so interessante und im Licht der Öffentlichkeit stehende Persönlichkeiten, wie die Dirigenten Fritz Busch und Erich Kleiber, unmöglich, Einnahmen für die Zeit des Exils zu belegen.

Somit ergibt sich auf den ersten Blick ein vages Bild von den ökonomischen Bedingungen des Exils. Diese unterscheiden sich hinsichtlich der Emigrationsländer außerdem sehr. Die klassischen Einwanderungsländer USA, Kanada, Australien und die südamerikanischen Länder, insbesondere Argentinien, Brasilien, Chile und Uruguay, boten in der Regel einen freien Zugang zum Arbeitsmarkt, mit Ausnahmeregelungen für die »freien Berufe« – Ärzte und Rechtsanwälte. In den europäischen Nachbarländern war es häufig unmöglich, eine legale Arbeitsgenehmigung zu erhalten, so dass die Emigranten auf Unterstützung von Wohlfahrtsorganisationen angewiesen waren oder illegal arbeiteten.

Ein genauer Blick auf die vorhandenen Quellen zum Exil in Uruguay erlaubt zumindest eine Annäherung an die Lebenshaltungskosten und Verdienstmöglichkeiten im Exil: Gemeindeblätter der deutschsprachigen Gemeinde, Programmhefte, autobiografische Notizen oder Veröffentlichungen, Hinweise in Interviews oder auch Wiedergutmachungsanträge liefern auch konkrete Zahlen. Die Betrachtung der Emigration aus dem Blickwinkel »immigrant entrepreneurship« oder »ethnic entrepreneurship« – einem Ansatz, die Existenzgründungen von Einwanderern näher zu untersuchen – zusammen mit volkswirtschaftlichen Studien zu Lohnentwicklung und Lebenshaltungskosten, lässt ein Bild der ökonomischen Seite des Exils in einem Einwanderungsland mit einer sich erholenden Konjunktur entstehen.

In was für ein Land kamen die Emigranten? Einerseits war (und ist) Uruguay zu großen Teilen ein Agrarland, dessen Hauptexportgüter aus der Viehzucht stammen: Fleisch, Wolle, Leder. In Montevideo, einer weitläufigen Großstadt mit moderner Infrastruktur und gut ausgebautem öffentlichem Nahverkehr, gab es verarbeitende Industrie, Handwerk, Handel, Dienstleistung und Verwaltung. Ein nicht unerheblicher Wirtschaftszweig Uruguays war auch damals schon der Tourismus.

Die Weltwirtschaftskrise von 1929 hatte auch in Uruguay zu massiven wirtschaftlichen Schwierigkeiten mit hohen Einbußen der exportabhängigen Wirtschaft geführt. Fleisch- und Wollexporte gingen auf 40–60 % der Vorkrisenwerte zurück. In der Folge stieg die Arbeitslosigkeit und sanken die Löhne. Die uruguayische Regierung reagierte 1932 mit der Verschärfung der Einwanderungsbestimmungen und führte das Vorzeigegeld ein. Im Frühjahr 1933 putschte sich Gabriel Terra an die Präsidentschaft und errichtete in Uruguay eine achsenfreundliche Diktatur. Zur Bewältigung der Krise ergriff die Regierung Terra (1933–1938) klassische Maßnahmen: Volksküchen, öffentliche Arbeiten und ein Fonds für Hilfsarbeiten, der zwischen den 19 Department-Regierungen aufgeteilt wurde. Auch Kompensationsgeschäfte mit dem devisenarmen Deutschland wurden abgewickelt. Ein deutsches Konsortium unter der Leitung von Siemens baute Stauwerke im Binnenland. Aber die außenpolitische Ausrichtung der Regierung Terra stieß auf große Ablehnung bei der Bevölkerung, die zu einem großen Teil aus Spanien stammte und im Spanischen Bürgerkrieg aufseiten der Spanischen Republik stand. Bei den Wahlen 1938 gewann der Gegenkandidat von Gabriel Terra mit dem Versprechen einer Verfassungsreform und außenpolitischer Neuausrichtung die Präsidentschaft. Außenpolitisch begann Präsident Baldomir die, von der Mehrheit der Bevölkerung getragene, Wende hin zum Lager der Alliierten und vollzog im Januar 1942, auf der Konferenz von Rio de Janeiro, schließlich den Abbruch der diplomatischen Beziehungen zum Deutschen Reich.

Eine zunehmende ökonomische Erholung entspannte auch die innenpolitische Situation. Zwar war das Lohnniveau von 1924 bis 1926 in den Jahren 1938 bis 1939 noch nicht wieder erreicht worden, doch stiegen durch den Zweiten Weltkrieg die Exporte (Fleisch, Fleischkonserven, Leder und Wolle) erneut an und führten zu einer langsamen Erholung der Gehälter. Als sozialpolitische Maßnahme wurde unter der Regierung Baldomir (1938–1942) eine parlamentarische Kommission eingerichtet, die eine erste Untersuchung über die ökonomische Situation von Arbeiterfamilien vornehmen sollte. Unter der nachfolgenden Präsidentschaft des Colorado[1] Juan José Amézaga wurde 1943

---

1 Uruguay war zu Beginn des 20. Jahrhunderts von zwei Parteien dominiert. Die Colorados (die Bunten) repräsentieren das Bürgertum Montevideos, während die Blancos (Weißen) die Partei der Großgrundbesitzer und Militärs war. Die Kommunistische Partei Uruguays und auch die Sozialisten spielten keine wichtige Rolle. Erst seit ihrer Vereinigung zur Frente Amplio 1971 wuchs ihr Einfluss.

Jüdische Emigranten in Montevideo und die Gründung einer beruflichen Existenz 113

das Gesetz über die Gehaltsberatungen verabschiedet. Arbeitgeber, Arbeitnehmer sowie Vertreter der Exekutive kommen in regelmäßigen Abständen zusammen und vereinbaren Mindestlöhne[2] für die einzelnen Berufsgruppen im privaten, städtischen Sektor. Landwirtschaftliche Beschäftigungsverhältnisse waren genauso ausgenommen wie Haushaltsangestellte. Einen Nachweis für die steigende Lohnentwicklung findet sich bei Jorge Notaro.[3] Durchschnittsgehälter für Arbeiter lagen in Uruguay 1926 bei einem Monatsverdienst von 65 uruguayischen Pesos, 1945 bei 72 Pesos und 1950 bei 94 Pesos. Die beste Lohnentwicklung unter den abhängig Beschäftigten findet sich in der Gruppe der Verkäufer und Handelsvertreter, die ab 1946 die höchsten Gehälter erzielten. Sie erreichten 1950 Monatslöhne von 140 Pesos. In dieser Gruppe betätigten sich einige der jüdischen Emigranten recht erfolgreich.

Welche Preise standen diesen Löhnen gegenüber? Einer Anzeige des Gemeindeblattes, die für den Erwerb eines Neubaus mit einer Jahresmieteinnahme von 8.000 Pesos warb, kann man entnehmen, dass die Monatsmieten dort mit 35 bis 40 Pesos angegeben wurden. Wohnungen im Altbau kosteten weniger, eine 2-Zimmer-Wohnung war schon für 20 Pesos zu haben, für ganze Häuser je nach Baujahr, Lage und Anzahl der Zimmer begann die Miete bei etwa 45 Pesos. Ein 7-Zimmer-Haus kostete 75 Pesos. Moderne Wohnungen in Hochhäusern mit Zentralheizung kosten 60 bis 100 Pesos.

Die Preise für Lebensmittel kann man den Anzeigen der Lebensmittelgeschäfte im Gemeindeblatt entnehmen: 1 kg Rindfleisch kostete 40 Centavos, 1 kg Truthahn 50 Centavos, 1 Weizenbrot kostete 12 bis 16 Centavos, 1 Liter Milch 12 Centavos, 12 Eier 70 Centavos, Butter 1,20 Pesos. Für 2 Personen musste man im Schnitt 30 Pesos für Ernährung aufbringen.

Ein Zimmer für eine Person mit Vollpension wurde zu Preisen zwischen 45 und 60 Pesos angeboten. Die Papiere für die Geschäftsausstat-

---

2 An dieser Stelle sei nur darauf hingewiesen, dass der erste Vorschlag für ein derartiges Gesetz – Einführung von Mindestlöhnen – 1912 vom sozialistischen Abgeordneten Emilio Frugoni eingereicht worden war. Argumente für die Ablehnung: kleine Unternehmen und Geschäfte könnten die höheren Löhne nicht bezahlen, Anstieg der Arbeitslosigkeit, Gewinne der Unternehmer würden sich zu sehr verringern. Die Gehaltsberatungen wurden 1968, zur Zeit der großen Krise vor der Diktatur von 1973 bis 1984, wieder abgeschafft und erst nach der Re-Demokratisierung 1984 wieder eingeführt, 1992 bis 2004 ebenfalls ausgesetzt und jetzt wieder wirksam als Mittel, die großen sozialen Unterschiede zu bekämpfen.

3 Jorge Notaro: Los Salarios en Uruguay, 1930–1950. In: América Latina en la historia económica 20/2 (2013), S. 96–120.

tung – Briefpapier, Rechnungen, Visitenkarten, Kuverts, Wurfzettel – kosteten 11,34 Pesos.

Radios, die in Uruguay noch ein Luxusgegenstand waren und von einigen deutsch-jüdischen Firmen im Eigenbau hergestellt wurden, kosteten zwischen 39 und 79 Pesos. Strom kostete 12 Centavos pro Kilowattstunde für Licht und 3 Centavos pro Kilowattstunde für Haushaltsgeräte. Jede Wohnung hatte damals zwei Zähler.[4]

Bereits zwischen 1901 und 1905 kamen die ersten Autos nach Montevideo. 1930 zirkulierten 37.000 Autos. Studebaker bot seine Autos zu Preisen zwischen 1.750 und 3.300 Pesos an. Es gab auch Autos für 1.320 Pesos.[5] Das entspricht etwa den US-Preisen, für die preiswerten Studebakers, die zu ca. 600 USD verkauft wurden. Der Umrechnungskurs 1940 entsprach 0,3775 USD für 1 Peso.

Ein erstes Überleben der Emigranten sicherte häufig das Vorzeigegeld. Viele Emigranten hatten die offiziellen Einreisebedingungen erfüllt und 600 Pesos auf ein Konto der *Banco de la República* eingezahlt. Davon durften sie jeden Monat 50 Pesos abheben, was für die Grundsicherung ausreichte. Diese Maßnahme war eine Verschärfung in der Handhabe des Vorzeigegeldes und sollte verhindern, dass das Geld in der Tat nur vorgezeigt und dann an seinen eigentlichen Besitzer zurückgezahlt wurde. Eingezahlt wurde das Geld entweder durch einen Devisentransfer, sofern noch so viel Vermögen vorhanden war. In anderen Fällen zahlten Verwandte oder Freunde aus dem Ausland das Geld ein oder die jüdischen Hilfsorganisationen, die die Auswanderung unterstützten.

Das Gemeindeblatt der deutschsprachigen Gemeinde in Montevideo, Uruguay ist eine zentrale Quelle für die ökonomische Seite des Exils. Die 1936 von Exilanten gegründete *Nueva Congregación Israelita, NCI*, veröffentlichte in ihrem Gemeindeblatt, *Boletín Informativo*, neben den klassischen Beiträgen über die Gemeindearbeit, die jüdischen Feiertage sowie Hinweisen zu Gottesdiensten und Veranstaltungen, Orientierungs- und Einkaufshilfen auch eine Vielzahl von Kleinanzeigen der Gemeindemitglieder.

Wie man an den hier ausgewählten Anzeigen für Unternehmen der Emigranten sehen kann, decken diese aus den Gemeindeblättern von 1938 bis 1945 gesammelten Anzeigen ein breites Spektrum an Geschäften und Dienstleistungen ab, die sich größtenteils an das Emigrantenmilieu wenden, wobei einige bereits ein einheimisches Publikum

---

4 Alle Preisangaben finden sich in unterschiedlichen Artikeln, Anzeigen und Hinweisen des Gemeindeblattes von 1938 bis 1945.
5 Cafe Montevideo, unter: http://cafemontevideo.com/automoviles-antiguos-en-montevideo-1900-a-1940-i [abgerufen: 27.04.2015].

Jüdische Emigranten in Montevideo und die Gründung einer beruflichen Existenz 115

Abb. 1: Geschäftsanzeigen der Gemeindemitglieder aus dem Gemeindeblatt – *Boletín Informativo* der *Nueva Congregación Israelita*, *NCI*, in Montevideo. 1938–1945

adressieren: Almacen y Fiambreria *La Torre* – Kaufhaus und Delikatessen *Der Turm* und Papelería y Librería *Kohn* – Schreibwaren und Buchhandlung *Kohn*.

Zu den Unternehmensgründungen gehörten viele Lebensmittelläden, denn gerade die Neuankömmlinge waren auf Läden angewiesen, in denen man sie verstand und in denen sie Produkte erwerben konnten, die ihren Essgewohnheiten noch am ehesten entsprachen, insbesondere wenn sie eine koschere Küche einhielten. Lebensmittelgeschäfte gehörten aus diesen Gründen zu den frühen Gründungen. Ihnen folgten Kulturprodukte (Kleidung, Schuhe, Zeitungen, Bücher) sowie Dienstleistungen, die eine Eingliederung erleichterten wie Rechtsberatung, Immobilien, Umzüge und Transporte. Weitere Dienstleistungsangebote waren Frisörgeschäfte sowie Reparaturen beispielsweise von Schirmen, Küchengräten oder Uhren.

Radio- und Fotogeschäfte sind Beispiele eines Technologietransfers. Mehrere Geschäfte boten sowohl einen Reparaturservice für Radiogeräte an als auch den Verkauf selbstgebauter Radios. Albert Maurer, eigentlich Intendant und Mitbegründer der Theatergruppe *Die Komödie*, verdiente sein Geld mit einem Fotostudio.

Der Benachrichtigungsservice *El Rayo – Der Blitz* bot seinen Kunden die Möglichkeit, dass sie Nachrichten hinterlassen konnten, die dann abgerufen werden konnten oder auch zugestellt wurden. Viele unterschiedliche Anzeigen, insbesondere bei Reparaturen, weisen auf die Nutzung von *El Rayo* hin.

Der Ansatz, Unternehmensgründungen unter ethnischen Gesichtspunkten zu betrachten, kommt aus den USA. Am German Historical Institute in Washington D.C. gibt es ein Forschungsprojekt zu immigrant entrepreneurship deutsch-amerikanischer Geschäftsbiografien.

> Immigrant entrepreneurship was one of the decisive factors in the United States' rise as an economic superpower in the late nineteenth century. The country benefited from the relative openness and freedom that attracted talent from around the world and encouraged minorities who fled discrimination elsewhere to try their luck.[6]

Dies trifft für ein sehr viel kleineres Ausmaß auch für Uruguay zu, einem klassischen Einwanderungsland, und erklärt letztendlich auch den Erfolg der jüdischen Emigranten.

Immigrant entrepreneurship[7] untersucht und beschreibt zum einen die Strukturen des Landes und zum anderen die unternehmerischen Voraussetzungen der einzelnen Emigrantengruppen.

Zu den Landesstrukturen gehören der Markt und der Marktzugang. Eine Nachfrage für die angebotenen Produkte oder Dienstleistungen gibt es häufig in der eigenen Emigrantengemeinde. Oft ist das Angebot so noch nicht oder nicht in ausreichendem Maße vorhanden. Zu den Voraussetzungen für eine erfolgreiche Selbständigkeit zählen außerdem verfügbare und bezahlbare Räumlichkeiten. Die legale Situation des Emigranten muss ihm einen Zugang zum Markt und die volle Geschäftsfähigkeit ermöglichen und Rechtssicherheit für Verträge in geschäftlicher Hinsicht bieten. Diese Strukturen finden sich häufiger in den klassischen Einwanderungsländern, so auch in Uruguay. Begünstigend war die Tatsache, dass die Mehrheit der jüdischen Emigranten in Montevideo verblieb und innerhalb von fünf Jahren, etwa von 1936 bis 1940, die Mehrzahl der deutschsprachigen Juden in Montevideo ankam. Somit entstand sehr schnell ein jüdisches, deutschsprachiges Emigran-

---

6 German Historical Institute, Washington D.C., unter: http://www.ghi-dc.org/index.php?option=com_content&view=article&id=964&Itemid=856 [abgerufen: 27.04.2015].
7 Vgl. auch Thierry Volery: Ethnic entrepreneurship: a theoretical framework. In: Handbook of Research on Ethnic Minority Entrepreneurship. A Co-evolutionary View on Resource Management. Hg. v. Léo-Paul Dana. Cheltenham 2007, S. 30–41.

tenmilieu, das allein zur eigenen Versorgung viele Möglichkeiten für Geschäftsgründungen bot.

Die Gründungen aus dem Emigrantenmilieu haben einen enormen Startvorteil – sie erhalten einen Vertrauensvorschuss, da Kunden und Geschäftsinhaber den gleichen Hintergrund haben, die gleiche Sprache sprechen und ähnliche Erfahrungen gemacht haben. So auch in Uruguay. Eine Besonderheit in Montevideo war das von Dr. Hermann P. Gebhardt, einem Rechtsanwalt aus Frankfurt an der Oder, gegründete deutschsprachige Radioprogramm *La Voz del Día – Die Stimme des Tages*.[8] Als Rechtsanwalt in einem fremden Rechtssystem ohne Zulassung beschränkte sich seine anwaltliche Tätigkeit auf Beratung in Vertragsangelegenheiten. Über die Bedeutung des Radioprogramms und seine Auswirkungen auf das Geschäftsleben der Emigration berichtete Herr Goldberg sehr anschaulich in einer Leserzuschrift:

> Es war im September 1938. Ich war 8 Tage im Lande. Nie werde ich die Erschütterung vergessen, als ich das Radio einschaltete und mir plötzlich aus den Lautsprechern die Worte entgegentönten.»Hier ist die deutsche demokratische Rundfunkstunde.« Wir waren doch in Uruguay! Deutsch und demokratisch. Ja, gab es denn das überhaupt noch? Da musste irgendwo in dieser Stadt ein Mann am Mikrofon stehen und, so unglaublich es war, den Kampf aufgenommen haben gegen die Pest des Nationalsozialismus! Von nun an warteten wir jeden Tag auf die Stunde. Wir waren mit der Welt wieder irgendwie verbunden, denn Spanisch kam uns noch sehr spanisch vor. Mit welchem Eifer hörten wir die oft zu Unrecht geschmähten Avisos [Werbespots]. Gaben sie uns doch die Möglichkeit, den Weg zu Geschäften zu finden, in denen wir Menschen trafen, die uns verstanden und uns oft mit Rat und Tat geholfen haben. Zwei Monate später hatten wir selbst ein Geschäft, da war es die Rundfunkstunde, die durch ihre Avisos die Kundschaft in unseren Salon brachte. Fast jede Kundin erklärte: »Ich habe Ihr Aviso im Rundfunk gehört.« – Ich glaube, ohne diese unsere Stunde wäre das Geschäftsleben in der Emigration nicht so schnell vorwärtsgekommen.[9]

Hier wird die Verlorenheit in einer Stadt, deren Sprache man nicht spricht und in der man jetzt den Lebensunterhalt verdienen muss, sehr deutlich. Und die Erleichterung über das Netzwerk der Emigration,

---

8 Das uruguayische Radiosystem ist dem US-amerikanischen Radiosystem ähnlich. Es gibt einen staatlichen Rundfunksender (SODRE – Servicio Oficial de Difusión, Radiotelevisión y Espectáculos) und zusätzlich eine Vielzahl privater Radiosender, die Sendeplätze »vermieten«. Auf Sendung ging Gebhardt am 23.07.1938. Seit 1941 sendete er täglich eine Stunde auf Deutsch auf der Frequenz von Radio Aguila CX 32.
9 Jubiläumsschrift »5 Jahre La Voz del Día«. Montevideo 1943.

das half, seinen Lebensunterhalt zu verdienen, sich zu informieren und wieder am Leben teilzunehmen.

Auch im Gemeindeblatt wurde regelmäßig dazu aufgerufen, bei den jeweiligen Inserenten zu kaufen. Es wurden sogar Sonderbeilagen der Anzeigen gedruckt wie die im Sommer 1940 erschienene Handwerker-Beilage.

Die Gemeinde unterstützte ihre Mitglieder, die spätestens seit dem 26. November 1941[10] alle staatenlos waren, auch in Fragen eines uruguayischen Identitätsausweises. Die Cédula de Identidad von Hedwig Freudenheim wurde, trotz Weihnachten, Neujahr und Hauptferienzeit, nur zwei Monate nach ihrer Ankunft am 1. Februar 1939 ausgestellt.[11] Das Ehepaar Freudenheim, das in Mühlhausen, Thüringen ein Kaufhaus betrieben hatte, eröffnete in Montevideo einen Obst- und Gemüseladen, der durch die Art, die Ware zu präsentieren, auch den Uruguayern sofort auffiel.

Neben den Strukturen des Einwanderungslandes betrachtet immigrant entrepreneurship auch die Fähigkeiten und Ressourcen, die die Immigranten mitbringen, und das, was ihre Gründungen dauerhaft und erfolgreich macht.

Die deutschen Juden hatten als Minderheit in Deutschland, selbst noch unter der formalen rechtlichen Gleichstellung, berufliche Schranken erfahren. Das Ausweichen in die Selbständigkeit ist für benachteiligte Gruppen eine klassische Strategie, sich einen Zugang zum Markt zu verschaffen. Der Anteil an Unternehmen, Geschäften, selbständigen Handelsvertretern und Angehörigen der freien Berufe (Rechtsanwälte, Apotheker und Ärzte) war unter der jüdischen Minderheit überproportional groß.[12] Diese Erfahrungen konnten sie in Uruguay gewinnbringend einsetzen. Einmal eingereist, gab es keine bürokratischen Hemmnisse für die Aufnahme einer abhängigen Beschäftigung oder einer Unternehmensgründung. Ihre gute Ausbildung bot eine solide Grundlage für die Geschäftsführung. Trotzdem zahlten auch sie Lehrgeld, denn man musste seine Kenntnisse und Fähigkeiten auf einem neuen Markt beweisen. Der Unternehmer Ludwig Metzger war 1933 Mitinhaber und Leiter der Firma Gustav Bauer in der Frankfurter

---

10 Veröffentlichung der 11. Verordnung zum Reichsbürgergesetz, Aberkennung der deutschen Staatsbürgerschaft für alle Personen außerhalb des Deutschen Reiches.
11 Die Daten stammen von Fotos der Originaldokumente im Besitz der Autorin. Mit freundlicher Genehmigung Eva Weil Kroch, geb. Freudenheim.
12 Vergleiche beispielsweise Avraham Barkai: Jüdische Minderheit und Industrialisierung. Demographie, Berufe und Einkommen der Juden in Westdeutschland 1850–1914. Unt. Mitarb. v. Schoschanna Barkai-Lasker. Tübingen 1988 (= Schriftenreihe wissenschaftlicher Abhandlungen des Leo-Baeck-Instituts, 46), S. 128 f.

Jüdische Emigranten in Montevideo und die Gründung einer beruflichen Existenz 119

Innenstadt. Durch den Druck der Nationalsozialisten, entschloss er sich früh zum Verkauf der Firma. Es gelang ihm, außer dem Geld für die Bezahlung der Reichsfluchtsteuer, Passagen und Umzugsgut, 77.000 RM auf ein ausländisches Konto zu transferieren. Der Gegenwert von 1.316,49 £ wurde ihm auf sein Konto bei der Privatbank Julius Bär in Zürich überwiesen. Der Betrag entsprach etwa 16.000 Pesos.

> Am 1. Januar 1937 gründete ich mit zwei Sozien ein Damenhutgeschäft, aus dem ich im September des gleichen Jahres unter Verlust des eingebrachten Kapitals von Pesos 1.800 wieder austrat. Im Jahre 1938 machte ich mich wiederum selbständig und eröffnete ein Verkaufsgeschäft, das sich in der Hauptsache mit dem Vertrieb von Knopfteilen, überzogenen Knöpfen befasste und das ich noch heute (15. Juni 1954) in gleicher Form weiterführe.[13]

Bezogene Knöpfe waren ein erfolgreiches Produkt, das die boomende Textilindustrie benötigte. Die Knöpfe wurden in Heimarbeit bezogen und boten vielen Frauen einen Zusatzverdienst, die mit Familienarbeit, Mittagstisch und Wäscheausbessern einen Beitrag zum Familieneinkommen leisteten, insbesondere in der Anfangszeit.

Fehlende Sprachkenntnisse sind in der Regel der Hauptgrund für Behinderungen im fremden Arbeitsmarkt und dem Zugang zu adäquaten Jobs. Einige der jungen Emigranten hatten vor der Auswanderung noch Spanisch gelernt. Junge Frauen mit Sprachkenntnissen und einer Sekretärinnen-Ausbildung fanden schnell eine Beschäftigung im Büro, so wie Lore Heimann, die kurz nach ihrer Ankunft im uruguayischen Büro von Metro Goldwyn Mayer als Bürokraft begann.[14] Die Älteren taten sich schwerer und hatten oftmals durch die Organisation der Auswanderung keine Zeit für Sprachkurse und Ähnliches gehabt. Viele junge Mädchen nahmen eine Stellung als Kindermädchen oder Haushaltshilfe an. Dann war zu Hause mehr Platz, die Familie sparte an Lebensmitteln, und der Verdienst floss in die Familienkasse. Ilse Treitel nahm kurz nach der Einwanderung eine Stelle als Kindermädchen bei einer uruguayischen Familie an und begann mit einem Monatslohn von 10 Pesos, später 12 Pesos, dann 15 Pesos, bei Unterkunft und Verpflegung. Die fehlende Ausbildung wurde zumindest durch einen schnellen Spracherwerb kompensiert.[15]

Kurt Wittenberg verließ als einziger jüdischer Schüler das Gymnasium in Ostpreußen und machte eine Ausbildung als Maurer. Mit sei-

---

13 HHStAWI, Entschädigungsakten W Abt. 518.
14 Interview mit Otto Heimann am 11.10.1993 in Montevideo.
15 Interview mit Ilse Treitel de Steinberg am 01.11.1993 in Montevideo.

nen Eltern kam er am 10. Dezember 1938 in Uruguay an. Über den Arbeitsnachweis der Jüdischen Gemeinde fand er schnell eine Stelle als Maurer. Anfangs machte er aufgrund mangelnder Sprachkenntnisse Fehler und verlor seine Stellen. Danach war er 8 Jahre bei einer Baufirma, für die auch der Emigrant Friedrich Dörries als Architekt tätig war. Unter anderem bauten sie eine Schule im Inland. Sein Tagessatz als Geselle betrug 3,30 Pesos. Sein Vater klapperte als selbständiger Handelsvertreter für Schuhmacherbedarfsartikel – er hatte in Osterode ein Lederwarengeschäft – alle Schuster ab, die dann ihren Bedarf über ihn gedeckt haben.[16] So einen Service gab es bis dato für Handwerker nicht. Die Profession des Handelsvertreters wurde auch von den jüdischen Emigranten in Uruguay etabliert, die sehr schnell diese Nische für sich entdeckten.

Neben den Gewerbeanzeigen im Gemeindeblatt gab es auch eine Rubrik An- und Verkauf. Hier wurden Haushaltsgegenstände im weitesten Sinne angeboten – vom Gasplattenkocher über das Tafel-Service bis zum Kinderwagen. Ilse Treitel, die mit 15 Jahren in Uruguay ankam, erzählte im Interview, wie das mitgebrachte Fahrrad, zu ihrem großen Entsetzen, sofort von ihrer Mutter verkauft wurde. Mit diesen Verkäufen konnten viele Emigranten die Zeit bis zur Gründung eines Geschäftes und den ersten Einnahmen überbrücken.

Eine weitere Einkommensquelle war das Vermieten von Zimmern. Auch hier bot das Gemeindeblatt Unterstützung in Form eines Zimmernachweises. Viele Emigranten, die vor Ausbruch des Zweiten Weltkriegs nach Uruguay gekommen waren, hatten noch ihren Hausstand als Umzugsgut mitbringen können. Sie mieteten dann eine große Wohnung bzw. ein Haus, möblierten es mit den mitgebrachten Möbeln und vermieteten dann diese Zimmer, zum Teil mit Küchenbenutzung, zum Teil mit Mittagstisch. Die ersten Stationen seiner Familie beschreibt Hellmut Freund:

> Wir verbrachten die ersten Wochen in einer Emigrantenpension, die ein Breslauer Versicherungsmann, Dr. Werner Holz, und seine Frau unterhielten. [...] Bevor die Möbel kamen, wohnten wir bei einer Spanierin, Señora Morán, [...] Die Zimmer primitiv möbliert. Meine Mutter konnte dort kochen. Es kamen auch schon mal arme Emigranten vorbei und haben ihre Schnitzel gegessen. Sehr arm waren wir selber. Nicht verzagt. [...] Wie wir wohnten habe ich schon angedeutet: in kleinen, altmodischen Häusern, nach dem römisch-spanischen Atriumsprinzip gebaut, d.h. nur ein bis zwei Zimmer, salitas genannt, nach vorne zur Straße. Ein Korridor führte in einen patio, einen Hof, bewohnbar, mit einer sogenannten claraboya

---

16 Interview mit Kurt Wittenberg am 16.06.1993 in Hamburg.

corrediza, d. h. einem gegiebelten Glasdach, das man auf- und zukurbeln konnte, so daß man in Sommernächten im Herrenzimmer saß, wie meine Eltern es hatten, mit einem Bücherschrank, der Sternenhimmel über einem. Die Schlafzimmer, piezas interiores, Innenzimmer, hatten keine Fenster. Bei Regen sprang man schnell aus dem Bett, um rasch das Glasdach zuzukurbeln. […] Die Vorderzimmer wurden vermietet. Davon mussten wir ja auch leben, die Mutter hat auch für andere gekocht und gebacken und sich dabei arg überarbeitet. Es gab noch zwei Schlafzimmer, ich hatte einen sogenannten altillo, eine Art Mansarde, einst für Hauspersonal gedacht, ein winziges Kämmerlein, das aber ganz gemütlich war, Fritz Busch fand es hübsch. Die Möbel kamen in dieser fremden Umwelt gar nicht schlecht zur Geltung. Das war der einzige Besitz, den wir hatten.[17]

In Uruguay gab es keine Möbelindustrie. Vor allem die osteuropäischen Juden betrieben Möbeltischlereien und kleine Möbelmanufakturen. Da Uruguay auch kaum über eigenes Holz verfügt, waren Möbel sehr teuer. Der mitgebrachte Hausstand war doppelt wertvoll und ein unermesslicher Verlust für diejenigen, die ihre Lifts nicht mehr erhielten, weil das jüdische Umzugsgut nicht verschifft wurde.

Eine weitere Pension wurde von den Familien Idstein-Selig betrieben. Sigmund Selig erreichte zusammen mit seiner Frau Gertrud und seinem fünfjährigen Sohn Walter sowie den Schwiegereltern Julius und Anna Idstein mit der Conte Grande aus Genua kommend am 28. Mai 1937 Montevideo. Zum Ende des Jahres 1937 mieteten die beiden Familien ein größeres Haus und betrieben es als Pension. In den Theaterprogrammen der *Komödie* finden sich immer wieder Anzeigen des Bridge-Clubs der Idstein-Seligs. Sie haben sogar zum Wohltätigkeitsbridge eingeladen und das Geld der Gemeinde *NCI* gespendet. Wie prekär die finanzielle Situation jedoch war, zeigen die Schreiben der Familie Selig im Rahmen der Wiedergutmachungsanträge. Für das Jahr 1938 wird ein Jahresreingewinn von 400 Pesos erreicht. Das entspricht einem monatlichen Einkommen von 33 Pesos, von denen zwar keine Miete und kein Kostgeld, aber alle anderen anfallenden Kosten bezahlt werden mussten. Viele der als Familienbetriebe geführten Unternehmen bewegten sich am Rande der Selbstausbeutung. Zumindest hatte man ein Dach über dem Kopf und konnte auch die Eltern mitversorgen. Seine Frau, eine studierte Musikerin und Sängerin, gab in Montevideo Klavierstunden. Aus den Bescheinigungen geht hervor, dass dies 1940 und 1941 10 Pesos pro Schüler pro Monat einbrachte. Ab 1948 gibt sie ein monatliches Einkommen von 50 Pesos an.

---

17 J. Hellmut Freund: Vor dem Zitronenbaum. Autobiographische Abschweifungen eines Zurückgekehrten. Frankfurt a. M. 2005, S. 255–257.

1953 verkauften die Idstein-Seligs das gemeinsame Geschäft, da die Anstrengungen für Herrn Idstein, mittlerweile 79, zu viel wurden. Der Erlös reichte nicht einmal für die Deckung der Steuerschulden. Herr Selig arbeitete danach wie schon in Deutschland als Handelsvertreter, und seine Frau gab weiterhin Klavierunterricht. Eine Stabilisierung der wirtschaftlichen Lage trat erst ab 1960 ein, als seine Arbeit als Handelsvertreter ein regelmäßiges Jahreseinkommen von 9.200 Pesos einbrachte.[18]

Reinigungen und Wäschereien, die auch in Montevideo in großer Zahl entstanden, scheinen ein häufiges Geschäftsmodell im Rahmen von ethnic entrepreneurship zu sein. Namen wie Tintoreria *Paysandu* – Reinigung *Paysandu* oder Lavadero *El Progreso* – Wäscherei *Der Fortschritt* verraten, dass hier ein Ausbrechen aus dem Immigrantenmilieu beabsichtigt war.

Abb. 2: Geschäftsanzeigen der Gemeindemitglieder aus dem Gemeindeblatt – *Boletín Informativo* der *Nueva Congregación Israelita*, *NCI*, in Montevideo. 1938–1945

Die Wäscherei *Der Fortschritt* funktionierte als Familienbetrieb und griff auf alle verfügbaren Arbeitskräfte zurück, denn sie sicherte die Existenz einer Großfamilie.

> Von unseren Lieben in Montevideo haben [wir] beinahe jede Woche große Briefe, bemerken aber, sie müssten sich die Zeit dazu stehlen. Haben 6 Leute die ihnen helfen, sie schreiben, dass sie sehr hart arbeiten müssten, von Morgens früh bis spät Abend u. der Verdienst sei klein, sie seien aber doch zufrieden, so viele würden gerne arbeiten wenn sie welche hätten,

---

18 HHStAWI, Entschädigungsakten W Abt. 518.

Jüdische Emigranten in Montevideo und die Gründung einer beruflichen Existenz 123

> Lore würde auch sehr mithelfen, sogar Lothar würde schon Holz beitragen u. Seife schnitzeln, er würde sogar schon manchmal an der Mangel stehen. Rosi bemerkte auch, dass er schon Wäsche heimgeholt habe, er hat jetzt 3 Monate Ferien, auch schreiben sie von so großer Hitze. Haben ein Mädchen aus Kreuznach, 42 Jahre alt fürs Haus, sind aber nicht zufrieden mit ihr. Da Saison sei, haben sie viel Hotelwäsche, auch waschen sie wollene Anzüge und Kleider. Sie haben gar keinen Verkehr mit anderen Leuten, aber ihre Waschküche ist ein reines Asyl für Obdachlose, so viele kommen.[19]

Lina und Abraham Meyer sind die Eltern von Rosi Meyer und Großeltern von Lothar. Linas Schwester, Berta Bruchfeld, hat mit ihrem Mann und der Familie ihrer Nichte Rosi die Wäscherei gegründet. Auch Lina und Abraham Meyer konnten noch 1941 nach Montevideo auswandern und wurden von der dort schon etablierten Verwandtschaft aufgenommen und unterstützt.

Samuel Manhard und Regina Abend gelangten 1938 zusammen mit ihrem dreijährigen Sohn Erich nach Montevideo. In Österreich hatte Samuel Manhard Getreidemühlen betrieben und überlegte zunächst, auch in Uruguay wieder in diesem Bereich tätig zu werden. Seine Frau hatte eine andere Idee, und so gründeten sie einen Laden für Damenoberbekleidung, der eine eigene Kollektion vertrieb. Diese wurde von Regina Abend, uruguayischen Direktricen und Schneiderinnen entworfen und hergestellt. Der erste Laden »Chic Parisien« befand sich auf der Hauptstraße Montevideos, der 18 de Julio. Damenkonfektion war in den 1930er Jahren in Uruguay noch so gut wie unbekannt. Man nähte selbst oder ließ schneidern. Da viele jüdische Einwanderer aus der Textilbranche kamen, entstand auch in Uruguay die Damenkonfektion. Dies ist ein weiteres Beispiel für Technologietransfer. Rudolf Hirschfeld, vom Hamburger Damenkonfektionsgeschäft Gebr. Hirschfeld am Neuen Wall, sagte dazu:

> Als wir im Jahre 1938 hier ankamen, gab es für die uruguayischen Frauen fertig fast nichts zu kaufen, sie alle mussten zur Schneiderin. Es ist ein Verdienst der deutschsprachigen Emigration, dass der Artikel Damenkonfektion in allen seinen Sparten hier gegründet wurde, vielen Emigranten + Uruguayern Arbeit + Brot verschafft hat. Die Hauptstraße 18 de Julio legt Zeugnis davon ab, so viele Modehäuser, die alle noch heute in den Händen von deutschsprachigen Emigranten sind.[20]

---

19 Brief von Lina und Abraham Meyer an Julius Schack in Argentinien, 09.03.1938, Original im Besitz von Martin Schack, Buenos Aires, Argentinien.
20 Brief von Rudolf Hirschfeld an die Autorin vom 21.05.1995.

Seit 1995 sind viele dieser Geschäfte verschwunden, aber nicht alle ... Zu den nach wie vor vorhandenen Geschäften zählt die Grupo Tiendas Parisien S. A. (Ladengruppe Parisien AG), und mit Nathalie Manhard steht die dritte Generation in der Geschäftsführung, wenn auch Enrique Manhard, geboren 1935 in Wien, noch als Besitzer der Firmenkette zeichnet.

Montevideo war auch ein kulturelles Zentrum, das einigen exilierten Dirigenten und Musikern eine Möglichkeit für Gastauftritte und Dauerengagements bot. Erich Kleiber ging 1935 ins Exil, da seine Auffassung von Musik, insbesondere der zeitgenössischen Musik, in Berlin nicht länger erwünscht war. Über Cuba gelangte er nach Argentinien und wurde 1938 argentinischer Staatsbürger. Ähnlich wie Fritz Busch kam er häufig zu Gastauftritten nach Montevideo. Auch Fritz Busch hat Deutschland aus politischen Gründen verlassen. Der Druck der Nationalsozialisten führte dazu, dass er seinen Posten als Dirigent an der Staatsoper in Dresden im Frühjahr 1933 aufgab und Deutschland verließ. 1933 hatte er ein erstes Engagement in Buenos Aires am Teatro Colón und dann wieder ab 1940. So kam er häufig zu Gastspielen nach Montevideo. In Atlantida, einem Badeort 60 km östlich von Montevideo, verbrachte er drei der feuchtheißen Sommer – 1943, 1944, 1945 – in einem gemieteten Ferienhäuschen.

Ein Vertrag fand sich weder im Teatro Colón noch im Archiv des SODRE, das noch auf eine ordnende Hand wartet. Allerdings gibt es für die Spielzeit 1946 eine Etatplanung vom SODRE Direktor Dr. Ernesto Llovet vom 13. Oktober 1945. Diesem kann man entnehmen, dass der Etat des Sinfonischen Orchesters um 108.900 Pesos erhöht werden sollte. Das Ziel war, den Orchestermitgliedern ein Mindestgehalt von 180 Pesos zahlen zu können. Auch wurde ein Betrag von 24.640 Pesos für »Vertragsdirigenten« eingeführt. In der Begründung für diesen Posten werden ausdrücklich Fritz Busch und seine Einspielung einer Mahler-Sinfonie mit dem Sinfonie Orchester des SODRE erwähnt sowie das gestiegene Prestige des Orchesters, auf welches nun die Kritiker ganz Lateinamerikas schauen.

Es fanden sich zahlreiche Besprechungen für Einzelkonzerte und eine Reihe mit den Beethoven-Sinfonien, dirigiert von Erich Kleiber zwischen 1939 und 1945, sowie für Fritz Busch in der Zeit von 1940 bis 1945.[21]

Horst Prentki, der im Dezember 1940 mit seinen Eltern nach Montevideo kam, hatte in Berlin im Orchester des Jüdischen Kulturbundes die 1. Klarinette gespielt. In Montevideo bekam er schnell eine Anstel-

---

21 Informationen des Archivs des Teatro Solis in Montevideo.

lung bei der Polizeikapelle und verdiente 63 Pesos im Monat. Später wurde er Klarinettist des SODRE Orchesters und profitierte dann vermutlich von der geplanten Etaterhöhung.[22]

Nicht allen gelang es, den Lebensunterhalt im Exilland zu verdienen. Einige versuchten in den großen Metropolen Buenos Aires oder São Paulo ihr Glück, andere blieben auf Hilfe angewiesen, für einige brachte erst die materielle Wiedergutmachung ein Ende der größten Nöte. Die *NCI* hat während dieser Zeit immer Unterstützung geleistet, sei es mit Mietzuschüssen, Beihilfen zum Lebensunterhalt, Hilfe bei Krankheit und Unterbringung der Kinder im Kinderheim der Gemeinde. Sie bekam vor allem in der Zeit von 1938 bis 1945 Mittel vom Joint, im Jahr 1939/40 waren das immerhin 40.330 Pesos.

Für die Exilgemeinde der deutschsprachigen Juden in Montevideo kann festgestellt werden, dass sie mit etwa 10.000 Mitgliedern und einem jüdischen Umfeld von nochmals etwa 40.000 Personen über ein ausreichend großes Milieu für erfolgreiche Geschäftsgründungen verfügte. Die Erfahrungen der Selbständigkeit, das Leben im städtischen Umfeld und eine gute Ausbildung waren Ressourcen, die sie in Uruguay gewinnbringend in den Aufbau einer Existenz investieren konnten. Hinzu kamen technologische Neuheiten und Nischen wie der Handelsvertreter, die sie erfolgreich zu nutzen verstanden.

In den Genuss der kostenlosen Schul- und Universitätsbildung in Uruguay kamen ihre Kinder und Enkel, die heute, sofern sie im Land blieben, in den meisten Fällen zur (gehobenen) Mittelschicht gehören. Sie hatten Glück, dass der Geschäftsaufbau der Gründergeneration in eine wirtschaftlich prosperierende Zeit fiel, die etwa bis Ende der 1950er Jahre anhielt. Danach kamen Renten und Zahlungen aus der Wiedergutmachung, die halfen, die schwierigen Jahre der wirtschaftlichen Krise und der Diktatur finanziell zu überstehen. Auch Arbeiter unter den Einwanderern schafften es in dieser Zeit, ein Haus oder eine Wohnung zu kaufen, was bei einem freien Wohnungsmarkt eine wichtige Absicherung des Lebensstandards bedeutete.

---

22 Interview mit Horst Prentki am 04.03.1995 in Hilchenbach.

Peter Pirker

Liberale Kapseln
Die exilpolitischen Seiten der Julius Meinl AG

Die Julius Meinl AG war 1938 das international wohl bekannteste österreichische Unternehmen. Sie verfügte über zahlreiche Produktionsstätten und 622 Verkaufsfilialen in acht Staaten Zentral- und Südosteuropas und war damit der größte Lebensmittelkonzern in dieser Region. Die Firmengeschichte reicht bis 1862 zurück, als der aus dem nordböhmischen Graslitz stammende Kaufmann Julius Meinl am Wiener Fleischmarkt ein eigenes Geschäft eröffnete. Wirtschaftlicher Erfolg stellte sich ein, als Meinl als Erster gerösteten Kaffee anbot. Im Jahrzehnt nach der Jahrhundertwende eröffnete das Unternehmen unter der energischen Führung von Julius Meinl II. (1869–1944) Filialen in den Haupt- und Provinzstädten der Kronländer der Habsburgermonarchie.[1] Meinl gehörte zu den Pionieren der Produkt- und Firmenwerbung in Europa. Das Unternehmen prägte die Öffentlichkeit mit starken Images und Slogans – der »Meinl-Mohr«, die Silhouette eines Knaben mit rotem Fes auf gelbem Hintergrund, stellt sich als Bild nach wie vor im Gedächtnis ein, wenn von Meinl die Rede ist. Nach dem Ersten Weltkrieg trat die Meinl AG in den ehemaligen Kronländern gewissermaßen die unternehmerische Erbfolge der Donaumonarchie an, wie Oliver Kühschelm treffend schrieb.[2] Rein an ökonomischen Kriterien gemessen bewältigte die Meinl AG auch die Systembrüche von 1933/34 (Austrofaschismus) und 1938 (NS-Herrschaft) mit Bravour: Sie expandierte immer weiter. Nach 1945 wurde die Unternehmensentwicklung während des Austrofaschismus und der NS-Herrschaft möglichst unverfänglich dargestellt. In der hauseigenen Kundenzeitschrift *Meinl Post* hieß es 1952 aus Anlass des 90-jährigen Firmenjubiläums lapidar, der Zweite Weltkrieg habe das Haus Meinl vor schwierige Aufgaben gestellt: »Es galt, die Grundlagen und den Lebensnerv des Unternehmens unter den Erschütterungen einer Welt-

---

[1] Zur Unternehmensgeschichte siehe Margareta Lehrbaumer: Womit kann ich dienen? Julius Meinl – Auf den Spuren einer großen Marke. Wien 2000, S. 100; Oliver Kühschelm: Julius Meinl. Patriarchalisch, (groß)bürgerlich, österreichbewusst. In: Memoria Austriae III. Unternehmer, Firmen, Produkte. Hg. v. Emil Brix, Ernst Bruckmüller und Hannes Stekl. Wien 2005, S. 43–96; hier: S. 45–46.
[2] Kühschelm: Julius Meinl (s. Anm. 1), S. 77.

Liberale Kapseln. Die exilpolitischen Seiten der Julius Meinl AG

katastrophe zu erhalten, selbst unter der Gefahr der Aufgabe größerer oder kleinerer Teile an der Peripherie des Konzerns.«[3] Ziel von Julius Meinl II. sei »Werterhaltung« gewesen. Er starb 1944, ohne seinen einzigen Sohn Julius Meinl III. (1903–1991) wiedergesehen zu haben. Warum der Sohn abwesend war, blieb anathema. Es hieß bloß, dieser habe »damals nicht in seiner Nähe weilen« können. Doch 1947 übernahm der Sohn die Geschäfte. Er kam aus dem Nichts: »Nach Einstellungen der Kampfhandlungen in Europa konnten die Mitarbeiter des Hauses den heutigen Chef in ihrer Mitte begrüßen.«[4] Oliver Kühschelm konstatiert dazu treffend: »Indem die Firmenzeitschrift vermied, das Exil von Julius III. zu thematisieren, trug sie dem politischen Klima in Österreich Rechnung.«[5] Jegliche Bruchstellen in der Firmengeschichte wurden rhetorisch umschifft, Betonung fand die Kontinuität der »treuen und bewährten Kräfte« im Unternehmen, gelobt wurde die ungebrochene Treue von Millionen Kunden. Sogar ein Porträt zum 50. Geburtstag von Julius Meinl III. im Jahr 1953 endet mit seiner ersten Geschäftsübernahme im Jahr 1933, als wenn es danach keine Veränderungen mehr gegeben hätte.[6]

Seit es in Österreich eine einigermaßen offene Auseinandersetzung mit der Involvierung breiter Teile der Bevölkerung in die NS-Herrschaft gibt, wurde die Firmengeschichte mehrfach problematisiert, zuletzt im Kontext des Niedergangs des Unternehmens seit Mitte der 2000er Jahre infolge desaströser Bankgeschäfte.[7] Im skandalorientierten Suchscheinwerfer der Medien blieb das exilpolitische Engagement von Julius Meinl III., wenig überraschend, unterbelichtet. Kaum mehr als eine Zeile war darüber zu lesen, obwohl es seit Mitte der 1970er Jahre zumindest in der Exilforschung in Grundzügen bekannt ist.[8]

---

3 Das Haus Julius Meinl. Seine Gründung, Entwicklung und Organisation. In: Meinl-Post 13 (1952), S. 5.
4 Das Haus Julius Meinl (s. Anm. 3).
5 Kühschelm: Julius Meinl (s. Anm. 1), S. 84.
6 Präsident Dr. h. c. Julius Meinl 50 Jahre. In: Meinl-Post 17 (1953), S. 5.
7 Vgl. Kühschelm: Julius Meinl (s. Anm. 1), S. 85; Christa Zöchling: Eine österreichische Karriere. In: Profil, 23.08.2008, unter: http://www.profil.at/home/julius-meinl-iinsdap-aufnahme-aufnahme-216761 [abgerufen: 05.05.2015]; Michael Nikbakhsh: Ende ohne Schrecken. In: Profil 17 (2009), S. 46; Julius-Meinl-Dynastie: Ein Drama in fünf Generationen. In: Wiener Zeitung 08.04.2009, S. 4; »Ich mische mich nicht ein«. Julius Meinl IV. über den erlittenen Imageschaden, das Verhältnis zu seinem Sohn und das Weltbild einer österreichischen Dynastie. In: Profil 38 (2007), S. 130; Sebastian Hofer und Franziska Troger: Österreichische Lösung. In: profil 38 (2007), S. 128; »Der Präsident« würde 100. In: Wiener Zeitung 12.02.2003, S. 18.
8 Helene Maimann: Politik im Wartesaal. Österreichische Exilpolitik in Grossbritannien 1938 bis 1945. Wien 1975.

Im Zentrum der folgenden Darstellung steht neben Julius Meinl III. einer der Öffentlichkeitsarbeiter des Unternehmens, der Staatswissenschafter und Jurist Gregor Sebba, der als Jude 1938 ebenfalls aus dem Unternehmen ausschied und flüchten musste. Wenig bekannt ist, dass Meinl und Sebba im Exil zu Initiatoren innovativer politischer Projekte wurden. Meinl war Mitbegründer der Austrian Democratic Union in Großbritannien, während Sebba in den USA die Austrian Action gründete und über drei Jahre hinweg organisierte. Beide Organisationen weisen einige Besonderheiten auf, denen in der Exilforschung zu wenig Aufmerksamkeit geschenkt wurde: Sie kooperierten von Beginn an eng und bedingungslos mit den westlichen Alliierten bei den Kriegsanstrengungen gegen NS-Deutschland, ihre Programmatik war liberaldemokratisch und menschenrechtlich-universalistisch ausgerichtet und sie bezogen gegen den Antisemitismus klar Stellung, sei es in ihrer Herkunftsgesellschaft, sei es im NS-Staat, sei es in ihren Exilländern. Auf der Rekonstruktion dieser Elemente einer liberaldemokratischen Exilpolitik beruht der folgende Beitrag. Beginnen möchte ich mit dem wirtschaftlichen, politischen und sozialen Kontext in Österreich, aus dem das exilpolitische Engagement Meinls und Sebbas hervorgegangen ist und der auf das Engste mit der Julius Meinl AG verflochten ist.

I. Die Meinl AG als Hort des Liberalismus

Die Meinl AG war in den ersten Jahrzehnten des 20. Jahrhunderts nicht bloß ein Unternehmen. Ihre zentrale Figur, Julius Meinl II., engagierte sich seit dem Ersten Weltkrieg in der Öffentlichkeit gesellschaftlich und politisch, nicht zuletzt der Überlegung folgend, dass die Propagierung liberaler politischer und wirtschaftspolitischer Ideen und Konzepte dem Ausbau des Unternehmens zum Vorteil gereichen würde. Meinl publizierte seine Ansichten in Zeitungen und Broschüren. Als Forum für politische Diskussionen gründete er 1915 mit dem Industriellen Max Friedmann die Österreichische Politische Gesellschaft (ÖPG). Meinls politische Aktivitäten konzentrierten sich während des Ersten Weltkrieges, vor allem 1917, auf die Propagierung und Vermittlung eines »Verständigungsfriedens« der Mittelmächte mit den Westmächten, wofür er prominente Mitstreiter wie den Völkerrechtler Heinrich Lammasch und den Historiker Josef Redlich gewinnen sowie Gespräche mit westlichen Diplomaten führen konnte, bekanntermaßen erfolglos.[9]

---

[9] Vgl. Norbert Leser: Skurrile Begegnungen. Mosaike zur österreichischen Geistesgeschichte. Mit einem Vorwort von William M. Johnston. Wien 2011, S. 227–228, sowie

Die pazifistische und westlich-liberale Orientierung Meinls bezeugt sein Engagement für die zwischen Jänner 1918 und August 1919 wöchentlich erscheinene Zeitschrift für Politik, Volkswirtschaft und Literatur *Der Friede*, die vom Sozialdemokraten Benno Karpeles herausgegeben und dessen Literaturteil von Alfred Polgar redigiert wurde. Die Zeitschrift orientierte sich an den Prinzipien der parlamentarischen Demokratie, den Ideen der bürgerlichen Revolution und einer antinationalistischen Haltung und verstand sich als Forum der Kontroverse über die künftige Gestalt des Staates Österreich.[10] Über das Programm der Zeitschrift war am Jahrestag der ersten Ausgabe zu lesen: »Es ist ganz kurz und lautet: Nachdem die kriegerischen Versuche, Europa deutsch und österreichisch zu machen, gescheitert sind, wollen wir nun versuchen, Deutschland und Österreich europäisch zu machen.«[11] Mit all dem stand *Der Friede* ganz allgemein im schroffen Gegensatz zur deutschnationalen und christlich-sozialen Presse, was sich im Besonderen auch an einer intensiven Beschäftigung mit dem Problem des Antisemitismus, Fragen des Zionismus und der Assimilation zeigte. Eine weitere Koinzidenz zwischen Meinls Positionen und der Redaktion der Zeitschrift bestand in der Abgrenzung gegenüber Deutschland und dem Verwerfen des Anschlussgedankens.[12]

Meinl trat nach dem Ende der Monarchie für die unabhängige Existenz Österreichs als neutraler Pufferstaat in Zentraleuropa ein – damit vertrat er in der Nachkriegspolitik eine Minderheitsposition, gleich welcher Richtung. Obwohl Meinl ein vehementer Verfechter des Wirtschaftsliberalismus und der betrieblichen Rationalisierung war – was ihm Kritik von links und rechts eintrug –, gab es auch Interessensübereinstimmungen mit der Sozialdemokratie. Meinl führte zum Teil schon vor dem Ersten Weltkrieg innerbetrieblich fortschrittliche soziale Maßnahmen wie die Sonntagsruhe, Urlaub und Abfertigungen, eine Pensionsvorsorge, einen Gesundheitsdienst, eine Werksküche und ab 1935 die 40-Stunden-Woche ein. Zu den weiteren Übereinstimmungen gehörte das wirtschaftspolitische Eintreten gegen Protektionismus und

---

Heinrich Benedikt: Die Friedensaktion der Meinlgruppe 1917/1918. Die Bemühungen um einen Verständigungsfrieden nach Dokumenten, Aktenstücken und Briefen. Graz, Köln 1962, S. 13.

10 Klaus Amann: Staatsfiktionen. Bilder eines künftigen Österreich in der Wiener Wochenschrift Der Friede (1918/1919). In: Studi Tedeschi 23 (1990), S. 53–77; hier: S. 61.

11 Zit. n. Armin A. Wallas: Zeitschriften und Anthologien des Expressionismus in Österreich: analytische Bibliographie und Register. Bd. 1. München 1995, S. 34–37; hier: S. 36.

12 Julius Meinl: Über den Anschluß. In: Benedikt: Friedensaktion (s. Anm. 9), S. 297–298; Amann: Staatsfiktionen (s. Anm. 10), S. 74–75.

Einschränkung des Außenhandels, wie es konservative Regierungen 1931 bis 1933 praktizierten.[13] Die Nationalsozialisten attackierten die Sozialdemokraten entsprechend als »Meinl-Marxisten«, die die Profite der »Handelsjuden« schützen würden. Antisemitische Attacken auf Meinl waren gegen dessen Generaldirektor Kurt Schechner gemünzt, der Jude war und mit Meinl gemeinsam in vielen Artikeln und Broschüren für eine Liberalisierung eintrat.[14] Zumindest bis 1934 widersprach Meinl der virulenten Faschisierung und setzte sich für den politischen Ausgleich zwischen dem sozialdemokratischen und dem christlich-sozialen Lager im Rahmen der parlamentarischen Demokratie ein – eine Form der Abgleichung und Harmonisierung von Interessen, die Meinl für eine gedeihliche Entwicklung seiner Geschäfte wohl am besten geeignet schien.

Zur Diskussion außenpolitischer und internationaler politischer Fragen kooperierte die ÖPG nach dem Ersten Weltkrieg eng mit der Österreichischen Völkerbundliga. Anfang der 1930er Jahre engagierte sich in beiden Organisationen auch der junge Staatswissenschafter und Jurist Gregor Sebba, Sproß einer jüdischen Familie, die 1908 aus Lettland nach Österreich eingewandert war. Sebba arbeitete Anfang der 1930er Jahre als Forschungsassistent am Institut für Statistik der Minderheitenvölker an der Universität Wien, war von 1931 bis 1934 Generalsekretär der ÖPG und zwischen 1930 und 1935 Vorsitzender der Hochschulsektion der Österreichischen Völkerbundliga.[15] Sebba verlor 1934 seine akademische Stelle – die Aussichten für Juden, an der Universität Wien eine fixe Stellung zu bekommen, waren bekanntermaßen schlecht. Sebba war jedoch auch in der spezifischen Wiener außeruniversitären, in privaten Kreisen und Vereinen organisierten »Wissenschaftskultur der Außenseiter«[16] verankert. Er hatte bereits 1931 einen »Politisch-Soziologi-

---

13 Gerhard Senft: Anpassung durch Kontraktion. In: Austrofaschismus. Politik – Ökonomie – Kultur 1933–1938. Hg. v. Emmerich Tálos und Wolfgang Neugebauer. Wien 2005, S. 182–201; hier: S. 190–191.
14 Kühschelm: Julius Meinl (s. Anm. 1), S. 82; Lehrbaumer: Womit kann ich dienen? (s. Anm. 1), S. 58–59; Hansjörg Klausinger: Policy advice by Austrian Economists: The Case of Austria in the 1930s. In: Explorations in Austrian Economics. Hg. v. Roger Koppl. Bingley 2008, S. 25–54; hier: S. 32.
15 Genaueres zur Biografie Gregor Sebbas: Peter Pirker: »Musst immer tun wie neugeboren«. Zum politischen Denken und zur antinazistischen Praxis des Wiener Sozialwissenschafters Gregor Sebba. In: Voegeliniana. Occasional Papers 91B (2013).
16 Johannes Feichtinger: Wissenschaftliche Innovation durch kulturelle Marginalität. Jüdische Intellektuelle im Österreich der Zwischenkriegszeit. In: Das Gewebe der Kultur. Kulturwissenschaftliche Analysen zur Geschichte und Identität Österreichs in der Moderne. Innsbruck 2001, S. 311–333, im Internet abrufbar unter: http://www.kakanien.ac.at/beitr/fallstudie/JFeichtinger1.pdf [abgerufen: 05.05.2015]. Siehe auch Tamara Ehs: Das extramurale Exil. Vereinsleben als Reaktion auf universitären Anti-

schen Arbeitskreis« gegründet und bis 1936 dessen Zusammenkünfte organisiert.[17] Als Mitglieder nannte Sebba u. a. Ernst Karl Winter, Otto Neurath, Paul Lazarsfeld, Marie Jahoda, Eugen Kogon, Karl Polanyi und Eric Voegelin, zu dem die Verbindung wohl am engsten war.[18] Im Karl Polanyi Digital Archive der Concordia University sind zwei Einladungen Sebbas zu Sitzungen des Arbeitskreises erhalten geblieben. Auf dem Programm standen von Sebba eingeleitete und strukturierte Diskussionen zu Grundfragen der Demokratie und der »Umwälzung im Deutschen Reich«.[19] Das finanzielle Auskommen sicherte zum Teil Meinl. Sebba verdingte sich als Marktforscher und arbeitete als Redakteur für das Monatsjournal *Wirtschaftliche Rundschau*, das Meinl 1934 gegründet hatte. Die Idee zu deren Gründung entsprang der antiprotektionistischen Kampagne einer liberalen Gruppe um die später emigrierten und in den USA berühmt gewordenen Ökonomen Ludwig Mises, Oskar Morgenstern und Fritz Machlup, an der Meinl mitwirkte.[20] Den Zweck der Popularisierung der wirtschaftspolitischen Lehren der österreichischen Schule der Nationalökonomie verfolgte auch die *Wirtschaftliche Rundschau*. Ihr erster Herausgeber war Morgenstern, der, meist anonymisiert, viele der Beiträge verfasste. Es handelte sich um »Blätter des Kampfes«, die gegen den »Wirtschaftsnationalismus der Regierungen« in Europa und Amerika, gegen Protektionismus und die Einschränkung des Freihandels anschrieben und mit Schaubildern, Grafiken, Cartoons und Comicstrips ihre Positionen an die Leserschaft

---

semitismus. In: Jüdisches Vereinswesen in Österreich im 19. und 20. Jahrhundert. Hg. v. Evelyn Adunka, Gerald Lamprecht und Georg Traska. Innsbruck, Wien, Bozen 2010, S. 15–29.

17 Sebba bezeichnete den Zirkel später mehrfach leicht abweichend als »Österreichischen Soziologischen Arbeitskreis« oder als »Österreichische Soziologische Arbeitsgemeinschaft«. Siehe etwa Hoover Institution Archives (HAI), Voegelin Papers, Folder 14.1, Application for United States Government Grant, Gregor Sebba, 10.07.1963, sowie die tabellarischen Lebensläufe, Folder 35.4.

18 Gregor Sebba: Autobiographical Note. In: Ders.: The Dream of Descartes. Edited by Richard A. Watson. Carbondale 1987, S. xi-xiv, xi. Vgl. auch Eintrag zu Sebba, Gregor. In: Nationalsozialismus, Holocaust, Widerstand und Exil 1933–1945. Online-Datenbank, Universitätsbibliothek Wien [abgerufen: 24.11.2011]. Ursprünglich veröffentlicht in: Biographisches Handbuch der deutschsprachigen wirtschaftswissenschaftlichen Emigration nach 1933. Hg. v. Harald Hagemann und Claus-Dieter Krohn. Unter Mitarb. von Hans Ulrich Eßlinger. Bd. 2. München 1999, S. 647–648.

19 Concordia University, Karl Polanyi Digital Archive, Con_04_Fol_01, Einladung zur sechsundzwanzigsten Sitzung des Politisch-Soziologischen Arbeitskreises, 06.04.1933 und Einladung zur dreiundzwanzigsten Sitzung des Politisch-Soziologischen Arbeitskreises, 06.12.1932, download über: http://kpolanyi.scoolaid.net:8080/xmlui/handle/10694/281 [abgerufen: 05.05.2015]. Die Treffen fanden in Sebbas Wohnung statt.

20 Klausinger: Policy advice (s. Anm. 14), S. 32–36; vgl. auch Richard M. Ebeling: Political Economy, Public Policy and Monetary Economics. Ludwig von Mises and the Austrian Tradition. New York 2010, S. 177.

bringen wollten. Wenig verwunderlich wurde die volksgemeinschaftliche, auf Rüstung und Zwangsmaßnahmen basierende Wirtschaftspolitik NS-Deutschlands massiv kritisiert.[21] Anfang 1937 wurde Sebba Werbeleiter der Meinl AG und übernahm damit eine wichtige Funktion direkt im Unternehmen.[22]

Als wissenschaftlicher Autor trat Sebba in dieser Phase kaum hervor. Dennoch wurde er Mitglied einer Studiengruppe zu den politischen Ideen und Bewegungen in Österreich, die unter der Leitung von Eric Voegelin Beiträge für die Internationale Studienkonferenz erarbeitete, einem Organ des Völkerbundes, die 1937 in Paris zum Thema »Peaceful Change« tagte.[23] Betrachtet man Sebbas Beitrag im Vergleich zu Voegelins Text, ist in Ersterem eine – wenn auch verhalten formulierte – Kritik an der Politik der autoritären Dollfuß- und Schuschnigg-Regime erkennbar, während Voegelin eine Konsolidierung des österreichischen Staatsprojektes erkennen wollte, was er als günstiges Vorzeichen für den Erhalt des Friedens in Europa interpretierte.[24] Sebba war deutlich skeptischer. Seiner Auffassung nach hatten das Dollfuß- und Schuschnigg-Regime zwar die Autorität der Regierung und das Gewaltmonopol im innenpolitisch zerrissenen Land verstärkt, aber keine wirksamen Instrumente gegen die zunehmende Popularität des Nationalsozialismus und die Heilserwartungen gegenüber dem »Dritten Reich« entwickeln können: »Austria of today contains a large activist group of population belonging mentally and politico-religiously to another state.«[25] Der Versuch der autoritären Nationenbildung griff nur bei einem kleinen Teil der katholischen Bevölkerung. Sebba arbeitete zudem einen zentralen Widerspruch der gesamtdeutschen katholischen Österreich-Ideologie (»Austrianism«), wie sie von Dollfuß propagiert wurde, heraus: »When Dollfuss fought against the ›Anschluss‹ he had to fight against himself.«[26] Mit dem Antisemitismus existierte sogar ein ideologischer

---

21 Wehr- oder Weltwirtschaft. In: Wirtschaftliche Rundschau IV/2 (1937).
22 The National Archives and Records Administration (NARA), FNB OSS, INT-4AU-3, Summary of Activities of Gregor Sebba, R.Rp.17, 29.01.1942.
23 Die Teilnahme österreichischer Wissenschafter wurde durch die Rockefeller Foundation ermöglicht. Dem österreichischen Koordinationskomitee gehörten der Völkerrechtler Alfred Verdross, Oskar Morgenstern und Eric Voegelin an. Sebbas und Voegelins Beiträge sind 2013 in der Reihe Voegeliniana – Occasional Papers erstmals publiziert worden. Siehe: Peter J. Opitz: Vorwort. In: Voegeliniana. Occasional Papers 91A (2013).
24 Gregor Sebba: Political Ideas and Movements in Post-War Austria. In: Voegeliniana. Occasional Papers 91A (2013), S. 15–33.
25 Sebba: Political Ideas and Movements in Post-War Austria (s. Anm. 24), S. 20.
26 Sebba: Political Ideas and Movements in Post-War Austria (s. Anm. 24), S. 18. Sebba verwies damit auch auf die politische Sozialisation von Dollfuß, der Mitglied in der »Deutschen Gemeinschaft« gewesen war, eines Geheimbundes aus katholischen und

Anknüpfungspunkt zwischen dem christlich-sozialen, teilweise deutschnational orientierten Segment und dem Nationalsozialismus.

Die Macht der dritten starken politischen Bewegung, der sozialistischen Arbeiterbewegung, war mit ihrer gewaltsamen Niederwerfung und Illegalisierung im Jahr 1934 paralysiert. Innenpolitisch hielt Sebba deshalb die Wiederbelebung eines politischen Prozesses, der Differenzen zuließ, für unumgänglich, das heißt die Beteiligung der Sozialisten am legalen politischen Prozess, sollte ein eigenständiges Österreich bestehen bleiben. Sebbas Angebote an das Schuschnigg-Regime, eine neue Propagandalinie gegen NS-Deutschland zu entwickeln, sollen mehrfach abgelehnt worden sein.[27] Dass letztlich aber nur eine entschlossene Politik der westlichen Demokratien gegenüber NS-Deutschland die Nationalsozialisten in Österreich von der Macht fernhalten würde, war Sebba klar: »(...) the National Socialist question cannot be solved within Austria herself«, schloss er seinen Beitrag ab. Es sind also drei liberale Elemente, die man mit Blickpunkt auf Sebbas spätere Exilpolitik, in seinem Paris-Beitrag als maßgeblich identifizieren kann: Redemokratisierung, politisches Handeln statt völkischer Identität als Prinzip von nation building und westlicher Kampf gegen die entstehende deutsche Hegemonie in Europa.

Ein sozialer Kontext, in dem Sebba Resonanz für solche Positionen fand, waren die engen Beziehungen zur britischen Community in Wien, die Julius Meinl II. bereits seit Anfang des 20. Jahrhunderts pflegte.[28] Im Salon Meinls verkehrten Angehörige der britischen Botschaft, Journalisten und Geschäftsleute, wie der britische Journalist und Korrespondent in Wien, G. E. R. Gedye, 1927 vermerkte: »Julius Meinl's house is a rendevouz for the English colony of Vienna, and often contains guests from London.«[29] Gedye gehörte zu den genauesten Beobachtern der politischen Entwicklung in Österreich. Seine liberaldemokratischen Positionen und Analysen in internationalen Journalen stimmen in zentralen Aspekten mit jenen Sebbas überein.[30] Auf

---

deutschnational-antiklerikalen Gruppen, die ihre gemeinsamen Feinde im »Bolschewismus«, den »Freimaurern« und den »Juden« fand. Dazu Anton Staudinger: Austrofaschistische »Österreich«-Ideologie. In: Austrofaschismus. Politik – Ökonomie – Kultur 1933–1938. Wien 2005, S. 28–53; hier: S. 35–36.

27 NARA, FNB OSS, INT-4AU-3, Summary of Activities of Gregor Sebba, R.Rp.17, 29.01.1942.
28 The National Archives (TNA), FO 371/22320, R 526/526/3, Report on Leading Personalities in Austria, 20.01.1938.
29 G. E. R. Gedye: Coffee King of Europe. In: Daily Express 1927.
30 Zu Gedye siehe Peter Pirker: »Paradoxia«: Wie G. E. R. Gedye Österreich den Anglo-Amerikanern erklärte. In: Austria and America. Cross-Cultural Encounters 1865–1933. Hg. v. Joshua Parker und Ralph J. Poole. Berlin 2014, S. 133–170.

einem in Gedyes Nachlass erhaltenen Foto aus den frühen 1930er Jahren ist eine Versammlung von Mitgliedern der Anglo-American Press Association (AAPA) in Meinls Salon abgelichtet.[31] Es sind darauf gleich mehrere Personen zu sehen, die während der NS-Herrschaft im selben exilpolitischen Organisationsrahmen tätig werden sollten: Gedye, zu diesem Zeitpunkt Präsident der AAPA und ab 1940 Österreich-Experte im britischen Kriegsgeheimdienst Special Operations Executive (SOE), Julius Meinl III., der Musikwissenschafter Bernhard Wieser, die beide an der Gründung des Austria Office in London mitwirkten, das eng mit SOE kooperierte, und der Herausgeber der sozialistischen *Arbeiter-Zeitung*, Oscar Pollak, der ebenfalls in die Versuche von SOE involviert war, antinazistischen Widerstand in Österreich zu organisieren. Pollak und Meinl sollten 1943 schließlich im Austrian Representative Committee (ARC) in London die Sozialisten bzw. das liberale Bürgertum vertreten. Gregor Sebba und Julius Meinl III. pflegten in dieser britisch-österreichischen Gesellschaft Kontakte zu MitarbeiterInnen des britischen Konsulats in Wien. Drei von ihnen, Evelyn Stamper, Clara Holmes und Elizabeth Hodgson, bildeten später den Kern der Österreich-Abteilung bei SOE.[32]

II. »Anschluss«, Anpassung und Exil

Mit dem »Anschluss« hatte Julius Meinl II. sein Unternehmen neu zu justieren. Doch im Vergleich mit den Umbrüchen 1918 und 1933/34 waren unter dem NS-Regime dramatische Veränderungen in der Unternehmensführung erforderlich. Sein einziger Sohn Julius Meinl III. flüchtete mit seiner Ehefrau Hansi Rose (geb. Winterstein), die aus einer jüdischen Familie stammte, und den beiden Söhnen Julius IV. und Thomas nach Großbritannien.[33] Ein Viertel des Vermögens der Eheleute, das die NS-Behörden mit mehr als 840.000 RM berechneten, wurde im August 1939 als Reichsfluchtsteuer festgesetzt.[34] Außerdem mussten alle jüdischen Verwaltungsräte bzw. Vorstandsmitglieder aus dem Unternehmen ausscheiden. Einer von ihnen, Meinls langjähriger Geschäftspartner und Vizepräsident des Unternehmens Rudolf Kraus

---

31 Imperial War Museum (IWM), The G.E.R. Gedye Papers (GERG), GERG 16.
32 Siehe Peter Pirker: Subversion deutscher Herrschaft. Der britische Kriegsgeheimdienst SOE und Österreich, Göttingen 2012, S. 64–67.
33 Lehrbaumer: Womit kann ich dienen? (s. Anm. 1), S. 99; Zöchling: Eine österreichische Karriere (s. Anm. 7).
34 Österreichisches Staatsarchiv, Archiv der Republik (ÖSTA, AdR): Vermögensverkehrsstelle, Vermögensanmeldung Hermann Julius Meinl, Kt. 189, Az 22813.

(ein Bruder von Karl Kraus), wurde im Oktober 1943 mit seiner Ehefrau in Nizza von der Gestapo verhaftet und in das KZ Auschwitz deportiert. Dort wurden beide ermordet.

Die Meinl AG kaufte (»arisierte«) auch Firmenanteile, die der NS-Staat jüdischen Besitzern geraubt hatte. So erwarb die Meinl AG gemeinsam mit dem NS-Blutordensträger Fritz Hamburger Anteile an der Papierfabrik »Austria«, deren Hauptaktionär Rudolf Kraus war.[35] In der Unternehmensführung kamen stramme Nationalsozialisten zum Zug. Das Sagen in der Wiener Zentrale hatte der bisherige Leiter der Berliner Meinl-Niederlassung Friedrich Schüngel. Das Verhalten des Firmenpatriarchen, der weiterhin als Präsident des Aufsichtsrates fungierte, gegenüber dem NS-Regime erscheint ambivalent. Im Juni 1940 stellte er einen Antrag auf Erfassung in der NSDAP, wurde jedoch zurückgestellt. Die politischen Bewertungen verschiedener Parteistellen in Wien fielen skeptisch bis neutral aus – es wurden weder negative noch positive Auffälligkeiten registriert.[36] Gesinnungsmäßig trauten ihm die Nationalsozialisten jedoch nicht über den Weg.[37] Was das private Vermögen betraf, wehrte sich Meinl sen. mit Bestimmtheit gegen den Zugriff der NS-Behörden. Im Jahr 1941 ging die Gestapo-Leitstelle Wien daran, das gesamte in Wien verbliebene Vermögen von Julius Meinl III. einzuziehen, da dessen »Bestrebungen (…) volks- und staatsfeindlich gewesen sind«.[38] Meinl klagte gegen das Deutsche Reich. Der Rechtsstreit betraf 10.000 Aktien, die die NS-Behörden als beschlagnahmbares Eigentum des Sohnes ansahen, während der Vater die Wertpapiere als sein Eigentum beanspruchte. Ein vom Oberfinanzpräsidenten in Wien angestrebter Vergleich wurde von Meinl abgelehnt. Aus dem amtlichen Schriftverkehr ist ersichtlich, dass der das Deutsche Reich vertretende Rechtsanwalt Rüdiger Morawetz den Oberfinanzpräsidenten und den Staatskommissar dazu drängte, Meinl »durch schärfsten Zugriff« unter Druck zu setzen. Er schlug neben einer Klage gegen Meinl auch eine Aktivierung der Gestapo vor, die ohnehin schon gegen Meinl ermittle, weil er sich in Ungarn abfällig über das Reich und

---

35 Ulrike Felber, Peter Melichar, Markus Priller, Berthold Unfried und Fritz Weber: Ökonomie der Arisierung, Teil 1: Grundzüge, Akteure und Institutionen. Zwangsverkauf, Liquidierung und Restitution von Unternehmen in Österreich 1938 bis 1960. Wien, München 2004, S. 143; Dies.: Ökonomie der Arisierung. Teil 2: Wirtschaftssektoren, Branchen, Falldarstellungen. Zwangsverkauf, Liquidierung und Restitution von Unternehmen in Österreich 1938 bis 1960. Wien, München 2004, S. 309.
36 Zöchling: Eine österreichische Karriere (s. Anm. 7).
37 Kühschelm: Julius Meinl (s. Anm. 1), S. 84.
38 ÖSTA, AdR, BMF-FLD, Az 18.323–18.325, Gestapoleitstelle Wien, Einziehungserkenntnis Hermann Julius Meinl, 01.12.1941.

dessen Einrichtungen geäußert habe soll.[39] Allerdings setzte sich Morawetz mit diesen Ansinnen nicht durch.

Im April 1943 wurde das Verfahren am Landesgericht Wien unterbrochen, weil Morawetz zur Wehrmacht eingezogen wurde. Dass das Verfahren nicht weitergeführt wurde, könnte ein Hinweis auf Protektion sein. Meinl starb am 16. Mai 1944, ohne dass ein Vergleich abgeschlossen worden war. Was das Erbe betraf, so richtete er sein Testament auf beide Optionen aus. In einem Testament begünstigte er kurz vor seinem Tod den erst 1942 adoptierten Sohn Friedrich Hicksch[40] als Erben (ein Viertel) bzw. Vorerben (drei Viertel) für seine in England befindlichen Enkel, die das Erbe antreten könnten, wenn sie innerhalb von zwölf Jahren nach dem Tod des Erblassers in das Deutsche Reich zurückkehrten und sich »in den politischen und sozialen Aufbau des Reiches« einfügten.[41] Das war die Regelung für den Fall des Weiterbestehens der NS-Herrschaft nach dem Krieg. Eine zweite Regelung für den Fall einer deutschen Kriegsniederlage und des Endes der NS-Herrschaft sah jedoch als Mehrheitserben Julius Meinl III. vor, der dann aus dem Exil zurückkehren und die Konzernführung übernehmen sollte.[42]

Wie stark der Einfluss Julius Meinls II. während der NS-Herrschaft auf die Geschäftsführung war, bleibt unklar. Sein Sohn war 25 Jahre später darauf bedacht, eine Kollaboration mit dem NS-Regime in Abrede zu stellen: »Natürlich wurde ihm der Einfluss auf seinen Konzern teilweise genommen und manche der ›feinen‹ früheren Mitarbeiter nahmen als geübte Knechte des Teufelsregimes die Leitung und Politisierung in ihre schmutzigen Hände.«[43] Tatsache ist, dass der Konzern beträchtlich von der deutschen Kriegs- und Großraumwirtschaft profitierte, da er vom NS-Staat mit der Versorgung der deutschen Bevölkerung in den besetzten Gebieten und der Wehrmacht beauftragt wurde. 1943 betrieb der Konzern fast 100 Produktionsstätten und 700 Filialen, was gegenüber 1937 eine Steigerung von 40 % bedeutet.[44] Welchen Lauf

---

39 ÖSTA, AdR, BMF-FLD, Az 18.324–18.325, RA Rüdiger Morawetz an den Oberfinanzpräsidenten in Wien, Reg.-Rat Dr. Gaber, 07.09.1942.
40 Hicksch war zwischen 1922 und 1928 in der Meinl AG beschäftigt. 1938 holte ihn Julius Meinl II. in das Geschäft zurück und übergab ihm die rumänische Teilgesellschaft. Im Dezember 1943 wurde er in den Vorstand der Meinl AG berufen. Nach dem Tod von Julius Meinl II. im Jahr 1944 trat er dessen Nachfolge als Aufsichtsratspräsident an. Vgl. Lehrbaumer: Womit kann ich dienen? (s. Anm. 1), S. 116.
41 ÖSTA, AdR, BMF-FLD, Az 18.324–18.325, Testament Abschrift, 07.02.1944.
42 Kühschelm: Julius Meinl (s. Anm. 1), S. 84.
43 Julius Meinl III. über seinen Vater zu dessen 100. Geburtstag, 18.01.1969, zit. n. Lehrbauer: Womit kann ich dienen? (s. Anm. 1), S. 117.
44 Kühschelm: Julius Meinl (s. Anm. 1), S. 48.

auch immer die Geschichte nehmen sollte und welchen Zwängen einzelne Familienmitglieder ausgesetzt waren, des Unternehmers oberstes Gebot schien das Prosperieren des Unternehmens gewesen zu sein. Insgesamt kann dieses koexistente Verhalten, das mit den Stichworten Anpassen, Profitieren und Absichern für einen künftig erneuten Systembruch umschrieben werden kann, als recht typisch für das Verhalten eines beträchtlichen Teils der österreichischen Bevölkerung zwischen 1938 und 1945 gelten.

III. Die exilpolitische Seite der Julius Meinl AG: liberaldemokratische Innovation

Neben dieser paranazistischen Entwicklung sorgten Julius Meinl III. und Gregor Sebba für liberale Kontinutiäten im Exil. Betrachten wir zunächst Gregor Sebba: Nach dreimonatiger Gestapo-Haft flüchtete der 33-Jährige mit seinen Eltern im September 1938 nach New York, wo bereits Verwandte lebten. Die berufliche Neuorientierung fiel Sebba ziemlich schwer.[45] Versuche, unternehmerisch tätig zu werden, scheiterten ebenso wie jene, an amerikanischen Universitäten Fuß zu fassen. Für Letzteres hatte Sebba zu wenig wissenschaftliches Renommee, zu wenig publiziert, und er hatte vor 1938 auch keine Stipendien aus den USA bezogen wie etliche andere Wiener Wissenschafter aus dem Umfeld von Hans Kelsen, Paul Lazarsfeld und Oskar Morgenstern, die er aus Wien kannte.[46]

Etwa ein Jahr lang hielt sich Sebba mit kleineren publizistischen Arbeiten über Wasser. Aus dieser Zeit stammen drei Exposees zu Buchprojekten, die er an Voegelin sandte und die sich mit politischer Soziologie beschäftigten. In einem Entwurf setzte er sich mit drei Staatskonzeptionen auseinander, dem liberal-demokratischen Staat, dem autoritär-konservativen Staat und dem totalitären Staat, und fragte nach deren Umgang mit Minderheiten. Dem liberal-demokratischen Staat ordnete er das Prinzip der »Minderheitenfreiheit« zu, wonach Sprache, Kultur und Volksbekenntnis kein »Politikum« seien, dem autoritären Staat entspräche das Konzept der Autonomie. Im totalitä-

---

45 Ludwig-Maximilians-Universität München, Eric-Voegelin-Archiv (LMU, EVA), Korrespondenz Voegelin – Sebba, Sebba an Voegelin, o. D.
46 Dazu Christian Fleck: Transatlantische Bereicherungen. Zur Erfindung der empirischen Sozialforschung. Frankfurt a. M. 2007, S. 97–98; Tamara Ehs: Vertreibung in drei Schritten. Hans Kelsens Netzwerk und die Anfänge österreichischer Politikwissenschaft. In: Österreichische Zeitschrift für Geschichtswissenschaft 21 (2010) 3, S. 146–172; hier: S. 164.

ren Staat, gemünzt auf NS-Deutschland, sei der Umgang mit Minderheiten jener der »gewaltsamen Ausscheidung« durch »Ausmerzung, Vertreibung, Entnationalisierung, Versklavung«.[47] Im Kriegsfall rechnete Sebba für die Juden im Herrschaftsbereich der Nationalsozialisten mit dem Schlimmsten. Er fasste seine Befürchtungen in das Bild der »Wiederholung der Armeniergreuel«, also eines systematischen Völkermordes. Sebba scheint die drohende kollektive Vernichtungsgewalt gegen die Juden früher geahnt zu haben als linke SozialwissenschafterInnen, große Teile des deutschsprachigen politischen Exils und auch die westlichen Regierungen. Der eliminatorische Charakter des NS-Antisemitismus war für sie nicht vorstellbar, weil er die Kriterien politischer Rationalität, nach denen sie selbst dachten, transzendierte und sein Charakter im Paradigma ökonomischer und politischer Instrumentalität nicht zu erfassen war.[48]

Sebba schrieb keines der drei angedachten Bücher. Unmittelbar nach Kriegsbeginn ereilte ihn ein Ruf aus London. Die Wiener Beziehungen zur britischen Botschaft öffneten ihm den Weg in jene neuen staatlichen Institutionen, die ausgehend von Großbritannien die psychologische, politische und subversive Kriegsführung revolutionierten, am bekanntesten sind die SOE und ihr späteres amerikanisches Pendant, das Office of Strategic Services (OSS). Sebba war nicht der einzige beruflich gestrandete Intellektuelle im Exil, dem diese Institutionen außeruniversitäre Arbeitsmöglichkeiten boten. SOE und in stärkerem Ausmaß OSS funktionierten wie integrale Netzwerke zwischen staatlichen und akademischen Institutionen, nicht-staatlichen Organisationen und privatwirtschaftlichen Unternehmen sowie Exilanten und Flüchtlingen, die materielle Ressourcen, Kreativität, Wissen, Entschlossenheit und Mut zu bündeln versuchten, so dass man von einem neuen staatlich-privaten Komplex zur Generierung subversiver Praxis in der Kriegsführung und generell in der Außenpolitik sprechen kann.[49]

Sebba war 1939/40 in Großbritannien und Frankreich in britische Versuche involviert, das österreichische Exil zu einigen, für den »war

---

47 LMU, EVA, Korrespondenz Voegelin – Sebba, Sebba an Voegelin, 20.06.1939.
48 Die Kritische Theorie begann sich erst in den 1940er Jahren von diesem Determinismus zu lösen, vgl. Dan Diner: Aporie der Vernunft. Horkheimers Überlegungen zu Antisemitismus und Massenvernichtung. In: Zivilisationsbruch. Denken nach Auschwitz. Hg. v. Dan Diner. Frankfurt a. M. 1988, S. 30–54; hier: S. 44; siehe auch Richard Breitman: Official Secrets. What the Nazis planned, what the British and Americans knew. New York 1998, S. 231.
49 Zur Erfindung der subversiven Kriegsführung in Großbritannien: Peter Pirker: Gegen das »Dritte Reich«. Sabotage und transnationaler Widerstand in Österreich und Slowenien 1938–1940. Klagenfurt, Celovec 2010, S. 35–50; Mark Seaman (Hg.): Special Operations Executive. A new instrument of war. London, New York 2006, S. 7–21.

effort« zu mobilisieren, subversive Propaganda zu entwickeln und Kontakte zu NS-Gegnern in Österreich herzustellen. In London fungierte er als Mittelsmann zwischen einer Vorläuferorganisation von SOE und dem Austria Office, einer im Winter 1939/40 auf britische Anregung hin gebildeten österreich-patriotischen Exil-Plattform aus bürgerlichen Demokraten, sozialdemokratischen Dissidenten, die sich von der Auslandsvertretung der Österreichischen Sozialisten (AVÖS) getrennt hatten, sowie der Austrian League (Monarchisten). Das Austria Office stellte sich als erste Exil-Organisation uneingeschränkt an die Seite Großbritanniens im Krieg gegen NS-Deutschland.[50] Auf die Politik des Austria Office und die Rolle von Julius Meinl III. dabei komme ich später noch zurück.

Anfang 1941 erhielt Sebba ein Finanzierungsangebot von SOE, in den USA eine neue österreichische Exil-Organisation aufzubauen, die zwei Ziele verfolgen sollte: die Propagierung der Wiedererrichtung Österreichs und die Einbeziehung von österreichischen Flüchtlingen in die britische Kriegsführung. Die Österreich-Abteilung bei SOE setzte bereits seit 1940 auf eine Abtrennung Österreichs von Deutschland und den Aufbau einer sich von Deutschland und einer deutschen Identität abgrenzenden österreichischen Nation. Politisch ging es SOE darum, die britische und amerikanische Öffentlichkeit und Außenpolitik sowie das österreichische Exil auf dieses Ziel hin zu orientieren.[51] Sebba, den die SOE als ihren ersten österreichischen Agenten bezeichnete, übernahm diese Aufgabe bereitwillig und gründete mit dem Wiener Journalisten Ferdinand Czernin die Austrian Action. Sie entwickelte sich aufgrund der Organsiations- und Öffentlichkeitsarbeit Sebbas und der Finanzhilfe aus London rasch zur größten und aktivsten österreichischen Exil-Organisation in den USA.[52] Als er die SOE-Zentrale Anfang April 1941 über die Gründung der Austrian Action informierte, wurde dies als großer Fortschritt gewürdigt:

> Our New York office states that an »Austrian action« movement, a military non-partisan organisation, has been founded in New York, with one of our representatives as Secretary. It has received good publicity in

---

50 Zur Entstehung des Austria Office und der Kooperation mit SOE siehe Pirker: Gegen das »Dritte Reich« (s. Anm. 49), S. 56–61.
51 Vgl. Pirker: Subversion deutscher Herrschaft (s. Anm. 32), S. 134–136.
52 Vgl. Peter Schwarz: Österreichische politische Exilorganisationen. In: Handbuch der deutschsprachigen Emigration 1933–1945. Hg. v. Claus-Dieter Krohn, Patrick von zur Mühlen, Gerhard Paul und Lutz Winckler. Darmstadt 1998, S. 519–542 und S. 534.

U.S.A. and Canada [...] It is to co-operate closely with the Austria office in this country and represents a definite advance in combining various anti-German Austrian elements.[53]

Sebba positionierte die Austrian Action als überparteiliche »Kampfgemeinschaft unabhängiger Österreicher«, die für einen Kriegseintritt der USA gegen Deutschland votierten und sich dafür zur Verfügung stellten. Ein positiver Bezug auf Österreich, die Österreicher und ihren angeblichen Widerstandswillen war Bestandteil dieser Kampagne. Anknüpfend an seine früheren Überlegungen sollte sich die nationale Identität im Handeln auf ein gemeinsames Ziel hin, nämlich die Abtrennung von Deutschland, bilden – Abstammung, Herkunft, Religion spielten keine Rolle, zentral war die Anerkennung des demokratischen Prinzips auf eigenstaatlicher Basis mit der Perspekive einer zentraleuropäischen Föderation.[54]

Die Austrian Action zog Intellektuelle, Künstler und Exil-Politiker an, die mit der bisherigen Exilpolitik unzufrieden waren. Zu den MitarbeiterInnen gehörten unter anderem Irene Harand und ihr Mann Frank, die für ihren Kampf gegen den Antisemitismus bekannt waren.[55] Festhalten kann man, dass Sebbas Politik, eine österreichische Nation im Exil zu konstruieren, auf »action« beruhte, also handlungsorientiert war. Die Existenz einer österreichischen Nation, eine nationale Identität, sollte durch demonstratives Auftreten in der amerikanischen Öffentlichkeit, durch die Bereitschaft, in den militärischen und subversiven Kampf gegen NS-Deutschland einzutreten, durch antideutschen und antinazistischen (Exil-)Widerstand zum Ausdruck kommen. Diese Konzeption bedeutete im nicht-marxistischen Lager eine dreifache Überwindung der Österreich-Ideologie des Austrofaschismus und seines nationalen Projekts (sowie auch der Österreich-Ideologie der Habsburger). Sie war erstens ein Gegenentwurf zu einer autoritären Durchsetzung der Identität von Staat und Gesellschaft von oben. Sie zielte zweitens nicht auf eine nationalkonservative völkisch begründete deutsche, christliche Nation bzw. Volksgemeinschaft ab, und sie konzentrierte sich drittens auf die militante, d.h. aktivistische und auch kriegerische Abgrenzung von Deutschland, statt auf parteipolitisch ori-

---

53 TNA, HS 8/216, S.O.2 Executive Committee, 10.04.1941.
54 NARA, FNB OSS INT-4-AU53, Austrian Action, Memorandum, 04.03.1942; TNA, HS 6/692, Report on acitivities of X Section, 19.06.–25.06.41. Vgl. zur Austrian Action auch: DÖW (Hg.): Österreicher im Exil. USA 1938–1945. Bd. 2. Wien 1995, S. 290–293.
55 Vgl. Gegen Rassenhass und Menschennot. Irene Harand, Leben und Werk einer ungewöhnlichen Widerstandskämpferin. Hg. v. Christian Klösch, Kurt Scharr und Erika Weinzierl. Innsbruck 2004.

entierte und programmatische Debatten hypothetischer Natur, wie sie für das Exil nicht untypisch waren. Der Ansatz Sebbas und der Austrian Action war an der Idee der westlichen Willensnation und deren nation building entlang politischer Prinzipien (Demokratie, Antifaschismus) und im Kampf um sie gegen einen inneren (Nationalsozialisten) und einen äußeren Feind (NS-Deutschland) orientiert.

Gegen dieses Konzept und die anfänglichen Erfolge der Austrian Action entwickelte sich rasch Widerstand. Sebba wurde zur Zielscheibe politischer Intrigen, vor allem seitens der Habsburger und christlichsozialer Exilanten. Mit dem Vorwurf, er sei ein britischer Agent, stellten sie Sebbas politische Integrität und nationale Loyalität zu Österreich infrage; sie identifizierten ihn als staatenlosen Juden lettischer Herkunft und sprachen ihm mit dieser Begründung die Eignung und Legitimität ab, österreichische Interessen vertreten zu können, kurz, ein »echter« Österreicher zu sein.[56] Stoßrichtung war die Desavouierung Sebbas in der amerikanischen Öffentlichkeit und bei den amerikanischen und britischen Außenämtern und Behörden. Politisch verhängnisvoll wurden die Intrigen, als sie Eingang in einen Bericht des britischen Historikers und Experten für internationale Beziehungen John Wheeler Bennett über das österreichische Exil in den USA fanden. Wheeler Bennett beurteilte die Arbeit der Austrian Action grundsätzlich sehr positiv, wies aber auf mittlerweile weit verbreitete persönliche Vorbehalte unter österreichischen Exilpolitikern gegenüber Sebba hin:

> Dr. Sebba is a brilliant if somewhat unstable character. [...] He has the ear of certain influential British official circles in London, who regard him with favour, but he has successfully antagonised most of the leading Austrians here, who resent the fact that a Lettish Jew should claim to be an authority on Austrian affairs.[57]

Kaum jemand aus dem österreichischen Exil stand für Sebba ein; schließlich wurde ihm die Mitgliedschaft im Austrian National Committee verwehrt, einem Zusammenschluss von Exil-Gruppen, den er selbst initiiert hatte. Innerhalb der britischen Regierungsdepartments verteidigte SOE Sebba zunächst zwar, aber wiederum auf eigentümliche Weise: Seine britischen Vorgesetzten, die er aus Wien kannte, versuchten, ihn vom Jüdischen zu reinigen, indem sie seine Assmilations-

---

56 TNA, FO 371/26538, C10388/280/18, Robert und Felix Habsburg an Alexander Cadogan, 06.09.1941; TNA, HS 6/3, X/A to X, 10.01.42; British Security Council: The Secret History of British Intelligence in the Americas, 1940–45. London 1998, S. 409.
57 TNA (The National Archives), FO 371/26539, C13169/280/18, Viscount Halifax to Mr. Eden, 28.11.1941.

leistungen in Österreich hervorstrichen und ihn als »echten« Österreicher bezeichneten.[58] Bemerkenswert ist, dass die antisemitischen Argumentationsfiguren der Habsburger und Christlich-Sozialen mit den Anschauungen maßgeblicher politisch konservativer OffizierInnen bei SOE korrespondierten und auch in Überzeugungen des britischen Außenamtes Widerhall fanden, nämlich im beständigen Hinweis darauf, dass der hohe Anteil von Juden unter den österreichischen Flüchtlingen eine offizielle Vertretung Österreichs im Ausland mehr oder weniger verunmöglichte. Auch SOE unterschied bei der Beurteilung von Exilpolitikern danach, ob sie »jewish« oder »aryan« waren – Charakterisierungen von Julius Meinl III. begannen etwa mit dem Hinweis »Aryan«.[59]

Als Sebbas Ruf nachhaltig ramponiert war, ließ ihn SOE im Juni 1942 fallen. Der Entzug der britischen Unterstützung enttäuschte ihn tief. Durch den Ausfall der britischen Finanzierung stand aber auch die Austrian Action vor dem Aus.[60] Zwar konnten Sebba und Czernin eine gewisse Kooperation mit dem OSS herstellen und 1942/43 in den USA noch einige politische Erfolge verbuchen, u. a. die generelle Einstufung von Österreichern als »friendly aliens« und die Nicht-Anerkennung des »Anschlusses«.[61] Im Februar 1943 aber zog Sebba die Konsequenzen seiner zweiten Vertreibung aus »Österreich«, dieses Mal jenem des Exils, und verließ die Exilpolitik. Im Sommer 1943 erhielt Sebba die US-amerikanische Staatsbürgerschaft und wurde in das OSS aufgenommen, für das er bis August 1945 in verschiedenen Positionen in London und der Schweiz tätig war.[62]

Das exilpolitische Engagement von Julius Meinl III. in Großbritannien verlief in ähnlichen Bahnen, jedoch unter ganz anderen Voraussetzungen. Meinl war eine prominente Figur mit guten Verbindungen in London, wo das Unternehmen ein Importbüro betrieben hatte. Ökonomisch befand er sich aufgrund seines Reichtums in einer ungleich komfortableren Lage als Sebba. Er konnte sich eine große Landwirtschaft in der Nähe von Cambridge kaufen, die er bis zu seiner Rückkehr nach Österreich im Jahr 1948 betrieb. Von Beginn an engagierte sich Meinl in der Flüchtlingshilfe und in der Exilpolitik. Zunächst beteiligte er sich im September 1938 an der Gründung des Council of

---

58 TNA, HS 6/3, From X/A to X, 18.01.1942. Zum Problem des Antisemitismus bei MitarbeiterInnen der Österreich-Abteilung von SOE siehe Pirker: Subversion deutscher Herrschaft (s. Anm. 32), S. 124–133.
59 TNA, HS 6/2, Report on Austrian Organisations in London, 24.11.1941.
60 NARA, FNB OSS, INT-4AU-68, Dr. Gregor Sebba. Austrian Action, June 1942.
61 Vgl. Pirker: »Musst immer tun wie neugeboren« (s. Anm. 15), S. 53–58.
62 Pirker: »Musst immer tun wie neugeboren« (s. Anm. 15), S. 62–63.

Austrians, der sich vor allem der Flüchtlingshilfe verschrieb.[63] Mit Kriegsbeginn zerfiel dieser überparteiliche Zusammenschluss, unter anderem weil die beteiligten Kommunisten nach dem Hitler-Stalin-Pakt eine neutrale Position gegenüber dem »imperialistischen Krieg« zwischen Deutschland und den Westmächten bezogen – eine Haltung, die von den Liberalen nicht akzeptiert wurde. Auch für britische Partner in den Regierungsdepartments war diese Haltung inakzeptabel. Deshalb kam es im Winter 1940 zu Anstrengungen, eine neue Exil-Organisation zu gründen, die unverbrüchlich an der Seite Großbritanniens stand. Einer der Initiatoren war der bereits erwähnte Bernhard Wiesner, den wir im Salon Meinls angetroffen haben. Unter den Gründungsmitgliedern befand sich wiederum Julius Meinl III. Das neue Austria Office wurde von SOE als »strongly pro-Austrian«, »against Pan-Germanism« und »anti-Communist« beschrieben, was den Idealvorstellungen der SOE von einem österreich-nationalen Exilbündnis entsprach, das sie schließlich auch finanziell unterstützte.

Vertreter des Liberalismus im Austria Office organisierten sich in der Austrian Democratic Union (ADU), deren Präsident Julius Meinl III. wurde.[64] Engster Mitarbeiter, Stellvertreter Meinls und das exilpolitische Sprachrohr der Organisation war der Publizist Emil Müller-Sturmheim. In der ADU versammelten sich etwa 200 Unternehmer, Bankiers, bürgerliche Publizisten und Intellektuelle. Wie Sebba hatte sich Müller-Sturmheim in Wien als Generalsekretär der Österreichischen Völkerbundliga für eine prowestliche Orientierung Österreichs stark gemacht. Von ihm liegt aus dem Jahr 1930 ein Plädoyer für eine »Europäisch-Amerikanische Union« vor.[65] Die internationalen Verbindungen aus der Völkerbundliga halfen Meinl und Müller-Sturmheim bei der Gründung der ADU. So gehörte der Union auch Lord Robert Cecil an, der zwischen 1923 und 1946 Präsident der Völkerbundliga und des Völkerbundes war.[66] Meinl und Müller-Sturmheim stellten die Demokratische Union auf die Grundlage des bürgerlichen Liberalismus und der französischen Aufklärung, erkennbar an der prominenten Platzierung der Menschenrechte, deren Verwirklichung an erster Stelle ihres Programms stand, gefolgt von demokratischen

---

63 Maimann: Politik im Wartesaal (s. Anm. 8), S. 115.
64 Eine erste Charakterisierung der ADU bot Maimann: Politik im Wartesaal (s. Anm. 8), S. 99–101 und S. 225–227; siehe auch: Österreicher im Exil. Großbritannien 1938–1945. Eine Dokumentation. Hg. v. DÖW. Wien 1992, S. 162.
65 Emil Müller-Sturmheim: Ohne Amerika geht es nicht. Zürich 1930.
66 Alexander Emanuely: Neues Licht auf alte Fragen. Wiener Freimaurer und Schriftsteller im Exil. In: Zwischenwelt 3/2010, S. 50–52; hier: S. 52; vgl. auch Marcus G. Patka: Österreichische Freimaurer im Nationalsozialismus: Treue und Verrat. Wien 2010, S. 126–127.

Grundsätzen, Freiheit, sozialer Gerechtigkeit, wirtschaftlicher Sicherheit und internationaler Zusammenarbeit.[67]

In den politischen Bewertungen des österreichischen Exils durch die SOE schnitt die ADU stets am besten ab, beispielsweise im Jahr 1942:

> It is sound, democratic, anti-German and pro-Independent Austria. The chief figure is Julius Meinl. He is an economic expert whose chief aim is to improve the standard of living for all in the Danube Basin, to bring about a more even distribution of wealth and the recognition of the Rights of Man.[68]

Mit diesen Positionen galten Meinl und Müller-Sturmheim den Österreich-ExpertInnen bei SOE als »definitely ›left‹«. Fallweise wurde Meinl sogar als Sozialdemokrat bezeichnet, wahrscheinlich weil er sich mit Blick auf die Nachkriegsordnung für eine politische Steuerung privater Profitmaximierung und Kapitalkonzentration aussprach, etwa in einem Beitrag für das Monatsmagazin *Free Austria*.[69] Bei dieser Zeitschrift handelte es sich um eines der Projekte, an denen die ADU im Rahmen des Austria Office mit SOE arbeitete. Ziel des im Vergleich zur sonstigen Exilpresse professionell gemachten Magazins war die Propagierung eines unabhängigen Österreichs in der angloamerikanischen Öffentlichkeit und der Aufbau einer Gegenposition zur weitverbreiteten Ansicht, die Österreicher hätten den »Anschluss« willkommen geheißen. Österreich sollte als unterdrückte Nation unter die von den Nazis besetzten Länder wie Polen, die Tschechoslowakei, Belgien usw. eingereiht werden, bereit, für ihre Befreiung zu kämpfen, auch im Exil und im Rahmen der alliierten Armeen.[70] Meinl äußerte diese Überzeugung nicht nur in Eingaben an Sir Robert Vansittart zur Neugestaltung der britischen Politik und Propaganda zu Österreich[71], sondern ging mit eigenem Beispiel voran: Er stellte die Produktion auf seiner Farm gänzlich in den Dienst der britischen Kriegsführung.[72] Damit ergibt sich in der Retrospektive ein grotesk anmutendes Bild: Julius Meinl III. belieferte in Großbritannien die britische Armee, während der Konzern unter der zumindest nominellen Leitung seines Vaters die Wehrmacht mit Lebensmitteln eindeckte.

---

67 Austrian Democratic Union: Democratic Conscience. A Report of the Austrian Democratic Union to its members and friends. London 1945.
68 TNA, HS 6/2, Short Memorandum on Austrian Organisations in the UK, o. D.
69 Julius H. Meinl: Silent Dictators. In: Free Austria 3 (1941), S. 6–7.
70 Vgl. Pirker: Subversion deutscher Herrschaft (s. Anm. 32), S. 92.
71 TNA, FO 898/214. [Julius Meinl]: »Tu felix Austria«.
72 TNA, HS 6/2, Report on Austrian organisations in London, 24.11.1941.

Meinls Stellvertreter in der ADU, Emil Müller-Sturmheim, wurde zu einem engen Vertrauten der Österreich-Experten bei SOE. Als die ADU nach dem deutschen Angriff auf die Sowjetunion in das Free Austrian Movement (FAM) eintrat, wo sie das westlich orientierte Gegengewicht zum numerisch weit stärkeren Austria Center bildete, das im Wesentlichen von KommunistInnen getragen wurde, stimmte er als außenpolitischer Sprecher des FAM die Exilpolitik gegenüber dem britischen Außenamt mit SOE ab.[73] So drängte SOE 1942 die ADU dazu, das Prinzip der Selbstbestimmung der Österreicher über ihre staatliche Zukunft aufzugeben und die Wiedererrichtung eines unabhängigen Staates festzuschreiben.

Im Gefüge der österreichischen Exilpolitik spielte die ADU Anfang 1943 im Konflikt zwischen Kommunisten und Sozialisten das Zünglein an der Waage. Im Kontext der Neuformulierung der britischen Österreich-Politik kündigte die ADU im Juli 1943 die Koalition mit den Kommunisten auf, verließ das FAM und bot dem Londoner Büro der österreichischen Sozialisten die Kooperation an, sollte es sich ebenso auf das Ziel der Wiedererrichtung eines unabhängigen Staates Österreich festlegen. Dies geschah – auch auf Druck der SOE – noch im November 1943. Offizielle Anerkennung aber fand ihr neues Gremium, das »Austrian Representative Committee« (Österreichische Vertretungskörperschaft), nicht. Das britische Außenamt hielt selbst diese Koalition aus bürgerlichen Demokraten, Christlich-Sozialen, Sozialdemokraten und Sozialisten für nicht repräsentativ. Ein häufig vorgebrachtes Argument war, dass sich in den Exilorganisationen überhaupt ein unverhältnismäßig hoher Anteil von Juden im Vergleich zur österreichischen Bevölkerung befand. Deren offizielle Anerkennung würde auf Ablehnung unter der österreichischen Bevölkerung stoßen und damit kontraproduktiv sein.[74]

Die ADU widersprach solchen Argumentationen klar und deutlich. Müller-Sturmheim bewertete sie in seiner Schrift »What to do about Austria« im März 1943 als eine Art Anerkennung der antisemitischen Politik des NS-Regimes.[75] Er wies die britische Öffentlichkeit und die britische Diplomatie darauf hin, dass die jüdischen Flüchtlinge als volle österreichische Staatsbürger ein in der Verfassung verbrieftes aktives und passives Wahlrecht gehabt hätten und ihre Entrechtung durch die Nazis ein Bruch dieser Rechte und vor allem der Menschenrechte war:

---

73 Zum Austrian Center siehe Anthony Grenville: Zeit der Prüfung, Zeit der Taten, Zeit des Triumphes und der Illusionen. Die politische Tätigkeit des Austrian Centre. In: Wien – London, hin und retour. Hg. v. Marietta Bearman u. a. Wien 2004, S. 29–61.
74 Vgl. Pirker: Subversion deutscher Herrschaft (s. Anm. 32), S. 121–122.
75 Emil Müller-Sturmheim: What to do about Austria. London 1943, S. 29.

> The Jews who have escaped from Austria to Britain were, under the Austrian Constitution, full Austrian citizens, enjoying both passive and active suffrage, and their deprivation of these rights by the Nazis was contrary not only to Austrian law, but also to international law and, what is perhaps the most important, to human rights. No democratically-minded person can deny political recognition to the Austrian exiles living in this country merely because they are mostly Jews.[76]

In der Broschüre findet sich eine der ganz seltenen grundsätzlichen Auseinandersetzungen eines österreichischen Exilpolitikers mit dem Problem des Antisemitismus. Müller-Sturmheim bezeichnete den Antisemitismus darin als »poison that prevents all true progress« und seine Bekämpfung als eine fundamentale Herausforderung für die gesamte Menschheit. Ob in einer Gesellschaft die jüdische Frage gestellt werde oder nicht, sei ein Maßstab für den Grad des kulturellen Niveaus, auf dem sie sich befinde: »The mere existence of a Jewish question is the symptom of a low cultural level.« Vor dieser Feststellung proklamierte er mit Blick auf die britische Gesellschaft: »It is a matter of indifference whether the Austrian exiles in this country are mostly Jews or non-Jews. In judging or using them this question must not even arise. What matters is personal integrity and ability.«[77]

Zu einem Zeitpunkt, als im deutschsprachigen politischen Exil zur Vernichtung der Juden kaum jemand Worte fand[78], sprach Müller-Sturmheim von einem Verbrechen, das in der Geschichte der Menschheit keine Parallelen kenne, und machte die restriktiven Einwanderungsgesetze potenzieller Fluchtländer mitverantwortlich dafür, dass die Nationalsozialisten ihre Vernichtungspolitik durchführen konnten:

> The fact that millions of Jews today, after years of unspeakable misery, are being murdered in the ghettos of Poland [...] is also due to immigration laws devoid of all humanity in some countries that might have become rallying points for these unfortunate people.[79]

---

76 Müller-Sturmheim: What to do about Austria (s. Anm. 75), S. 29.
77 Müller-Sturmheim: What to do about Austria (s. Anm. 75), S. 30.
78 Grenville: Zeit der Prüfung (s. Anm. 73), S. 50; David Bankier: German Anti-Nazi Exiles and the Jewish Question. In: The German-Jewish Dilemma. From the Enlightenment to the Shoah. Hg. v. Edward Timms und Andrea Hammel. Lewiston 1999, S. 229–242; Jörg Später: Vansittart. Britische Debatten über Deutsche und Nazis 1902–1945. Göttingen 2003, S. 401–404. Auch innerhalb des Austria Office stießen Berichte über die Vernichtung der Juden auf Skepsis. Als der dissidente deutsche Kommunist Karl Retzlaw aus dem Umfeld der Gruppe Fight for Freedom dort im Oktober 1942 über die Verbrechen NS-Deutschlands referierte, wurde dies als alliierte Propaganda abgetan, und er erntete für seinen Hinweis auf die Beteiligung der deutschen Bevölkerung massiven Widerspruch. TNA, KV 2/7172, Source Ri. No. 479, The Constructivist's Club, 19.10.1942.
79 Müller-Sturmheim: What to do about Austria (s. Anm. 75), S. 30.

Eine Konsequenz, die Müller-Sturmheim daraus zog, war die Forderung nach einer liberalen Migrationspolitik auf globaler Ebene.

Die Demokratische Union war schließlich die einzige Exilfraktion, die sich ernsthaft mit der Frage der Restitution von geraubten Eigentum und der vollen Entschädigung beschäftigte – viele ihrer Mitglieder waren 1938 von den Nationalsozialisten ihrer Unternehmen und ihres Vermögens beraubt worden. Die weiteren Nachkriegsplanungen der ADU orientierten sich am Modell eines demokratischen Kapitalismus mit einer starken demokratiepolitischen Komponente der Achtung und des Ausbaus individueller Rechte, einer sozialpolitischen Komponente mit starken Investitionen in das Sozial-, Gesundheits- und Bildungswesen und einer wirtschaftspolitischen Komponente, die auf die Schaffung eines gemeinsamen freien Arbeits-, Geld- und Warenmarktes ohne Zoll- und Grenzschranken in Mitteleuropa abzielte.[80]

Was die Einschätzung der Mitwirkung der deutschen Bevölkerung an der Shoah betraf, fand Müller-Sturmheim in einem Kommuniqué der ADU zur Befreiung im Mai 1945 klare Worte:

> Wenn man bedenkt, dass an der Ausführung der Verbrechen Millionen beteiligt waren (man muss auch die Verbrechen der deutschen Millionen-Armee in den besetzt gewesenen Gebieten einschliessen), wenn man weiters bedenkt, dass Millionen von Deutschen von den Verbrechen gewusst, weitere Millionen von ihnen gehört haben müssen, dann kommt einem die Frage, ob das deutsche Volk verantwortlich ist oder nicht, etwas naiv vor.

So sehr die ADU aber die Mitverantwortung der deutschen Bevölkerung herausstrich, so umstandslos unterschlug sie jene der österreichischen Bevölkerung und war hierin ganz typisch für das gesamte österreichische politische Exil. Die Opferthese wurde bereits hier zu einer Figur des nationalen Konsenses – egal ob unter Kommunisten, Monarchisten, Christlich-Sozialen, Liberalen und schließlich auch den Sozialisten, bei denen es am längsten Widerstand gegen die »Legende von den braven Österreichern (...), die alle als Patrioten im Kampfe gegen die deutsche Fremdherrschaft stehen«, gegeben hatte.[81]

---

80 Maimann: Politik im Wartesaal (s. Anm. 8), S. 226–227.
81 Verein für die Geschichte der Arbeiterbewegung (VGA), Nachlass London Bureau, 7/9B, Karl Czernetz: Zur Diskussion unserer politischen Linie, 15.08.1942. Vgl. Peter Pirker: Abschied vom Patriotismus in der Exilforschung. In: Exilforschung: Österreich. Leistungen, Defizite & Perspektiven. Hg. v. Evelyn Adunka u. a. Wien 2015 (im Erscheinen).

IV. Abkapselung der liberalen Erfahrung

Abschließend noch einige Bemerkungen zum Umgang von Meinl und Sebba mit ihren exilpolitischen Aktivitäten im weiteren Leben: Schon 1945 hatte sich Meinl bei Sebba gemeldet, der nach seinem OSS-Dienst in Europa im Sommer 1945 nach New York zurückgekehrt war und sich ganz ähnlich wie 1939/40 über seine Zukunft den Kopf zerbrach. Meinl war nun im Besitz der Mehrheitsanteile des Unternehmens und wollte auf die Mithilfe Sebbas bei der Reorganisation des Unternehmens nicht verzichten. Sebba entschied sich 1946 gegen eine Rückkehr und nutzte das symbolische Kapital, das er sich beim OSS verdient hatte, für eine akademische Laufbahn. Er erhielt eine Stelle an der University of Georgia, um zunächst Statistik und Ökonomie zu unterrichten. Sebba widmete sich regionalwirtschaftlichen Studien und verfasste eine eindrucksvolle Pionierstudie über Displaced Persons, Überlebende des Holocaust in Georgia. Später beschäftigte er sich mit den politischen Philosophien Descartes', Rousseaus und Voegelins.[82] In seiner langjährigen Korrespondenz mit Eric Voegelin und in all seinen Lebensläufen und autobiografischen Skizzen ist keine Spur seiner intensiven exilpolitischen Tätigkeiten zu finden. Mit diesem Thema hat er 1943 radikal abgeschlossen. Seine Frau Helen berichtet, dass er dazu neigte, negative Erfahrungen einzukapseln und liegenzulassen.[83] Ähnlich, wenn auch anders, verhielt es sich bei Julius Meinl. Sein politisches Engagement endete mit der Rückkehr nach Österreich. Die letzte öffentliche Äußerung von ihm ist eine kritische Rezension der Erinnerungen des ehemaligen Kanzlers Kurt Schuschnigg, die 1948 in der Zeitschrift *International Affairs* erschienen ist. Meinl kam nicht umhin, Schuschniggs politische Fehler und vor allem seine »unhappy misconception of a German Austria« in Erinnerung zu rufen.[84] Ein liberaldemokratisches politisches Projekt wie im britischen Exil startete Meinl in Österreich nicht. Die Defizite in der politischen Landschaft Österreichs, auf die Gregor Sebba bereits 1937 in seinem Aufsatz hingewiesen hatte, nämlich das Fehlen eines liberalen Spektrums, waren nach Vertreibung und Shoah noch deutlicher geworden. Nur die Konstellation des Exils, die Isolation von der Mehrheitsbevölkerung, hatte es erlaubt, dass Liberale – wie auch Kommunisten – ihre Stimme (un-)ver-

---

82 Vgl. The Collected Essays of Gregor Sebba. Truth, History, and the Imagination. Hg. v. Helen Sebba, Anibal A. Bueno, Hendrikus Boers. Baton Rouge, London 1990.
83 Institut für Zeitungsforschung Dortmund (IZD), Nachlass Willi Schaber, Helen Sebba an Willi Schaber, 19.05.1986.
84 The Austrian Requiem by Kurt von Schuschnigg; Franz von Hildebrand. Review by Julius Meinl. In: International Affairs 3/24 (1948), S. 448.

hältnismäßig stark erheben konnten. Julius Meinl III. musste sein Unternehmen völlig neu aufstellen. Er verlor den Besitz in Rumänien, der Tschechoslowakei, in Ungarn und Jugoslawien und hatte das Unternehmen auf den österreichischen Markt zu beschränken. Das Exil war für Julius Meinl III. eine Ausnahmesituation geblieben, als Möglichkeit, politische Ansichten zu artikulieren ohne auf die Firmenprosperität und die Kundschaft Rücksicht nehmen zu müssen. Auch er ließ die liberale Erfahrung als Kapsel liegen.

Claus-Dieter Krohn

»Emigrationsgewinnler«?
Zur Politischen Ökonomie vertriebener Wissenschaft

Im Rückblick hat der nicht ganz unbedeutende Wirtschaftswissenschaftler Adolf Löwe sich und seine Schicksalsgenossen als »Emigrationsgewinnler« bezeichnet. Er spielte damit auf den im Ersten Weltkrieg entstandenen Begriff des »Kriegsgewinnlers« an, der jene Produzenten kennzeichnete, die sich unter den Monopolbedingungen der kriegswirtschaftlichen staatlichen Nachfrage (Hindenburg-Programm ab 1916) hemmungslos hatten bereichern können. Löwe wusste, wovon er sprach, da er die Entwicklung in jener Zeit unmittelbar erlebt hatte, zunächst als junger Jurist in einem der vielen zu diesem Zweck entstandenen halbstaatlichen Kriegsämter, später als Regierungsrat in den Demobilmachungsbehörden der frühen Weimarer Republik, ab 1924 Wirtschaftswissenschaftler an den Universitäten Kiel, wo er die Konjunkturforschung am Institut für Weltwirtschaft und Seeverkehr aufbaute, und seit 1930 in Frankfurt a. M. Nach der Emigration bereits im März 1933 wirkte er einige Jahre an der Universität Manchester, ehe er ab 1940 mit anglisiertem Namen als Adolph Lowe an der Graduate Faculty der New School for Social Research in New York lehrte. Seine Wortschöpfung verwies nicht nur auf den relativ privilegierten Übergang der Wissenschaftler in die Emigration trotz aller prekären Umstände im Einzelnen während der Anfangsphase ihrer Vertreibung, sie sollte offenbar auch einen ironischen Kontrapunkt zu dem Kontext setzen, in dem sie präsentiert wurde.

Die Bemerkung findet sich in einem 1979 erschienenen, auf eine Sendereihe des Westdeutschen Rundfunks zurückgehenden Band mit Interviews einst emigrierter Sozialwissenschaftler. Sein Titel *Die Zerstörung einer Zukunft* spiegelt ganz den vorherrschenden Denkhorizont der in jenen Jahren noch jungen Exilforschung wider.[1] Auf die damals im Mittelpunkt des Interesses stehenden Exilanten – vor allem Schriftsteller, in zweiter Reihe auch Politiker – mochte diese Titelge-

---

1 Die Hoffnung auf die kleinen Katastrophen. Gespräch mit Adolph Lowe. In: Die Zerstörung einer Zukunft. Gespräche mit emigrierten Sozialwissenschaftlern. Aufgezeichnet von Mathias Greffrath. Reinbek 1979, S. 145–194, Zitat S. 145. Einzelheiten zu Lowe bei Claus-Dieter Krohn: Der Philosophische Ökonom. Zur intellektuellen Biographie Adolph Lowes. Marburg 1996.

Abb. 1: Die Zerstörung einer Zukunft. Reinbek 1979

bung zutreffen; ihre Werke und Verlautbarungen mit Klagen über die »Erbärmlichkeiten« (Lion Feuchtwanger) oder das »Herzasthma« (Thomas Mann) des Exils unterstreichen das. Anders sah es jedoch bei denen aus, die recht bald nicht mehr rückwärts schauend »mit dem Gesicht nach Deutschland« orientiert waren, sondern die sich als Emigranten in den Zufluchtsländern eine neue Zukunft aufbauen wollten – und auch konnten. Das waren vor allem Intellektuelle und Wissenschaftler, die in dem Interviewband zu Wort kommen und dort bis auf wenige Ausnahmen ihre beachtlichen Karrieren vorstellen konnten. Dem Herausgeber des Bandes war der Widerspruch zwischen Inhalt und Titel seines Sammelbandes offenbar nicht aufgefallen.[2] Lowes

---

[2] Im Vorwort des Greffrath-Bandes, S. 7 ff., wird ausführlicher über die zerstörten Hoffnungen der durchweg politisch argumentierenden Interviewpartner gesprochen, die als Titel gefasst weniger missverständlich gewesen wären.

einleitender Hinweis auf die akademischen Emigrationsgewinnler in seinem Gespräch kann daher als Wink gelesen werden, dass die Instrumente und Erkenntnisinteressen der frühen Exilforschung nicht ausreichen, um die Umstände und die Bedeutung der Emigration angemessen beurteilen zu können.

Der nachfolgende Text will zeigen, dass die vergleichsweise komfortable Emigration und geräuschlose Akkulturation von Wissenschaftlern ohne ein beeindruckendes Maß solidarischer Hilfen von Außen und die Bereitstellung gewaltiger finanzieller Mittel nicht möglich gewesen wäre.[3] Vor allem gilt das für die USA. Der Text ist zweigeteilt: Zunächst werden die Umstände der Wissenschaftsemigration am Beispiel der Sozialwissenschaften mit ihren wichtigsten Akteuren, Netzwerken und Finanzquellen vorgestellt. Dies ist keine Übernahme des heute modischen Begriffsdesigns im Anschluss an Bruno Latours Akteur-Netzwerk-Theorie (ANT), denn die eine Dekade zuvor begonnene Emigrationsforschung war bereits per se Netzwerkforschung und hatte sich auch so verstanden. Im zweiten Teil soll sodann ein Blick auf die Sozial- und Wirtschaftswissenschaftler, ihre aus dem deutschsprachigen Raum mitgebrachten Botschaften und die damit erzielten Wirkungen in den Zufluchtsländern geworfen werden. Übergreifend ist der Aspekt, dass der Einsatz beachtlicher Ressourcen zur Rettung der vertriebenen Gelehrten nicht nur Philanthropie und Solidarität gewesen ist, sondern auch von starkem Eigeninteresse insbesondere in den USA bestimmt wurde. Nicht von ungefähr waren zum Beispiel von der dort nach dem Ersten Weltkrieg eingeführten, zahlenmäßig streng begrenzten Einwanderung nach Herkunftsländern die Wissenschaftler ausgenommen.

I. Finanzielle Rahmenbedingungen der Wissenschaftsemigration

Die von den Nationalsozialisten erzwungene intellektuelle Emigration bedeutete bekanntlich den umfassendsten und nachhaltigsten kulturellen Transfer der neueren Geschichte. In den Wissenschaften führte das zu einem Verlust von etwa 20 bis 25 Prozent des Personals an Hochschulen und wissenschaftlichen Einrichtungen, insgesamt mehr als 2.000 Personen. Obwohl die Entlassungen nach dem sogenannten

---

3 Nachfolgende Darstellung basiert auf meinen Forschungen im Rahmen der früheren DFG-Schwerpunktprogramme zum Exil und der Wissenschaftsemigration. Deren Ergebnisse wurden in anderen Kontexten bereits publiziert und sind hier auf das Rahmenthema des Jahrbuchs bezogen neu ausgewählt worden. Neuere konsekutive Analysen hat es dazu im Übrigen nicht gegeben.

Gesetz zur Wiederherstellung des Berufsbeamtentums vom April 1933 aus »rassischen« und politischen Gründen auf den Einzelfall bezogen waren, ist die kollektive Dimension unübersehbar. Auffallend ist hier wie auch bei der folgenden Vertreibung – etwa zwei Drittel der Entlassenen –, dass davon bestimmte wissenschaftliche Disziplinen und theoretische Schulen in besonderem Maße betroffen waren und sich die Vertreibungsintensität dabei auf wenige Institutionen beschränkte. Vertrieben wurden vor allem moderne Disziplinen und Teildisziplinen, die in den 1920er Jahren gerade ihre Professionalisierungsphase durchgemacht hatten. Das zeigt sich etwa bei den Sozialwissenschaften in der Soziologie, der Ökonomie sowie den Politikwissenschaften als überhaupt neuem Fach, ebenso wie bei der Atomphysik oder der Biochemie in den Naturwissenschaften. In den Sozialwissenschaften betrug die Entlassungsquote an nur wenigen Hochschulen bis zu 60 Prozent des Lehrkörpers, so an den Universitäten Heidelberg und Kiel, vor allem aber an den städtischen Neugründungen nach 1918 in Frankfurt a. M. und Hamburg sowie an der ebenfalls zu dieser Zeit entstandenen Deutschen Hochschule für Politik in Berlin.[4]

Repräsentiert wurden die neueren Forschungsparadigmen von einer Generation jüngerer Gelehrter, die insbesondere in den Sozialwissenschaften nach dem Schock des Ersten Weltkriegs mit seinen sozialen und politischen Folgen neue theoretische und gesellschaftspolitische Instrumente zu finden hofften, nicht zuletzt, um der instabilen Weimarer Republik überzeugende handlungspraktische Aktionsangebote zu verschaffen und ihr damit die fehlende Legitimationsbasis zu geben. Mit solchem Wissenschaftsverständnis, das detachierte Sachanalyse mit politischem Engagement für die Demokratie verband, formten sie einen neuen Typus des *political scholar*, der nach 1933 gerade in den USA nachhaltiges Gehör finden sollte.[5] Ein großer Teil dieser Gelehrten hatte einen jüdischen Familienhintergrund gehabt und durch die brüchige jüdische Assimilation in Deutschland seit dem 19. Jahrhundert quasi den gesellschaftskritischen Blick von zu Hause mitgebracht.[6] Die meisten von ihnen waren allerdings nur noch der Nazi-Definition nach

---

4 Einzelheiten dazu im Handbuch der deutschsprachigen Emigration 1933–1945. Hg. v. Claus-Dieter Krohn, Patrik von zur Mühlen, Gerhard Paul und Lutz Winckler. Darmstadt ²2008, bes. Abschnitt IV: Wissenschaftsemigration, Sp. 681 ff.
5 Der Terminus political scholar stammt von dem ehemaligen Berliner Juristen Franz Neumann, der in den USA zu einem der profiliertesten Politikwissenschaftler werden sollte, s. Franz L. Neumann u. a. (Hg.): The Cultural Migration. The European Scholar in America. Philadelphia 1953, S. 13.
6 Dazu René König: Die Juden und die Soziologie. In: Ders.: Soziologie in Deutschland. Begründer, Verfechter, Verächter. München 1987, S. 329–342.

Juden und hatten in der Regel aus »rassischen« und politischen Gründen ihre akademischen Positionen verloren.

International wurden die Entlassungen der deutschen Wissenschaftselite sofort interessiert beobachtet und führten in verschiedenen Ländern zu spontanen Bemühungen, kostenlos einige der vielfach hochkarätigen Gelehrten zu gewinnen. Denn sie fielen in eine Zeit, als die um 1900 begonnene Internationalisierung der Wissenschaften durch die weltweit ungelösten ökonomischen und sozialen Folgen des Ersten Weltkriegs nicht nur in den Gesellschaftswissenschaften weitere Schubkraft bekommen hatte. In den 1920er Jahren hatte bereits ein intensiver grenzüberschreitender kollegialer Austausch begonnen, der nicht nur neue Einsichten und Methoden, sondern auch die internationale Vernetzung beförderte, so dass die 1933 aus Deutschland Geflohenen in der Regel keine Unbekannten waren.

Bereits im Frühjahr 1933 waren aus der Türkei erste Angebote an geflohene Wissenschaftler ergangen, die unter der Modernisierungsdiktatur Kemal Atatürks daran mitarbeiten sollten, den Anschluss des Landes an die zivilgesellschaftlichen Standards in Westeuropa voranzutreiben. Dafür konstituierte sich in Zürich eigens eine *Notgemeinschaft deutscher Wissenschaftler im Ausland*, die bis Ende der 1930er Jahre fast 200 Professoren dorthin vermitteln konnte.[7] In Großbritannien hatte sich zur gleichen Zeit ein auf Initiative des Physikers Ernest Rutherford von einheimischen Wissenschaftlern organisierter *Academic Assistance Council* (AAC), ab 1936 *Society for the Protection of Science and Learning* gebildet, der durch Selbstbesteuerung und Spenden die Mittel aufbrachte, um einigen deutschen Kollegen die Weiterarbeit im Lande zu ermöglichen.

Nach dem gleichen Prinzip wurde in den USA wenige Wochen später von dem Pädagogen Steven Duggan, Präsident des nach dem Ersten Weltkrieg gebildeten Institute of International Education, das schon in den 1920er Jahren nach dem Bürgerkrieg in der Sowjetunion einige 100 russische Studenten in die USA geholt hatte, sodann des Mediziners Alfred E. Cohn vom Rockefeller Institute of Medical Research und des New Yorker Bankiers Felix Warburg, Abkömmling des Hamburger Bankhauses M. M. Warburg, das *Emergency Rescue Committee in Aid of Displaced German Scholars* (EC) gegründet. Parallel dazu gelang es dem Direktor der kleinen New School for Social Research in New York, die Mittel einzuwerben, um gleich eine ganze *University in Exile* an seiner Institution zu etablieren, die bereits im Herbst 1933 als Gra-

---

7 Haymatloz. Exil in der Türkei 1933–1945. Hg. v. Verein Aktives Museum. Berlin 2000, S. 11.

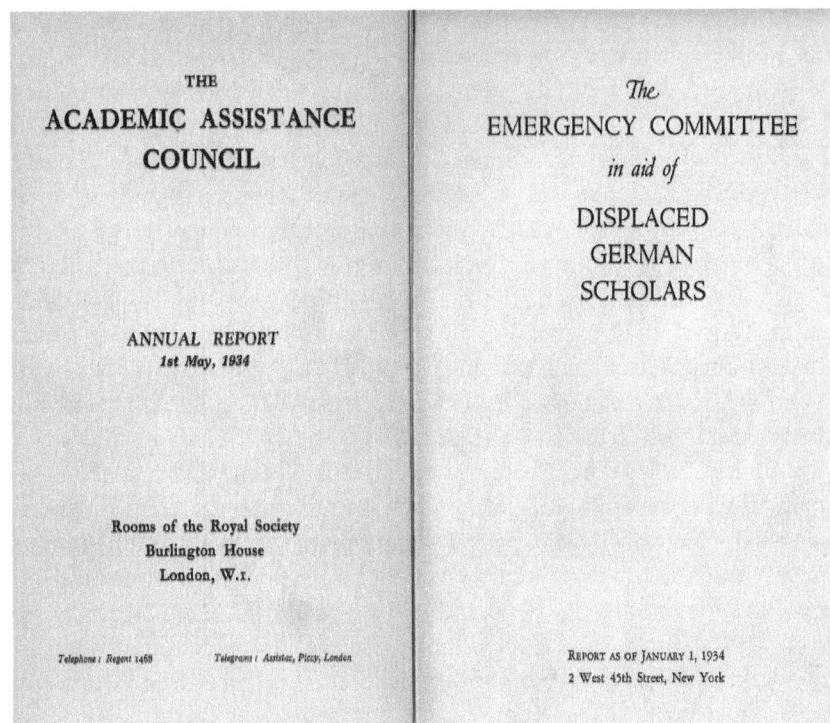

Abb. 2: Die zentralen Hilfskomitees in Großbritannien und den USA

duate Faculty of Political and Social Science ihren Lehrbetrieb aufnahm. Bis 1945 sollten dort mehr als 170 deutsche und europäische Emigranten vor allem aus den Sozialwissenschaften lehren.[8] Diesen Aktivitäten folgten weitere Komitee- und Funds-Gründungen für spezielle akademische Berufe, so etwa für *displaced foreign medical scientists* und für *foreign lawyers*, oder für andere Professionen, für die nur der European Film Fund genannt sei, der 1938 von erfolgreichen Hollywood-Emigranten für ihre Kolleginnen und Kollegen in Not gegründet worden ist.[9]

---

8 Lord [William] Beveridge: A Defence of Free Learning. London u.a. 1959; Stephen Duggan und Betty Drury: The Rescue of Science and Learning. The Story of the Emergency Committee in Aid of Displaced German/Foreign Scholars. New York 1948; Claus-Dieter Krohn: Wissenschaft im Exil. Deutsche Sozial- und Wirtschaftswissenschaftler in den USA und die New School for Social Research. Frankfurt a.M., New York 1987.

9 Vgl. dazu das Institutionenverzeichnis von Herbert A. Strauss (Hg.): Jewish Immigrants of the Nazi Period in the USA. Vol. 1: Archival Resources. New York u.a. 1978; Helmut G. Asper: »Etwas besseres als der Tod ...«. Filmexil in Hollywood. Porträts, Filme, Dokumente. Marburg 2002, S. 236 ff.

Das alles waren allerdings nur kleine Tropfen auf den heißen Stein, in der solidarischen und humanitären Hilfsbereitschaft einzigartig, in den Mitteln und der Wirkung aber begrenzt. Bald jedoch griffen in den USA andere Akteure ein, die die Hilfsmaßnahmen mit umfassenderen Programmen in größerer Dimension entwickelten. Federführend dafür waren die zahlreichen, für die amerikanische Zivilgesellschaft so typischen philanthropischen Stiftungen, zu deren Kennzeichen die unauflösliche enge Verbindung von *charity* und pragmatisch orientierten Eigeninteressen gehörten. Bei der hohen Wertschätzung für die deutschen Wissenschaften, zahlreiche amerikanische Universitäten waren im 19. Jahrhundert nach deutschem Vorbild gegründet worden, und nicht wenige amerikanische Wissenschaftler hatten in Deutschland, dem seinerzeit führenden Land der Wissenschaften, studiert und sogar promoviert, wurde auch unumwunden zugegeben, dass die Engagements für die deutschen Gelehrten zur Beförderung der eigenen amerikanischen Kultur gedacht waren. Zum einen war das Kalkül, um auf diese Weise die interessanten Gelehrten frei Haus ins Land zu bekommen und damit künftig die kostenträchtigen Reisen des Nachwuchses nach Deutschland sparen zu können. Zum anderen schuf man damit eine zukunftsweisende Gegenöffentlichkeit im verbreiteten Klima des Isolationismus und der Xenophobie, zumal nach Ausbruch der Weltwirtschaftskrise.

Die meisten der Stiftungen waren Anfang des 20. Jahrhunderts in der Blütezeit des amerikanischen Kapitalismus entstanden. Genannt seien nur der *American Friends Service* der Quäker oder das *American Jewish Joint Distribution Committee*, die vor allem die verfolgten Minderheiten in Osteuropa unterstützten oder ihnen die Einwanderung in die USA zu ermöglichen suchten. Hier interessanter aber sind die Foundations, die von vermögenden Einzelpersonen gegründet worden waren, um den Wohlstand Amerikas durch Förderung der Wissenschaften zu vermehren, so zum Beispiel das 1910 gegründete *Carnegie Endowment for International Peace* und die drei Jahre später entstandene *Rockefeller Foundation*. Hinzu kamen 1931 der *Oberlaender Trust*, gegründet von einem deutschstämmigen Textilindustriellen, der von der *Carl Schurz Memorial Foundation* verwaltet wurde, sowie der 1936 gezielt zur Förderung der aus Deutschland vertriebenen Wissenschaftler gegründete *Rosenwald Family Fund*, Inhaber der Kaufhauskette Sears Roebuck. Die Mehrheit der Stiftungen hat große Geldbeträge für die Unterbringung der refugee scholars bereitgestellt, vom Oberlaender Trust kamen 317.000 Dollar, vom Rosenwald Fund mehr als 600.000, in heutigen Werten wären das 28,8 und 54,4 Millionen Dollar[10], die an operative Hilfsorganisationen gegeben wurden. Das Carnegie Endowment, das vor 1933 zwei Lehrstühle an der Berliner Hochschule für Politik finanziert hatte, engagierte sich dagegen nur über ihre Projekte an den Hilfen, zu denen Gastprofessoren eingeladen wurden, denen dann ermöglicht wurde, im Lande zu bleiben.[11]

Übertroffen wurden diese Engagements von der Rockefeller Foundation (RF), die nicht nur mit 1,4 bzw. 127 Millionen Dollar (Zeit- und heutiger Wert) die größte Summe bereitstellte, sondern die daneben als operative Stiftung auch die Akzente für die sinnvollsten Schritte der Flüchtlingshilfe setzte, nicht nur im nationalen Raum der USA wie die anderen Stiftungen, sondern im internationalen Maßstab – ihre Satzung war ausdrücklich darauf ausgelegt »to promote the well-being of mankind throughout the world«. So wirkte sie zugleich als Clearing-Instanz für die Aktivitäten in anderen Ländern, wie beispielsweise die von ihr für den AAC, das EC und die Notgemeinschaft 1936 erstellte und finanzierte berühmte *List of Displaced German Scholars* zeigt, die mehr als 1.600 Namen der bereits weltweit untergebrachten und noch eine Beschäftigung suchenden *refugee scholars* enthält, wobei der AAC für England und das British Commonwealth, das EC für die USA und Lateinamerika und die Notgemeinschaft für die Türkei und Palästina zuständig waren.[12] Auffallend ist, dass Frankreich als wichtiges Zufluchtsland des kulturellen und politischen Exils für die Wissenschaftsemigration kaum eine Bedeutung hatte.

Durch ihre bisherigen Tätigkeiten weltweit war die RF besonders geeignet und ausgestattet für solche Großaufgaben. Mit erheblichen Anteilen aus Rockefellers Standard Oil-Vermögen war die Stiftung 1913 zunächst zur Förderung der medizinischen Forschung gegründet worden, nach dem Krieg folgte neben den Humanities ein spezieller Fund zur Förderung der Sozial- und Wirtschaftswissenschaften angesichts der zu lösenden sozialen und ökonomischen Probleme nach dem

---

10 Die Zahlen basieren auf sogenannten Einkommenswerten, die die Veränderungen der gesamtwirtschaftlichen Entwicklung und Struktur berücksichtigen im Unterschied zum Realpreisindex, der nur die Preisentwicklung einer festen Größe von Verbrauchsgütern und Dienstleistungen über die Zeit berücksichtigt. Dieser würde für die oben genannten Daten 5,3 und 10,2 Millionen Dollar betragen. Berechnet nach Samuel H. Williamson: Seven Ways to Compute the Relative Value of a U.S. Dollar Amount, 1774 to Present. Measuring Worth, 2014, unter: www.measuringworth.com/uscompare/[abgerufen: 29.04.2015].
11 Strauss: Jewish Immigrants (s. Anm. 9), S. 31, 69 und 74; Hanns Gramm: The Oberlaender Trust 1931–1953. Philadelphia 1956.
12 Strictly Confidential. List of Displaced German Scholars. London 1936; Supplementary List. London 1937; als Reprint in Herbert A. Strauss u. a. (Hg.): Emigration. Deutsche Wissenschaftler nach 1933. Entlassung und Vertreibung. Technische Universität Berlin 1987.

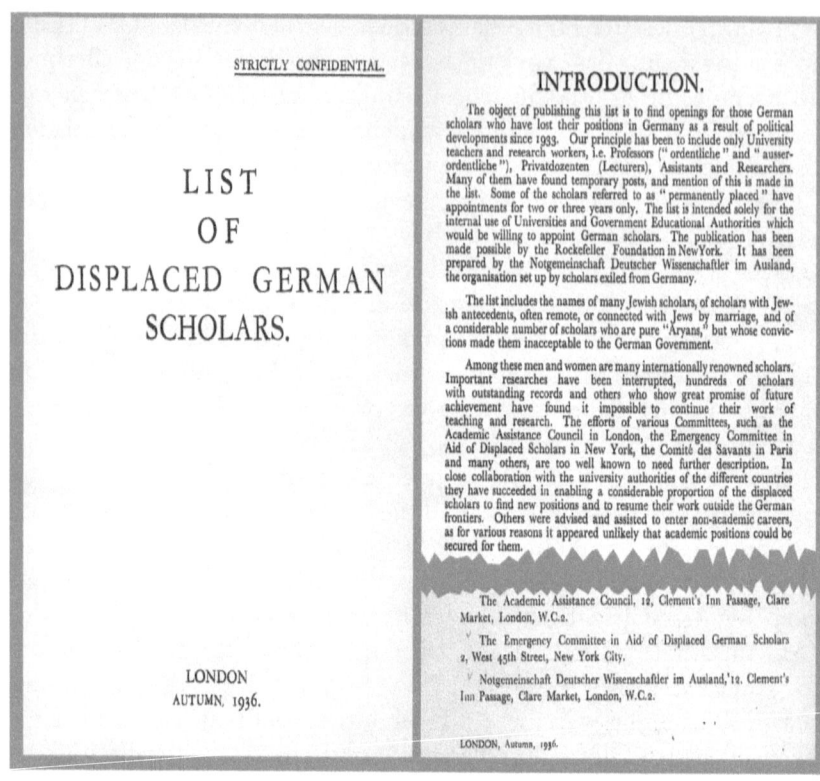

Abb. 3: List of Displaced German Scholars

Ersten Weltkrieg, dem allein jährlich zwischen 10 und 30 Millionen Dollar Zinsen zur Verfügung standen. Die deutsche Forschung hatte davon mehr als 800.000 Dollar erhalten, eine relativ kleine Summe im Vergleich zu den Gesamtausgaben von mehr als 17 Millionen für diesen Zweck im Zeitraum 1928 bis 1933. Auffallend ist, dass sich diese Förderung auf nur drei Universitäten beschränkte, Hamburg, Heidelberg und Kiel, die mit neuartigen Forschungen zum internationalen Recht und Rechtsvergleich, zur Konjunkturanalyse sowie zum industriellen Wachstum und zur gesamtwirtschaftlichen Planung hervorgetreten waren. Dafür stehen die Namen des Juristen Albrecht Mendelssohn-Bartholdy, Gründer und Direktor des Instituts für Auswärtige Politik an der Universität Hamburg, und Emil Lederer, schulebildender Ökonom in Heidelberg. Das Institut für Weltwirtschaft und Seeverkehr in Kiel galt mit seinen Forschungen unter der Leitung des eingangs zitierten Adolf Löwe und seinen Mitarbeitern bei den Rockefeller-Leuten gar als das »Mecca« der modernen Konjunkturforschung, die gerade international als neues Forschungsfeld Kontur bekommen hatte.[13]

Bemerkenswert ist, dass die Entlassungen gerade in diesen von der RF geförderten Universitäten besonders hoch gewesen sind. Durch ihr Pariser Büro mit seinem großen Mitarbeiterstab ausgewiesener Experten aller Disziplinen hatte die Stiftung einen präzisen Überblick über die innovativen Forschungsaktivitäten und das dazu gehörende Personal in Deutschland und Europa und wusste daher im Detail um die Qualitäten der nach der Machtübergabe an die Nazis entlassenen Wissenschaftler – und welche davon sie für die USA gewinnen wollte. Noch ehe der AAC und das EC ihre Arbeit aufnahmen, hatte die RF daher bereits am 10. Mai 1933 die ersten 140.000 Dollar für die Unterbringung entlassener Wissenschaftler bereitgestellt, weitere 150.000 wurden wenige Monate später bewilligt. Als im Herbst 1933 ein Vertreter des New Yorker EC nach Europa reiste, um zu sondieren, welcher Wissenschaftler für die USA gewonnen werden könne, musste er irritiert an die Zentrale melden, dass er eigentlich nicht wisse, was er dort solle, denn das Pariser Büro der Rockefeller Foundation habe längst Nägel mit Köpfen gemacht: »It had the whip hand, that it was for the Foundation to decide whether a grant should or should not be given.«[14]

Zugleich mit ihren bereitgestellten Mitteln hatte die RF die Vergabebedingungen definiert, die von den Hilfskomitees später übernommen wurden. Wenn eine Universität bereit war, einen der *refugee scholars* aufzunehmen, übernahm die Stiftung für einige Jahre das Gehalt, sofern sich jene verpflichtete, die gewählten Professoren später in ihr reguläres Budget zu übernehmen. Ausgenommen davon waren allerdings junge Wissenschaftler, um vor dem Hintergrund der Weltwirtschaftskrise mit entsprechend hoher Arbeitslosigkeit auch für Akademiker Negativreaktionen unter den jüngeren Einheimischen zu vermeiden. Zugleich stellte die Foundation mit der Entlassung der Gelehrten in Deutschland ihre dortige Forschungsförderung ein und wickelte nur noch bereits

---

13 So der RF-Fachreferent Tracy B. Kittredge in einem mehr als 30-seitigen Report zum Stand der »Social Sciences in Germany« an den verschiedenen Universitäten vom 09.08.1932, S. 10, Rockefeller Archive Center (RAC) 1.1/717/20/186. Zu den Einzelheiten der RF-Förderung siehe Claus-Dieter Krohn: American Foundations and Refugee Scholars between the Two Wars. In: Giuliana Gemelli (Hg.): The »Unacceptables«. American Foundations and Refugee Scholars between the Two Wars and after. Bruxelles u. a. 2000, S. 35–50.
14 E. W. Bagster-Collins an St. Duggan, New York, November 3, 1933, Emergency Committee 153, New York Public Library.

bewilligte Projekte ab, wodurch die Mittel für die finanzielle Flüchtlingshilfe weiter aufgestockt werden konnten.[15]

Eine Aufstellung des Rockefeller Hilfsprogramms zwischen 1933 und 1945 zeigt zum einen die starke Dominanz der Sozialwissenschaften, die mit 113 Personen bei Weitem die geförderten Naturwissenschaftler (73 Personen) überstieg, zum anderen die große Zahl der Deutschen und Österreicher, 191 und 30 von 303 Personen, und drittens die internationalen Engagements der Foundation. Bis zum Ausbruch des Zweiten Weltkrieges hatte sie 122 emigrés in den USA und 70 in Europa finanziert. Das waren nur die eigenen Direktförderungen aus ihrem Notprogramm. Weiterhin ist zu berücksichtigen, dass sie als Refinanzierungsquelle gegenüber anderen Hilfsorganisationen mittelbar an zahlreichen anderen Hilfen beteiligt war. Nach Ausbruch des Zweiten Weltkrieges und der Niederlage Frankreichs 1940 ist zum Beispiel die University in Exile an der New School for Social Research Empfängerin größerer Summen eines zusätzlichen Notprogramms geworden, die sie in die Lage setzten, weitere europäische Wissenschaftler nach der Besetzung ihrer Länder, insbesondere Frankreichs zu retten. Von den nach 1940 durch dieses Programm geretteten 52 refugees wurden allein 34 dort untergebracht.

Neben den 303 aus dem RF-Hilfsprogramm geförderten Gelehrten hat des EC bis zum Ende des Krieges 288 und der Rosenwald Fund 47 weitere Personen direkt gefördert, vor allem aus Deutschland, ab 1938 aus Österreich und nach 1940 aus anderen Ländern.[16] Das sind nur Größen, die zuzuordnen sind. Insgesamt haben die USA mit rund 1.400 Wissenschaftlern etwa zwei Drittel der aus dem deutschsprachigen Raum geflohenen aufgenommen, deren Integration offenbar sehr erfolgreich war. Zufrieden konnte die Stiftung im Rückblick festhalten, dass von jenen 122 bis zum Kriegsausbruch 1939 in den USA untergebrachten Wissenschaftlern rund 90 Prozent eine permanente Beschäftigung gefunden hatten, nur sieben Personen »could be definitely classified as failures«.[17] Dies war, wie erwähnt, nicht nur Philanthropie und intellektuellem Interesse geschuldet, die Zahlen offenbarten im pragmatischen Amerika auch ganz banale materielle Kalküls. Für die damaligen Jahre

---

15 Für die Naturwissenschaften vgl. Kristie Macrakis: Wissenschaftsförderung durch die Rockefeller Foundation im »Dritten Reich«. Die Entscheidung, das Kaiser-Wilhelm-Institut für Physik finanziell zu unterstützen, 1934–1939. In: Geschichte und Gesellschaft 12 (1986), S. 348–379.
16 Duggan/Drury: Rescue of Science and Learning (s. Anm. 8), S. 195.
17 Thomas B. Appleget: The Foundation's Experience with Refugee Scholars. Memo, March 5,1946, RAC 1.1/200/47/545A.

ist berechnet worden, dass die Ausbildung eines Wissenschaftlers bis zur Berufsfertigkeit im Durchschnitt rund 45.000 Dollar kostete.[18] Bezogen auf die Gesamtzahl der emigré scholars würde das eine Gesamtsumme von 63 Millionen Dollar bedeuten – Kosten, die die USA durch deren Immigration eingespart haben. Vor solchem Hintergrund nehmen sich die eingesetzten Mittel für die akademische Flüchtlingshilfe sogar eher bescheiden aus.

Denjenigen jüngeren Wissenschaftlern, die nicht bei den Hilfsprogrammen der Stiftungen und Komitees berücksichtigt wurden, sondern die sich selbst um den Neuaufbau ihrer Existenz kümmern mussten, sind allerdings durch andere, reguläre Förderungstöpfe der RF ebenfalls die Wege geebnet worden. Mit ihrem speziellen Fellowship Programm wurden so zum Beispiel international jüngere WissenschaftlerInnen motiviert, sich ihren Interessen entsprechend für zwei Jahre in den USA oder anderen Ländern umzusehen. Dafür wurde ihnen ein üppiges Stipendium auf Dollarbasis gezahlt, das weit höher lag als ein hohes deutsches Akademiker-Einkommen. Vor 1933 sind so bereits fast 60 deutsche Fellows mit solchen Stipendien im Ausland gewesen, wofür die RF 300.000 Dollar bereitstellte. Vor allem aber profitierten davon jüngere Wissenschaftler in Österreich, die wie Charlotte Bühler, Joseph Fürth, Gottfried Haberler, Paul Lazarsfeld, Fritz Machlup, Oskar Morgenstern, Gerhard Tintner oder Erich Voegelin, um nur einige Beispiele aus den Sozialwissenschaften zu nennen, angesichts der geringen wissenschaftlichen Karrieremöglichkeiten an den wenigen österreichischen Universitäten seit Mitte der 1920er Jahre diese Chance nutzten, um für einige Jahre vor allem in den USA zu arbeiten. Dort konnten sie die nötigen Kontakte knüpfen, die ihnen nach dem »Anschluss« 1938 erlaubten, sich relativ geräuschlos in den USA zu etablieren – nicht als *emergency cases* wie die deutschen Kollegen nach 1933, sondern *on merits* als in der weiteren community of science bereits bekannte Personen.[19]

---

18 So zitiert bei Laura Fermi: Illustrious Immigrants. The Intellectual Migration from Europe 1930–41. Chicago, London 1968, 2. Aufl. 1971, S. 3.
19 Rockefeller Foundation (Hg.): Directory of Fellowships and Scholarships 1917–1970. New York 1972.

II. Intellektuelle Transfers emigrierter Sozial- und Wirtschaftswissenschaftler

Recht bald wurde deutlich, dass die Notmaßnahmen zur Rettung der Wissenschaftler vor allem in den USA, sie allein nahmen etwa zwei Drittel von ihnen auf, aber auch in Großbritannien, weniger jedoch in der Türkei einen gigantischen Berufs- und Karrieretransfer einleiteten. Man kann sagen, dass insbesondere die geflohenen Sozialwissenschaftler zur richtigen Zeit mit den richtigen intellektuellen Botschaften kamen. Nicht nur die bereits erwähnten Folgen des Ersten Weltkriegs, inzwischen auch die seit 1929 herrschende Weltwirtschaftskrise, aber ebenso das Modernisierungsexperiment der Sowjetunion sowie die faschistischen Bewegungen in Mitteleuropa erzwangen in den westlichen Ländern ein neues Nachdenken über die Gesellschaft. Das Ausmaß der Krise und ihre sozialen Verwerfungen sowie andererseits die Komplexitätssteigerungen der modernen Massengesellschaften und ihre autoritären Gefahren waren mit den herkömmlichen Instrumenten nicht mehr zu analysieren, geschweige denn zu bekämpfen. Die individuellen Selbstregulierungsmodelle westlich-liberalen Denkens, die den Märkten die Tendenz zum Gleichgewicht unterstellten, sowie die oppositionellen großen geschlossenen Theoriemodelle in hegelianischer Tradition, d. h. die marxistisch-sozialistische Gesellschaftsanalyse oder die in Deutschland verbreitete sogenannte Historische Schule der Nationalökonomie, wegen ihrer obrigkeitsstaatlichen Orientierung auf die preußische Monarchie auch Kathedersozialismus genannt, waren zu realitätsfernen Abstraktionen geworden.

An Stelle der überkommenen Theorien und methodischen Entwürfe waren von jenen jüngeren emigrierten *political scholars* bereits in den 1920er Jahren trennscharfe Partialanalysen entwickelt worden, die sich nicht zuletzt, wie erwähnt, in handlungspraktischer Absicht als politischer Beitrag zur Stabilisierung der ersten deutschen Demokratie verstanden. Mit ihren Arbeiten etwa zur Konjunktur- und Wachstumstheorie leiteten jüngere Ökonomen so zum Beispiel einen grundlegenden Paradigmenwechsel der theoretischen Diskussion ein, der später allerdings nach dem britischen Ökonomen John Maynard Keynes benannt als »keynesianische Revolution« in den westlich-liberalen Industrieländern zu einem neuen Verständnis des Staates als Ordnungsfaktor im Wirtschaftsprozess mit seiner sozialen Dynamik führte. Durch »aktive Konjunkturpolitik« mithilfe staatlichen »deficit spendings« und effektiver Nachfragesteigerung durch die öffentliche Hand sollten die Wirtschaft angekurbelt und damit Beschäftigungseffekte geschaffen beziehungsweise Arbeitslosigkeit verhindert werden. Im Unterschied zu dem nur ablauftheoretisch ausgerichteten Ansatz von Keynes hatten die jungen deutschen Wissenschaftler viel breiter gesehen, da sie auch die moderne industrielle Technologieentwicklung beziehungsweise das Verhältnis von Kapitalbeschaffenheit und Arbeitskraft in die Analyse mit einbezogen.[20] Während jener nur konjunkturell auf der Basis des wirtschaftlichen und gesellschaftlichen Status quo argumentierte, hatten diese das gesamte System mit seinen strukturellen Variablen im Blick. Geprägt von der deutschen staatswirtschaftlichen Tradition und erfahren in der sozialistischen Theoriedebatte, die nach dem Ersten Weltkrieg vehement um die »Sozialisierung« der deutschen Wirtschaft geführt wurde, suchten sie nach Lösungen, wie ein Optimum an Freiheit und sozialer Gerechtigkeit mit der dafür nötigen gesellschaftlichen Ordnung zu erreichen sei. Damit gehörten sie zu den Pionieren der nach dem Ersten Weltkrieg konzipierten Wohlfahrtsstaats-Theorie als Komplement der politischen Demokratie, deren pragmatischer Ansatz nach 1933 anschlussfähig im behavioristischen Wissenschaftsverständnis der angelsächsischen, vorzugsweise amerikanischen Welt wurde.[21]

Dort ging der New Deal, das neue Wirtschaftsprogramm des 1933 gerade ins Amt gewählten Präsidenten Franklin D. Roosevelt, weiter als der keynesianische Ansatz. Für die USA bedeutete er ein bis dahin unvorstellbares Experiment staatlich initiierter Wirtschaftspolitik.[22] Seine Erfolge zur Bekämpfung der Weltwirtschaftskrise insgesamt sind aus späterer Rückschau zwar umstritten, einige Maßnahmen waren zudem vom Obersten Gericht aufgehoben worden. Immerhin belebte eine beispiellose Mobilisierungkampagne, der Appell an das amerikanische Wir-Gefühl mit der Symbolik des blauen Adlers den Optimismus im Lande. Die Arbeitslosigkeit konnte durch zahllose *federal projects*

---

20 Gottfried Bombach u. a. (Hg.): Der Keynesianismus. Bd. 1: Die beschäftigungspolitische Diskussion in Deutschland vor Keynes. Dokumente und Kommentare; Bd. 2: Die geld- und beschäftigungstheoretische Diskussion in Deutschland zur Zeit vor Keynes. Dokumente und Analysen. Berlin u. a. 1976 u. 1981; John Maynard Keynes: Allgemeine Theorie der Beschäftigung, des Zinses und des Geldes. Berlin 1935 [im Jahr der englischen Originalausgabe].

21 Als Summe des Lebens und seiner ökonomischen Forschungen hat der 95-jährige Lowe ein Werk publiziert, dessen Kernthema das Spannungsverhältnis von Freiheit und Ordnung ist und das stellvertretend für das Verständnis seiner Wissenschaftlergeneration in den 1920er Jahren wie in der Emigration gelten kann, vgl. Adolph Lowe: Has Freedom a Future? New York, London 1988; dt: Hat Freiheit eine Zukunft? Marburg 1990.

22 Peter Hall (Hg.): The Political Power of Economic Ideas. Keynesianism across Nations. Princeton 1989; Nicolaus Spulber: Managing the American Economy from Roosevelt to Reagan. Bloomington, Indianapolis 1989.

gesenkt und der Bevölkerung damit eine neue Perspektive angeboten werden.

Die Einrichtung der staatlichen Nationalparks oder die bis heute sichtbare künstlerische Ausgestaltung zahlreicher öffentlicher Gebäude sind bleibende Zeugnisse dieses Aufbruchs geworden, ebenso die Flussregulierungen im sogenannten *dust bowl* des Mittleren Westens durch die neu geschaffene New Deal-Behörde Tennessee Valley Authority. Und nicht zuletzt schuf er die Grundlagen für eine moderne Sozialversicherung. Verbunden war das mit einer erheblichen Erweiterung des administrativen Apparats, der die Hauptstadt Washington in diesen Jahren überhaupt erst zu einer modernen Regierungszentrale machte und die Abkehr des Landes von seinem bisherigen Selbstverständnis als reines *business country* einleitete.[23]

Diesen Interventionsoptimismus konnten gerade die geflohenen *political scholars* nicht nur mit ihren theoretischen Kenntnissen, sondern vielfach auch mit ihren praktischen Erfahrungen unterstützen, da sie häufig in den Demobilmachungsbehörden oder Sozialisierungskommissionen im Übergang von der Kriegs- zur Friedenswirtschaft der Weimarer Republik tätig gewesen waren. Umgekehrt war für sie wiederum überraschend und ermutigend zu sehen, dass die Krise in den USA die Demokratie stärkte und nicht wie in Deutschland und Europa zu autoritären und faschistischen Herrschaftsformen führte. Die profiliertesten von ihnen waren vor allem für die University in Exile an der New School for Social Research von deren Direktor, einem engagierten New Dealer, gezielt angeworben worden, da er sich von ihnen eine nachhaltige Profilierung seiner Institution in der laufenden wirtschaftspolitischen Diskussion erwartete. Genannt seien hier exemplarisch die Kieler und Heidelberger Wissenschaftler Gerhard Colm, Hans Neisser, Emil Lederer, später kamen neben Adolph Lowe auch der studierte Mathematiker Jakob Marschak hinzu, die zunächst nach Großbritannien emigriert waren. Letzterer war als Menschewik bereits während des Bürgerkriegs aus dem bolschewistischen Russland geflohen und Mitarbeiter Lederers in Heidelberg geworden. Nach seiner zweiten Emigration hatte er an der Universität Oxford das bis heute bedeutende Institut für Statistik aufgebaut, eine universitäre Einrichtung, die es zuvor in England noch nicht gegeben hatte. Während des Zweiten Weltkriegs wurde er aufgrund seiner einzigartigen Kenntnisse der sogenannten Ökonometrie in Chicago Leiter einer berühmten Denkfabrik,

---

23 Detlef Junker: Weltwirtschaftskrise, New Deal, Zweiter Weltkrieg 1929–1945. In: Peter Lösche u. a.: Länderbericht USA. Geschichte, Politik, Wirtschaft, Gesellschaft und Kultur. Frankfurt a. M. 2005, S. 137.

Abb. 4: Gründergeneration der University in Exile 1933

die die mathematische Analyse der Ökonomie in den USA zu verbreiten suchte und aus deren Kreis mehrere Empfänger des seit 1968 verliehenen Nobelpreises für Wirtschaftswissenschaften hervorgingen.[24]

Mit der eigenen neu gegründeten Zeitschrift *Social Research* wurde der Anspruch der New School und der dort versammelten Emigranten als Denkzentrum des New Deal in der wissenschaftlichen Öffentlichkeit unterstrichen. Intellektuell und im politischen Profil, ja in den ersten Jahrgängen auch mit der Kontinuität der Beiträger knüpfte sie an das seit den 1880er Jahren in Deutschland erschienene, ab Anfang des

---

[24] Biografische Einzelheiten zu den hier und nachfolgend genannten Namen bei Harald Hagemann und Claus-Dieter Krohn (Hg.): Biographisches Handbuch der deutschsprachigen wirtschaftswissenschaftlichen Emigration nach 1933. 2 Bde. München 1999.

Jahrhunderts für lange Zeit von Max Weber herausgegebene *Archiv für Sozialwissenschaft und Sozialpolitik* an, das 1933 von den Nationalsozialisten eingestellt wurde. Dessen langjähriger Redaktionssekretär Emil Lederer übernahm diese Funktion auch im Editorial Board der neuen Zeitschrift.

Ein anderer zuvor bereits aus Russland emigrierter Ökonom, Wladimir Woytinski, der für die deutschen Gewerkschaften gearbeitet und für sie mit den Kollegen Fritz Tarnow und Fritz Baade 1932 deren Arbeitsbeschaffungsprogramm entwickelt hatte, das unter ihren Namensinitialen als WTB-Plan bekannt geworden ist, übernahm etwa im Social Security Board in Washington zentrale Aufgaben bei der Entwicklung der amerikanischen Arbeitslosenversicherung.[25] Der in der Gewerkschaftsarbeit tätige Tarnow dagegen setzte in der skandinavischen Emigration seine politische Arbeit in dortigen Organisationen fort, während der Wirtschaftswissenschaftler und Agrarmarktexperte Baade nach 1933 Hochschullehrer und Regierungsberater in Ankara wurde; nach seiner Rückkehr aus der Emigration 1948 übernahm er die Leitung des Instituts für Weltwirtschaft in Kiel.

Mit ihren weit über Keynes hinausgehenden konjunktur- und wachstumstheoretischen Arbeiten gehörten diese Gelehrten nicht von ungefähr zu denjenigen, die gegen den Widerstand der etablierten Zunft mit ihren Modellen der aktiven staatlichen Konjunkturpolitik dem Staat als dritter Säule im Wirtschaftsprozess neben den Produzenten und Konsumenten eine gleichberechtigte Regulierungsfunktion zuschrieben. Dazu zählte auch die Finanzwissenschaft, die als neue Teildisziplin zur Analyse der öffentlichen Haushalte und ihrer Aktionsweisen im Wirtschaftsprozess von ihnen überhaupt in die USA importiert wurde. Sie ist vor allem mit den Namen Gerhard Colm und dem noch jungen Lederer-Schüler Richard A. Musgrave verbunden, dessen Stern erst nach der Promotion in Harvard 1937 als Professor an den führenden amerikanischen Universitäten aufging.

Colm war zu dieser Zeit bereits von der New School in die Spitzen der Washingtoner Administration gewechselt, wo er zunächst als Berater des Handelsministers tätig war, im Zweiten Weltkrieg dann in die Leitung der Budget-Abteilung des Präsidenten wechselte und ab 1946 unter Präsident Truman in den Stab seiner ökonomischen Berater rückte. Andere einstige deutsche Demobilmachungsexperten aus der Zeit nach 1918 wurden in jenen Jahren ebenfalls zu gesuchten

---

25 Vgl. dazu die Würdigungen zahlreicher Fachkollegen in dem Erinnerungsband Emma S. Woytinski (Hg.): So much Alive. The Life and Work of Wladimir S. Woytinski. New York 1962.

Ansprechpartnern für die Washingtoner Administration. Nach Beginn des Zweiten Weltkriegs und dem Kriegseintritt der USA 1941 fanden emigrierte Wissenschaftler dort als gesuchte Experten dann nahezu unbeschränkte Beschäftigung für den *war effort*, sofern sie inzwischen amerikanische Staatsbürger geworden waren. Die Aktivitäten der mehr als 200 *emigré social scientists* in der Forschungsabteilung des 1941/42 hektisch neu eingerichteten Geheimdienstes Office of Strategic Services (OSS) sind bekannt[26], weniger jedoch die Wirksamkeit der Ökonomen in den anderen neu geschaffenen Kriegsbehörden, so etwa dem Office of War Information (OWI) oder dem Office for Emergency Management (OEM). An der New School, an der die University in Exile längst zu deren Graduate Faculty of Political and Social Sciences geworden war, wurde mit der Gründung eines speziellen Institute of World Affairs ein quasi externer *think tank* der Washingtoner Behörden gebildet, in dem die dort versammelten einstigen Emigranten die geforderten Expertisen für die absehbare deutsche Niederlage und die künftige Friedensordnung lieferten.[27]

Nur am Rande erwähnt seien weitere zentrale Untersuchungsfelder geflohener Sozialwissenschaftler, die als Ergebnisse des eigenen Erfahrungshintergrunds ebenfalls Neuland in der amerikanischen Wissenschaft waren. So etwa die Totalitarismus- und Autoritarismusforschung, die zum Gegenstand vor allem emigrierter Soziologen und Psychologen wurde, oder die Pluralismusanalysen der Politologen, die in der amerikanischen Wissenschaft unter relativ stabilen demokratischen Rahmenbedingungen nur ein Randthema waren. International vergleichende Forschungen wurden schließlich für alle sozialwissenschaftliche Teildisziplinen typisch, und sie wurden umso mehr zum Desiderat der Forschung, je mehr der amerikanische Isolationismus die Ahnungs- und anfängliche Hilflosigkeit des Landes vor den Entwicklungen in Europa offenbarte.

Aber nicht nur die wohlfahrtsstaatlich orientierten Interventionsoptimisten fanden in den USA Aufnahme. Als vehemente Anti-New Dealer war ebenfalls eine zahlenmäßig große Gruppe von Emigranten ins Land gekommen. Vor allem waren das Österreicher, die teilweise schon vor dem »Anschluss« 1938 an die konservativen Universitäten der Ostküste berufen worden waren. Ihre Vertreter entstammten einer Ende des 19. Jahrhunderts entstandenen neuen Denkrichtung, der neo-

---

26 Barry M. Katz: Foreign Intelligence. Research and Analysis in the Office of Strategic Services 1942–1945. Cambridge/Mass. 1989; Christof Mauch: Schattenkrieg gegen Hitler. Das Dritte Reich im Visier der amerikanischen Geheimdienste 1941–1945. Stuttgart 1999.
27 Krohn: Wissenschaft im Exil (s. Anm. 8), S. 156 ff.

Abb. 5:
Repräsentanten der
Österreichischen Schule
Joseph A. Schumpeter
und Friedrich A. Hayek

klassischen Marktanalyse oder Grenznutzentheorie, die sich im deutschsprachigen Raum angesichts des dominanten Einflusses der Historischen Schule der Nationalökonomie in Deutschland jedoch nur an der Peripherie hatte durchsetzen können. Die Repräsentanten dieser sogenannten »österreichischen Schule« qualifizierte nicht nur ihre marktfixierte Orthodoxie, sondern auch ihre mehrheitlich nichtjüdische Herkunft. Denn Juden hatten in den 1930er Jahren an den Universitäten der Ivy League keine Chancen. Für diese Richtung stehen etwa Namen wie Joseph A. Schumpeter, der mit seinem Wissen über nahezu alle Bereiche der Wirtschaftsanalyse in Harvard ungeheuer einflussreich wurde, Fritz Machlup, ebenfalls »Generalist«, aber mit Schwerpunkten im Bereich der Geldtheorie und des neuen Forschungsfeldes der Wissensproduktion, Gottfried Haberler, Experte für internationalen Handel, Oscar Morgenstern, Begründer der sogenannten Spieltheorie, oder Friedrich A. Hayek, der allerdings nach Großbritannien ging, wo er an der linksliberalen London School of Economics zum intellektuellen Herausforderer der Keynesianer werden sollte; in späteren Jahrzehnten wurde er dort zum Stichwortgeber des Thatcherismus.[28]

Insgesamt lässt sich sagen, dass einerseits die Analyse der modernen Wachstums- und Konjunkturbewegungen, die öffentliche Finanzwirtschaft, die Planungstheorie und die über die Sozialpolitik hinausgehenden Vorstellungen öffentlicher Wohlfahrt von den ehemaligen deutschen Emigranten sowie andererseits die vor allem von Fritz Machlup und Oscar Morgenstern mit ihren wissens- und spieltheoretischen Ansätzen zeitgemäß reformulierte Markttheorie – die damit auch Brücken zu den Keynesianern bauten – zu den wirkungsgeschichtlich

---

28 Nicholas Wapshott: Keynes Hayek. The Clash that defined modern Economics. New York 2011.

bahnbrechenden Leistungen der vertriebenen deutschsprachigen Ökonomen zählten und ihre Erfolgsgeschichte begründeten. Hinzu kam die vor allem von Vertretern der zweiten Generation nach dem Zweiten Weltkrieg mit Blick auf die Dritte Welt konzipierte Entwicklungsökonomie. Einige dieser Forschungsfelder waren in den USA und anderen Zufluchtsländern neu oder bis dahin kaum entwickelt gewesen.

Nach Ende des Zweiten Weltkriegs zählten die meisten einstigen Flüchtlinge zu prominenten Gelehrten in der Wissenschaftsgemeinschaft ihres Aufnahmelandes, so dass sie keinen Anlass sahen, auf Dauer in ihre materiell und moralisch verwüstete ehemalige Heimat zurückzukehren; eine Ausnahme machten lediglich die Ökonomen in der Türkei, die alle bis Ende der 1940er Jahre nach Deutschland zurückkehrten, wenn sie nicht zuvor schon Rufe in andere Länder angenommen hatten.

Allerdings sind einige dieser Gelehrten unter der alliierten Besatzung zeitweise als Gastprofessoren in Deutschland und Österreich tätig gewesen. Die von ihnen stammenden ersten Berichte aus der alten Heimat erreichten die früheren Schicksalsgenossen und wurden von ihnen zum Anlass genommen, über das Für und Wider einer Rückkehr nachzudenken. Die im Prinzip vorhandene Bereitschaft, dort am Aufbau mitzuwirken, änderte sich aber, als sie von den schockierenden Erlebnissen der Besucher erfuhren, der geistigen Abstumpfung dort gerade der intellektuellen Eliten, der fehlenden Demokratisierung der Hochschulen, an denen die alten konservativen deutschnationalen Professoren wieder das Sagen hatten, deren Reformbereitschaft, wenn überhaupt, dann bestenfalls auf eine Wiederherstellung des Status quo ante 1914 zielte und die sich mit der alten Lebenslüge von der Wertfreiheit der Wissenschaft ihrer Mitverantwortung für die jüngste Vergangenheit zu entziehen suchten.

Der frühere Kieler Finanzwissenschaftler Gerhard Colm etwa diagnostizierte bei seinem Aufenthalt dort im Frühjahr 1946 zur Vorbereitung der Währungsreform in Deutschland eine erbärmliche »kulihafte Rückgratzerschmetterung« seiner Ansprechpartner. Das waren nicht nur Urteile womöglich enttäuschter ehemaliger Emigranten, ähnlich waren die Wahrnehmungen der ersten Delegationen internationaler Wissenschaftlergruppen, die im Nachkriegsdeutschland die Chancen für die Reorganisation der Wissenschaften sondierten.[29]

---

29 G. Colm an Alexander Rüstow, 04.07.1946, Nl Rüstow 32, BAK; A. Lowe an A. Rüstow, 02.06.1946, ebd. 42; Memo »Germany« der Rockefeller Foundation vom 01.12.1949, Rockefeller Archive Tarrytown, N.J., R.G. 1.1, 717/7/38.

Colms Wirken als amerikanischer Experte im Nachkriegsdeutschland spiegelt aber auch die Veränderungen, die in dieser Zeit in den USA begannen. Als Spitzenbeamter in Washington hatte er nach Ende des Zweiten Weltkriegs noch federführend an der Gestaltung des sogenannten Full Employment Act mitgewirkt, der unter anderem die Einrichtung eines Council of Economic Advisers für den Präsidenten kodifizierte, um damit den Übergang der USA von der Kriegs- in die Friedenswirtschaft politisch effizienter steuern zu können. Der Act markierte mit seinem »keynesianischen« Ansatz den Höhepunkt und zugleich den Abschluss des New Deal nach zwölf Jahren, da er mit dem Tode Roosevelts im April 1945 auch seine wichtigste Führungsfigur verloren und sich der Nachfolger Harry S. Truman aus der Provinz des Mittleren Westens mit anderen Beratern umgeben hatte. In der beginnenden Ost-West-Konfrontation des Kalten Krieges positionierte sich erneut die Front der Isolationisten, die vehement die neue Rolle der USA als Weltmacht und ihre internationalen Engagements bekämpfte. Die innenpolitische Hexenjagd, deren Ausmaße ab Anfang der 1950er Jahre von dem republikanischen Senator Joseph McCarthy weiter zugespitzt wurden, richtete sich offiziell gegen die eigentlich bedeutungslosen Kommunisten im Lande, zielte tatsächlich aber auf die alten New Dealer und internationalistische Liberals.[30]

Dies bekam auch Colm zu spüren, als er von General Clay, dem Oberbefehlshaber der amerikanischen Besatzungsmacht, den Auftrag erhalten hatte, die Grundzüge der deutschen Währungsreform zur Beseitigung des Zahlungsmittelüberhangs aus der deutschen Kriegsfinanzierung zu erarbeiten. Der von ihm zusammen mit dem ebenfalls emigrierten Bankfachmann Raymond Goldsmith – als Raymund Goldschmidt einst Direktor der Berliner Reichskreditgesellschaft – und dem amerikanischen Bankier Joseph Dodge im April 1946 vorgelegte, später unter ihren Anfangsinitialen berühmt gewordene CDG-Plan wollte die Geldkontraktion mit einem rigorosen Lastenausgleich verbinden, um die Begünstigung der Sachwertbesitzer auf Kosten der Sparer von Geldvermögen wie in der deutschen Hyperinflation nach dem Ersten Weltkrieg zu verhindern.[31]

Solche sinnvolle wirtschaftspolitische Unterstützung des demokratischen Aufbaus in Deutschland durch ausgeglichene Startchancen hielt man in der Truman-Administration jedoch für eine nicht zu akzeptie-

---

30 Richard M. Freeland: The Truman Doctrine and the Origins of McCarthyism. Foreign Policy, Domestic Politics, and Internal Security 1946–1948. New York, London 1985, bes. S. 201 ff.
31 Der Plan ist abgedruckt bei Hans Möller: Zur Vorgeschichte der Deutschen Mark. Die Währungsreformpläne 1945–1948. Basel, Tübingen 1961, S. 214 ff.

rende Umverteilungspolitik. Der berühmte, durch sein späteres Buch über die *Affluent Society* (1958) bekannt gewordene amerikanische Wirtschaftswissenschaftler und damalige Mitarbeiter im State Department John Kenneth Galbraith hat in seinen Erinnerungen die hektische Aufregung in Washington beschrieben, die Colms Empfehlung einer Kapitalbesteuerung der deutschen Sachvermögensbesitzer hervorrief, da sie – aus der Feder eines Präsidentenberaters – zu einem Präzedenzfall für die amerikanische Wirtschaft werden könnte.[32] Sein Engagement für den deutschen Wiederaufbau musste Colm mit dem Verlust seiner Stellung in Washington bezahlen. Wie man weiß, ist die deutsche Währungsreform im Juni 1948 dann ohne solchen Lastenausgleich durchgeführt worden, und als dieser Anfang der 1950er Jahre von der Regierung Adenauer nachgeholt wurde, waren die sozialen Weichen längst gestellt.[33]

Colm aber blieb sich als einstiger *political scholar* treu, in der National Planning Association, einer gemeinnützigen Denkfabrik, setzte er als Chefvolkswirt seine Forschungen zur volkswirtschaftlichen Gesamtrechnung und das *policy planning* mithilfe des Nationalbudgets fort. Damit wurde er zu einem gefragten Ratgeber der Vereinten Nationen und später unter der Präsidentschaft Eisenhowers dann auch wieder der amerikanischen Regierung.

---

[32] John Kenneth Galbraith: A Life in our Time. Boston 1981; dt.: Leben in entscheidender Zeit. Memoiren. München 1984, S. 253.
[33] Krohn: Wissenschaft im Exil (s. Anm. 8), S. 190 ff.; Wolfram Hoppenstedt: Gerhard Colm. Leben und Werk (1897–1968). Stuttgart 1997, S. 157 ff.

Nikola Herweg

Inoffizielle Gehälter und »Persilscheine«
Exil und Ökonomie in Japan während der 1930er und 1940er Jahre

Das Schicksal der nach 1933 aus dem nationalsozialistischen Herrschaftsgebiet Geflüchteten hing neben vielen anderen Faktoren stark vom Zusammenspiel politischer und wirtschaftlicher Interessen von Staaten, Institutionen und Einzelpersonen ab. Wohlhabenden Verfolgungsopfern standen nicht nur mehr Fluchtwege offen, sie wurden auch freundlicher empfangen. Mittellosen Flüchtlingen hingegen wurden die Tore gar nicht oder ungern oder nur dann geöffnet, wenn man ihnen z. B. zutraute, als billige Arbeitskräfte die heimische Wirtschaft zu stärken. Dies gilt auch für die Einwanderungspolitik Japans. Das Land spielte unter den aufnehmenden Staaten eine Sonderrolle, war es doch in verschiedenen Abkommen eng mit dem Deutschen Reich verbunden und gehörte ab 1940 zu den sogenannten Achsenmächten. Von der Flüchtlingspolitik Japans und der Situation der deutschen Flüchtlinge in Japan – insbesondere unter ökonomischen Gesichtspunkten – handelt der folgende Aufsatz.

I. »Relativ bürgerliches« Exil

Während der Überfahrt von der japanischen Hafenstadt Kobe nach San Francisco notierte der Philosoph Karl Löwith, der 1936 von Italien nach Japan und von dort aus 1940 weiter in die USA floh, in sein Tagebuch:

> Wenn wir ohne einen amerik.jap. Konflikt am 6.III. in s. Francisco ankommen[,] war auch diese 2. grosse Übersiedlung + Auswanderung für uns eine relativ bürgerliche – mit allem Gepäck, ohne verdienstlose Zwischenzeit, von einer Anstellung zur anderen, in II. Klasse + nicht ohne Geld.[1]

---

[1] Karl Löwith, Tagebuch 1934 bis 1941. In: A:Löwith, DLA Marbach, Eintrag vermutl. vom Januar 1941 [«12.XII. bis 11.I.41 Peking Reise (geschrieben auf dem Schiff nach S. Francisco)«]. Herzlicher Dank an Ulrich von Bülow, der so freundlich war, mir seine Transkription zur Verfügung zu stellen, und mir das Lesen dadurch erheblich erleichterte (dieses und alle folgenden Zitate allerdings nach dem Original). Löwith fügte seiner Einschätzung der eigenen Situation folgende Bemerkung hinzu: »Die meisten

Auch Klaus Pringsheim, der 1931 als Dirigent und Professor für Kompositionslehre und Kontrapunkt nach Tokyo berufen worden war, und für den der Aufenthalt in Japan ab 1933 zum Exil wurde[2], wählte – allerdings einige Jahre früher – eine Formulierung, die der vom »relativ bürgerlichen« Exil Löwiths nahekommt. Als sein Neffe Klaus Mann ihn um einen Beitrag für seine Exil-Zeitschrift *Die Sammlung* bat, lehnte er dies im Juli 1934 mit dem Hinweis ab, er sei für das »Zentralorgan der emigrierten Literatur« als Autor ungeeignet, da »genau genommen, wirklich kein Emigrierter«, außerdem kein Literat sondern Musiker und »eine Art Beamter«.[3] Diese »Art Beamte« gab es in Japan auch noch in den 1940er Jahren. Der in Japan hochgeschätzte Dirigent Joseph Rosenstock, der 1933 aus rassistischen Gründen als Generalmusikdirektor in Mannheim entlassen worden war, wurde noch 1936 ungeachtet des Protestes der Deutschen Botschaft zum Dirigenten des Staatlichen Symphonieorchesters in Tokyo ernannt und blieb dies bis 1941. Trotz seiner anschließenden Internierung[4] genoss er auch nach Ausbruch des Pazifischen Krieges die Unterstützung der japanischen Eliten und zahlreiche Privilegien.[5] Die jüdischen Pianisten Leonid Kreutzer und Leo Sirota blieben sogar bis 1944 Angestellte der staatlichen Musikhochschule Tokyo.[6] Und auch der Kaufmann Heinz Altschul, der nach den »Nürnberger Gesetzen« als Jude galt, arbeitete bis

---

anderen österr. + poln. Passagiere haben ganz andere Schicksale hinter sich.« Er bezieht sich dabei auf Flüchtlinge, die immerhin in die USA weiter emigrieren konnten. Die zahlreichen jüdischen Flüchtlinge, denen nur der Weg in das von Japan besetzte Shanghai offen stand, hatten dieses Glück nicht. Das Shanghaier Ghetto ermöglichte zwar vielen das Überleben; die Versorgungssituation und die hygienischen Verhältnisse waren jedoch katastrophal und forderten sogar Todesopfer (vgl. den Beitrag von Thomas Pekar im vorliegenden Band, S. 186–199).

2 Eine Rückkehr nach Deutschland war Pringsheim durch seine jüdische Abstammung verwehrt.

3 Klaus Pringsheim: Brief an Klaus Mann, 18.07.1934, Tokyo. In: Nachlass Klaus Mann / Briefe, KM B 223, Münchner Stadtbibliothek / Monacensia.

4 Wie zahlreiche andere Deutschstämmige, die dem Verdacht ausgesetzt waren, mit den Kriegsgegnern zu sympathisieren, wurde Rosenstock in Karuizawa, einem bis heute beliebten Ferienort unweit Tokyos, interniert. Die Musikwissenschaftlerin Irene Suchy bemerkt dazu: »Ob die Evakuierung in Kariuzawa [sic] als Internierung zu werten ist, hängt von Fall zu Fall ab«, und weist u. a. auf die »Sondergenehmigungen« Rosenstocks hin. Irene Suchy: Die Kehrseite der Medaille. Emigration und Kulturtransfer am Beispiel europäischer Kunstmusik in Japan. In: Verfemte Musik. Komponisten in den Diktaturen unseres Jahrhunderts. Hg. v. Joachim Braun. Frankfurt a. M. 1995, S. 309–320; hier: S. 311.

5 Vgl. Jonathan Goldstein: The Jews of China. A Sourcebook and Research Guide. Bd. 2, S. 80; Suchy: Die Kehrseite der Medaille (s. Anm. 4), S. 311.

6 Vgl. Erina Hayasaki: Ein jüdisch-deutscher Musiker in Japan während des Krieges. Klaus Pringsheim (1883–1972). In: Flucht und Rettung. Exil im japanischen Herrschaftsbereich (1933–1945). Hg. v. Thomas Pekar. Berlin 2011, S. 254–267; hier: S. 262 f.; Suchy: Die Kehrseite der Medaille (s. Anm. 4), S. 310.

1942 als leitender Angestellter bei einer deutschen Firma in Kobe.[7] Vor dem Hintergrund, dass die Achse Berlin-Rom-Tokyo bereits seit 1940 existierte, sind die erwähnten Anstellungsverhältnisse alles andere als selbstverständlich. Wie war dies in einem Land, das eng mit dem Deutschen Reich verbündet war, möglich?

II. Japan als Exilland

Der Umstand, dass das japanische Kaiserreich ab 1940 zu den »Achsenmächten« gehörte und auch schon früher enge kulturelle, wirtschaftliche und politische Beziehungen zum Deutschen Reich pflegte, lässt es als Exilland für die aus dem nationalsozialistischen Deutschland Vertriebenen zunächst abwegig erscheinen. Dieses Phänomen hat auch in der Forschung seinen Niederschlag gefunden.[8] Wundert man sich darüber, dass es zwischen 1933 und 1945 überhaupt Exilanten in Japan gab, muss man bedenken, dass Japan 1933 offiziell nur durch verschiedene Kulturabkommen mit dem Deutschen Reich verbunden und somit ein möglicher Fluchtort war, an dem vor allem jüdische Deutsche nicht als Juden wahrgenommen wurden und unter bestimmten Voraussetzungen gute Lebens- und Arbeitsmöglichkeiten vorfanden.

Ganz gezielt warben japanische Universitäten nach 1933 international renommierte Wissenschaftler an, die im Deutschen Reich aus dem Amt gejagt worden waren.[9] Nach dem Antikominternpakt von 1936 und dem Dreimächtepakt von 1940 wurde der Alltag für die an japanischen Hochschulen und anderen öffentlichen Institutionen Angestellten zwar deutlich schwieriger, ein Leben in Japan war aber – auch ohne

---

7 Vgl. Nikola Herweg: Ein Mix von Schönem und Nicht-so-Schönem. Die Lebenserinnerungen Heinz Altschuls im Kontext seines Nachlasses. In: Heinz Altschul: »As I Record These Memories …«. Erinnerungen eines deutschen Kaufmanns in Kobe (1926–29, 1934–46). Hg. v. Dies., Thomas Pekar und Christian W. Spang. München 2014 (OAG Taschenbuch, 98), S. 127–141; hier: S. 135 f.

8 Das 1998 erschienene *Handbuch der deutschsprachigen Emigration 1933–1945*, das immer noch einen der besten Überblicke zum Thema Exil bietet, enthält kein Kapitel zu Japan; unter dem Stichwort »Ostasien« wird v. a. die Situation in Shanghai beleuchtet sowie auf das Desiderat »Exil in Japan« hingewiesen. Seit einigen Jahren wird diese Lücke allerdings nicht zuletzt durch Thomas Pekars Forschung und Anregung sukzessive geschlossen. Einen guten Überblick über die Literatur zum Thema »Die Juden und der Ferne Osten« bietet darüber hinaus ein entsprechend benannter Literaturbericht von Gerhard Krebs: Die Juden und der Ferne Osten. Ein Literaturbericht. In: Nachrichten der Gesellschaft für Natur- und Völkerkunde Ostasiens 175–176 (2004), S. 229–270.

9 Ayano Nakamura: Die NSDAP-Ortsgruppen in Japan und die dortige deutsche Kolonie. In: Flucht und Rettung (s. Anm. 6), S. 54–64; hier: S. 54.

in den Untergrund zu gehen – möglich. Ausweisungen von Juden nach Deutschland, wie in anderen Staaten durchaus üblich, gab es in Japan nicht.

Dem gegenüber standen die rigiden Einreisebestimmungen. Mittellosen Flüchtlingen war der Weg nach Japan normalerweise versperrt. Zwar kamen durch das eigenmächtige Handeln des japanischen Generalkonsuls in Litauen Chiune Sugihara einige Tausend Flüchtlinge kurzzeitig in Kobe unter; in seiner Studie *Die Judenpolitik der japanischen Kriegsregierung* arbeitet der Japanologe Martin Kaneko jedoch überzeugend heraus, dass es sich hier um eine Ausnahme handelte und Sugihara ein »Einzeltäter« war, der im Widerspruch zu den Anweisungen aus Tokyo handelte und dafür von der japanischen Regierung gemaßregelt und strafversetzt wurde.[10]

III. »Nützliche« Exilanten

Gemeinhin erhielt Einlass nach Japan nur, wer als »nützlich« angesehen wurde – insbesondere dann, wenn es sich um Flüchtlinge handelte, konstatiert der Historiker Takashi Yamamoto in seinem Beitrag über »Die japanische Politik gegenüber Juden«.[11] »Nützlich« ist hier nicht in einem rein ökonomischen, monetären Sinne gemeint, sondern bezieht sich auch auf angesehene Wissenschaftler und Künstler, z.B. auf den Philosophen und Heidegger-Schüler Karl Löwith oder – und insbesondere – auf die Vertreter der europäischen und deutschen Musik, die bis heute einen sehr hohen Stellenwert in der japanischen Kulturszene besitzt. Neben dem bereits erwähnten Klaus Pringsheim, neben Leonid Kreutzer, Joseph Rosenstock und Leo Sirota gibt es eine Reihe weiterer Musiker, für die Japan nach 1933 Schutz vor Verfolgung bot. Das akademische Leben wie auch die Musikszene in Japan profitierten also in gewisser Weise von der Not der europäischen Juden – und dies ganz bewusst, wie Bandô Hiroshi in seiner Studie über Japans Politik gegenüber den Juden nachweist.[12]

---

10 Martin Kaneko: Die Judenpolitik der japanischen Kriegsregierung. Berlin 2008, S. 24f.
11 Takashi Yamamoto: Die japanische Politik gegenüber Juden. In: Flucht und Rettung (s. Anm. 6), S. 91–99.
12 Vgl. Krebs: Die Juden und der Ferne Osten (s. Anm. 8), S. 252. Krebs rezensiert in seinem Aufsatz u. a. den Band *Nihon no Yudaya seisaku (Japans Politik gegenüber den Juden)* von Bandô Hiroshi (Tokyo 2001). Bandô, so Krebs, sichtete für seine (japanischsprachige) Studie Akten im Archiv des japanischen Außenministeriums, wertete diese aus und zitiert entsprechende Anweisungen des Ministeriums.

Im Fall, dass jemand als »nützlich« eingestuft wurde, war es den japanischen Behörden gleichgültig, welcher Religionsgruppe eine Person angehörte. Zwar gab es im Japan der 1930er Jahre starke antisemitische Tendenzen; die Forschung ist sich jedoch relativ einig darin, dass es sich bei dem japanischen Antisemitismus um einen »theoretischen« handelte, einen »Antisemitismus ohne Juden«[13], wie Kaneko in seiner aufschlussreichen Studie formuliert. Yamamoto stellt die These auf, dass es vor allem die Sorge um den internationalen Ruf und die Handelsbeziehungen war, die dazu führte, dass es in Japan keine Judenverfolgung gab: »Vor allem amerikanisch-jüdische Kaufleute spielten für den japanischen Export eine große Rolle«[14], schreibt Yamamoto und bezieht sich dabei auf Dokumente des japanischen Außenministeriums aus den späten 1930er Jahren. Er veranschaulicht die Situation anhand des Echos, die die Nachricht über die Entlassung eines jüdischen Musikers durch die Musikhochschule Kobe in den USA hervorrief. Obwohl sich die Meldung als falsch erwies, war der Imageverlust – laut Yamamoto – groß.[15]

Die Sorge um das Ansehen in der Welt und vor allem bei potenziellen Handelspartnern erklärt, weshalb so prominente Persönlichkeiten wie Löwith oder die genannten Musiker trotz des massiven Drucks der deutschen Botschaft ihre Stellungen behielten; nicht erklärt ist damit, weshalb auch die Angestellten von in Japan ansässigen deutschen Firmen – wie der Kaufmann Heinz Altschul – manchmal bis in die 1940er Jahre hinein ihre Positionen behalten konnten. Um dies zu verstehen, ist ein Blick auf die sogenannten deutschen Kolonien nötig.

IV. Die Situation in den deutschen Gemeinden und deutschen Firmen

Die Historikerin Ayano Nakamura attestiert den nationalsozialistischen Gruppierungen einen anfangs vergleichsweise geringen Erfolg bei den in Japan lebenden Deutschen. »Die Deutschen in Japan sind entweder Kaufleute oder Gelehrte«, zitiert sie aus einem Bericht vom Herbst 1932 an einen »Herrn Reichsorganisationsleiter«, in dem die ablehnende Haltung seitens der in Japan lebenden Deutschen gegenüber der neuen Bewegung beklagt wird. Dass diese Kaufleute oder Gelehrten eher auf Weltoffenheit als auf die nationalsozialistische Ideologie setzten, ist nachvollziehbar. Insbesondere die in Japan angesiedel-

---

13 Kaneko: Die Judenpolitik (s. Anm. 10), S. 13.
14 Yamamoto: Die japanische Politik gegenüber Juden (s. Anm. 11), S. 97.
15 Vgl. ebd., S. 97.

ten Wirtschaftsunternehmen waren auf den internationalen Austausch angewiesen. Obwohl die Gleichschaltung der deutschen Gemeinden in Japan durch Drohungen oder die Angst des Einzelnen vor Isolation bis etwa 1938 vollzogen war, gab es doch eine Opposition, und diese verlieh ihrer Meinung durch anonyme Briefe, Graffiti sowie durch heimliche oder auch weniger heimliche Unterstützung der durch die Nationalsozialisten Ausgeschlossenen Ausdruck.[16]

Das im November 1938 abgeschlossene deutsch-japanische Kulturabkommen stärkte die Rolle der offiziellen deutschen Stellen in Japan und damit auch den Einfluss der NS-Ideologie auf deutsche Gemeinden, Firmen und Institutionen. Sowohl in den persönlichen Erinnerungen Einzelner als auch in der Fachliteratur erscheint 1938 als das Jahr, in dem der Alltag in Japan für jüdische Menschen und Dissidenten zusehends schwieriger wurde. Dennoch lässt sich dies nicht verallgemeinern. Während z.B. Heinrich Steinfeld als Geschäftsführer der Tokyoter Filiale der Leybold AG 1939 entlassen wurde und die Deutsche Botschaft einen Teil seines Vermögens beschlagnahmte[17], blieb Heinz Altschul – als Abteilungsleiter bei Winckler & Co. in Kobe natürlich weniger exponiert als Steinfeld – vermutlich[18] bis 1942 in Lohn und Brot. Die Familie war in die Deutsche Gemeinde integriert, der Sohn besuchte den deutschen Kindergarten, später die deutsche Schule, und Altschuls Gehalt ermöglichte der Familie einen gehobenen, fast luxuriösen Lebensstil. Ab 1938 allerdings hatte sich die Situation der Familie verändert: Die nationalsozialistische Rassenpolitik drang unmittelbar in das Leben der Altschuls ein, als Johanna Altschul von verschiedenen Seiten aufgefordert wurde, sich von ihrem als jüdisch geltenden Ehemann scheiden zu lassen. Heinz Altschuls Anstellung bei Winckler & Co. war nicht mehr sicher. Und im Juni 1938 erhielten die Altschuls eine Mitteilung des Deutschen Generalkonsulats Osaka-Kobe, das sie zur Anmeldung ihres Vermögens auffordert. Das Schreiben richtete sich an »alle Juden deutscher Staatsangehörigkeit ohne Rücksicht auf ihren Wohnsitz« und auch an deren evtl. nicht-jüdische

---

16 Vgl. Nakamura: Die NSDAP-Ortsgruppen in Japan (s. Anm. 9), S. 62f.
17 Vgl. ebd., S. 60.
18 Spätestens 1942 verlor Heinz Altschul seine Anstellung bei *Winckler & Co.* Exakte Angaben darüber, bis wann er tatsächlich als Abteilungsleiter arbeitete und bis wann er auf der Lohnliste von *Winckler & Co.* geführt wurde, existieren nicht mehr. Seine eigenen Aussagen sind widersprüchlich. Am verbindlichsten erscheint mir ein Fragebogen, mit dem sich Altschul 1945 als Dolmetscher bei der US-Armee bewirbt, und in dem er angibt, von 1934 bis 1942 als »Dpt. Manager« mit einem Einkommen von »Y 500/600 p. month« bei *Winckler & Co.* beschäftigt gewesen zu sein (vgl. Altschul: Fragebogen »Personal History Statement« für Bewerbung bei einer US-Behörde, [1945]. In: Nachlass Heinz Altschul, OAG Tokyo).

Ehepartner.[19] Das eigene, nicht sehr große Vermögen von Johanna und Heinz Altschul in Japan blieb zwar unangetastet; das in Deutschland zurückgebliebene Vermögen der Familie wurde jedoch von den deutschen Behörden konfisziert.[20]

V. Verschärfung der Situation ab 1941/42

Nach der Festnahme des sowjetischen Spions Richard Sorge im Oktober, nach dem Angriff auf Pearl Harbor im Dezember 1941 und vor allem mit zunehmender Verschlechterung der militärischen Lage Japans wuchs in Japan das Misstrauen gegenüber »Fremden« allgemein und Juden insbesondere. Ihnen wurde – sicher nicht ganz zu Unrecht – unterstellt, mit den Kriegsgegnern zu sympathisieren. 1941 geriet beispielsweise Joseph Rosenstock unter Spionageverdacht und wurde zeitweise interniert. Während einige der Flüchtlinge, z. B. Karl Löwith, die Möglichkeit zur Weiteremigration rechtzeitig hatten ergreifen können, bedeutete der Eintritt der USA in den Krieg für die anderen das Ende der Hoffnung auf ein sicheres Exil.

Spätestens mit dem Kriegseintritt der USA wurde auch die Sorge der japanischen Regierung um den internationalen Ruf des Landes und die Handelsbeziehungen obsolet; nicht sofort, aber allmählich und unauffällig wurden jüdische Künstler und Wissenschaftler aus ihren Positionen verdrängt.[21] Allerdings folgte die japanische Regierung dabei eigenen Regeln und Zielen.[22] So genoss der von japanischer Seite

---

19 Deutsches Generalkonsulat Osaka-Kobe: Mitteilung über Anmeldepflicht von Vermögen für »alle Juden deutscher Staatsangehörigkeit ohne Rücksicht auf ihren Wohnsitz«, 30.06.1938, Kobe. In: Nachlass Heinz Altschul, OAG Tokyo.

20 Die in Deutschland zurückgebliebenen Eltern Altschuls versuchten, ihr verbliebenes Vermögen durch eine Schenkung an ihren einzigen Enkel zu retten. Als Sohn einer »Arierin« galt Dieter Altschul nicht als »Volljude«, weshalb seine Großeltern hofften, durch die Übertragung zweier Grundstücke auf ihn einer Enteignung vorgreifen zu können. 1938 und 1939 gingen etliche Briefe in dieser Angelegenheit zwischen Dresden und Kobe hin und her, Behördengänge in Deutschland und Japan wurden getätigt, horrende Gebühren gezahlt. Am 03.05.1939 schrieb Robert Altschul schließlich an seinen Sohn: »Die Schenkung der Häuser ist vor 6 Wochen von der Kreishauptmannschaft abgelehnt worden, trotz der auf Befehl des Reichsfinanzministeriums von der Devisenstelle erteilten Genehmigung, trotz bereits von mir bezahlter Schenkungssteuer, und trotz eines bereits auf Dieter ausgestellten Vermögens-Steuerzettels [...].« (Robert Altschul: Brief an Heinz Altschul, 03.05.1939 [Kopie]. In: Nachlass Heinz Altschul, OAG Tokyo).

21 Vgl. Yamamoto: Die japanische Politik gegenüber Juden (s. Anm. 11), S. 98.

22 Vgl. Detlev Schauwecker: Musik und Politik, Tokyo 1934–1944. In: Formierung und Fall der Achse Berlin-Tokyo. Hg. v. Gerhard Krebs und Bernd Martin. München 1994, S. 211–253.

aus hochgeschätzte Joseph Rosenstock auch während seiner Internierung im Ferienort Karuizawa Privilegien und durfte den Ort mit Sondergenehmigung verlassen[23]; während der Sohn von Klaus Pringsheim, Klaus Pringsheim jr., aufgrund seiner Bekanntschaft mit dem Spion Richard Sorge 1945 in Tokyo von der Geheimpolizei inhaftiert wurde und von brutalen Haftbedingungen und Mangelernährung berichtet.[24] Zu einer Überführung an deutsche Behörden kam es weder in diesen noch in anderen vergleichbaren Fällen.

Insgesamt scheint der Einfluss der nationalsozialistischen Politik auf japanische Institutionen eher gering gewesen zu sein. Noch 1944 beschwerte sich der Kulturreferent der Deutschen Botschaft in einem Schreiben an das japanische Außenministerium darüber, dass weiterhin jüdische Musiker, denen die deutsche Staatsangehörigkeit entzogen worden war, beschäftigt würden. Namentlich genannt werden Leonid Kreutzer, Joseph Rosenstock, Leo Sirota und die Sängerin Margarete Netke-Löwe. Weiter bemängelte der Kulturreferent die Anstellung sogenannter »Halbjuden« – hier wird Klaus Pringsheim[25] namentlich erwähnt – und mit Jüdinnen verheirateter Deutscher, »an deren Berufsausübung die Deutsche Botschaft kein Interesse«[26] habe.[27]

Der Einfluss der nationalsozialistischen Politik und Verbände auf die deutsche Botschaft, die deutschen Gemeinden und Firmen hingegen

---

23 Suchy: Die Kehrseite der Medaille (s. Anm. 4), S. 311; Irene Suchy: Joseph Rosenstock. In: Lexikon verfolgter Musiker und Musikerinnen der NS-Zeit. Hg. v. Claudia Maurer Zenck und Peter Petersen, unter: http://www.lexm.uni-hamburg.de [abgerufen: 07.05.2015].

24 Klaus Pringsheim jr. selbst spricht nicht von Folter: »I was never tortured. There were no beatings, no electric shocks, no brandishing of knives with accompanying threats of stabbing. Apart from the utter discomfort of having to sit all day without distractions, and not getting enough to eat, I really had no complaints.« Gleichzeitig berichtet Pringsheim von der täglichen aus einem Reisball bestehenden Essensration sowie dem Umstand, dass er nur einmal täglich die Toilette aufsuchen durfte etc. Klaus H. Pringsheim und Victor Boesen: Man of the World. Memoirs of Europe, Asia & North America (1930s to 1980s). Ontario 1995, S. 65 f.

25 Klaus Pringsheim gehörte als »Halbjude« nicht zu denjenigen, die 1942 ihren Pass abgeben mussten. Allerdings ließ die Deutsche Botschaft seinen Reisepass Ende 1944 durch die japanische Polizei konfiszieren. Vgl. Schauwecker: Musik und Politik (s. Anm. 22), S. 242.

26 Zit. n. Suchy: Die Kehrseite der Medaille (s. Anm. 4), S. 310.

27 1944 wurden dann tatsächlich die letzten jüdischen Musiker aus ihren Positionen in staatlichen Institutionen verdrängt – allerdings nicht, wie die Deutsche Botschaft immer wieder gedrängt hatte, um durch »deutschblütige Musiker« (zit. n. Schauwecker: Musik und Politik [s. Anm. 22], S. 244.) ersetzt zu werden; vielmehr war offensichtlich, dass nun auch deutsche Musiker nicht mehr erwünscht waren: »Japan war auf eine chauvinistische Politik eingeschwenkt. Ausländer waren am Dirigentenpult nicht länger erwünscht, und dabei war die Frage ihrer Nationalität ohne Belang.« Schauwecker: Musik und Politik (s. Anm. 22), S. 251.

nahm ab 1941/42 spürbar zu. In einer auf den 1. Januar 1942 datierten Mitteilung entzog die deutsche Botschaft deutschen Juden die Staatsbürgerschaft. 115 deutsche Pässe wurden konfisziert, nur zwei davon gehörten nicht jüdischen Deutschen.[28] Insgesamt lebten zu diesem Zeitpunkt vermutlich zwischen 2.000 und 3.000 Deutsche in Japan.[29]

VI. Inoffizielle Gehälter und Unterstützung durch ehemalige Schüler

Dem Druck, jüdische Mitarbeiter zu entlassen, der vermutlich spätestens seit 1938 auf die Firma Winckler & Co. ausgeübt wurde, widerstand diese zwar relativ lange, doch spätestens 1942 verlor auch Heinz Altschul seine Anstellung. Retrospektiv vermutet ein früherer Kollege und Freund von Altschul, »dass Wincklers der Verlust der deutschen staatlichen Geschaefte mit den Nazi-Importbehörden (Devisen-Monopol) in Berlin angedroht wurde, falls sie sich weigerten, juedisches Personal nicht weiter zu beschäftigen«.[30] Der Verlust des Einkommens bedeutete große Einschränkungen für die Familie. Mit dem Schicksal der vielen Tausend Flüchtlinge, die zwischen 1938 und 1941 in Kobe in Auffanglagern vor allem von jüdischen Hilfsorganisationen versorgt wurden (bevor sie weiter – meist nach Schanghai – ziehen mussten)[31], ist das der Altschuls – wie auch das der anderen hier namentlich genannten Exilanten – allerdings zu keinem Zeitpunkt vergleichbar. Dazu trug unter anderem der Umstand bei, dass Heinz Altschul inoffiziell und durch das persönliche Engagement der Witwe eines früheren Vorstandsmitglieds von Winckler & Co. nach der Kündigung mit monatlich 100 Yen[32] alimentiert wurde und die Familie

---

28 Vgl. Nakamura: Die NSDAP-Ortsgruppen in Japan (s. Anm. 9), S. 61.
29 Genaue Zahlen zu den zu diesem Zeitpunkt in Japan lebenden Deutschen liegen nicht vor. Um 1930 waren es ca. 1.200 Deutsche. Nach 1933 und insbesondere während des Krieges stieg die Zahl durch die Zuwanderung von Flüchtlingen und durch einige vom Kriegsausbruch überraschte Reisende deutlich an. 1947 schließlich wurden die mehr als 2.000 Deutschen, die als NS-Sympathisanten eingestuft wurden, auf Druck der US-Armee nach Deutschland repatriiert. Vgl. Nakamura: Die NSDAP-Ortsgruppen in Japan (s. Anm. 9), S. 54.
30 Arthur Pawlenka: Brief an Heinz Altschul, 10.03.1983 [Kopie]. In: Nachlass Heinz Altschul, OAG Tokyo.
31 Die Gesamtzahl der europäischen Japan-Exilanten zwischen 1933 und 1945 wird auf ca. 7.000 geschätzt. Die meisten von diesen nutzten Japan als Transitland bzw. wurden spätestens im November 1941 nach Shanghai abgeschoben. Vgl. Thomas Pekar: Einleitung. In: Flucht und Rettung (s. Anm. 6), S. 11–26; hier: S. 14.
32 100 Yen bedeuteten ein Sechstel bis Fünftel dessen, was den Altschuls zuvor zur Verfügung gestanden hatte. Dennoch war es mehr, als vielen Japanern monatlich zur Verfügung stand. So verdiente ein Lehrer Ende der 1930er Jahre ca. 40, ein Büroange-

auch seitens schweizerischer und japanischer Nachbarn Unterstützung erhielt.[33]

Ähnliches gilt für andere Exilanten, die sich in Japan ein Netzwerk hatten aufbauen können. Oft war es das Engagement Einzelner, das dafür sorgte, dass der Lebensstandard der Betroffenen nicht völlig zusammenbrach. Die hier erwähnten Musiker – z. B. Pringsheim und Netke-Löwe – konnten nach ihrer Entlassung aus staatlichen Institutionen an privaten Musikhochschulen weiter unterrichten oder mit Privatstunden Geld verdienen.[34] In der Endphase des Pazifischen Krieges im Mai 1945 wurden jedoch viele der nun staatenlosen ausgebürgerten Deutschen als »feindliche Ausländer« interniert, darunter die Musiker Klaus Pringsheim, Leonid Kreutzer, Margarete Netke-Löwe und Leo Sirota.[35] In dieser Situation waren sie auf die Hilfe ihrer (überwiegend japanischen) Anhänger und Schüler angewiesen, die bereitwillig gewährt wurde.[36]

VII. Zugeständnisse und »Persilscheine« in der Kriegs- und Nachkriegszeit

Einer der Orte, an denen »feindliche Ausländer« interniert wurden, war Karuizawa. Gleichzeitig hatten sich auch viele Deutsche aus Angst vor dem zunehmenden Bombardement auf die Städte in das ehemalige Feriendomizil geflüchtet. So galt für die letzten Kriegsmonate, was auch schon zuvor gegolten hatte: Die mittlerweile Staatenlosen und von den deutschen Gemeinden Ausgeschlossenen (die seitens der japanischen Bevölkerung aber immer als Deutsche wahrgenommen wurden) lebten weiterhin in unmittelbarer Nähe anderer Deutscher und pflegten teilweise weiterhin – wenn auch inoffiziell und oft wirtschaftlichen Zwängen geschuldet – geschäftliche und nachbarschaftliche Beziehungen zu diesen. Dies gilt vor allem für die weniger Exponierten unter den Exilanten. Doch auch Künstler und Wissenschaftler, die mehr mit japanischen Kreisen vernetzt waren, konnten sich dem Umgang mit Personen, die dem Nationalsozialismus nahestanden oder diesen sogar repräsentierten, nicht immer entziehen. So berichtet Karl Löwith, der seit 1936 als ordentlicher Professor an der Tōhoku Univer-

---

stellter ca. 75 Yen. Vgl. Franziska Ehmcke und Peter Pantzer (Hg.): Gelebte Zeitgeschichte. Alltag von Deutschen in Japan 1923–1947. München 2000, S. 105 und 110.
33 Vgl. Herweg: Ein Mix von Schönem und Nicht-so-Schönem (s. Anm. 7), S. 136.
34 Vgl. Suchy: Die Kehrseite der Medaille (s. Anm. 4), S. 311.
35 Suchy: Die Kehrseite der Medaille (s. Anm. 4), S. 310 f.
36 Vgl. Yamamoto: Die japanische Politik gegenüber Juden (s. Anm. 11), S. 98.

sität in Sendai lehrte, in seinem privaten Tagebuch von folgender Situation im Oktober 1940:

> Ankunft [des Diplomaten und NS-Propagandisten] Graf Dürckheims zu einem Vortrag in d. Universität. Abends gemeins. Essen zu dem alle Mitglieder d. cultural society eingeladen sind + also auch wir. Nachdem ich zugesagt hatte kommt Doi[37] tags darauf zu mir – er hatte D. inzwischen abgeholt + von ihm gesagt bekommen er möchte mich nur <u>privat</u> in m. Hause besuchen, aber nicht öffentlich treffen, denn diese Veranstaltung ist zugleich von der <u>deutsch-jap.</u> Society gemacht. Darauf lud mich Doi peinlich betroffen wieder aus. […] Die eigentl. Konsequenz wäre, dass ich auf Ds <u>privat</u>-Besuch verzichte wenn er ein Zusammentreffen offizieller Art vermeidet, dass ich ferner die Univ. vor das Entweder-Oder stelle […].[38]

Tatsächlich sagt Löwith das private Treffen nicht ab. Sein lapidarer Kommentar im Tagebuch: »Aus dieser unmöglichen + unleidlichen Situation gibt es keinen Ausweg – solange ich auf m. Stelle hier angewiesen bin.«[39] Auch Kaufleute wie Heinz Altschul mussten, solange sie ihre Stellen innehatten, immer wieder Demütigungen hinnehmen und Zugeständnisse machen, wollten sie nicht sich und ihre Unterstützung in Gefahr bringen.

Nach dem Ende des Krieges kehren sich die Verhältnisse um: Während einige der emigrierten Künstler wie Joseph Rosenstock, der ab Anfang 1946 das Nippon Philharmonic Orchestra dirigierte, schnell wieder eine Anstellung fanden, wurden deutsche Firmen und Institutionen unter der US-amerikanischen Besatzung geschlossen. Als belastet klassifizierte Deutsche wurden repatriiert, das heißt, ins besetzte Deutschland geschickt. Die meisten hatten wenig Interesse an der Zwangsausweisung aus Japan. Glücklich war daher, wer von einem ehemals Verfolgten nun ein Leumundszeugnis erhielt. Ein beliebtes Mittel, die US-amerikanischen Behörden vom eigenen Unbelastet-Sein zu überzeugen, war der Hinweis auf das untadelige Verhalten gegenüber jüdischen Kollegen und Nachbarn. Wie sehr dabei die Realität verzerrt wurde, zeigt das Beispiel des Firmenchefs und Vorsitzenden der spätestens 1934 unter seiner Leitung auf NS-Linie gebrachten[40]

---

37 Doï Bansui war ein japanischer Anglist und Dichter. Während der Jahre, die Ada und Karl Löwith in Sendai verbrachten, war er Dekan der geisteswissenschaftlichen Abteilung der Tohoku Universität. Er war dem Ehepaar Löwith freundschaftlich verbunden.
38 Löwith, Tagebuch 1934 bis 1941 (s. Anm. 1), Eintrag vom 22. Oktober [1940].
39 Löwith, Tagebuch 1934 bis 1941 (s. Anm. 1), Eintrag vom 22. Oktober [1940].
40 Vgl. Christian W. Spang: Die deutsche Gesellschaft für Natur- und Völkerkunde Ostasiens (OAG) zwischen den Weltkriegen. In: Flucht und Rettung (s. Anm. 6), S. 65–90; hier: S. 90.

Exil und Ökonomie in Japan während der 1930er und 1940er Jahre 183

deutschen Gesellschaft für Natur- und Völkerkunde Ostasiens (OAG) Kurt Meißner. Die US-Behörden konnte Meißner übrigens nicht überzeugen; er wurde mit seiner Familie 1947/48 nach Deutschland repatriiert.

Nicht nur Meißner, zahlreiche der zwangsausgewiesenen deutschen Kaufleute versuchten nach der Repatriierung so schnell wie möglich nach Japan zurückzukehren, was jedoch nur nach einem erfolgreichen Entnazifizierungsverfahren möglich war. So wandten sich gleich mehrere ehemalige Kollegen Heinz Altschuls mit der Bitte um ein Leumundszeugnis an diesen. Die Altschuls waren inzwischen weiter in die USA emigriert, wo Heinz Altschul verzweifelt versuchte, sich mit einem Unternehmen selbständig zu machen, das Importgeschäfte zwischen deutschen, japanischen und US-amerikanischen Firmen vermitteln sollte. In dieser Situation muss ihm die Kontaktaufnahme derer, die er in Briefen an seine Brüder noch als »big Nazi[s]«[41] tituliert hatte, gerade recht gekommen sein. Die Aussicht, dass die ehemaligen Kollegen die Geschäfte in Japan wieder beleben würden, bot Potenzial für das eigene Unternehmen und die Hoffnung auf Besserung der finanziell äußerst schwierigen Lage, in der die Familie sich befand. Insofern ist es nicht verwunderlich, dass Altschul den Bitten der Kaufleute entsprach. In den Begleitschreiben drückt Altschul die Hoffnung aus, dass das »gewuenschte Leumundszeugnis […] zureichend«[42] sein möge, und kommt nach einigen persönlichen Worten auf die schlecht laufenden Geschäfte zu sprechen:

> Die Leute kaufen direkt und brauchen keine Vertreter. Das wird sich aber wohl dann aendern, wenn einmal bei Ihnen u. in Japan die Moeglichkeit besteht[,] freie Offerten zu unterbreiten und dabei Vertreterkommission einzuschliessen. Bis es so weit ist, muss ich eben versuchen, mich weiter durchzuwursteln.[43]

Mindestens zwei der auch von ihm selbst so bezeichneten »Persilscheine«[44] stellt Altschul aus; nicht jedoch ohne im zweiten Fall dem Empfänger im PS mitzuteilen: »Bitte bremsen Sie ab, falls Sie hoeren,

---

41 Heinz Altschul: Brief an Rudi Altschul, 12.01.1947 [Kopie]. In: Nachlass Heinz Altschul, OAG Tokyo.
42 Heinz Altschul: Brief an Fritz Dölling, 12.05.1948. In: Nachlass Heinz Altschul, OAG Tokyo.
43 Heinz Altschul: Brief an Fritz Dölling, 12.05.1948. In: Nachlass Heinz Altschul, OAG Tokyo.
44 Heinz Altschul: Brief an Otto Werner, 05.06.1948. In: Nachlass Heinz Altschul, OAG Tokyo.

dass sich noch andere an mich wegen aehnlicher Briefe wenden wollen.«[45]

Wirtschaftliche Interessen und Nöte beeinflussten also über das Kriegsende hinaus das Verhältnis zwischen Deutschen und den während der NS-Jahre aus Deutschland ausgebürgerten Exilanten in Japan. Bis auf Ada und Karl Löwith kehrte übrigens keiner der hier erwähnten Exilanten dauerhaft nach Deutschland zurück. Die meisten gingen in die USA; Leonid Kreutzer, Margarete Netke-Löwe und Klaus Pringsheim blieben in Japan bzw. kehrten nach einigen Jahren in den USA dorthin zurück. Die Erinnerung an Japan und das Verhalten der Japaner während der Jahre 1933 bis 1945 fiel bei ihnen allen überwiegend positiv bis euphorisch aus.

---

45 Heinz Altschul: Brief an Otto Werner, 05.06.1948. In: Nachlass Heinz Altschul, OAG Tokyo.

Thomas Pekar

Die Bereitstellung der ökonomischen Basis für Exil und Emigration in Ostasien während des Zweiten Weltkrieges durch jüdische Hilfsorganisationen

I. Einleitung: Die japanische »Judenpolitik«

Das Exil in Ostasien gehört zu den wenigen Überlebensgeschichten in der Geschichte der Verfolgung und Ermordung der europäischen Juden und anderer durch die Nationalsozialisten: »Flight and Rescue«[1] – »Flucht und Rettung«[2], so hat man dieses Exil genannt.

Die umfangreiche Geschichte des Exils in Ostasien wurde in den letzten Jahren durch einige grundlegende Arbeiten erforscht[3], obwohl einige Aspekte immer noch nicht geklärt sind, etwa welche Rolle Japan, als die in diesen Jahren der Verfolgung und des Krieges vorherrschende Macht in Asien, in Bezug auf das Exil und die Emigration eigentlich genauer gespielt hat. Es erscheint widersprüchlich, dass dieser Bündnispartner Nazi-Deutschlands sich in einem so zentralen Punkt wie der Judenverfolgung anders und abweichend verhielt, als sich dies die Nationalsozialisten gewünscht hatten. Die Forschungsmeinungen über diese japanische Judenpolitik gehen auseinander: Das Spektrum reicht vom Reinwaschen Japans bis hin zu seiner Verdammnis; ein Reinwäscher ist beispielsweise der Journalist und ehemalige Militärattaché an der deutschen Botschaft in Tokyo, Heinz Eberhard Maul, mit seinem auf seiner Bonner Dissertation basierenden Buch mit dem Suggestiv-Titel *Warum Japan keine Juden verfolgte*[4], was m. E. ein vollständiges

---

1 Vgl. Flight and Rescue. United States Holocaust Memorial Museum. Washington, D. C. 2001 [Ausstellungskatalog].
2 Vgl.: Thomas Pekar (Hg.): Flucht und Rettung. Exil im japanischen Herrschaftsbereich (1933–1945). Berlin 2011.
3 Zur japanischen Judenpolitik vgl. u. a.: Françoise Kreissler: Japans Judenpolitik (1931–1945). In: Formierung und Fall der Achse Berlin – Tōkyō. Hg. v. Gerhard Krebs und Bernd Martin. München 1994, S. 187–210; Birgit Pansa: Juden unter japanischer Herrschaft. München 1990; Gerhard Krebs: Die Juden und der Ferne Osten. Ein Literaturbericht. In: NOAG 175–176 (2004), S. 229–270; Martin Kaneko: Die Judenpolitik der japanischen Kriegsregierung. Berlin 2008.
4 Vgl. Heinz Eberhard Maul: Warum Japan keine Juden verfolgte. Die Judenpolitik des Kaiserreichs Japan während der Zeit des Nationalsozialismus (1933–1945). München 2007.

Fehlurteil bedeutet, das sich allerdings nahtlos in den japanischen Revisionismus einfügt, den wir gegenwärtig erleben müssen – und der in nichts anderem besteht, als die Kriegsschuld und die Kriegsverbrechen Japans, wie etwa das Massaker von Nanking, zu leugnen (bei der Besetzung dieser chinesischen Stadt durch japanische Truppen 1937 wurden mindestens 200.000 Zivilisten ermordet und 20.000 Frauen vergewaltigt).[5] Die andere Seite ist die, zu behaupten – besser zu mutmaßen –, dass die Japaner die Juden in Shanghai ermordet hätten, wenn es nicht Hiroshima und Nagasaki gegeben hätte, dass es also die Atombomben waren, die die etwa 20.000 Juden in Shanghai gerettet haben; diese Meinung wird z. B. von dem Freiburger Historiker Bernd Martin vertreten, wenn er schreibt: »In Anbetracht des japanischen Völkermords in China hätten die japanischen Militärs keine Skrupel gehabt, einige tausend jüdische Flüchtlinge zu ermorden. Nicht japanischer Edelmut, sondern der Ausgang des Krieges rettete die Juden in Shanghai.«[6]

Bei den Japanern waren durchaus unterschiedliche Meinungen und Einstellungen zu den Juden, zu dem von ihnen sogenannten »yudaya mondai«, dem »Judenproblem«, vertreten: Es gab notorische Judenhasser, wie General Shiōden Nobutaka (1879–1962), der 1936 die *Protokolle der Weisen von Zion* ins Japanische übersetzte, 1938 am Reichsparteitag in Nürnberg teilnahm und sich selbst als »Streicher von Asien«[7] bezeichnete[8]; oder es gab Pragmatiker, wie Oberst Yasue Norihiro (1886–1950), der, obwohl auch antisemitisch eingestellt[9], »zu den Initiatoren des unter dem Namen ›Fugu-Plan‹ bekannt gewordenen Vorhabens [gehörte], Juden im japanischen Herrschaftsgebiet anzusiedeln«.[10]

Ausdruck dieser eher pragmatischen Linie war auch die japanische Fünfministerkonferenz von 1938, auf der die Leitsätze der Judenpolitik

---

5 Vgl. dazu Iris Chang: The Rape of Nanking. The Forgotten Holocaust of World War II. New York 1997.
6 Bernd Martin: Japan und der Antisemitismus. Nur der Ausgang des Krieges rettete die Juden Schanghais. In: FAZ, 10.06.2008, S. 8.
7 Nach Julius Streicher (1885–1946), dem Herausgeber des antisemitischen Hetzblattes *Der Stürmer*.
8 Louis W. Bondy: Racketeers of Hatred: Julius Streicher and the Jew-Baiters' International. London 1946, S. 245.
9 Er hatte ebenfalls die *Protokolle* übersetzt, und zwar, vor Shiōden, schon 1925 bzw. noch früher: »Army captain (later colonel), Russian language interpreter and Siberian intervention veteran Yasue Norihiro produced a translation of the *Protocols* in 1919, originally for internal use, and first publicized in 1925.« (Jacob Kovalio: The Russian *Protocols of Zion* in Japan. Yudayaka/Jewish Peril. Propaganda and Debates in the 1920s. New York 2009, S. 24).
10 Miriam Bistrovic: Yasue, Norihiro. In: Handbuch des Antisemitismus. Judenfeindschaft in Geschichte und Gegenwart. Bd. 2/2. Personen L-Z. Hg. v. Wolfgang Benz. Berlin 2009, S. 894–895; hier: S. 894.

der japanischen Regierung beschlossen wurden, nämlich einmal, die Juden, die sich im japanischen Herrschaftsbereich befanden, z. B. in Mandschukuo, wo etwa in der Stadt Harbin viele russische Juden lebten, wie andere Ausländer auch zu behandeln, also nicht besonders zu diskriminieren; zum anderen beschloss man, Juden zwar nicht gerade zu ermuntern, in den japanischen Herrschaftsbereich einzuwandern, doch man schloss Immigration von Juden, »die für das Land von Nutzen«[11] wären, nicht aus, wobei man primär an Investoren und Ingenieure dachte. Diese ansatzweise pro-jüdische Haltung aus egoistischen Motiven heraus wurde absurderweise durch den in Japan verbreiteten Glauben an die *Protokolle*, also die angenommene jüdische Weltverschwörung und die weltweite Macht der Juden, unterstützt, insoweit man sich von einer gemäßigten Behandlung der Juden das Wohlwollen vor allem der USA versprach (die nach der Weltverschwörungstheorie in japanischen Augen jüdisch kontrolliert waren).[12]

Pearl Harbor, der japanische Angriff auf die Pazifikflotte der USA am 7. Dezember 1941, bedeutete einen vollständigen Umschwung in der japanischen Judenpolitik; nun verband sich Antiamerikanismus mit Antisemitismus, was dann im Februar 1943 konkret in Shanghai die Einrichtung einer »Restricted Area« bedeutete, in die die Juden – d. h. die Japaner sprachen von »staatenlosen Ausländern«[13] – umziehen mussten; das war faktisch ein Ghetto, wenn auch ohne Mauern, aber doch mit restriktiven Beschränkungen, vor allem in Hinsicht auf Möglichkeiten, dieses Gebiet zu verlassen, um etwa außerhalb zu arbeiten, was oft überlebensnotwendig war.

Als Fazit dieses Kurz-Überblicks über die japanische Judenpolitik wäre festzuhalten: Wenn sie in erster Linie pragmatisch war, war sie nicht ohne einen antisemitischen Hintergrund, der oft aber nur rein »theoretisch« war und praktisch nicht relevant wurde; war sie in erster Linie antisemitisch, dann nicht ohne pragmatische Grundierung. Diese permanente Ambivalenz der japanischen Einstellung zu den Juden war allerdings etwas ganz anderes als der abgrundtiefe Judenhass der

---

11 Yuji Ishida: Japan. In: Handbuch des Antisemitismus. Judenfeindschaft in Geschichte und Gegenwart. Bd. 1. Länder und Regionen. Hg. v. Wolfgang Benz. München 2008, S. 175–180; hier: S. 177.
12 Konkretisiert wurde diese Haltung durch die Organisation von drei Kongressen der Jüdischen Gemeinden im Fernen Osten in den Jahren 1937, 1938 und 1939 unter japanischer Schirmherrschaft in Harbin.
13 Da 1941 allen deutschen Juden, die im Ausland lebten, die deutsche Staatsbürgerschaft aberkannt worden war, waren sie also »staatenlos« (1943 wurde dann generell allen Juden, also auch denen, die noch in Deutschland lebten, die Staatsbürgerschaft entzogen).

Nazis[14], der auch vor dem Hintergrund der langen abendländischen bzw. spezifisch deutschen Tradition des Antisemitimus zu sehen ist, die es in Japan nicht gab.

II. Fallbeispiele für ökonomische Hilfsaktionen

Im Folgenden möchte ich an drei Fallbeispielen – winzigen Mosaiksteinchen in dieser umfassenden Geschichte des Exils in Ostasien – verdeutlichen, dass das couragierte Engagement Einzelner vor dem skizzierten ambivalenten Hintergrund der japanischen Judenpolitik bzw. der Einstellung auch einzelner Japaner zu den Juden zu nichts weniger geführt hat, als das Überleben jüdischer und anderer Emigranten und Exilanten zu sichern. Sicherung des Überlebens – dies bedeutete im ostasiatischen Bereich die Sicherung der materiell-ökonomischen Basis, hier reduziert auf das fast nackte Überleben: also Bereitstellung von Ernährung, Kleidung, Wohnmöglichkeiten, minimaler medizinischer Betreung und, wenn notwendig, von Mitteln zum Weiterreisen. Hinzu kommt zuweilen minimaler Schulunterricht für Kinder.

II.1 Shanghai und der JDC

Das Hilfs-Engagement Einzelner fand im Rahmen von bestimmten Organisationen statt. Ich werde mich zunächst mit der Lage in Shanghai und dem dort tätigen *American Jewish Joint Distribution Committee* (JDC) beschäftigen; dann, im zweiten Beispiel, mit der Situation in Japan.

Die jüdisch-humanitäre Hilfsorganisation JDC wurde 1914 gegründet und existiert noch heute.[15] Sie war ganz wesentlich an der Hilfe für die Emigranten in Shanghai beteiligt. Diese waren in einer ersten Welle 1938/39 dorthin gekommen. Shanghai war der einzige Ort auf der Welt, für den man – aufgrund einer komplizierten politischen Konstellation, die in der Forschungsliteratur schon häufig dargestellt wurde – kein Visum brauchte. Unter diesen Emigranten waren viele Juden aus Deutschland und Österreich, die nach dem »Anschluss« das Land ver-

---

14 Goldhagen spricht bekanntlich von einem »eliminatorischen Antisemitismus« in Deutschland (Daniel Jonah Goldhagen: Hitlers willige Vollstrecker. Ganz gewöhnliche Deutsche und der Holocaust. Berlin 1996, S. 71).
15 Vgl. American Jewish Joint Distribution Committee, unter: http://www.jdc.org [abgerufen: 08.05.2015]; zur Geschichte des JDC während der Kriegsjahre vgl.: Yehuda Bauer: American Jewry and the Holocaust. The American Jewish Joint Distribution Committee 1939–1945. Detroit 1981.

ließen, aber auch viele Juden aus Osteuropa. In diesen Jahren lebten rund 17.000 Emigranten dort, von denen zwei Drittel aus Deutschland bzw. Österreich kamen.

Nach Pearl Harbor verschärfte sich die Situation drastisch, denn zum einen wurden alle Hilfslieferungen – wie vor allem Hilfsgelder –, die aus den USA kamen, ausgesetzt, was im Übrigen nicht an Japan, sondern den USA lag, wo es verboten war, Unterstützungsgelder (*funds*) in feindliche Länder zu schicken.[16] Zum anderen trat ein weiteres Problem hinzu: Die Japaner schoben ab Herbst 1941 alle Emigranten, die sich in Japan selbst befanden (viele von ihnen in Kobe) und dort oft auf die Weiterreise in andere Länder warteten, was nun unmöglich geworden war, nach Shanghai ab, so dass sich dort die Flüchtlingszahl auf rund 20.000 erhöhte. In dieser äußerst problematischen Lage wurde im April 1941 eine couragierte Frau vom JDC als Repräsentantin nach Shanghai geschickt, nämlich Laura Margolis (1903–1997). Später wurde sie dort von einem anderen JDC-Repräsentanten, Manny Siegel, unterstützt. Nachdem sie nach Amerika zurückgekehrt war, schrieb Laura Margolis in einem Zeitschriftenartikel:

> In October and November, 1941, [...] the Japanese moved to Shanghai all anti-Axis refugees who had reached their islands. Among the Poles were about 500 rabbinical students and their teachers, including the oldest Yeshiva [...] in the world. They had come all the way from Poland as a school, and reached Shanghai with not a single student, teacher or book lost, not a lesson missed. They set up their school immediately, and went quietly on with their work.[17]

Laura Margolis war von ihrer Ausbildung her eigentlich eine Art Sozialarbeiterin[18] und arbeitete dann in erster Linie als, wie man heute sagen

---

16 Japan war seit dem 07. bzw. 08.12.1941 (an dem Tag erklärten die USA Japan den Krieg) ein solches Land. »According to United States Treasury regulations, JDC, an American organization, could not transfer funds to enemy countries.« (Sara Kadosh: Laura Margolis Jarblum. In: Jewish Women's Archive, o. S., unter: http://jwa.org/encyclopedia/article/jarblum-laura-margolis [abgerufen: 08.05.2015]).
17 Laura Margolis: Race Against Time in Shanghai. In: Survey Graphic. Magazine of Social Interpretation 33 (1944) Nr. 3, S. 168–191, unter: http://archives.jdc.org/assets/documents/shanghai_race-against-time-in-shanghai.pdf [abgerufen: 08.05.2015]; im Folgenden zitiert als »Margolis-Artikel«.
18 Ein 1990 mit ihr geführtes *Oral history interview* ist beim United States Holocaust Memorial Museum [USHMM] einzusehen, unter: http://collections.ushmm.org/search/catalog/irn504643 [abgerufen: 08.05.2015], und auch transkribiert worden: USHMM Interview with Laura Margolis, July 11, 1990. RG-50.030*0149, unter: http://www.ushmm.org/media/emu/get?irn=504643&mm_irn=500138&file=primary [abgerufen: 08.05.2015]; im Folgenden zitiert als »Margolis-Interview«. Zu weiteren Informationen über sie vgl. u. a.: Erica Lyons: Laura Margolis in the Spotlight. In: Asian

Abb.: Laura Margolis (1903–1997), Copyright by JDC

würde, »Krisenmanagerin«. Ein paar ganz kurze biografische Informationen zu ihr: Sie wurde 1903 in Konstantinopel geboren (ihre Eltern kamen aus Österreich-Ungarn)[19], wanderte dann aber schon als 5-jähriges Kind mit ihrer Familie in die USA ein, wo sie, nach dem Studium

---

Jewish Life 8 (2012) o. S., unter: http://asianjewishlife.org/pages/articles/AJL_Issue_8/AJL_CoverStory_Laura_Margolis_Shanghai.html [abgerufen: 08.05.2015].
19 Vgl. Margolis-Interview (s. Anm. 18), S. 1.

der Sozialen Arbeit (*social work*), beim JDC anfing zu arbeiten, der sie, nachdem sie sich 1939 in Kuba bei der Hilfe für dort gestrandete jüdische Flüchtlinge aus Deutschland bewährt hatte, nach Shanghai schickte. Dies geschah auf Wunsch des amerikanischen Außenministeriums (*State Department*).[20]

Vor Pearl Harbor hatte das JDC Hilfsgelder an ein lokales jüdisches Komitee in Shanghai geschickt, welches nach seinem Schatzmeister, dem holländischen Bankier und langjährigen Shanghai-Residenten Michael Speelman (1877–1952), »Speelman-Komitee« genannt wurde.[21] Aber die Situation war sehr unübersichtlich – das JDC wusste wohl letztlich nicht, wem es überhaupt Geld schickte und wie es verwendet wurde.

So kam Margolis nach Shanghai und versuchte, sich zunächst einen Überblick über die jüdischen Hilfsorganisationen dort zu verschaffen. Sie war unzufrieden mit der Geldverteilung durch das Speelman-Komitee; und es gab auch heftige Streitigkeiten zwischen den einzelnen Emigrantengruppen über diese Geldverteilung, besonders zwischen polnischen und deutschen Juden[22], so dass Margolis als dritte, neutrale Instanz gerade recht kam.

Am wichtigsten war es, dass von dem Geld des JDC Suppenküchen unterhalten wurden, die – das war die Situation im Sommer 1941 – rund 8.000 Emigranten ernährten; später wuchs diese Zahl auf bis zu 10.000.

Nach Pearl Harbor besetzten japanische Truppen, die einen Teil Shanghais bereits 1937 besetzt hatten, nun auch das internationale Settlement. Diese Gebiete wurden seit Mitte des 19. Jahrhunderts von Briten, Amerikanern, Franzosen und anderen ausländischen Mächten kontrolliert. Briten und Amerikaner u. a. waren nun »feindliche Ausländer« (»enemy aliens«)[23], die dann später auch interniert wurden.

Was konnte Margolis in dieser Situation tun? Sie hatte in der kurzen Zeit, in der sie in Shanghai gewesen war, mehr oder weniger zufällig, Kontakte zu einem wichtigen Japaner – vielleicht dem wichtigsten Japaner für die Juden in Shanghai überhaupt – geknüpft, nämlich dem

---

20 Vgl. Margolis-Interview (s. Anm. 18), S. 5.
21 Vgl. Astrid Freyeisen: Shanghai und die Politik des Dritten Reiches. Würzburg 2000, S. 407.
22 »Rightly or wrongly, she [Margolis] was at once dissatisfied with the way the Speelman Committee was handling financial matters. [...] By summer 1941, the atmosphere of dissension among the various Jewish communities had reached unbearable proportions. Much of it was due to the arrival of the Polish refugees from Japan [...] who [...] had taken an instant dislike to Shanghai. They had been treated generously in Kobe, but then they had been the only refugees there.« (Irene Eber: Introduction. In: Voices from Shanghai. Jewish Exiles in Wartime China. Hg. v. Irene Eber. Chicago, London 2008, S. 1–27; hier: S. 17).
23 Dieser Begriff des »enemy alien« ist ein Begriff des angloamerikanischen Rechts.

Marinekapitän Inuzuka Koreshige (1890–1965)[24], der das Büro für Jüdische Angelegenheiten der Kaiserlich Japanischen Marine (*Imperial Japanese Navy's Advisory Bureau on Jewish Affairs*) in Shanghai von März 1939 bis zum April 1942 leitete. Inuzuka war, wie die eben genannten Yasue und Shiōden auch, ein selbsternannter »Experte für jüdische Angelegenheiten«[25], sogar ein relativ kreativer, denn von ihm stammt der berühmte, oben schon erwähnte Fugu-Vergleich. Inuzuka wird so zitiert: »Die Juden sind genau wie ein Fugu-Fisch [Kugelfisch]. Er schmeckt köstlich, aber wenn man nicht weiß, wie er zu kochen ist, kann er tödlich wirken.«[26]

Dieser theoretisch-antisemitische Hintergrund Inuzukas war Margolis allerdings nicht bekannt. Noch 1990 urteilt sie über ihn ganz einfach so: »[H]e liked Jews.«[27] Sie suchte ihn im Dezember 1941 auf und zeigte ihm ein »cable« (also ein durch ein Unterwasserkabel übertragenes Telegramm)[28] des JDC, welches sie vor Pearl Harbor erhalten hatte und in dem stand, dass sie autorisiert sei, sich Geld auszuleihen und dass das JDC die Rückzahlung dieser Gelder später, also nach Kriegsende, garantiere.[29] So bot sie Inuzuka an, die Verpflegung der Emigranten, also die Suppenküchen, finanziert durch diese Gelder (und um sich etwas leihen zu können, brauchte sie seine Erlaubnis), zu übernehmen – und Inuzuka ging auf dieses Angebot ein. Er befahl sogar, dass eine Bank, die schon geschlossen war, öffnete, um ihr das notwendige Geld aufgrund dieser Sicherheit, die in nichts anderem als diesem Telegramm des JDC bestand, zu leihen.[30]

Man muss deutlich sehen, dass diese jüdisch-japanische Kooperation alles andere als selbstverständlich war, denn Margolis war ja nicht nur Jüdin, sondern zudem auch Amerikanerin, also »enemy alien«, die eigentlich hätte interniert werden müssen – und Inuzuka war ja eigentlich bzw. »theoretisch« Antisemit und eben Kriegsgegner Amerikas; doch es kam zu dieser »unmöglichen« Kooperation – und darüber

---

24 Sie sagte, dass sie ihn vor Pearl Harbor bei Dinner-Partys oder anderen Gelegenheiten getroffen und dass er nach Pearl Harbor in demselben Hotel wie sie gewohnt habe. Vgl. Margolis-Interview (s. Anm. 18), S. 8.
25 Man sprach von sogenannten »Judenspezialisten« (»yudaya senmonka«).
26 Inuzuka, zit. n. Freyeisen: Shanghai (s. Anm. 21), S. 423, Anm. 167.
27 Margolis-Interview (s. Anm. 18), S. 8.
28 Die »cable« waren allerdings auf Diplomaten, Politiker und, wie in diesem Fall, Organisationen beschränkt und Privatpersonen nicht zugänglich.
29 Der Wortlaut dieses »cable« wird von ihr im Interview so wiedergegeben (oder vielleicht auch zitiert): »In case communications are cut, you [Margolis] are authorized to borrow on the promise of us [JDC] to repay the amount of money which is required to take care of the needy.« Margolis-Interview (s. Anm. 18), S. 6.
30 Margolis-Interview (s. Anm. 18), S. 8.

hinaus gelang es Margolis sogar noch, die Suppenküchen mit neuen Geräten zu modernisieren, die sie sich auch mithilfe der Japaner besorgen konnte.³¹

Da aber ihre Internierung doch absehbar war, organisierte Margolis weiter ein ganz neues Komitee, welches die Hilfsprogramme während ihrer Abwesenheit überwachen sollte.³² Sie schreibt später in einem Aufsatz 1944 darüber: »The committee [...] took charge when Mr. Siegel and I were interned; and this same committee [...] today is the mainstay of the Shanghai refugees.«³³ Und so blieb es dann auch bis Kriegsende. Margolis wurde im Februar 1943 interniert; diese Internierung als »enemy alien« war im Übrigen von der Genfer Konvention legitimiert, was Margolis selbst bemerkt: Im *oral history interview* spricht sie davon, dass die Japaner »very good« zu ihr gewesen seien und: »I think they [the Japanese] were absolutely correct in terms of the Geneva convention. They gave us everything that was due to us.«³⁴ Im September 1943 konnte sie in die USA zurückkehren, da sie durch einen Gefangenenaustausch freigekommen war. In den USA erreichte sie dann in einem Gespräch mit dem damaligen Finanzminister Henry Morgenthau (1891–1967), dass die amerikanische Regierung dem JDC erlaubte, Geldmittel für die Emigranten in Shanghai auch während des Krieges zur Verfügung zu stellen. In dem Interview gibt sie das Gespräch mit Morgenthau³⁵ so wieder: »And he [Morgenthau] had one question. Are the Japanese getting any of this money? And I said, ›Not a penny. It's all in the hands of the Bitker Committee‹, and I said, ›This is what is keeping the 8,000 people we are feeding alive.‹«³⁶ Es scheint dann so gewesen zu sein, dass das JDC über eine Repräsentantin in der

---

31 Die alte Küche war, in Margolis Worten, »a primitive Chinese affair employing 100 refugees to operate it« (Margolis-Artikel [s. Anm. 17], S. 168) und auch sehr kostspielig, da sie mit sehr viel teurer Kohle beheizt werden musste. »The modern equipment reduced the operation costs of the kitchens so that more efficient use could be made of the limited funds available.« Kadosh: Laura Margolis (s. Anm. 16), o. S. Margolis besorgte unter abenteuerlichen Umständen neue Kessel für die Küche. Vgl. Margolis-Interview (s. Anm. 18), S. 10, und Margolis-Artikel (s. Anm. 17), S. 171.
32 Viele aus dem alten Speelman-Komitee waren auch mittlerweile von den Japanern interniert worden. Margolis sagt: »[W]e were [...] beginning to train another committee, voluntary committee, to take over because it began to be clear that we were not going to be able to stay out forever because we were enemy aliens.« Margolis-Interview (s. Anm. 18), S. 10. Das war das »Bitker Committee«, genannt nach Joseph Bitker, einem Mitglied der russisch-jüdischen Gemeinde in Shanghai, die bereits vor dem Krieg dort existiert hatte. Vgl. Lyons: Laura Margolis (s. Anm. 18), o. S.
33 Margolis-Artikel (s. Anm. 17), S. 169.
34 Margolis-Interview (s. Anm. 18), S. 11.
35 Fälschlicherweise allerdings hier als »Morganthal« bezeichnet.
36 Margolis-Interview (s. Anm. 18), S. 13.

Schweiz wieder Zahlungen direkt nach Shanghai leistete. Dieser Umweg über die Schweiz wird im Margolis-Interview ebenso erwähnt wie auch die Schweizer JDC-Repräsentantin, Sally Meyer.[37]

Man kann also festhalten, dass Dank des großen Engagements von Margolis das von ihr eingerichtete Ernährungssystem, die sogenannten »Suppenküchen«, und ihre Organisation auch während ihrer Abwesenheit funktionierte, so dass täglich bis zu 10.000 Menschen verpflegt werden konnten. Diese Küchen existierten bis zum Kriegsende und bedeuteten, um es abschließend mit Margolis eigenen Worten zu sagen, »the difference between life and death to thousands of refugees there«.[38]

II.2 Japan und die Hilfskomitees

Auch in Japan selbst gab es Beispiele dafür, dass das beherzte Handeln Einzelner im Kontext dieser »unmöglichen« jüdisch-japanischen Kooperation konkret Leben gerettet hat. Vor 1940 waren nur wenige Emigranten nach Japan gekommen. Es lebten dort zwar schon vorher zeitweilig prominentere jüdische bzw. politische Emigranten, Philosophen, Musiker oder Architekten wie z.B. der deutsch-jüdische Philosoph Karl Löwith (1897–1973), der von 1936 bis 1941 als Professor an der damaligen Kaiserlichen Universität Tōhoku in Sendai lehrte – oder Musiker, wie z.B. Klaus Pringsheim (1883–1962), oder der Architekt Bruno Taut (1880–1938). Diese Personen waren allerdings alle von den Japanern selbst eingeladen worden, ins Land zu kommen. »Uneingeladene« Emigraten hatte man dann erst in größerer Zahl ab 1940. Einer von ihnen, Kurt Felix Marcus (ursprünglich »Markus«) (1914-?), der selbst auf einem abenteuerlichen Weg von Hamburg über Shanghai nach Kobe gelangt war, berichtet dieses: »During 1940 a group of refugees from Germany arrived in Kobe. They all had fake visas which they had bought to get the transit visas through Russia and Manchuria. Some of these visas were for the Dominican Republic, Panama, Venezuela, Costa Rica etc.«[39]

Das lag daran, dass bis Juni 1940 die Emigrationsroute nach Ostasien zumeist über italienische Häfen (Genua, Triest) direkt nach Shanghai

---

37 Vgl. Margolis-Interview (s. Anm. 18), S. 14, dort fälschlich als »Sally Myer« bezeichnet.
38 Arthur G. Klein: Refugees in the Far East. In: Congressional Record vom 18. April 1944, o. S., unter: http://archives.jdc.org/assets/documents/shanghai_refugees-in-the-far-east.pdf [abgerufen: 08.05.2015].
39 USHMM Acc.2000.69, S. 17, unter: http://collections.ushmm.org/search/catalog/irn500039 [abgerufen: 08.05.2015]; seine Memoiren befinden sich als Manuskript im USHMM unter dem Titel *From Germany land of my birth to Israel land of my people*; sie sind online nicht zugänglich.

führte.⁴⁰ Im Juni 1940 erklärte Italien, als Verbündeter Nazi-Deutschlands, Großbritannien und Frankreich den Krieg, und diese Schiffsverbindung wurde geschlossen. Jetzt blieb, bis zum Überfall Hitlers auf die Sowjetunion im Juni 1941, also ungefähr für ein Jahr, nur noch die Route über Sibirien. Sie führte dann direkt in den japanischen Herrschaftsbereich, der sich bis an die russische Grenze erstreckte. Wenn sie dort ankamen, wurden die Emigraten von den japanischen Behörden zumeist weiter mit der Eisenbahn durch Mandschukuo und die koreanische Halbinsel (damals eine japanische Kolonie) bis zur koreanischen Hafenstadt Busan geschickt, wo sie dann mit Schiffen auf die japanische Hauptinsel übersetzten und z. B. in Kobe oder Yokohama ankamen.

Rabbi Zorach (oder Zerach) Warhaftig (1906–2002) – der mit einem Sugihara-Visum nach Japan gekommen war – bezifferte die Zahl der Emigranten, die zwischen Juli 1940 und August 1941 nach Japan gekommen waren (und zum großen Teil dann auch weitergereist waren) auf über 5.000.⁴¹ Diese Zahlen werden auch durch japanische Quellen belegt.⁴² Dieses Visum ist nach Sugihara Chiune (1900–1986), dem japanischen Vize-Konsul in Kaunas/Litauen, benannt, wo er 1940 jüdischen Flüchtlingen, die u. a. auch aus Polen gekommen waren, Transitvisa für Japan ausstellte, entgegen der Weisungen der japanischen Regierung. Unter diesen Flüchtlingen befand sich die Mir Yeshiva (Talmudhochschule), die bei Kriegsausbruch von Mir in Polen (heute in Weißrussland) nach Vilnius/Wilna floh und von da mit diesen Visa nach Kobe kam, wo sie sich von 1940 bis 1941 aufhielt. Sie überlebte als einzige europäische Yeshiva intakt den Holocaust. 1941 wurde sie von den Japanern gezwungen, von Kobe nach Shanghai weiterzureisen, wo sie, obzwar die Lebensbedingungen dort sehr schlecht waren, den Krieg überstand.⁴³

Als immer mehr Emigranten nach Kobe kamen (Kobe hatte als Hafenstadt eine Drehkreuzfunktion, und es befand sich dort seit etwa

---

40 Allein mit den vier Schiffen der *Lloyd Triestino's Far East Line* gelangten von 1938 bis 1940 rund 17.000 Emigranten nach Shanghai.
41 Zit. n. Akane Nishioka: Jüdisches Exil aus japanischer Perspektive am Beispiel zeitgenössischer Zeitungsberichte und der Fotoserie »Die vertriebenen Juden«. In: Pekar: Flucht und Rettung (s. Anm. 2), S. 132–145; hier: S. 132. Vgl. auch: Zorach Warhaftig: Refugee and Survivor. Rescue Efforts During the Holocaust. Jerusalem 1988; vgl. weiter das *Oral history interview* mit Warhaftig im USHMM, unter: http://collections.ushmm.org/search/catalog/irn508251 [abgerufen: 08.05.2015].
42 Vgl. Nishioka: Jüdisches Exil (s. Anm. 41), S. 133.
43 Vgl. dazu das Interview mit Rabbi Moses Zupnik, der als Jugendlicher diese Emigration als Mitglied der Mir Yeshiva mitgemacht hatte, unter: http://www.ushmm.org/wlc/en/media_oi.php? ModuleID=10007090&MediaID=5269 [abgerufen: 08.05.2015].

1900 auch eine jüdische Gemeinde, die es bis heute gibt)[44], gründete die dortige jüdische Gemeinde ein Hilfskomitee, welches den Namen JEWCOM, also *The Jewish Community of Kobe*, trug, was eigentlich nur ihre Kabeladresse war. Das Modell war hier genau wie in Shanghai: ein lokales Komitee, welches aber Hilfsgelder zu einem wesentlichen Teil aus dem Ausland – und zwar hier auch vom JDC – bezog. Komitee-Vorsitzender war der aus Russland stammende Anatole Ponevejsky (1900–1969), wie überhaupt das Kobe-Komitee stark russisch geprägt war. Ponevejsky (später Ponve) stammte ursprünglich aus Irkutsk und zog dann, über Harbin, nach Japan. Er war im Wollhandel tätig. Als Flüchtlinge aus Europa kamen, organisierte er, zusammen mit seinem aus Smolensk (Westrussland) stammenden Schwager Moise Moiseeff (1905–1991) und dem aus Wilna/Vilnius (Litauen) stammenden Leo Hanin (geb. 1913), ein Hilfskomitee, welches »coordinated a massive refugee relief effort and successfully persuaded Japanese authorities to issue permits to extend the stay of refugees in Kobe«.[45] Hanin hatte ebenfalls in Harbin gewohnt und war dann über Shanghai, wo er in der zionistischen Jugendorganisation *Betar* aktiv war, nach Kobe gezogen, wo er in einer Textilfirma arbeitete. Nach dem Krieg lebte er u. a. in Israel.[46]

Die jüdischen Emigranten in Kobe erregten großes Aufsehen bei den Japanern, wie die japanische Exilforscherin Akane Nishioka u. a. durch die Auswertung zeitgenössischer japanischer Zeitungen aufzeigen konnte.[47]

Neben JEWCOM in Kobe gab es in Japan noch ein zweites Komitee für Emigranten, was bislang von der Forschung so gut wie übersehen wurde. In den Archiven des USHMM gibt es eine Rede, die ein gewisser Ernst Baerwald (1877–1967) 1941 in Oakland, Kalifornien vor einer nicht näher definierten jüdischen Versammlung hielt[48] und in der er von den Aktivitäten eines *Relief Aid Committee*[49] in Yokohama, einer weiteren wichtigen Hafenstadt in Japan, spricht, welches mit Unter-

---

44 Vgl. http://www.jcckobe.org/index.html [abgerufen: 08.05.2015], damals bestehend aus Juden aus Russland, dem Mittleren Osten und Deutschland; vgl.: S. David Moche und Lisa Sopher: History of Jewish Kobe. Japan 2009, o. S., unter: http://historyofjewishkobejapan.blogspot.de/2009/11/hi.html [abgerufen: 08.05.2015].
45 Vgl. diese Angaben unter: http://collections.ushmm.org/search/catalog/pa1127460 [abgerufen: 08.05.2015].
46 Vgl. v. a. die drei *Oral history interviews* des USHMM mit ihm und die Transkripte dieser Interviews, die dort ebenfalls abrufbar sind.
47 Vgl. Nishioka: Jüdisches Exil (s. Anm. 41).
48 USHMM 2006.28 (im Folgenden als »Baerwald-Speech« zitiert).
49 Baerwald-Speech (s. Anm. 48), S. 10; er nennt hier noch, neben Kobe, ein drittes Komitee: »the Polish Committee in Tokyo«, über das aber nichts weiter bekannt ist.

stützung von japanischen Behörden Hilfe leistete, wenn dort z. B. Flüchtlinge strandeten, die ihr Schiff verpasst hatten. Baerwald nennt als Helfenden auf japanischer Seite den aus Shanghai bekannten Marinekapitän Inuzuka, den er ähnlich lobt wie Margolis.[50]

Ernst Baerwald war ein aus Frankfurt a. M. stammender langjähriger Japan-Resident. Er war Sohn von Hermann Baerwald (1828–1907), dem Direktor einer jüdischen Schule in Frankfurt. Für die italienische Firma *Cassella & Co* ging Ernst Baerwald 1912 als Kaufmann nach Japan. 1914 wurde er eingezogen und zur Verteidigung Tsingtaus in China eingesetzt. Er geriet bereits in demselben Jahr in japanische Gefangenschaft und wurde zunächst im Lager Matsuyama, dann in Bandô gefangen gehalten. 1919 wurde er entlassen und reiste 1920 nach Deutschland, wo er heiratete. 1921 kehrte er als IG-Farben-Repräsentant nach Tokyo zurück. 1922 wurden seine Tochter Ann (früher Annelore) und 1927 sein Sohn Hans geboren. Ernst Baerwald blieb, trotz Interventionen gegen ihn durch die Gestapo, bis 1938 Repräsentant der IG-Farben in Japan.[51]

Baerwalds Sohn Hans[52], mit dem ich kurz vor seinem Tod noch korrespondieren konnte, beschreibt die Tätigkeit dieses Komitees so:

> My dad and a couple of friends organized the »Jewish Consulate« (a pure fiction) to do the work of the JDC in helping refugees – mostly from East Europe – who were able to obtain exit/transit visas provided by Japanese consuls (most famous being Sugihara), but NO entry visas. Most ended up in Shanghai, but – while in Japan – were penniless.[53]

Mit diesem »Jüdischen Konsulat«, dieser, wie es Hans Baerwald auch genannt hat, »mythical institution«[54], will ich hier abbrechen.[55]

---

50 Baerwald spricht von ihm als »a retired captain of the Imperial Japanese Navy who is still now stationed in Shanghai where he has done a lot and is still working there to alleviate the conditions of the many thousand of Jewish Refugees.« Baerwald betont hier weiter, dass er in all seinen Gesprächen mit japanischen Behördenvertretern gefunden habe, »that they were sympatic and that they tried to help us [the Jews] in many ways«. Baerwald-Speech (s. Anm. 48), S. 3.
51 Zu diesen biografischen Informationen vgl. die HP »Die Verteidiger von Tsingtau« mit der biografischen Erfassung der Soldaten, unter: http://www.tsingtau.inf/index.html?namen/b.htm [abgerufen: 03.03.2014] und die E-Mail von Hans Baerwald vom 23.07.2008 an den Verfasser.
52 Hans H. Baerwald (1927–2010) war Professor für Japanese Studies an der University of California, Los Angeles; vgl. den Nachruf auf ihn, unter: http://today.ucla.edu/portal/ut/document/baerwald_in_memoriam_2.pdf [abgerufen: 03.03.2014].
53 E-Mail von Hans H. Baerwald v. 23.07.2008 an den Verfasser.
54 E-Mail von Hans H. Baerwald v. 24.07.2008 an den Verfasser.
55 Auf der Website *Jewish Rescuers of the Holocaust*, eingerichtet vom amerikanischen Institute for the Study of Rescue and Altruism in the Holocaust (unter: http://jewishholocaustrescuers.com/index.html [abgerufen: 26.11.2014]), ist Ernst (als

III. Schluss

Diese drei genannten Beispiele zeigen, wie die ökonomische Basis, die für das Überleben der Emigranten notwendig war, durch das Engagement Einzelner, wie beispielsweise Laura Margolis, Anatole Ponevejsky oder Ernst Baerwald, in Zusammenwirkung mit Hilfsorganisationen, wie JDC, JEWCOM oder dem »Jüdischen Konsulat«, ermöglicht wurde. Dabei ist nicht zu vergessen, dass all dies nur vor dem Hintergrund eines »schwachen«, ambivalenten bzw. oft auch nur rein »theoretischen« Antisemitismus zumindest einiger japanischer Entscheidungsträger möglich war, der in vielen Fällen vollkommen beiseitegelegt wurde, um den Weg zu konkreten und solidarischen Hilfeleistungen zu eröffnen.

»Ernest«) Baerwald erwähnt. Paul Baerwald (1871–1961), der Mitbegründer und langjährige Leiter des JDC, war sein Bruder.

Georg Pichler

Im Lager (über-)leben
Formen der Wirtschaft in den französischen Internierungslagern

I. Die Internierungslager in Frankreich

> In Mont Louis war es sehr schwer; die Franzosen haben uns dort ausgehungert. […] Wir haben am Tag 200 g Brot bekommen. […] Wir haben uns selbst eine Waage gemacht aus Karton mit einem Schnürl, da haben wir das abgewogen, damit ja keiner um ein Gramm weniger kriegt als der andere. Sogar die Brösel vom Schneiden sind zusammengesammelt worden, und jeden Tag hat das ein anderer zugeteilt bekommen. Wir sind meistens gelegen, um keine Kalorien zu verbrauchen. Mittags hat es nur eine Suppe gegeben, da ist irgend so ein Gemüse drinnen geschwommen, also unheimlich wenig.[1]

So berichtete der österreichische Interbrigadist Erich Wolf über seinen Aufenthalt im Februar 1941 in der Festung Mont-Louis in den französischen Pyrenäen, die von der Vichy-Regierung in ein Internierungslager für Spanienkämpfer umfunktioniert worden war. Für viele der in den Lagern Gefangenen ging es vorrangig um das nackte (Über-)Leben im physischen Sinn, um Essen, Trinken, Kleidung, Schutz gegen Kälte und gegen Krankheiten, bestenfalls um den Luxus einer Schokolade, eines Glases Wein oder einer Zigarette. Auf die Beschaffung eines Surplus in dieser Gestalt reduzierte sich das ökonomische Streben der meisten Gefangenen in den rund 200 französischen Internierungslagern, die ab dem Ende des Spanischen Bürgerkriegs, vor allem aber nach dem Eintritt Frankreichs in den Zweiten Weltkrieg im ganzen Staatsgebiet für die sogenannten »feindlichen Ausländer« errichtet worden waren.

Bereits das Exil in Frankreich – und nicht nur dort – war in vielen Fällen eine konstante Notsituation gewesen, die Suche nach Ess-, Trink- und Rauchbarem bestimmte häufig den Tagesablauf. Ein Beispiel für viele ist Hans Sahl, der diese Misere in seinem autobiografischen Bericht *Das Exil im Exil* (1990) so beschrieb:

---

1 Dokumentationsarchiv des österreichischen Widerstandes (Hg.): Für Spaniens Freiheit. Österreicher an der Seite der Spanischen Republik 1936–1939. Eine Dokumentation. Wien 1986, S. 326 f.

Manchmal lege ich mich vor Hunger ins Bett, weil man es im Liegen besser aushalten kann. Ich lebe von Brot, Kaffee, Eiern und Zigaretten und wundere mich, wie wenig man braucht, um am Leben zu bleiben. Natürlich muss man jede überflüssige Anstrengung, wie etwa häufiges Treppensteigen, Bücken, Kniebeugen usw. vermeiden, um den Kräfteverbrauch herabzusetzen; auch die Verdauung ist nach Möglichkeit einzuschränken – je mehr man im Körper behält, desto weniger hat man das Gefühl, einen leeren Magen zu haben.[2]

Die Internierung stellte die Exilanten vor eine paradoxe Situation. Zwar erlöste sie der Lageraufenthalt von der aufreibenden und demütigenden Suche nach Einkommen, Unterkunft und Essen, denn man hatte nun ein, wenn auch oft löchriges Dach über dem Kopf und bekam ein Mindestmaß an Nahrung, selbst wenn diese qualitativ schlecht war und zumeist nicht einmal den Grundbedarf deckte. Allerdings war man nun in den Augen der französischen Behörden absurderweise zu einem potenziellen Verbündeten Nazi-Deutschlands geworden, obwohl man als Antifaschist aus diesem Land geflohen war. Zudem befand man sich hinter Stacheldraht, war seiner Grundrechte verlustig gegangen und schwebte, vor allem nach der Niederlage Frankreichs im Mai 1940, in permanenter Gefahr einer Auslieferung an die nationalsozialistischen Schergen.

Das System der französischen Lager tauchte erst vergleichsweise spät in der französischen Exilforschung auf. Einerseits war es für Frankreich kein Ruhmesblatt und stellte den Nachkriegsmythos des Landes als Hort der Résistance gegen den Nationalsozialismus stark infrage. Andererseits erlitten zahlreiche Insassen später ein oft noch dramatischeres Schicksal, auf ihrer Weiterreise ins Exil nach Übersee, im Untergrund in Frankreich oder in den deutschen Konzentrationslagern, wo viele von ihnen umkamen. »Wenn man Kenntnis von den deutschen Konzentrationslagern hat, so fällt es einem schwer, über die französischen zu berichten«[3], erklärte etwa im Nachhinein der Berliner Theaterdirektor Ernst Josef Aufricht dieses Dilemma. Und so kam es, dass erst in den 1990er Jahren eine intensivere Auseinandersetzung mit den französischen Lagern begann.[4] Innerhalb dieser Auseinanderset-

---

2 Hans Sahl: Memoiren eines Moralisten. Das Exil im Exil. Frankfurt a. M. 1990, S. 189 f.
3 Ernst Josef Aufricht: Erzähle, damit du dein Recht erweist. Aufzeichnungen eines Berliner Theaterdirektors. München 1969, S. 145.
4 Eine Übersicht zur Lagerliteratur bieten Hélène Roussel und Lutz Winckler: Exil in Frankreich. Selbstbehauptung, Akkulturation, Exklusion – über einige Themen der Forschung. Mit einem Exkurs von Michael Werner: Kulturtransfer und Verflechtung – das Exil als Sammelpunkt soziokultureller Interaktion. In: Exilforschung. Ein internationales Jahrbuch 30 (2012): Exilforschungen im historischen Prozess. Hg. v. Claus-

zung wiederum ging es vorrangig um das System der Lager und die Gefangenen selbst, um Anekdoten oder politische Aspekte der Lagerhaft, aber kaum um wirtschaftliche Fragen.[5] Liest man jedoch die autobiografischen Aufzeichnungen der Personen, die in diesen Lagern festgehalten wurden, zeigt sich, dass das Ökonomische eine der Grundfragen ihrer Haft war. Daher folgt nun ein kursorischer Überblick über die wirtschaftlichen Aspekte der Lagerhaft und die Wirtschaft des Überlebens in den Lagern.

II. Die Lager aus wirtschaftlicher Perspektive

Die meisten Lager waren in aller Eile errichtet worden, um binnen kurzer Zeit oft weit über 100.000 Menschen aufzunehmen. Viele Lager nutzten bereits bestehende militärische und zivile Gebäude und Anlagen, zahlreiche andere, wie etwa Gurs, eines der größten Lager, wurden in relativ kurzer Zeit in eine bis dahin unerschlossene Landschaft hineingebaut – die Qualität der Anlage, der Baracken und sanitären Einrichtungen war dementsprechend miserabel. Wie hoch die Kosten dieses das ganze Land überziehenden Lagersystems für den Staat waren, ist bis heute nicht eruiert. Es gibt nur in Ansätzen Versuche, die ökonomische Seite dieses Prozesses darzustellen, was unter anderem wohl auch daran liegt, dass die vorhandenen Unterlagen nicht sehr aufschlussreich sind. Denis Peschanski, der das »Frankreich der Lager« bislang am ausführlichsten erforscht hat, ist für das Jahr 1941 zu folgendem Ergebnis gekommen:

Löhne	39.792.578,90 Francs
Abfindungen / Entschädigungen	5.377.532,00 Francs
Errichtung und Umbau der Lager	44.554.369,80 Francs
Unterkunft und Verpflegung der Internierten	153.984.873,00 Francs
Transport der Internierten	7.634.285,45 Francs
Kleidung, Ausrüstung, Bewaffnung	5.211.206,00 Francs
Total	256.554.845,15 Francs

Dieter Krohn und Lutz Winckler in Verb. mit Erwin Rotermund. München 2012, S. 166–191; hier: S. 177–179.

5 Vgl. Georg Pichler: Der Wald von Gurs. Spanische, deutsche und österreichische Erinnerungen an die französischen Lager. In: Linda Maeding und Rosa Pérez Zancas (Hg.): Blicke auf Auschwitz. Deutsch-spanische Annäherungen und Relektüren. Marburg 2011, S. 13–33; Ders.: Eingesperrt und ausgeschlossen. Die Erfahrung der französischen Konzentrationslager aus spanischer und österreichischer Sicht. In: Zwischenwelt 27 (2010), H. 1–2, S. 22–27, darin auch ein umfassender bibliografischer Überblick.

Ein Vergleich, um die Höhe der Ausgaben deutlich zu machen: Der Lohn eines Wachsoldaten betrug damals zwischen 1.000 und 1.100 Francs, heute sind das etwa 1.600 Euro. Die Gesamtkosten für die Lager würden danach für 1941 mehr als 410 Millionen Euro betragen haben.[6]

Angesichts dieses immensen finanziellen Aufwands wird verständlich, warum die von der deutschen Besatzungsmacht ausgeschickte, nationalsozialistische »Kundt-Kommission«, die den Auftrag hatte, die Zahl der inhaftierten Deutschen festzustellen und sie zu überreden, ins Reich zurückzukehren, in ihrem Abschlussbericht beinahe höhnisch anmerkte, dass wegen der »sehr große[n] wirtschaftliche[n] Belastung [...] die französische Regierung [...] für jeden Mann dankbar [ist], den wir abnehmen«.[7]

Wichtiger als die fraglichen Zahlen ist hier, dass mehr als 60 % des Aufwands für die Unterkunft und Verpflegung der Insassen ausgegeben werden mussten. Dies geschah nach offiziell festgelegten Tagessätzen. In der Anfangszeit betrug der Tagessatz 11,50 Francs. Da nach der Besetzung Frankreichs die Preise rapide anstiegen und die Lebensmittel rationiert waren, wurde bei einer Besprechung der Lagerkommandanten aller französischen Internierungslager am 23. und 24. September 1941 in Vichy von diesen selbst »beantragt, den Ernährungstagessatz pro Internierten auf 15 Francs hinaufzusetzen«.[8] Tatsächlich wurde der Tagessatz auf 14,20 Francs im Jahr 1942 und auf 17 Francs im Jahr 1943[9] erhöht, was allerdings weniger mit einer größeren Menschenfreundlichkeit der Behörden als vielmehr mit dem fallenden Wert des Franc zu tun hatte. Nimmt man 1938 als Grundlage, so war der Franc 1941 nur mehr 68 % wert, 1942 = 56 %, 1943 = 45 % und 1946 gar nur mehr 16 %.[10]

Errechnet wurden die Tagessätze nach den Normen, die das Landwirtschafts- und Versorgungsministerium am 26. September 1940 für die Ernährung von inhaftierten Personen erlassen hatte:

- Brot = 400 g pro Tag,
- Fleisch (oder Hering) = 125 g pro Woche,

---

6 Denis Peschanski: La France des camps. L'internement, 1938–1946. Paris 2002, S. 122, 192; zur Umrechnung damaliger Franc-Beträge in die Gegenwart vgl.: www.salaire-moyen.com/index.php [abgerufen: 15.01.2015].
7 Barbara Vormeier: Dokumentation zur französischen Emigrantenpolitik (1933–1944). Ein Beitrag. In: Hanna Schramm: Menschen in Gurs. Erinnerungen an ein französisches Internierungslager (1940–1941). Worms 1977, S. 155–384; hier: S. 220.
8 Vormeier: Dokumentation zur französischen Emigrantenpolitik (s. Anm. 7), S. 242.
9 Peschanski: La France des camps (s. Anm. 6), S. 124.
10 Peschanski: La France des camps (s. Anm. 6), S. 125.

- Trockengemüse (oder Reis)   = 100 g pro Tag; falls nicht lieferbar, 500 g grünes Gemüse oder 400 g Kartoffeln pro Tag,
- Fett   = 11 g pro Tag,
- Zucker   = 13 g pro Tag,
- Salz   = 16 g pro Tag,
- Kaffee-Ersatz   = 3 g pro Tag,
- Käse   = 120 g pro Monat.[11]

Es handelt sich hierbei um Quantitäten, die für arbeitende Menschen in jedem Fall ungenügend sind, da die »Menge der wichtigsten Nahrungsstoffe, Fett, Eiweiß, und Mehle (Kohlehydrate) [...] nur ungefähr einem Viertel der als notwendig betrachteten« entsprach, wie der inhaftierte Mannheimer Kinderarzt Eugen Neter feststellte.[12] Zudem war die Qualität der Nahrung alles andere als akzeptabel, ein Umstand, den sogar der französische Sonderkommissar der Sicherheitspolizei im Dezember 1940 im Hinblick auf die Verpflegung im Lager Gurs beanstandete.[13] Ein Grund dafür war, dass die zentrale Verwaltung die rationierten Nahrungsmittel über Großhändler zustellen ließ, die den Lagern qualitativ schlechte Ware lieferten und die besseren Lebensmittel für die französische Bevölkerung reservierten.[14] Vor allem aber entsprach der Wert der tatsächlich verarbeiteten Lebensmittel nie dem dafür vorgesehenen Tagessatz, wie Barbara Vormeier für das Lager Gurs nachgerechnet hat:[15]

Menu vom 25. Mai 1941

morgens

	Brot etc.		1,16 F	
	Fleisch	83 gr.	1,05 F	
	Reis	35 gr.	0,19 F	
	Marmelade	50 gr.	1,15 F	3,55 F
abends				
	Makkaroni	30 gr.	0,22 F	
	Marmelade	50 gr.	1,15 F	1,37 F
			Tagespreis	4,92 F

---

11 Claude Lahaire: Gurs: 1939–1945. Un camp d'internement en Béarn. Biarritz 2005, S. 19. Alle Übersetzungen stammen, wenn nicht anders vermerkt, vom Verf.
12 Michael Philipp (Hg.): Gurs – ein Internierungslager in Südfrankreich 1939–1943. Literarische Zeugnisse, Briefe, Berichte [1991]. 2. Aufl. Hamburg 1993, S. 36.
13 Vormeier: Dokumentation zur französischen Emigrantenpolitik (s. Anm. 7), S. 239f.
14 Peschanski: La France des camps (s. Anm. 6), S. 129.
15 Vormeier: Dokumentation zur französischen Emigrantenpolitik (s. Anm. 7), S. 241.

Die Beschwerden der Inhaftierten über die Spanne zwischen Tagessatz und tatsächlichem Wert der Verpflegung waren omnipräsent. Die in Gurs inhaftierte Hanna Schramm meinte, dass der »Kaufwert der uns gelieferten Lebensmittel [...] nicht einmal ein Drittel«[16] der dafür vorgesehene Summe betrug. Und Bruno Frei klagte über Le Vernet: »Was wir [...] erhielten, war nicht einen runden Franc wert. Wer wurde reich am Hunger der Gefangenen? Der Verpflegungsoffizier lehnte jede Kontrolle ab. Er wollte uns mit Topinamburs [...] über den Winter bringen.«[17] Abgesehen von diesen Topinamburs bekamen die Gefangenen Kohlrüben, weiße Rüben, Kürbisse, Kichererbsen, alles zu einer dünnflüssigen Suppe verarbeitet, in der hin und wieder ein Brocken Fleisch, etwas Reis oder Kartoffelstücke schwammen. Dazu gab es Brot. Sehr oft war das Gemüse verfault und schmeckte auch so, ein permanenter Alptraum für die Gefangenen, der in ihren Aufzeichnungen in hunderterlei Varianten geschildert wird.

Zur Unterernährung und zum Hunger, eine Folge der Korruption innerhalb der französischen Verwaltung, kam die Ausbeutung der Gefangenen durch das Wachpersonal. Einerseits widmeten sich zahlreiche Wachen dem Schwarzhandel und dem Schmuggel von »Schokolade, Äpfel[n], Butter, Marmelade u. dgl.«[18] zu Wucherpreisen, andererseits ließen sie, vor allem in den härteren Lagern, die Exilanten für sich arbeiten. Der Schriftsteller Friedrich Wolf berichtet vom Schuster Hyan, der von den Behörden die Erlaubnis bekommen hatte, seinem Handwerk nachzugehen: »Selbstverständlich muss er für die Wachmannschaft umsonst arbeiten und sogar noch das Leder liefern; selbstverständlich hält er sich dafür an uns schadlos [und] nimmt für das Besohlen meiner Stiefel dreißig Francs.«[19]

III. Die wirtschaftliche Situation der Emigranten in den Lagern

In vielen Lagern, vor allem den Auffang- und Durchgangslagern wie Argelès-sur-mer, Les Milles oder den Pariser Sportstadien, bildeten sich eigene Sozial- und Wirtschaftsformen nur in Ansätzen heraus, da die Insassen dort meist nur kurz interniert waren. In Lagern wie Le Vernet

---

16 Schramm: Menschen in Gurs (s. Anm. 7), S. 12.
17 Bruno Frei: Die Männer von Vernet. Ein Tatsachenbericht. Berlin 1950, S. 206.
18 AVÖS Paris 1939, Nachlass Buttinger, Die Lage der Emigranten in französischen Internierungslagern, Verein für Geschichte der Arbeiterbewegung, Wien, Mappe 2 C, S. 4. (Mit Dank an Heimo Halbrainer für diesen Hinweis).
19 Friedrich Wolf: Jules. In: Ders.: Erzählungen 1941–1953. Berlin 1963, S. 67–105; hier: S. 76.

oder Gurs hingegen, die dazu bestimmt waren, ihre Gefangenen für längere Zeit aufzunehmen, entstanden von Beginn an Gesellschaften *en miniature* und mit ihnen eigene, den Umständen angepasste Wirtschaftsformen. Am pointiertesten hat diesen Prozess Hans Sahl geschildert. In einem Lager bei Nevers wollte Walter Benjamin eine Lagerzeitung in französischer und deutscher Sprache herausgeben. Als er sein improvisiertes Redaktionsteam um Titelvorschläge bat, nannte Sahl ein Thema,

> von dem ich wusste, dass es Benjamin sehr liegen würde. Ich nannte es »Die Entstehung einer Gesellschaft aus dem Nichts«, eine Soziologie des Lagers, abgeleitet von den Erlebnissen, die primitivsten Bedürfnisse zu befriedigen über die Erfindung des Tauschhandels, von einer flexiblen Währung bis hin zum Drang nach kultureller Betätigung zum Zwecke des geistigen Überlebens.[20]

Tatsächlich sind die Sozialisierungsprozesse, wie sie in den Erinnerungen, Autobiografien und fiktionalisierten Texten geschildert werden, in den meisten Fällen durchaus ähnlich, obwohl die Bedingungen für die Herausbildung von ökonomischen Gemeinschaften je nach Lager und Zeitpunkt sehr unterschiedlich waren. In den ersten Auffang- oder Empfangslagern, die ab Februar 1939 – also nach dem Untergang Kataloniens gegen Ende des Spanischen Bürgerkriegs – errichtet wurden, waren die hygienischen, medizinischen und sozialen Zustände ebenso katastrophal wie die Verpflegung. Dasselbe war der Fall in den großen Lagern des Südens, vor allem nach der Besetzung Frankreichs durch die deutschen Truppen. Anders sah es in den Lagern in und um Paris oder in Nordfrankreich aus, aber auch im »Lager der Prominenten«, nämlich in Les Milles bei Marseille. Dort schien es erträglicher, trotz des Chaos war die Versorgung zwar schlecht, aber meist ausreichend. Bezeichnend dafür ist etwa, dass Soma Morgenstern in seinem detailreichen Romanbericht *Flucht in Frankreich* nur sehr selten über die materiellen Nöte klagt und keineswegs das Bild des Hungers vermittelt, das die Texte aus dem Süden des Landes sonst charakterisiert. Auf dasselbe deuten auch zwei Stellen aus Briefen hin, die Heinrich Blücher an seine Lebensgefährtin und spätere Frau Hannah Arendt schickte. Aus dem Pariser Lager Colombes bat er sie im September 1939 um Kleidung und Toiletteutensilien und um ein Paket mit Lebensmitteln: »wenn möglich: Rotwein, Zigaretten, Schokolade«.[21] Gegen Ende des Monats schilderte er ihr dann den Alltag im Lager Villemalard: »Wir sind wie Soldaten im

---

20 Sahl: Das Exil im Exil (s. Anm. 2), S. 321.
21 Hannah Arendt und Heinrich Blücher: Briefe 1936–1968. Hg. und mit einer Einf. v. Lotte Köhler. München, Zürich 1996, S. 94.

Manöver untergebracht, das heißt ziemlich primitiv, aber absolut ausreichend. Morgens bekommen wir Kaffee und zweimal am Tag eine Mahlzeit, bestehend aus Suppe, Gemüse und Fleisch, Brot und Wein sind inbegriffen.«[22]

Ganz anders beschrieb Arthur Koestler das Essen in Le Vernet, das als eines der härtesten Lager den sogenannten politisch gefährlichen Elementen vorbehalten war:

> [...] die tägliche Ration bestand aus dreißig Gramm Brot, dazu gab es morgens eine Tasse ungezuckerten schwarzen Kaffee, zu Mittag eine Kelle Suppe und abends eine dünne Flüssigkeit, die überhaupt kein Fleisch, bestenfalls ein paar Erbsen, Linsen oder Nudeln enthielt.[23]

Die Insassen waren dadurch so unterernährt, »dass sie unter einem chronischen Hungergefühl litten«[24], und dies zu einer Zeit, in der – Koestlers Mitinsassen Theodor Balk zufolge – »noch nicht der schlimmste Hunger eingekehrt [war] – man aß damals in Vernet noch keine Ratten«.[25]

In allen Lagern bildete sich rasch eine soziale Hierarchie heraus, was nichts anderes hieß, als dass die kapitalistischen Verhältnisse in ihren Grundzügen reproduziert wurden. Hans Sahl beschrieb die Lagerwelt als »eine Art Zerrbild der wirklichen Gesellschaft«, die »denselben Gesetzen wie jene unterworfen zu sein schien, denn sofort gab es eine Auslese der Tüchtigen sowie den Drang zur Organisation, zur Ordnung und Einordnung«.[26] Wie in der Welt draußen teilten sich die Lager in Reiche und Privilegierte auf der einen Seite und das Gros der mäßig Begüterten und Armen auf der anderen. Zu den Privilegierten gehörten, vor allem in den *camps répressives*, den Straflagern, die Berufs- und Schwerverbrecher, »Zuhälter, Taschendiebe, Totschläger, Mörder, Spione, Defraudanten, Betrüger [...], die in Banden organisiert«[27] und an derartige Situationen gewöhnt waren. Auf andere Weise privilegiert waren die Kader der Kommunistischen Partei. Sie wohnten, ebenso in Le Vernet, abseits in besseren Verhältnissen, wurden von ihren Genossen von der Arbeit befreit und waren, glaubt man ihren Kritikern, im Namen der Partei auf ihre persönlichen Vorteile bedacht – und zwar so sehr, dass sie hin und wieder im Stillen ihrem

---

22 Ebd., S. 96.
23 Arthur Koestler: Abschaum der Erde. Autobiographische Schriften. Bd. 2. Aus dem Englischen von Franziska Becker und Heike Kurtze. Frankfurt a. M., Wien 1993, S. 324.
24 Koestler: Abschaum der Erde (s. Anm. 23), S. 330.
25 Theodor Balk: Das verlorene Manuskript. Frankfurt a. M. 1983, S. 155.
26 Sahl: Das Exil im Exil (s. Anm. 2), S. 320.
27 Frei: Die Männer von Vernet (s. Anm. 17), S. 35.

Egoismus frönten, wie etwa Gerhart Eisler, der dem Zentralkomitee der KP angehörende Bruder des Komponisten Hanns Eisler, den Gustav Regler angeblich dabei ertappte, wie er im Dunkel der Nacht in aller Heimlichkeit eine Gans verzehrte.[28]

Aber auch ein paar Schriftsteller befanden sich unter den Privilegierten. Einer der Erfolgsautoren jener Zeit, Lion Feuchtwanger, zog sich während seines Aufenthaltes im Lager Les Milles manch erbitterte Feindschaft zu, etwa die von Albert Drach und Franz Schoenberner[29], wohl aus gutem Grund, denn in seinen Erinnerungen an die Lagerzeit zeigt er sich in aristokratischer Weise seiner Vorrechte bewusst, spricht von »Dienern«, die sich ihm anschmeichelten oder ihm als angenehme Nachbarn »mancherlei Dienste«[30] erwiesen. Ein anderer Aristokrat des Geistes war Arthur Koestler. Glaubt man den Erinnerungen Gustav Reglers, der wie Koestler während seiner Lagerzeit der KPD den Rücken kehrte, saß Koestler als international bekannter Autor den Winter über »allein am warmen Ofen des Büros und las Romane, während alle arbeiteten«[31], und er schrieb an *Scum of the Earth*, seinem Buch über die Lager. Koestlers Verhalten den anderen Insassen gegenüber war reichlich elitär, wie Regler weiter schildert. Da dieser selbst als Barackenchef immer wieder in Sorge um seine Mitbewohner war, rief ihm Koestler »oft ironisch zu [...]: ›Warum kümmerst du dich um die *clochards?‹«[32]

Besonders privilegiert aber waren die Reichen, die sich mit ihrem Geld alle Annehmlichkeiten leisten konnten. Dazu gehörten die Schieber, die Gänse ins Lager schmuggelten und deshalb nicht die Kichererbsen essen mussten, »die sie denen gaben, die dafür ihre Wäsche wuschen«.[33] Oder die sechs Brüder Eligulaschwili, Söhne eines ehemaligen Finanzministers der georgischen Republik, von denen einer, wieder Gustav Regler zufolge, zum Arzt ging und ihn um Bikarbonat bat, »da er zu viel kalte Gans gegessen habe«. Ein Hohn in dieser Zeit der Armut; in den Wahnsinn trieb dies einen Mitgefangenen, der »stehend

---

28 Gustav Regler: Das Ohr des Malchus. Eine Lebensgeschichte. Hg. v. Gerhard Schmidt-Henkel und Hermann Gätje. Frankfurt a. M., Basel 2007, S. 561.
29 Vgl. Albert Drach: Unsentimentale Reise. Ein Bericht [1966]. München 1990, S. 34; siehe dazu auch Eva Schobel: Albert Drach. Ein wütender Weiser. Salzburg, Wien, Frankfurt a. M. 2002, S. 284 f.; Franz Schoenberner: Innenansichten eines Außenseiters. Icking, München 1949, S. 143 f. und 172–174.
30 Lion Feuchtwanger: Der Teufel in Frankreich. Erlebnisse. Tagebuch 1940. Briefe [1942]. Berlin 2005, S. 31, 34.
31 Gustav Regler: Tagebuch 1940–1943. In: Ders.: Sohn aus Niemandsland. Tagebücher 1940–1943. Basel, Frankfurt a. M. 1994, S. 381–670; hier: S. 534 f.
32 Regler: Das Ohr des Malchus (s. Anm. 28), S. 590.
33 Regler: Das Ohr des Malchus (s. Anm. 28), S. 542.

seine Kicher-Erbsen hinunterschlang und die Familie des georgischen Finanzministers an illegal gekauften Tischen ihr Gänsefett essen sah: ›Ich hänge mich auf!‹ schrie er und lief heulend aus der Baracke«.[34]

Schließlich gab es in allen Lagern einen blühenden Schwarzmarkt, Schmuggler, Wirtschaftsbetrüger, Spieler, die ein kleines »Monte Carlo hinter dem zweiten Latrinenhäuschen«[35] betrieben. Selbst als infolge der Kriegsnöte in ganz Frankreich die Lebensmittel rationiert wurden, galt dies in den großen Lagern nur bedingt, wie Bruno Frei in seinem ausführlichen Bericht über das Lager Le Vernet schrieb: »Die Geld hatten, kauften in der Kantine Grieß, Nudeln, Reis. Draußen waren alle diese Waren nicht ohne Marken erhältlich. In der Lagerkantine aber wurden die rationierten Lebensmittel, wenn auch zu Schleichhandelspreisen, feilgeboten.«[36]

IV. Formen der Wirtschaft im Lager

Für sehr viele Gefangene aber kam das Fressen nicht vor der Moral. Es waren nicht nur die politisch bewussten und geschulten Emigranten, die sich auf diese Weise zusammenfanden, vor allem aber sie. Spontan bildeten sich von Beginn an »Wohn- und Essgemeinschaft[en]«[37], die ihre Kochutensilien und Lebensmittel teilten, insbesondere aber all das, was sie zusätzlich zur kargen Lagerkost benötigten und bekamen. Sie legten ihr Geld zusammen, um Nahrung, Kerzen oder Lampen zu kaufen, teilten Essenspakete oder »Vitaminpillen«[38], die sie von draußen bekommen hatten, und veranstalteten »Solidaritätsessen«.[39]

Parallel dazu entwickelten sich relativ rasch Formen des ökonomischen Tausches, die eine Regression zu primitiven Formen wie der Tauschwirtschaft ebenso umfassten wie genossenschaftliche Zusammenschlüsse, die auf eine effizientere Nutzung der Ressourcen abzielten. Diese Formen bestanden nebeneinander, ergänzten sich und dienten in erster Linie dem Überleben in der Gemeinschaft. Auffallend ist, dass es bei diesen Gemeinschaften – naturgemäß – vorrangig ums Essen ging, aber auch um das geistige und intellektuelle Wohl, um die aufgrund der elenden hygienischen Zustände sehr wichtige Körper-

---

34 Regler: Das Ohr des Malchus (s. Anm. 28), S. 574 und 546.
35 Balk: Das verlorene Manuskript (s. Anm. 25), S. 165.
36 Frei: Die Männer von Vernet (s. Anm. 17), S. 207.
37 Frei: Die Männer von Vernet (s. Anm. 17), S. 35.
38 Regler: Das Ohr des Malchus (s. Anm. 28), S. 554.
39 Frei: Die Männer von Vernet (s. Anm. 17), S. 208.

pflege und schließlich um das äußere Erscheinungsbild, nämlich um Kleidung, Schuhwerk, Aussehen.

Die am weitesten verbreitete Form war der Tauschhandel. Man tauschte alles: Tabak gegen Brot, Brot gegen ein Buch, ein Buch gegen eine Schachtel Sardinen[40], tauschte, wenn man keine Verwandten oder Freunde hatte, das von der Lagerleitung Gurs garantierte Recht, zwei Briefe in der Woche zu schreiben, »gegen eine Sardinenbüchse oder eine Schachtel Gauloises bleues, gegen ein Ei oder zwei Tomaten, die sonst einfach unerreichbar« waren.[41] Hans Sahl zufolge hielt Walter Benjamin »philosophische Vorträge im Freien und verlangte drei Gauloises pro Stunde oder einen Nagel oder einen Bleistift«.[42] Sahl berichtet auch davon, dass aufgrund des Geldmangels eine eigene Währung eingeführt wurde, »die jeweils nach dem Prinzip von Angebot und Nachfrage bestimmt wurde«. Das Notizbuch, in das er seine Lagergedichte schrieb, die 1942 unter dem Titel *Die hellen Nächte*[43] veröffentlicht wurden, hatte ein Soldat eingeschmuggelt, der »dafür entweder zehn Gauloises oder drei Nägel oder einen Bleistift verlangt hatte. Man konnte auch drei Gauloises gegen einen Nagel und einen Bleistift gegen vier Gauloises usw. eintauschen«.[44] Eine besondere Form des Tauschhandels existierte nur in den Frauenlagern: die Prostitution. Die Insassinnen tauschten ihren eigenen Körper gegen einen Entlassungsschein oder andere Vorrechte ein, die ihnen das Wachpersonal oder die Kommandanten gewährten. Claude Lahaire hat dieses Übel sehr lakonisch zum Ausdruck gebracht: »Die Gursianer bezahlten mit allem, was sie hatten, Geld, Kleidung, Schmuck, Uhren usw. Die Frauen manchmal mit ihrem Körper.«[45]

Die weitaus konventionellere Form des Tausches war die von Geld gegen Ware. In fast allen Lagern hatte man Kantinen eingerichtet. In einigen Lagern wurden sie von Privatpersonen geführt, die die Preise beträchtlich in die Höhe trieben. Arthur Koestler berichtet, dass in Le Vernet die Preise »etwa fünfzig Prozent über dem Ladenpreis« lagen und sich dadurch ebenso wie durch die Lebensmittelpakete eine »Klassengesellschaft« entwickelte, »die die schlimmsten Auswüchse dieses Systems zeigte«.[46] Im Frauenlager von Gurs hingegen wurden diese

---

40 Vgl. Frei: Die Männer von Vernet (s. Anm. 17), S. 41.
41 Gertrud Isolani: Stadt ohne Männer. Zürich 1945, S. 169.
42 Sahl: Das Exil im Exil (s. Anm. 2), S. 320.
43 Hans Sahl: Die hellen Nächte. Gedichte aus Frankreich. New York 1942.
44 Sahl: Das Exil im Exil (s. Anm. 2), S. 320.
45 Lahaire: Gurs (s. Anm. 11), S. 45.
46 Koestler: Abschaum der Erde (s. Anm. 23), S. 332.

Privatunternehmen nach einer frühen »kapitalistischen« Phase von den Gefangenen übernommen, wie Hanna Schramm erzählt:

> Es wurde beschlossen, die Kantinen in Genossenschaftsunternehmen umzuwandeln. Wer konnte, zahlte einen Betrag ein, der als Einkaufskapital diente. Von den ersten, in sehr bescheidenen Grenzen gehaltenen Gewinnen wurden die Geldgeber ausbezahlt, und die späteren Überschüsse flossen in Gestalt von Lebensmitteln den Krankenstationen zu.[47]

Eine ebenso konventionell kapitalistische Form des Tausches war die der Arbeitsleistung gegen Geld. Im Lager von Gurs gab es Frauen, die als Frisösen, Masseusen oder Schneiderinnen arbeiteten, Hanna Schramm gab Französischkurse, andere putzten, wuschen Wäsche, kochten Kaffee oder betrieben sogar einen Spiegel-Verleih.[48] Und so »konnte jeder, der arbeiten wollte, sich soviel Geld verdienen, dass er etwas Zusatznahrung kaufen konnte«.[49] Doch auch mit künstlerischem Talent konnte man zu Geld kommen. Schramm hatte von Beginn an Karikaturen des Lageralltags angefertigt, die sie dank der steigenden Nachfrage zu verkaufen begann. Im Männerlager von Gurs fertigte der Maler Karl Schwesig unzählige Porträts von seinen Mitgefangenen an, bis ihn einer davon auf die Idee brachte, auf den leeren Feldern von Briefmarkenbögen den Lageralltag in Miniaturform zu zeichnen, Kleinkunstwerke, die bei den Insassen großen Anklang und ebensolchen Absatz fanden.[50] Ein gewisser Emil, der einst Chauffeur von Willi Münzenberg gewesen war, schnitzte, wie Gustav Regler erzählt, aus Knochen ein Modell der Unterkünfte von Le Vernet und verkaufte es an die »Reichen der Baracke 34«.[51]

Eine weitere Wirtschaftsform war die von Arbeitsleistung gegen Ware. Immer wieder wird erzählt, dass arme Häftlinge für wohlhabendere arbeiteten, die ihnen dafür ihre Tagesrationen überließen oder sie anderswie mit Lebensmitteln und Kleidung versorgten. Eine originelle Form hatte ein esoterischer Graf in Le Vernet gefunden, der, wieder Gustav Regler zufolge, für jeden, der Interesse daran hatte, gegen Nahrungsmittel Horoskope erstellte.[52] Damit war er jedoch nicht der Ein-

---

47 Schramm: Menschen in Gurs (s. Anm. 7), S. 46.
48 Isolani: Stadt ohne Männer (s. Anm. 41), S. 66.
49 Schramm: Menschen in Gurs (s. Anm. 7), S. 18.
50 Vgl. Karl Schwesig: Ein Pyrenäenbericht. In: Philipp: Gurs (s. Anm. 12), S. 65–71; hier: S. 71.
51 Regler: Das Ohr des Malchus (s. Anm. 28), S. 542.
52 Regler: Das Ohr des Malchus (s. Anm. 28), S. 552.

zige, denn auch im Frauenlager Gurs legten Frauen Karten, um sich damit zusätzliche Verpflegung zu verdienen.⁵³

Schließlich existierten die unterschiedlichsten Formen, Arbeitsleistung mit Arbeitsleistung abzugelten, eine Art des Tausches, die vor allem im Bereich der immateriellen Werte angewandt wurde. Österreichische Interbrigadisten etwa gründeten die »Volkshochschule Gurs«, in der sich die Gefangenen gegenseitig in zahlreichen Fächern unterrichteten. Lehrer in einem Unterrichtsfach waren Schüler in anderen Fächern, es war ein direkter Austausch von Wissen und Erfahrung. Ein ähnliches System gab es auch im Frauenlager Rieucros, wo die dort festgehaltenen Insassinnen »Vorträge und Sprachkurse«⁵⁴ organisierten.

Eine der wichtigsten, zugleich aber auch kompliziertesten und unzuverlässigsten Überlebensquellen war die Unterstützung von außen durch Geldsendungen oder Lebensmittelpakete. Dies konnte durch Verwandte, Bekannte oder Organisationen geschehen. Es gab zahlreiche französische und internationale Organisationen konfessioneller oder politischer Ausrichtung, die den Gefangenen Lebensmittel, Kleidung und andere lebensnotwendige Güter zukommen ließen. Zu den Organisationen, die am meisten für die Lagerinsassen taten, gehörten etwa der in den 1930er Jahren in Frankreich gegründete, protestantische, jedoch interkonfessionell wirkende Verein Cimade (Service œcuménique d'entraide), der YMCA, jüdische Organisationen wie ein aus den israelitischen Pfadfindern hervorgegangener Sozialdienst oder die jüdische Organisation für Lehrlingsausbildung ORT, die den Handwerkern Handwerkszeug schickte, und das Unitarian Service Committee (der Quäker), das die Lager mit Medikamenten versorgte. Einzig die katholische Kirche tat sich generell durch Zurückhaltung hervor, sieht man von der Privatinitiative des Abbé Alexandre Glasberg (1902–1981) ab, eines zum Katholizismus übergetretenen ukrainischen Juden, der gegen den Willen seiner kirchlichen Vorgesetzten den Häftlingen Beistand leistete.⁵⁵

Ebenso wichtig waren Geldsendungen und Lebensmittelpakete von Privatpersonen. Vielfach unterstützten wildfremde Menschen die Gefangenen, wie es aus dem Männerlager Gurs überliefert ist, wo zahlreiche österreichische Spanienkämpfer Hilfe von auswärts bekamen. In einer Art von solidarischem Widerstand gegen die deutsche Besetzung

---

53 Vgl. Schramm: Menschen in Gurs (s. Anm. 7), S. 18.
54 Mechthild Gilzmer: Fraueninternierungslager in Südfrankreich. Rieucros und Brens 1939–1944. Berlin 1994, S. 69.
55 Vgl. Schramm: Menschen in Gurs (s. Anm. 7), S. 105–107; vgl. auch Lahaire: Gurs (s. Anm. 11), S. 20; Lucien Lazare: L'Abbé Glasberg. Préface du Cardinal Decourtray. Paris 1990.

wurde »Alois Peter [...] von einem französischen Offizier unterstützt, Hans Landauer erhielt Pakete von einer gewissen Madame Robinet aus Chartres« und Ferdinand Hackl »ein paar braune Lederschuhe von einer österreichischen Krankenpflegerin aus England«.[56] Eines der wenigen bis heute erhaltenen Zeugnisse dieser Unterstützung von außen ist das *Album Gurs*, das im Jahr 2000 veröffentlicht wurde. Als Gegengabe für die Hilfssendungen, die eine Gruppe von österreichischen Haushaltsgehilfinnen den Insassen der Baracke 17 zugeschickt hatte, erzählten mehrere Gefangene ihre Erlebnisse im Spanischen Bürgerkrieg nach und gestalteten sie mit einfachen Mitteln grafisch.

Für die Familienmitglieder, Freunde oder Verwandten war es oft schwierig, im administrativen Chaos Frankreichs den konkreten Aufenthaltsort der Empfänger lokalisieren zu können. Und nicht immer gelangten die Pakete auch wirklich an ihren Bestimmungsort. Eine relativ sichere Form der Versorgung bestand daher darin, Geschäfte in der näheren Umgebung ausfindig zu machen, die gegen Bezahlung regelmäßig die wichtigsten Nahrungsmittel an die Exilanten lieferten. Friedrich Wolf schrieb am 15. Juli 1940 an seine Freundin Margrit Strub:

> Vielleicht könnte man ein Geschäft in Toulouse damit beauftragen, jede Woche ein Paket zu schicken. Ein Schweizer Internierter erhält auf diese Weise jede Woche ein Paket: Marmelade, Seife, Wurst, Kartoffeln etc. durch Magasin Printafix, rue Alsace-Lorraine in Toulouse.[57]

Unter den widrigsten Umständen waren die Lagerinsassen also nicht nur zu den ursprünglichsten Formen der Tauschwirtschaft zurückgekehrt, sondern hatten auch, zumindest in Ansätzen, zahlreiche Vorstellungen einer sozialistischen Wirtschaft verwirklicht: eine Gemeinwirtschaft mit relativ großer Selbstverwaltung und gewerkschaftliche Zusammenschlüsse mit Sozialkassen, die sich neben verschiedenen Formen des Handels unter den kapitalistischen Rahmenbedingungen herausgebildet hatten. Freilich geben die Aufzeichnungen nicht das gesamte Bild wieder, da sie meist von linken politischen Exilanten verfasst wurden, die rund ein Drittel der Insassen ausmachten. Doch sind sie repräsentativ für vieles, was in den Lagern geschah, um zu überleben und die Würde zu wahren angesichts des Übels, das über die Welt hereingebrochen war.

---

56 Erich Hackl: Ein Album und seine Geschichte. In: Ders. und Hans Landauer (Hg.): Album Gurs. Ein Fundstück aus dem Widerstand. Wien 2000, S. 5–18; hier: S. 10.
57 Friedrich Wolf: Briefe. Eine Auswahl. Berlin, Weimar 1969, S. 178. Zum damals recht bedeutenden Magasin Printafix in Toulouse siehe http://commerces-immarcescibles.blogspot.com.es/2012/06/printafix-toulouse-2.html [abgerufen: 12.05.2015].

Helga Schreckenberger

»Man muss gute Nerven haben, um Metro auszuhalten.«[1]
Die Arbeitsbedingungen exilierter Drehbuchautorinnen in Hollywood am Beispiel von Salka Viertel

Bereits in den frühen 1920er Jahren des 19. Jahrhunderts zog es zahlreiche deutschsprachige Regisseure und Schauspielerinnen und Schauspieler nach Hollywood, die in der aufstrebenden Filmindustrie ihr Glück versuchten.[2] Nach der nationalsozialistischen Machtergreifung im Jahre 1933 wurde die amerikanische Filmmetropole zu einer wahren Enklave des deutschsprachigen Exils. Die Filmbranche bot den Flüchtlingen ein breites Spektrum von Arbeitsmöglichkeiten und damit die Chance, ein finanzielles Auskommen zu finden. Eine dieser Möglichkeiten war, sich in einem der großen Studios mit einer Anstellung als Drehbuchautor bzw. Drehbuchautorin zu etablieren, was einer Anzahl von Emigranten und Emigrantinnen zum Teil mit beträchtlichem Erfolg gelang. Dies war kein einfaches Unterfangen, und selbst erfahrene Drehbuchautoren und -autorinnen sahen sich vor ungewohnte und oft nur schwer zu bewältigende Herausforderungen gestellt: Sie mussten sprachliche und kulturelle Barrieren überwinden, und vor allem mussten sie mit einem ihnen unbekannten Arbeitssystem zurechtkommen. Trotz dieser Schwierigkeiten gelang es einer Reihe von deutschen und österreichischen Exilantinnen, sich auf eigene Faust, d. h. ohne die Hilfe der berühmt-berüchtigten 100-Dollar-Verträge, eine erfolgreiche und langjährige Karriere als Drehbuchautorinnen aufzubauen.[3] Zu nennen sind in diesem Zusammenhang Lilo Dammert,

---

1 Salka Viertel, Brief an Berthold Viertel, 17.09.1932 (DLAM).
2 Beispiele dafür sind Erich von Stroheim, dessen Karriere in Hollywood 1914 begann; die Regisseure Ernst Lubitsch, Michael Curtiz, Friedrich Wilhelm Murnau und der Schauspieler Conrad Veit folgten in den 1920er Jahren, 1930 kehrte Joseph von Sternberg in Begleitung von Marlene Dietrich nach Hollywood zurück.
3 Die Idee zu diesen Verträgen stammte von dem erfolgreichen Agenten und Mitbegründer des *European Filmfund* Paul Kohner, der bereits 1920 als Leiter der europäischen Abteilung von Universal Studios gekommen war. Kohner gelang es, die drei großen Studios dazu zu überreden, den in Europa festsitzenden gefährdeten Emigranten Verträge anzubieten, die ihnen sowohl die Einreise in die USA als auch eine Verdienstmöglichkeit gewährleisten würden. Leonhard Frank, Heinrich Mann, Alfred Polgar und

Viktoria Wolff, Irmgard von Cube, Vicki Baum, Gina Kaus und Salka Viertel, die sich mit ihren Drehbüchern verdient in Hollywoods Filmgeschichte eingeschrieben haben.

In dieser Arbeit geht es nicht um die künstlerische Leistung dieser Exilantinnen, sondern um die Frage nach den konkreten Arbeitsverhältnissen von Drehbuchautoren bzw. Drehbuchautorinnen in der Filmfabrik Hollywood. Am Beispiel von Salka Viertel sollen die Bedingungen aufgezeigt werden, unter denen es den Exilantinnen gelang, sich in einer fremden und von Männern dominierten Industrie durchzusetzen und so in vielen Fällen den hauptsächlichen Beitrag zum finanziellen Unterhalt ihrer Familien zu leisten.[4] Die Aufmerksamkeit gilt dabei drei Bereichen: der Entlohnung, den Arbeitsbedingungen im Studio-System Hollywoods und dem Kampf um künstlerische Autonomie und Integrität. Es stellt sich auch die Frage nach den Strategien und Vernetzungen, die es Viertel und anderen Exilantinnen ermöglichten, sich in diesem konkurrenz- und umsatzbetonten Milieu durchzusetzen und finanziellen Erfolg und Einfluss zu erzielen.

Salka Viertel stellt in zweierlei Hinsicht einen Sonderfall dar: Zum einen verfügte sie im Unterschied zu anderen Exilantinnen, die in Hollywood als Drehbuchautorinnen Arbeit fanden – Viktoria Wolff, Irmgard von Cube, Vicki Baum oder Gina Kaus –, über keinerlei schriftstellerische Erfahrung. Zum Zweiten gehörte sie zumindest ursprünglich nicht zu den Exilantinnen und Exilanten, die es auf der Flucht vor den Nationalsozialisten nach Hollywood verschlug. Sie kam schon 1928 zusammen mit ihrem Mann Berthold Viertel, dem die *Fox Film Corporation* einen Drei-Jahres-Vertrag als Drehbuchautor und Regisseur angeboten hatte. Berthold Viertel versprach sich von diesem Aufenthalt nicht nur wertvolle Erfahrungen in der Filmindustrie, sondern auch finanzielle Vorteile. Sein Vertrag sah ein wöchentliches Gehalt von 600 Dollar sowie ein Reisestipendium von 1.200 Dollar vor. Begeistert schrieb er an seine Frau nach Polen: »Wir können, wenn ich es drei Jahre dort aushalte, als bis an unser Lebensende materiell unabhängige Menschen nach Deutschland zurückkehren!«[5]

Für Salka Viertel, die für die Übersiedlung ihre Karriere als Schauspielerin aufgegeben hatte, waren die ersten Jahre in Hollywood äußerst schwierig. Vor allem das Leben einer arbeitslosen »Hollywood-Ehefrau« langweilte sie unendlich. In der deutschen Ausgabe ihrer

---

Alfred Döblin waren die ersten, denen diese Filmverträge die Einreise in die USA ermöglichten. Das Arbeitsverhältnis verlief recht glücklos, und die meisten der Verträge wurden nach kurzer Zeit gekündigt oder nicht mehr erneuert.

4 Dies war der Fall bei Salka Viertel, Vicki Baum und Gina Kaus.
5 Berthold Viertel, Brief an Salka Viertel, 03.08.1927 (DLAM).

Autobiografie *Das unbelehrbare Herz* heißt es: »Ich rebellierte, ich wollte dieses sinnlose Gesellschaftsleben nicht länger mitmachen. Ich war es gewohnt, einen Beruf auszuüben, und um Hollywood zu ertragen, mußte ich arbeiten.«[6] Die kleinen Rollen, die sie in Berthold Viertels Film *The Seven Faces* oder in den deutschen Versionen der Filme *The Sacred Flame* und *Anna Christie* übernehmen konnte, änderten wenig an ihrer Unzufriedenheit. Salka Viertel war gewohnt, lange Sequenzen auf der Bühne zu spielen. Im Vergleich dazu erschien ihr die fragmentierte Filmarbeit als »eine reizlose Arbeit; [...] als sei man halb verdurstet und bekomme immer nur tropfenweise zu trinken«.[7] Auch war sie nach eigener Einschätzung für eine Filmkarriere »weder schön noch jung genug«.[8] Greta Garbo, mit der Salka seit Anfang 1930 befreundet war, brachte sie auf die Idee, Drehbücher zu verfassen. Die Schauspielerin war mit ihren Rollen unzufrieden und beklagte sich häufig über die schlechte Qualität der Drehbücher. Von Salka Viertels Vorschlägen möglicher Filmstoffe und von ihrer lebendigen Art, Geschichten zu entwerfen, angetan, legte Garbo ihr nahe, sich doch als Drehbuchautorin zu versuchen. Sie wurde darin auch von Berthold Viertel unterstützt. Salka Viertel begann, an einem Manuskript über die schwedische Königin Christina zu arbeiten, das sie mithilfe von Margaret LeVino, einer deutschkundigen Amerikanerin, die ihr der Drehbuchautor Budd Schulberg empfohlen hatte, in ein englisches Exposee verwandelte. Greta Garbo, die im Juli 1932 ihren Vertrag mit *Metro-Goldwyn-Mayer*, kurz MGM, erneuerte, vermittelte kurz darauf ein Treffen zwischen Salka Viertel und dem einflussreichen MGM-Produzenten Irving Thalberg. Nach einigen Verhandlungen, die, wie aus Salka Viertels Briefen an ihren Mann hervorgeht, anfangs nicht sehr erfreulich verliefen, kaufte Thalberg das Manuskript für 7.500 Dollar und bot ihr einen Vertrag mit gegenseitiger wöchentlicher Kündigungsfrist und einem Gehalt über 350 Dollar die Woche an.[9]

1932 ging es Salka Viertel nicht mehr allein darum, eine sinnvolle Beschäftigung zu finden, um ihrer langweiligen Existenz als »Filmgattin« zu entgehen. Die Anstellung bei MGM wurde für sie und ihre Familie zur finanziellen Notwendigkeit. Nach anfänglichem Erfolg – *Fox* erneuerte nicht nur seinen Vertrag, sondern verdoppelte auch sein Gehalt – war Berthold Viertel zunehmend unglücklich in Hollywood und träumte von einer Rückkehr nach Europa. Er wechselte von *Fox* zu

---

6 Salka Viertel: Das unbelehrbare Herz. Ein Leben in der Welt des Theaters, der Literatur und des Films. Hamburg, Düsseldorf 1970, S. 214.
7 Viertel: Das unbelehrbare Herz (s. Anm. 6), S. 223.
8 Viertel: Das unbelehrbare Herz (s. Anm. 6), S. 239.
9 Viertel: Das unbelehrbare Herz (s. Anm. 6), S. 269.

den *Paramount Studios* über, die seinen Vertrag nach Ablauf nicht mehr erneuerten. Im Juni 1932 verließ er Hollywood, ohne einen neuen Vertrag abgeschlossen zu haben. Die finanzielle Unterstützung der fünfköpfigen Familie fiel nun zum größten Teil Salka Viertel zu. Das Wochengehalt von 350 Dollar kam dabei mehr als gelegen, umso mehr, da die Ersparnisse aufgrund von Berthold Viertels verfehlter Aktienspekulation um einiges geschrumpft waren.[10] Ein Jahr später rückten die politischen Ereignisse in Deutschland, wie Berthold Viertels alarmierende Briefe warnten, die Rückkehr nach Europa in den Bereich des Unmöglichen.[11]

Es gibt viele Gründe, warum es der als Drehbuchautorin unerfahrenen und unerprobten Salka Viertel gelang, im erfolgreichsten und angesehendsten Studio Hollywoods unterzukommen. MGM hatte zu diesem Zeitpunkt nicht nur die berühmtesten Stars unter Vertrag, sondern dank Thalberg auch die talentiertesten Produzenten und den größten und bestbezahltesten Stab an Drehbuchautoren. Ohne Zweifel trug Greta Garbos Einfluss dazu bei, Salka Viertels Weg bei Thalberg und MGM zu ebnen. Garbo war nach den Erfolgen von *Mata Hari*, *Anna Christie* und *Grand Hotel* auf dem Höhepunkt ihrer Karriere und konnte es sich erlauben, bezüglich ihrer Filmprojekte Bedingungen zu stellen. Allerdings hatte sie sich bei ihrer Vertragserneuerung kein Mitspracherecht bei Drehbüchern und Drehbuchautoren ausgehandelt und befand sich zum Zeitpunkt von Viertels Verhandlungen mit Thalberg bereits auf einer ausgedehnten Europareise.[12] Auch Berthold Viertel betont, dass sich seine Frau aus eigenen Kräften den Respekt der Produzenten erarbeitete. Er schreibt an seine Schwiegermutter in Polen:

> Dabei mußte sie alles allein tun; ich war nicht da und hätte ihr vielleicht auch nicht einmal helfen können, und Greta blieb, wie Du weißt, unerwartet lange in Europa, und konnte auch nicht ihre Renommé hinter Salka stellen. [...] Salka ist doch noch nie eine Schriftstellerin gewesen, ist als solche nicht bekannt und nicht abgestempelt; außerdem hatte sie noch das Odium zu ertragen, als verdankt sie ihren Einfluss einzig und allein der Protektion eines mächtigen und infolgedessen umso gieriger beneideten Stars. Salka hat alle diese Schwierigkeiten aus eigenen Kräften, durch ihren Geist und ihre Persönlichkeit überwunden.[13]

---

10 Berthold Viertel hatte Anteile der Fox Theatre Corporation gekauft, die bald danach ihren Wert verloren. Vgl. Viertel: Das unbelehrbare Herz (s. Anm. 6), S. 222.

11 Vgl. Berthold Viertels Briefe an Salka Viertel vom 15.02. und vom 09., 10., 20., 27. und 30.03.1933 (DLAM).

12 Vgl. Katharina Prager: »Ich bin nicht gone Hollywood!«. Salka Viertel, ein Leben in Theater und Film. Wien 2007, S. 144.

13 Berthold Viertel, Brief an Auguste Steuermann, 02.08.1933 (DLAM).

In diesem Schreiben hebt Berthold Viertel nicht nur die Schwierigkeiten hervor, mit denen sich seine Frau am Beginn ihrer Arbeit als Drehbuchautorin konfrontiert sah, sondern schwächt auch Greta Garbos Rolle als Förderin von Salka Viertels Karriere ab.

Neben Garbos Unterstützung und ihrem eigenen Durchsetzungsvermögen kam Salka Viertel auch zugute, dass weibliche Drehbuchautoren in Hollywood keine Seltenheit waren und in der Anfangsphase der Filmindustrie sogar dominierten. Zwischen 1911 und 1925 stammte die Hälfte der urheberrechtlich geschützten Filme von Frauen.[14] Es handelte sich dabei jedoch nicht um Drehbücher im heutigen Sinne, sondern mehr um kurze »scenarios« mit Anweisungen für den Regisseur. Die Verfasserinnen waren keineswegs Schriftstellerinnen und betrachteten sich auch nicht als solche. In seiner Studie *Hollywood and the Profession of Authorship, 1928–1940* charakterisiert Richard Fine diese ersten professionellen »scenarists« in Hollywoods »Story Departments« folgendermaßen:

> With little training in or allegiance to other forms of creative writing, they thought themselves, at best, technical writers conversant with the new terminology for the screen: cuts, dissolves, fades, wipes, irises, leaders and the like. They scoffed at the notion that they were artists.[15]

Aus diesen ersten Szenaristinnen gingen jedoch auch einige der höchstbezahlten Drehbuchautorinnen hervor, wie z. B. Frances Marion oder Anita Loos. Marion, deren Anfangsgehalt 15 Dollar pro Scenario betraf, erhielt später als Verfasserin der Drehbücher für Filme wie *Stella Dallas* oder *Anna Christie* ein Wochengehalt von 2.000 Dollar.[16] In den 1920er Jahren fiel zwar die Zahl der Drehbuchautorinnen, aber Anfang der 1930er Jahre, als Salka Viertel bei MGM anfing, machten Frauen ein Viertel der in Hollywood angestellten Drehbuchautoren aus.[17]

Nicht nur die lange Tradition, auf die weibliche Drehbuchautoren in Hollywood zurückblicken konnten, war für Salka Viertel von Vorteil, sondern auch, dass der Beginn ihrer Karriere mit der Ablösung des Stummfilms durch den Tonfilm zusammentraf. Der Tonfilm führte in allen Bereichen der Filmindustrie zu massiven Veränderungen, nicht zuletzt in den Drehbuchabteilungen, wie Richard Fine feststellt:

---

14 Vgl. Carrie Beauchamp: Without Lying Down: Francis Marion and the Powerful Women of Early Hollywood. New York 1997, S. 11.
15 Richard Fine: Hollywood and the Profession of Authorship, 1928–1940. Ann Arbor, Michigan 1985, S. 47.
16 Vgl. Bud Schulberg: Moving Pictures. Memories of a Hollywood Prince. New York 1981, S. 17.
17 Vgl. Beauchamp: Without Lying Down (s. Anm. 14), S. 11.

> Scenario departments, staffed with experts in plot constructions, many of whom had tin ears for dialog panicked at the thought of full-length talking pictures. And after initially relying on music and sound effects, the movies were soon filled with dialog – often of the most stilted and artificial variety.[18]

Es begann die fieberhafte Suche nach neuen Talenten, die tonfilmgerechte Drehbücher und Dialoge zu verfassen imstande waren: »Anyone who could string together an elegant sentence had a chance«, meint Lizzie Francke, die Verfasserin von *Script Girls*.[19] Allerdings führte dies auch zu einem harten Konkurrenzkampf, da die Studios gezielt renommierte Autoren, Dramatiker und Journalisten der Ostküste anwarben. Viele bekannte Schriftsteller wie F. Scott Fitzgerald, Ben Hecht oder William Faulkner folgten dem Ruf nach Hollywood, vor allem auch, weil die Wirtschaftskrise Anfang der 1930er Jahre ihren Höhepunkt erreicht hatte und die Möglichkeiten, für den Broadway oder für Illustrierte zu schreiben, erheblich weniger geworden waren. Bald verfügten die Studios über einen erheblichen Stab von Drehbuchautoren. MGM hatte 140 Autoren unter Vertrag, Warner Brothers 110, und bei Paramount waren es 105.[20] Für Frauen bedeutete diese Entwicklung jedoch, dass sie den Konkurrenzkampf um gehobene Positionen vor allem gegeneinander zu führen hatten: »As it was with other professions, the filmindustry just couldn't be seen to be employing too many of them in prominent positions.«[21]

Die große Popularität des sogenannten Frauenfilms in den 1930er und 1940er Jahren führte jedoch dazu, dass die Studios, allen voran MGM, sich doch auch aktiv um weibliche Drehbuchautoren bemühten. Lizzie Francke schreibt:

> During the 30s the link between the »woman's film« and the woman screenwriter was most obvious at MGM. The roster of women writers was extensive and illustrious, with Zoe Akins, Lenore Coffee, Lillian Hellman, Anita Loos, Frances Marion, Bess Meredyth, Dorothy Parker, Adela Rogers St. John and Salka Viertel, among others, all working there at some point in the decade.[22]

---

18 Fine: Hollywood (s. Anm. 15), S. 72.
19 Lizzie Francke: Script Girls. Women Screenwriters in Hollywood. London 1994, S. 30.
20 Vgl. Helmut Asper: Hölle oder Paradies? In: Exilforschung. Ein internationales Jahrbuch 10 (1992): Künste im Exil. Hg. v. Claus-Dieter Krohn, Erwin Rotermund, Lutz Winckler und Wulf Köpke. München 1992, S. 192.
21 Francke: Script Girls (s. Anm. 19), S. 32.
22 Francke: Script Girls (s. Anm. 19), S. 34f.

MGMs Aufgeschlossenheit gegenüber weiblichen Autoren und dem Frauenfilm wird grundsätzlich auf den Einfluss von Irving Thalberg zurückgeführt, der schon während seiner Zeit als *story editor* bei Universal Studios weibliche Drehbuchautoren gefördert und unterstützt hatte. Thalberg ging dabei ausschließlich von kommerziellen Überlegungen aus. Er war davon überzeugt, dass sich Frauen besser als Autorinnen von Frauenfilmen eigneten. Francke schreibt: »He [...] believed that women were better suited to writing material for female stars and that a ›woman's touch‹ would bring to the script a certain authenticity of feeling.«[23] MGM hatte eine Reihe großer Stars unter Vertrag, und diese brauchten Rollen, die ihrem Typus gerecht wurden. Es zeigt sich, dass es einigen Autorinnen gelang, bestimmte Stars mit ihren Drehbüchern besonders erfolgreich in Szene zu setzen. Anita Loos wurde vor allem dann verpflichtet, wenn ein Film mit Jean Harlow auf dem Programm stand. Auch andere Drehbuchautorinnen arbeiteten oft exklusiv für eine bestimmte Schauspielerin. Der Umstand, dass Salka Viertel die Rolle der schwedischen Königin spezifisch für Greta Garbo konzipiert hatte, kam ihr bei den Verhandlungen mit Thalberg zugute. Allerdings hatte die Praktik, Drehbuchautorinnen mit bestimmten Stars zu koppeln, zur Folge, dass Salka Viertel einseitig als Garbo-Spezialistin festgelegt wurde und sich von dieser Stereotypisierung nicht mehr befreien konnte.

Der Tonfilm und der daraus resultierende Bedarf an qualifizierten Drehbuchautoren wirkten sich positiv auf deren Bezahlung aus. Nach den Schätzungen des Agenten H. N. Swanson lag der durchschnittliche Wochenlohn für Drehbuchautoren bei 1.000 Dollar. Auch Richard Fine gibt 950 Dollar als wöchentliches Durchschnittsgehalt an. Der niedrigste Lohn lag bei 50 Dollar die Woche und der höchste bei 3.500 Dollar pro Tag. Den erhielt Ben Hecht, als er an dem Drehbuch für *Gone with the Wind* arbeitete.[24] Dabei muss jedoch beachtet werden, dass viele der Verträge zeitlich begrenzt waren und Kurzzeitverträge über sechs Wochen oder drei Monate genauso üblich waren wie langzeitliche Verpflichtungen. Salka Viertels erster Vertrag wurde von Woche zu Woche erneuert, erst später wurde ihr eine längerfristige Verbindung angeboten. Eine Untersuchung von 1934 zeigte, dass 50 % aller Hollywood-Autoren weniger als 4.000 Dollar im Jahr verdienten, 40 % verdienten weniger als 3.000 Dollar und 30 % weniger als 2.000. Nur 10 % verdienten über 10.000 Dollar.[25] Bedenkt man jedoch, dass 1932 der

---

23 Francke: Script Girls (s. Anm. 19), S. 35.
24 Vgl. Fine: Hollywood (s. Anm. 15), S. 92.
25 Vgl. Nancy Lynn Schwartz: The Hollywood Writers' Wars. New York 1982, S. 25.

Durchschnittslohn in den Vereinigten Staaten bei ca. 26 Dollar die Woche lag, scheinen die Gehälter der Drehbuchautoren mehr als angemessen, auch wenn sie weit unter denen der Schauspieler, Regisseure und Produzenten lagen. Greta Garbo bezog ein Gehalt von 5.000 Dollar die Woche, während Thalbergs Wochengehalt mit 4.000 Dollar veranschlagt wurde.[26] Erwähnt werden muss, dass die Höhe der Gehälter auch vom Geschlecht abhing, wie der Vergleich der Einkommen der höchstbezahlten MGM-AutorInnen aus dem Jahre 1937 zeigt: Jules Furthman bezog 84.975 Dollar, während Zoë Akins 76.500 bekam.[27]

Mit ihrem Wochengehalt von 350 Dollar lag Salka Viertel im unteren Drittel der Verdienstskala. Im Vergleich dazu hatte Vicki Baum bei Paramount über die Vermittlung von Ernst Lubitsch einen Vertrag für 2.500 Dollar die Woche erhalten. Allerdings hatte sie mit ihrem Roman *Menschen im Hotel* einen Welterfolg aufzuweisen, für den Paramount für 5.000 Dollar die Filmrechte erstand.[28] Auch MGM bezahlte Baum mit 2.000 Dollar die Woche wesentlich mehr als Viertel, deren Gehalt im Jahre 1940 noch bei 650 Dollar die Woche lag. In diesem Jahr schaltete sie den Agenten Paul Kohner ein, um ein höheres Gehalt auszuhandeln. Zu ihrem Entsetzen wurde sie von MGM gefeuert. Kohner verschaffte ihr einen Vertrag bei *Warner Brothers*, wo sie 1.000 Dollar die Woche erhielt. Nach Ablauf dieses Vertrages ging sie zurück zu MGM für ein wöchentliches Gehalt von 750 Dollar.[29]

Die Unterschiede in den Gehältern entsprachen der strikten Hierarchie, die in Hollywood herrschte, und waren ein Zeichen für den niedrigen Status der Drehbuchautoren und -autorinnen innerhalb dieser Rangordnung. Der amerikanische Drehbuchautor Donald Ogden Stewart berichtet, dass die Sitzordnung bei offiziellen Essen strikt dem Erfolg an der Kinokasse folgte. »Writers, if invited at all, sat at the bottom of the table, below the heads of publicity but above the hairdressers.«[30] Aber selbst innerhalb der Gruppe der Drehbuchautoren herrschte eine feste Hierarchie, die im Einklang mit der Gehaltsskala stand. Diese wurde durch die Sitzordnung in der Kantine illustriert. W. R. Burnett berichtet: »The commissaries all worked the same way. The $500 writers ate at one table, the $2000 ones somewhere else. The producers ate off by themselves. No one said a word, but everybody

---

26 Vgl. Schwartz: Hollywood Writers' (s. Anm. 25), S. 5.
27 Francke: Script Girls (s. Anm. 19), S. 42.
28 Vgl. Vicki Baum: Es war alles ganz anders. Erinnerungen. Berlin, Frankfurt a. M., Wien 1962, S. 437.
29 Vgl. Viertel: Das unbelehrbare Herz (s. Anm. 6), S. 352–360.
30 Zit. n. Fine: Hollywood (s. Anm. 15), S. 108.

knew where to sit.«³¹ Auch Vicki Baum musste erfahren, dass ihre Position in Hollywood von der Höhe ihres Gehalts abhing. Nachdem die Paramount Studios ihren Vertrag auflösten, wurde sie von MGM für weniger Geld verpflichtet. Sie schreibt in ihren Memoiren:

> Ich wußte nicht, daß ich nach dem Kampf mit der Paramount für Hollywood mit einem blauen Auge gezeichnet war; nicht, daß mich die MGM gewissermaßen als Ladenhüter vom Ausverkaufstisch an sich gerissen hatte; und schon gar nicht, daß die Reduzierung meiner Bezüge von zweitausendfünfhundert auf zweitausend Dollar die Woche eine empfindliche Einbuße an Prestige und sozialem Status bedeuteten.³²

Ebenso absurd fanden die DrehbuchautorInnen, dass ihr Talent nach der Höhe ihres Gehalts bemessen wurde. Donald Odgen Stewart meinte, dass unter den Produzenten die Meinung vorherrschte, ein Manuskript sei desto besser, je mehr Geld man dafür bezahlen musste. Eine ähnliche Erfahrung machte Nunnally Johnson: »I had not been in Hollywood more than two weeks before I noticed that I wasn't considered a writer, but a $300 a week writer. That was alright, but I quickly learned that nobody thought much of $300 a week writers.«³³

Auch Salka Viertels Briefe und Erinnerungen zeugen von ihrer Frustration über die mangelnde Achtung, die Produzenten ihr und ihren Manuskripten entgegenbrachten. Es geht ihr aber viel weniger um soziales Prestige als um ihre Autonomie als Schriftstellerin. Immer wieder musste sie gegen Veränderungen, Neufassungen und andere Eingriffe in ihre Manuskripte kämpfen, oft erfolglos.

Nach Richard Fine war die Arbeit der DrehbuchautorInnen hauptsächlich auf die Phase der Vorproduktion beschränkt, wo sie eine Idee zu einem Film in ein Treatment – eine kurze Zusammenfassung der Handlung und Charakterisierung der Hauptfiguren – entwickeln sollten, das dann den Produzenten zur Begutachtung vorgelegt wurde. Doch selbst wenn es gelang, den Produzenten von der Brauchbarkeit einer Geschichte oder Idee zu überzeugen, bedeutete dies noch lange nicht, dass das Drehbuch zustande kommen würde, wie es Vicki Baum in ihren Erinnerungen an ihre Zeit in Hollywood beschreibt:

> Der Inhalt des fraglichen Buches oder Theaterstücks – selbständige Filmmanuskripte waren noch selten – wurde in einem Exposé von zwölf Seiten zusammengefaßt: entschloß man sich oben, das Zeug zu lesen, so wurde das Exposé zu diesem Zweck abermals gekürzt, diesmal auf knapp drei

---
31 Zit. n. Fine: Hollywood (s. Anm. 15), S. 108.
32 Baum: Es war alles ganz anders (s. Anm. 28), S. 452.
33 Zit. n. Fine: Hollywood (s. Anm. 15), S. 112.

> Seiten. (Damals fand ich dieses Verfahren höchst barbarisch, habe inzwischen aber die Richtigkeit der alten Regel erkannt: was man nicht in drei Minuten sagen kann, taugt nicht zur Verfilmung.) [...] Worauf das Zwölf-Seiten-Exposé dem Produktionschef zuging, der einem aus einer kleinen Gruppe von Produzenten den Auftrag gab. Man diskutierte sodann darüber, ob der Stoff den Rahmen für einen bestimmten Star abgeben könne. Hatte der Star das Recht, seinen nächsten Film selber zu wählen, wie es damals gewöhnlich der Fall war, gab man ihm vielleicht [...] das Originalmanuskript. Das war eine der Klüfte, in denen häufig Manuskript und Autor verschwanden.[34]

Obwohl Salka Viertel sich bei den meisten ihrer Drehbücher der Zustimmung ihres Stars Greta Garbo sicher sein konnte, war auch sie öfters in Gefahr, mit ihrem Manuskript zu scheitern. Nachdem sie Thalberg ihr Treatment für *Queen Christina* vorgelegt hatte, zeigte er sich an einem historischen Stoff nicht interessiert. Bei ihrem nächsten Treffen teilte er ihr mit, als historisches Sujet stehe der Stoff zur freien Verfügung, und sie hätte kein Copyright darauf. Er bot ihr für das 90-seitige Manuskript 1.000 Dollar und weitere 4.000 für die Veränderungen, die sie vornehmen wollte. Die in solchen Verhandlungen unerfahrene Viertel war schockiert und schließlich mehr als bereit, das zweite Angebot, 7.500 Dollar für das Treatment und ein Wochengehalt von 350 Dollar anzunehmen. Auch akzeptierte sie, dass sie das Manuskript zusammen mit Bess Meredyth, einer erfahrenen Drehbuchautorin, schreiben sollte.[35]

Teamarbeit und das Heranziehen zusätzlicher Autoren zur Bearbeitung von Drehbüchern waren eine übliche Vorgangsweise in Hollywood. Es gab dabei zwei verschiedene Methoden, entweder man trug zwei Autoren auf, gemeinsam ein Manuskript zu verfassen, oder man ließ – nach der sogenannten Thalberg-Methode – dasselbe Manuskript sukzessive von verschiedenen Autoren revidieren. Thalberg, für den die Autoren ein »necessary evil«[36] darstellten, war auch dafür bekannt, mehrere Autoren gleichzeitig an einem Manuskript arbeiten zu lassen, ohne dass sie voneinander wussten.[37] Die Produzenten verteidigten diese Methode damit, dass sie effizient sei und das spezielle Talent jedes einzelnen Schriftstellers zugunsten des Filmes nutze. Die Schriftsteller hingegen sahen darin den Wunsch der Produzenten, Kontrolle über den Schreibprozess zu behalten.[38] Erzwungene Kollaborationen zwi-

---

34 Baum: Es war alles ganz anders (s. Anm. 28), S. 447.
35 Vgl. Viertel: Das unbelehrbare Herz (s. Anm. 6), S. 267.
36 Zit. n. Fine: Hollywood (s. Anm. 15), S. 105.
37 Vgl. Fine: Hollywood (s. Anm. 15), S. 117.
38 Vgl. Fine: Hollywood (s. Anm. 15), S. 118.

schen Drehbuchautoren erwiesen sich meistens als wenig fruchtbringend, sie waren nicht nur teuer, sondern den Manuskripten mangelte es oft an stilistischer Homogenität.[39] Eine der wenigen Ausnahmen war die Zusammenarbeit von Billy Wilder und Charles Brackett, die für beide zum Durchbruch als Drehbuchautoren führte. Aber auch die Kollaboration von Gina Kaus und Ladislas Fodor wurde von beiden als gewinnbringend angesehen.

Verhasst bei den Autorinnen und Autoren war auch die Gewohnheit der Produzenten, nach Fertigstellung des Manuskriptes einen anderen Autor damit zu beauftragen, ihm Glanz zu verleihen – »to polish it«. Dies bedeutete meistens, dass das Manuskript vollkommen umgeschrieben wurde. Genau diese Erfahrung machte Viertel mit *Queen Christina*. Ihre Zusammenarbeit mit Bess Meredyth war zwar nicht problemlos, aufgrund des gegenseitigen Respekts jedoch produktiv verlaufen. Dies änderte sich, als Walter Wanger, der Irving Thalberg nach dessem Herzanfall als Produzent ersetzte, Ernest Vajda und Claudine West mit der weiteren Arbeit am Drehbuch beauftragte und Salka Viertel zu »seiner künstlerischen Beraterin«[40] ernannte. Vajda, ein Mitarbeiter von Ernst Lubitsch, der als Regisseur ins Auge gefasst war, sollte dem Drehbuch den berühmten Lubitsch-Touch verleihen. Salka Viertel hielt weder von Vajda noch von seinen Überarbeitungen viel. In ihrer Autobiografie schreibt sie:

> »Königin Christine« verwandelte sich mittlerweile in eines jener typischen Hollywoodprodukte, denen die Garbo endlich zu entrinnen gehofft hatte. Bei den Besprechungen mit Vajda kam es ständig zu heftigen Auseinandersetzungen. Er war unerträglich arrogant, unsachlich und streitsüchtig.[41]

Es blieb nicht bei dieser Umarbeitung, Wanger engagierte auch den englischen Autor H. M. Harwood, der den Dialogen »Niveau« geben sollte. Nachdem Rouben Mamoulian als Regisseur für den Film feststand, kam es zu einer weiteren Fassung. Der Dramatiker und Drehbuchautor Samuel N. Behrman wurde hinzugezogen, um die vorliegenden Fassungen zu überarbeiten. Nach Behrman schrieben er und Salka Viertel das Drehbuch wieder komplett um, wobei sie sich auf Viertels ersten Entwurf stützten. Auf dieser Fassung beruht schließlich der Film.[42]

Die Bearbeitung der Manuskripte durch mehrere Autorinnen und Autoren wirkte sich auch auf die Zuteilung der »Credits« aus, d. h.

---

39 Vgl. Sidney Howard: The Story Gets a Treatment. In: We Make the Movies. Hg. v. Nancy Naumburg. New York 1937, S. 44.
40 Viertel: Das unbelehrbare Herz (s. Anm. 6), S. 277.
41 Viertel: Das unbelehrbare Herz (s. Anm. 6), S. 277.
42 Samuel N. Behrman: Tribulations and Laughter: a Memoir. London 1972, S. 149.

wem das Drehbuch zugeschrieben wurde. Es war unmöglich, die Namen aller Mitarbeiter im Titelvorspann zu nennen, und oft wurde nur der letzte Mitarbeiter genannt. Fine beschreibt das Dilemma, in dem sich viele Autoren befanden:

> As a general rule, more writers worked on any given script than could be credited, which had two unwelcome implications for writers. First, it meant that many writers could work for years without receiving credit [...]. Writers often worked on scripts which were promptly shelved, so that when they did work on one which finally reached the screen, and they were not credited, they were predictably upset. Second, those writers who worked on the first and intermediate drafts of a script most likely found their efforts uncredited.[43]

Vicki Baum musste diese Erfahrung des Öfteren machen, und auch Salka Viertel arbeitete am Ende ihrer Karriere an etlichen Drehbüchern mit, ohne namentlich im Titelvorspann aufzuscheinen.[44] Erst 1941 erzielte die Gewerkschaft der Drehbuchautoren, *The Screen Writers Guild*, der Salka Viertel seit ihrer Gründung angehörte, eine Regelung der Credit-Anerkennung.[45]

Nicht nur unerfahrene Drehbuchautorinnen wie Salka Viertel mussten sich Eingriffe in ihre Texte gefallen lassen. Auch erfahrene und hoch bezahlte Autoren wie Maxwell Anderson, Ben Hecht oder F. Scott Fitzgerald klagten über eigenwillige Änderungen vonseiten der Produzenten. Für Billy Wilder und Charles Brackett war dies der Grund, warum sie nicht nur die Drehbücher für ihre Filme schreiben, sondern sie auch produzieren und die Regie führen wollten. »So that we could keep our product pure«, hieß es dazu von Charles Brackett.[46] Für Viertel wiederholte sich diese Erfahrung bei jedem Drehbuch, das sie für MGM verfasste, und sie litt unter den Eingriffen. Die Umarbeitung des Drehbuchs für den Film *Conquest* empfand sie als »einen gigantischen Alptraum«.[47] Besonders schlimm war die Erfahrung mit dem Film *The Painted Veil*, der auf einen Roman von Somerset Maugham basiert. In der deutschen Fassung ihrer Autobiografie heißt es nur, der Film sei ein Alptraum gewesen, sie habe die Erinnerungen daran verdrängt. Die englische Fassung spricht davon, dass zehn Autoren (darunter übrigens

---

43 Fine: Hollywood (s. Anm. 15), S. 121.
44 Ein bekanntes Beispiel dafür ist auch Bertolt Brecht, dessen Mitarbeit am Drehbuch für Fritz Langs *Hangmen Also Die* nicht anerkannt wurde. Im Vorspann heißt es lediglich: »Nach einer Idee von Bertolt Brecht und Fritz Lang«.
45 Vgl. Fine: Hollywood (s. Anm. 15), S. 122.
46 Zit. n. Fine: Hollywood (s. Anm. 15), S. 150.
47 Viertel: Das unbelehrbare Herz (s. Anm. 6), S. 319.

Vicki Baum) an dem Manuskript gearbeitet hätten, um der *Production Code Administration* das Thema Ehebruch akzeptabel zu machen.[48]

Der Production Code war eine weitere Hürde, die Drehbuchautorinnen und -autoren überwinden mussten. Es handelte sich dabei um eine anfänglich selbst auferlegte Zensur, um zu vermeiden, dass die Filme das moralische Feingefühl der Öffentlichkeit mit unmoralischen Themen oder profanen, anzüglichen Dialogen verletzten. 1930 wurde der Code von der *Motion Picture Production* und *Distributors Association* institutionalisiert. Richard Fine schreibt:

> In short, the Code cut the movies off from many of the most pressing social and moral issues confronting American society, and it severely restricted the range of character and plot possibilities available to the screenwriter. Although approved as the standard of the industry in 1930, it was not until 1934 that compliance with the Code's provisions became mandatory. Producers after that time were reluctant to begin shooting a movie until Joseph Breen, the head of PCA, had approved the script, ordered revisions, or declared it totally unsuitable.[49]

Der Frauenfilm insbesondere wurde von den Bestimmungen des PCA beeinflusst, da wesentliche Themen der gesellschaftlichen Erfahrung von Frauen von vornherein als unmoralisch galten. Nach dem Aufsehen, das Jean Harlows Darstellung einer Femme fatale in dem Film *The Redheaded Woman* (1932), für das Anita Loos das Drehbuch geschrieben hatte, erregte, entwarf Joseph Breen einen noch strikteren Kodex, und ab 1934 konnte kein Drehbuch ohne seine Bewilligung verfilmt werden. Viertels Drehbücher gerieten immer wieder in das Visier des Production Code. In *Queen Christina* hatte sie auf Ermunterung von Irving Thalberg eine Liebesaffäre zwischen Christina und ihrer Hofdame eingebaut, von der in der Filmfassung kaum etwas zu merken ist. Francke zieht folgenden Fazit: »*Queen Christina* demonstrates perfectly how the studio system could contain and neutralize a woman writer's attempt to challenge conventional representation of women, even with the star and seemingly also the Head of Production behind the idea.«[50] Auch in ihren anderen Filmen war es Viertel nicht möglich, ihre Visionen von selbständigen Frauen zu verwirklichen. Auf Beharren Breens musste Anna Karenina bezüglich ihres Ehebruchs eine größere Reue an den Tag legen, und die Szenen, die das ehebrecherische Zusammenleben zeigten, erregten sein Unbehagen. Auch in den ande-

---

48 Salka Viertel: The Kindness of Strangers. New York, Chicago, San Francisco 1969, S. 190.
49 Fine: Hollywood (s. Anm. 15), S. 85.
50 Fine: Hollywood (s. Anm. 15), S. 85; Francke: Script Girls (s. Anm. 19), S. 36.

ren Filmen sah Breen immer wieder Verletzungen der öffentlichen Moral – sei es zu viel Sex in *The Painted Veil* oder die ehebrecherische Beziehung zwischen Maria Walewska und Napoleon in *The Conquest* – und bestand auf Änderungen.[51] Der Film *The Two Faced Woman*, in dem die Ehefrau vorgibt, ihre Zwillingsschwester zu sein und den eigenen Ehemann verführt, erregte nicht nur Breens Ärger, sondern wurde auch von der *Catholic Legion of Decency* als »unmoralisch« verdammt. Gläubige Katholiken wurden aufgefordert, den Film zu boykottieren.[52] Im Unterschied zu Viertel ging die durchaus nicht konservative Gina Kaus mit den Bestimmungen des PCA viel pragmatischer um. Sie schrieb Drehbücher für Unterhaltungsfilme, in denen ein konventionelles Frauenbild dominiert. Auch Vicki Baum kam selten mit den Bestimmungen des PCA in Konflikt.[53]

Hingegen rannte Salka Viertel selbst bei ihren Versuchen, Frauen von geschichtlicher oder politischer Bedeutung auf die Leinwand zu bringen, gegen die konventionellen Vorstellungen der Hollywood-Produzenten an, die wenig Interesse an einem emanzipierten Frauentypus zeigten, der Viertel vorschwebte.[54] Auf ihrer Suche nach einem geeigneten Stoff für einen Garbo-Film war Viertel auf die von deren Tochter verfassten Biografie Marie Curies gestoßen und legte MGM nahe, die Rechte zu kaufen. Nach einigen erfolglosen Anläufen wurde ein Team, dem auch Viertel angehörte, damit beauftragt, das Drehbuch für den Film zu schreiben. In dem bei allen Drehbuchautoren gefürchteten Production Meetings, während denen im Team über das Drehbuch diskutiert wurde, äußerte sich der Produzent Sidney Franklin folgendermaßen: »Also, Leute, gestern abend nach dem Essen habe ich mit Mrs. Franklin über die Story gesprochen, und sie meinte, ein hübsches Mädchen würde niemals Physik oder Chemie studieren.«[55] Franklins Behauptung stieß bei einigen Teammitgliedern sogar auf Zustimmung. Nach langen Diskussionen einigten sich Franklin und Viertel darauf, »daß das unbegreifliche Interesse der jungen Marie Sklodowska an der Wissenschaft nur darauf beruhen konnte, daß sie eine Ausländerin war«.[56] In Franklins Bemerkung klingt nicht nur Chauvinismus, sondern auch eine ablehnende, überhebliche Haltung gegenüber »Auslän-

---

51 Vgl. Karen Swenson: Greta Garbo. A Life Apart. New York 1997, S. 323 und 362.
52 Vg. Swenson: Garbo (s. Anm. 51), S. 410 und 416.
53 Vgl. Nicole Brunnhuber: Frauenarbeit in der ›Kunstfabrik mit Regeln‹. Drehbuchautorinnen im Exil in Hollywood. In: Filmexil: Drehbuchautoren im Exil. München 2003, S. 48–63; hier: S. 56.
54 Viertels Ideen, Drehbücher über George Sand, Johanna von Orléans oder Sappho zu schreiben, wurden abgelehnt.
55 Viertel: Das unbelehrbare Herz (s. Anm. 6), S. 329.
56 Viertel: Das unbelehrbare Herz (s. Anm. 6), S. 330.

dern« an, zu denen auch Salka Viertel gehörte. Während sich Viertel nie offen über die Frauen- und Ausländerfeindschaft, die ihr in Hollywood begegneten, äußert, spricht Vicki Baum das Thema deutlich an. Sie berichtet in ihrer Autobiografie davon, dass man ihr bei Paramount mit den Worten gekündigt hätte: »Frau Baum, [...] wir haben Ihr Manuskript gelesen. Es gefällt uns nicht. Am besten, Sie packen Ihre Siebensachen und gehen dahin, wo Sie hergekommen sind.«[57] Baums Kommentar macht klar, dass es sich hier nicht um einen Einzelfall handelt:

> Wie vieles lassen wir naturalisierten Amerikaner ungesagt, wie vieles schlucken wir stillschweigend herunter, um den Keulenschlägen dieser allgegenwärtigen, wenn auch selten lautwerdenden »Fremden«-Feindlichkeit zu entgehen![58]

Trotzdem blieb Hollywood für die meisten der Autorinnen eine neue Heimat. Baum, Kaus, Wolff und von Cube kehrten nie mehr nach Europa zurück, Salka Viertel erst in den 1950er Jahren und vorerst nur zeitweise.

Die ständigen Eingriffe in ihre Manuskripte, deren vielfachen Revidierungen und der Zwang, ihre Manuskripte den kommerziellen Rahmenbedingungen anzupassen, sind sicher verantwortlich dafür, dass keine der Frauen ihrer Filmarbeit große künstlerische Bedeutung beimaß. Salka Viertel sprach von »Prostitution«[59] und »Mist«[60], Vicki Baum von »Schmarrn«[61], und Gina Kaus meinte lapidar: »Ich konnte mir nicht leisten darüber nachzudenken, ob es ehrenvoll sei, für den Film zu arbeiten. Ich brauchte Geld, und zwar sofort.«[62] Aber selbst wenn die Autorinnen ihre Filmarbeit allein als »Broterwerb«[63] und als finanzielle Notlösung betrachteten, bleibt die Tatsache bestehen, dass sich Salka Viertel und ihre Kolleginnen in einem fremden Sprach- und Kulturraum eine erfolgreiche Karriere aufbauen konnten, und zwar in der hierarchischen, von Männern dominierten Filmindustrie, und dass dieser Erfolg zum großen Teil auf ihre Ausdauer, Flexibilität und ihr Integrationsvermögen zurückzuführen ist.

---

57 Baum: Es war alles ganz anders (s. Anm. 28), S. 450.
58 Baum: Es war alles ganz anders (s. Anm. 28), S. 450.
59 Salka Viertel, Brief an Berthold Viertel, 17.11.1932 (DLAM).
60 Salka Viertel, Brief an Berthold Viertel, 11.04.1933 (DLAM).
61 Baum: Es war alles ganz anders (s. Anm. 28), S. 386.
62 Gina Kaus: Und was für ein Leben. Hamburg 1979, S. 252.
63 Salka Viertel, Brief an Berthold Viertel, 12.09.1940 (DLAM).

Hadwig Kraeutler

Alma S. Wittlin (1899–1992)
In bester Gesellschaft und »Self-made«[1]

I. Ein Fallbeispiel zu ökonomischer Praxis und Erfahrungsfeldern Exilierter

I.1 Einleitung

Alma S. Wittlins (noch nicht vorliegende) Biografie[2] betrifft eine heute nur Insidern bekannte Museologin und Erziehungswissenschaftlerin, die während und nach dem Zweiten Weltkrieg innovative und teils einflussreiche Arbeit leistete. Dies geschah fern ihrer gewohnten Umgebung, aus der Wittlin schon vor dem sogenannten »Anschluss« Österreichs durch das NS-Regime flüchtete. Dass ich nun versuche, etwas über ihr Schicksal herauszufinden und aufzuzeichnen, ist eng verbunden mit meinen fachlichen Interessen, Museologie und Museumskommunikation, entspricht aber auch einer Forderung der neueren Exilforschung, nicht allein an das Leben prominenter Emigrierter zu erinnern, sondern (bisherige) Leerstellen – Lücken in der Erforschung der Folgen der NS-Herrschaft für »Durchschnittsmenschen« – mit konkreten Daten zu belegen.[3] Dies auch im Sinne von Bernhard Fetz,

---

1 Dieser Artikel ist die überarbeitete Fassung des gleichnamigen Beitrags zur Jahrestagung der Gesellschaft für Exilforschung, »Kometen des Geldes. Ökonomie und Exil« (28.–30.03.2014, Österreichische Exilbibliothek im Literaturhaus Wien). Mein Dank geht an die Veranstalterinnen sowie an die Fördergeber zum Forschungsprojekt »Alma S. Wittlin (1899–1992). Leben und Wirken«, Martin Miller and Hannah Norbert-Miller Fellowship, Institute of Modern Languages Research, SAS, University of London (2013), Nationalfonds der Republik Österreich für Opfer des Nationalsozialismus (2012), Smithsonian Institution (2011); im Original in Englisch verfasste Texte wurden von mir übersetzt.
2 Vgl. Hadwig Kraeutler: Exil ohne Ende? Briefe einer Rastlosen. Alma S. Wittlins Briefwechsel in (inter-)nationalen Netzwerken. In: Das Ende des Exils? Briefe von Frauen nach 1945. Hg. v. Irene Below und Inge Hansen-Schaberg. München 2014, S. 170–185; Dies.: Alma S. Wittlin – Leben und Wirken. In: Frauenbiografieforschung. Theoretische Diskurse und methodologische Konzepte. Hg. v. Susanne Blumesberger und Ilse Korotin. Wien 2012, S. 299–321; Dies.: Alma S. Wittlin (1899–1990). The Extraordinary Life and Work of an Inspiring Museologist, unter: http://museumstudies.si.edu/fmp_alumni.htm [abgerufen: 19.05.2015].
3 Vgl. Peter Pulzer: Nachwort. In: Hans Tietze: Die Juden Wiens. Geschichte – Wirtschaft – Kultur [1933], mit einem Nachwort von Prof. Peter Pulzer. Wien 2008, S. 289–310; hier: S. 306.

der bezüglich der überlieferten Kanones großer Persönlichkeiten feststellt, »erst die biographische Vergegenwärtigung einzelner, ›besonderer Individuen‹ kann ein Gegengewicht [im Bewusstsein der Gesellschaft] ausbilden«.[4]

Alma Wittlins Lebensgeschichte, nur bruchstückhaft in »biografischen Artefakten« dokumentiert[5], eignet sich, ökonomische Praxis- und Erfahrungsfelder von Exilierten zu untersuchen, wobei einige Ereignisse als vorrangig gesellschaftlich-strukturell bedingt, andere hingegen als mit spezifischen, persönlichen Konstellationen verknüpft zu sehen sind. Es lässt sich beispielhaft aufzeigen, welche gesellschaftlichen und politischen Veränderungen in der Zeit des Nationalsozialismus Wittlins Emigration verursachten, und auch vor Augen führen, dass es gerade die wirtschaftliche Situation war, die für sie im Exil wiederholt existenziell bestimmend wirkte. Wittlins konkreter Fall – hier mit ökonomischem Augenmerk behandelt – kann gewiss nicht zu international agierendem »Entrepreneurship« Auskunft geben, sondern liefert einen weiteren Puzzlestein für die Darstellung der Folgen der »Vertreibung der Vernunft«.[6] Durch bisher unveröffentlichtes Quellenmaterial belegt, werden einige Lebensstationen und berufliche Situationen Wittlins beleuchtet. Im ersten Teil werden divergierende finanzielle und strukturelle Bedingungen, mit denen Wittlin bisweilen konfrontiert war, durch sechs Schriftstücke vorgestellt – beispielhafte Momente von Exklusion/Inklusion. Im zweiten Teil werden in grob-chronologischer Abfolge »patchwork«-artige Einblicke in die Entwicklung ihrer wirtschaftlichen Verhältnisse im Laufe der 90 Jahre ihres Lebens gegeben.

Jegliche Überlegung zur ökonomischen Situation einer bestimmten exilierten Person, zu deren Chancen, diese Situation in Bezug auf Beweglichkeit, Entwicklungsmöglichkeit oder Verfolgen eigener Interessen selbstbestimmt zu gestalten, muss sozialgeschichtliche Prämissen in Betracht ziehen.[7] Es müssen also sowohl die zeitgeschichtlichen und gesellschaftspolitischen Bedingungen, der Hintergrund unterschiedlicher, im Wesentlichen geschlechterbestimmter Verhältnisse in den jewei-

---

4 Vgl. Bernhard Fetz: Die vielen Leben der Biographie. Interdisziplinäre Aspekte einer Theorie der Biographie. In: Die Biographie. Zur Grundlegung ihrer Theorie. Hg. v. Bernhard Fetz. Berlin, New York 2009, S. 3–66; hier: S. 28 f. Für diesen Hinweis danke ich Katharina Prager (vgl. Dies.: Überlegungen zur weiblichen Exilbiographik, Vortrag, 14.01.2014, öge-frauen AG, Institut für Wissenschaft und Kunst, Wien).
5 Fetz: Die vielen Leben der Biographie (s. Anm. 4), S. 10.
6 Friedrich Stadler (Hg.): Vertriebene Vernunft. Emigration und Exil österreichischer Wissenschaft II. Teilband 2 [1988]. 2. unv. Aufl. Münster 2004.
7 Vgl. Susanne Blumesberger und Ilse Korotin: Vorwort. In: (Dies.): Frauenbiografieforschung. (s. Anm. 2), S. 9–12.

ligen Aufenthaltsumgebungen und Handlungsräumen berücksichtigt werden als auch die persönlichen Gegebenheiten und Lebensphasen des emigrierten/exilierten Individuums. Der vorliegende Beitrag erwähnt solche Aspekte, wo dies (anhand der Quellen) möglich ist, jedoch ohne ausführliche Diskussion.

In Bezug auf Alma Wittlin sei kurz vorweg festgehalten: Ihr Lebensweg, deutlich mitbestimmt von der »großen Politik«, zeigt sie nicht in erster Linie als »Opfer«, jedoch direkt und entscheidend beeinflusst von den historischen Entwicklungen, und zwar stets mit einer gravierenden ökonomischen Komponente. Aus sehr wohlhabendem, aber jeglicher Frauenemanzipation widerstrebenden Haus stammend, war Wittlin nicht für ein Erwerbsleben vorbereitet. Dennoch, und trotz der weltpolitischen Veränderungen, die für sie wiederholt erhebliche Einbrüche bedeuteten, war sie in sehr verschiedenen Arbeitsbereichen mehrmals »kometenhaft« erfolgreich. Ausschließlich ökonomisch betrachtet, blieb dies für Wittlin aber ohne nachhaltigen Erfolg.

I.2 Die Tochter aus »gutem« Hause auf eigenen Wegen
Alina (sic) Stefanie Wittlin wurde am 23. März 1899 bei Lemberg (Galizien), im äußersten Grenzgebiet des Habsburgerimperiums als Tochter eines Großgrundbesitzers geboren. Mit 13 Jahren kam Wittlin mit ihrer Familie nach Wien, besuchte dort die fortschrittlich geführte Schwarzwald-Schule, studierte, heiratete 1921 und promovierte 1925 am renommierten Institut für Kunstgeschichte der Universität Wien. Sie arbeitete für kurze Zeit am Kaiser-Friedrich-Museum (heute: Bode-Museum) in Berlin und erlangte in den 1930er Jahren erste Anerkennung als Journalistin, Kunsthistoriker und Schriftsteller (sic).[8]

Aufgrund des wachsenden NS-Terrors, dessen antidemokratischer Einstellung und der Verfolgung von Menschen jüdischer Abstammung, emigrierte Wittlin 1937 nach England und somit in einen anderen Sprachraum – für sie ausschlaggebend, in der Zeit ihrer produktivsten Jahre.[9] Während der Kriegsjahre gelang es ihr, in Cambridge ein Zweit-

---

8 In dieser Phase trat Wittlin unter verschiedenen Nachnamen, zumeist nur mit Anfangsbuchstaben der Vornamen auf, um nicht als Frau identifiziert zu werden. Dies sowie andere Gender-perspektivisch relevante Aspekte wurden in meinem Beitrag zu A.S. Wittlin bei der Konferenz »Exile and Gender« (17.–19.09.2014, SAS, University of London) behandelt (Drucklegung in Vorbereitung).
9 Vgl. Wittlins Personalakte in: Records of the Society for the Protection of Science and Learning [SPSL] (heute CARA, the Council for Assisting Refugee Academics, London), Bodleian Libraries, University of Oxford, Department of Special Collections, Oxford: MS. S.P.S.L. File 1941–47/9, WITTLIN(-FRISCHAUER), Dr. Alma Stefanie (1899–), 411–442. [SPSL und spezifische Aktenidentifikation]; Dank für freundliche Unterstützung geht an Harry Collins, Superintendent; hier: SPSL 194/9, 418.

studium aufzunehmen. Sie fand Arbeit am dortigen University Museum of Archaeology and Ethnology, forschte und publizierte die Ergebnisse prominent.

Das Ende des Zweiten Weltkrieges mit allgemein zunehmender »Normalität« brachte für Wittlin erneut wirtschaftlich unsichere Zeiten. Dies bedeutete eine nochmalige berufliche Umorientierung, ihre kurzfristige Tätigkeit für den P.E.N. (die internationale Vereinigung der Schriftsteller) in London und später dann, 1952, die Weiteremigration in die USA. Bis 1961 hielt sich Wittlin hauptsächlich in New Mexico auf, wo sie sich wiederum mit dem Thema Museum beschäftigte, dann mit erziehungswissenschaftlichen Arbeiten in Cambridge, MA (1962–63), in Washington D.C. und Tucson, AZ, und zuletzt (ab 1974) in Palo Alto, CA. Dort verstarb Alma Wittlin am 1. Januar 1992 ohne Angehörige oder nähere Freunde.[10]

Wittlins wiederholt einsetzende Karrieren stellen eine große Bandbreite an Erfahrungen dar. Im deutschsprachigen Raum begonnen, folgten unterschiedliche Beschäftigungen in den anglophonen Exilländern. Teils entwickelten sich diese mit Unterstützung durch berufliche oder private Kontakte, teils in internationalen Netzwerken und Organisationen und zudem in wechselnden sozialen und ideologischen Kontexten. Als Jüdin gehörte Wittlin zu einer Gruppe von Menschen, die ausgegrenzt, vertrieben, ermordet wurden.[11] Als Wissenschaftlerin stieß Wittlin in zumeist männlich dominierten (meist Akademiker-)Kreisen (in Österreich, Großbritannien, den USA) bisweilen auf spürbaren Widerstand. Sie war in ihrer Arbeit, ohne den entsprechenden »wissenschaftlichen Apparat«[12], oft auf ihren Einfallsreichtum und ihr Anpassungsvermögen angewiesen.

II. Vier Momente von Exklusion/Inklusion und Erfolg/Scheitern

Vier zeitlich und örtlich auseinanderliegende Ereignisse werden im Folgenden anhand von Schriftstücken aus verschiedenen Archivbeständen kurz vorgestellt. Sie stehen beispielhaft für Begebenheiten und Erfahrungen, wie sie die zeitweise verfolgte/ausgeschlossene, aber erfolgreiche, kreative und unbeugsame Alma Wittlin machte.

---

10 Vgl.: Kraeutler: Exil ohne Ende? (s. Anm. 2), S. 175.
11 Vgl. Denkmal für Ausgegrenzte, Emigrierte und Ermordete des Institutes für Kunstgeschichte der Universität Wien, unter: http://www.univie.ac.at/geschichtegesichtet/a_wittlin-frischauer.html [abgerufen: 19.05.2015].
12 Vgl. Hilde Zaloscer: Wissenschaftliche Arbeit ohne wissenschaftlichen Apparat. In: Stadler (Hg.): Vertriebene Vernunft (s. Anm. 6), S. 634–644.

Erster Moment – Wien, 1942: Im Österreichischen Staatsarchiv liegt ein Schreiben der Geheimen Staatspolizei vom 12. Mai 1942 vor zu »Wittlin, geschiedene Frischauer, Vornamen: Alma Sara« mit dem Betreff: »Vermögensverfall bei Juden«. Es wird dort festgestellt, Wittlin habe sich am 15. April 1937 von ihrem letzten Wohnsitz, Wien III. Bezirk, Heumarkt 9/22 nach Zürich abgemeldet. Ein Verzeichnis der »Umzugseffekte« der Vugesta (Gestapo Verwaltungsstelle für jüdisches Umzugsgut)[13] vom 17. März 1942 ist angeschlossen, das für zwei Kolli Umzugsgut nach Abzug aller Aus- und Abgaben einen Nettoerlös von 44,50 RM ausweist. Des Weiteren findet sich eine Meldung an das Finanzamt für Körperschaften vom 12. Juni 1940, nach welcher das Wiener Dorotheum der im Ausland befindlichen »Wittlin, Dr. Alma Sara« einen Überschuss aus zwei Pfandlosen schulde. Ihre Adresse zu jenem Zeitpunkt ist mit »Queen Court, Queen Square« – also beste Wohngegend im Zentrum Londons – korrekt angegeben.

Zweiter Moment – London, 1946: Ein Brief Wittlins vom 6. November 1946[14] – von einer Adresse weit außerhalb des Zentrums von London geschrieben – zeigt die drastische Verschlechterung ihrer Lage. Sie schreibt ein »S.O.S. in housing matters«, da ihr erbärmliches Zimmer anderweitig gebraucht werde. Sie berichtet, dass die Situation nicht schlimmer sein könne. Es ist Nachkriegszeit, Spätherbst, und es gilt – besonders für die Schreiberin –, in Ruhe arbeiten zu können. Wittlin, die nunmehr 47-jährige aus »bester Gesellschaft« vertriebene Akademikerin, befand sich schon einige Zeit in Bittsteller-Situation. Sie sei ja in der Lage, zwei Pfund zur Miete beizutragen, und auch bereit, als »watchdog, janitor, mousecatcher« zu agieren. Sie hasse es, mit diesen Fragen lästig zu sein. Sie wisse ja nicht, ob eine solche Erfahrung – ohne Unterkunft zu sein – geteilt werde, besonders in einer Phase, in der sie eine Arbeit abzuschließen habe, die Konzentration erfordere und für die sie »ganz bei der Sache« sein sollte. Dieser Brief ist an Hermon Ould (1886–1951) gerichtet, den Generalsekretär des Internationalen P.E.N.[15] Wittlin war ihm seit 1933 als Mitunterzeichnerin einer öster-

---

13 Vgl. Österreichisches Staatsarchiv [ÖStA], Archiv der Republik [AdR]: Bestandsgruppe Finanzen, Bestand Finanzlandesdirektion, Akt FLD 6.753, sowie ÖStA, AdR: Bestandsgruppe Vermögensverkehrsstelle, Vugesta Journalbuch, Bd. 2, Nr. 1.074, betreffend Frau Alma Wittlin. Dank für den Hinweis geht an Mag. Dr. Herbert Posch und Dr. Katharina Kniefacz (»Forum Zeitgeschichte«, Universität Wien).

14 Harry Ransom Center, The University of Texas at Austin, TX [HRC]: P.E.N.- Collection, P.E.N. Letters, Recip., Box Recip Witl–Wz, Folder: Wit–Wol, Creator/Author: Wittlin, Alma; P.E.N. Letters, Series I, Box 28, Folder: Wise–Wolfe: Schreiben Wittlin (06.11.1946, Greenford, Mddx.) an Hermon Ould (London).

15 Hermon Ould (1886–1951), britischer Schriftsteller, Journalist, Pazifist und Kriegsdienstverweigerer im Ersten Weltkrieg, später Generalsekretär von PEN International

reichischen P.E.N.-Solidaritätserklärung für die in Deutschland verfolgten und »verbrannten« Autoren bekannt[16] und war seit 1939 Mitglied des Londoner P.E.N.-Club.[17]

Dritter Moment – London, 1949: Wittlins erstes Museumsbuch, *The Museum. Its History and its Tasks in Education*, erscheint (verzögert) Anfang 1949 bei Routledge & Keagan in London, in der von Karl Mannheim (1893–1947) herausgegebenen Serie *International Library of Sociology and Reconstruction*. Diese Publikation wird noch 20 Jahre später in einer einschlägigen Bibliografie der Smithsonian Institution in Washington D. C. so kommentiert: »long the best known and still the standard work on museums and their educational role«.[18]

Vierter Moment – Palo Alto, Kalifornien, 1974: Nun, schon mehr als zwei Jahrzehnte in den USA, aber ohne kaufmännisches Rüstzeug oder unterstützende Verbindungen, sucht Wittlin im Alter von 75 Jahren, mit einer Firmengründung den Rahmen für ihr eigentliches Forschungsinteresse zu schaffen: die »Bedingungen des Lernens in vorbereiteten Umgebungen, mit Objekten und in/mit Museen und Ausstellungen«.[19] Wittlins auch heute noch aktuelle Botschaft – ein Absatz der Presse-Nachricht des Publicity Departments der MIT-Press anlässlich des Erscheinens ihres zweiten Museumsbuches[20] – lautet:

> The »hottest« current issue [...] is ecology: the comprehension and implementation of that interdependence of all living things [...]. The museum's role in an environmental crisis [...] is postulated.[21]

(http://www.pen-international.org/), übersetzte u. a. Werke Ernst Tollers. Zu Wittlins Schriftwechsel mit Ould, vgl. Kraeutler: Exil ohne Ende? (s. Anm. 2).

16 Vgl. Ursula Prutsch und Klaus Zeyringer: Auseinandersetzung im Literaturbetrieb. In: Dies.: Die Welten des Paul Frischauer. Ein »literarischer Abenteurer« im historischen Kontext, Wien–London–Rio–New York–Wien. Wien, Köln, Weimar, 1997, S. 111–121; hier: S. 116; PEN International. Our history, unter: http://www.pen-international.org/our-history/ [abgerufen: 19.05.2015].

17 Vgl. HRC (s. Anm. 14): Ould (22.05.1939, London) an Wittlin (London).

18 Vgl.: Smithsonian Institution Archives [SIA], SI, Office of Academic Programs, Director's Records (Philip C. Ritterbush), 1966–1970, SIA Acc. 99–008. F 3/11/9, Box 1/1: Ph. C. Ritterbush, Draft Bibliography on Museums in Education (TS, 18. Mai 1970), S. 3.

19 Alma S. Wittlin: How People Learn. In: The Radcliffe Quarterly 72/2 (1986), S. 19–20; hier: S. 19.

20 Alma S. Wittlin: Museums. In Search of a Usable Future. Cambridge MA 1970 [Pb 1974].

21 Vgl. SIA: Record Unit (RU) 000190 (Box 72/89): The M. I. T. Press, Cambridge MA 02142 (o. J.).

III. Alma Wittlins (Familien-)Hintergrund und berufliche (Des-)Orientierungen

In diesem Abschnitt skizziere ich den Verlauf von Wittlins mehrfach »gebrochener« Karriere – deren ökonomische Bedingungen – zuerst in der Umgebung ihrer mitteleuropäischen Herkunft mit wichtigen Stationen in Lemberg, Wien, Berlin, dann in den beiden Exil-Ländern, Großbritannien und USA.

III.1 »Alt-österreichische« und erste berufliche Erfahrungen
In einem Interview, Anfang der 1960er Jahre in Boston, Massachusetts aufgezeichnet[22], wurde Wittlin zu ihrer Herkunft und zu den finanziellen Verhältnissen ihrer Familie befragt, unter anderem, ob sie als Kind alle Bücher, die sie haben wollte, kaufen konnte. Sie antwortete in etwa wie folgt: Ja natürlich, sie habe einen Wunschzettel auf den Schreibtisch ihres Vaters gelegt, und er habe bestellt. Sie habe nie direkt mit Geld zu tun gehabt. Sie berichtete, dass sie ihre Mutter auf deren jährlich stattfindenden Reisen in die Schweiz und nach Italien begleitet habe und sie ins Museum, ins Theater, in die Oper gingen, und auch, dass ihre »*Arme* Tante Charlotte« so genannt wurde, weil *sie* die Verwaltungsgeschäfte ihres unfähigen Mannes erledigte und dies ja *nichts für Frauen* war.

Um unabhängig von der Familie zu werden, heiratete Wittlin 1921 den (später recht erfolgreichen) Schriftsteller Paul M. Frischauer (1898–1977), Sohn einer Verlegerfamilie aus dem jüdisch-assimilierten Wiener Großbürgertum.[23] 1926, bald nach ihrer Promotion[24], erlangte Alma S. Frischauer-Wittlin eine vielversprechende Volontariatsstelle am Kaiser-Friedrich-Museum in Berlin. Das Ehepaar Frischauer zog dorthin.

Durch die Arbeit ihres Manns, der beim Verlag Zsolnay unter Vertrag war, gewann Alma Stefanie[25] Einblick in die Schriftstellerei, in Verlagsstrukturen und -kulturen – auch dies ein etabliertes, überwiegend männlich konnotiertes Praxis- und Erfahrungsfeld.

---

22 Vgl. Schlesinger Library Radcliffe Institute for Advanced Study, Harvard University, Boston [SLR]: Radcliffe College Alumnae Association Records, RG IX, Series 2, Alma S. Wittlin, box 343, D 1962; Interview von Alice Ryerson mit Alma Wittlin, 1962. Tonbandaufnahme, Bunting Institute Interviews, Wittlin [87–T2]. In diesem Interview berichtete Wittlin, der Krieg von 1914 bis 1918 habe den Wittlins große Verluste gebracht. Dank für freundliche Unterstützung geht an Diana Carey, Reference Librarian.
23 Vgl. Prutsch/Zeyringer: Die Welten des Paul Frischauer (s. Anm. 16).
24 Vgl. Geschichte gesichtet (s. Anm. 11).
25 Der Gebrauch nur der Vornamen soll der Lesbarkeit dieser Passage dienen.

Die von Finanz-Differenzen gekennzeichnete Korrespondenz zwischen Paul Frischauer und dem Zsolnay Verlag enthält unter anderem Schriftstücke, die sich auf Dr. Stefanie Frischauer beziehen.[26] Im Schreiben an Zsolnay (15. Jänner 1926) ersuchte Paul um Kenntnisnahme, dass er durch einen Notariatsakt alle Beträge, die ihm aus Verträgen zustünden, »an Dr. Stefanie Frischauer cediert habe«. Ähnlich in einer Notiz (26. August 1926), wo er vom exekutiven Drittverbot von Zahlungen an ihn schrieb und bestimmte, solche sollten ausnahmslos an »Dr. Stefa Frischauer« (sic) gehen. Für Buchprojekte von Paul übernahm Stefanie – ausgerüstet mit Empfehlungsschreiben von Zsolnay – mehrere Werbe-Touren zu Verlagen ins Ausland – u. a. nach Paris, Stockholm, Zürich, letztmalig vermutlich 1933.[27]

Wir sind damit in den 1930er Jahren. Auch für Wittlin persönlich sind dies die 30er Jahre. In der weiblichen Normalbiografie wird diese Lebensphase in Verbindung mit Familie und Kindern gesehen. Zwei für die Karriere und die Unabhängigkeit Wittlins (d. h. den erfolgsgeschichtlichen Blickwinkel) bedeutsame Ereignisse sind 1930 zu verzeichnen: Vermutlich über die Kontakte von Paul ergab sich Arbeit beim Zsolnay Verlag. Unter dem Namen S. Frischauer übersetzte sie Stella Bensons Roman *Goodbye, Stranger* (1926).[28] Die Auszahlung von 5 % des Ladenpreises für die autorisierte Übersetzung wurde in einem Schreiben Zolnays an Paul Frischauer (1. August 1930) vermerkt.[29]

Im gleichen Jahr kam A. S. Frischauers überarbeitete Dissertation als *Altspanischer Kirchenbau* in der angesehenen Reihe, *Studien zur Spätantiken Kunstgeschichte* (Bd. 3) des Instituts für Kunstgeschichte Berlin beim Verlag de Gruyter heraus.[30]

Wegen Pauls gesundheitlicher Probleme – so jedenfalls berichtete Wittlin Jahre später im erwähnten Interview – zogen die Frischauers wieder nach Wien. Aus dem gleichen Grund schlug sie ein Forschungsstipendium aus, das ihr erlaubt hätte, bei einer großen archäologischen

---

26 Vgl. Literaturarchiv der Österreichischen Nationalbibliothek [ÖLA]: Teilarchiv Zsolnay Verlag, Zsolnay – Privatkorrespondenz, Konvolut Paul Frischauer, 14.07.1925–05.06.1933: Akz.-Nr.: ÖLA 286/05- Ordnungsgruppe 2.1, Einträge 1028–1065, Titel Nr. 270, Umschlag 4, Sign 286/B270.
27 Vgl. ÖLA: Teilarchiv Zsolnay (s. Anm. 26).
28 Stella Benson: Fremd wie mein Geliebter. Übersetzt v. S. Frischauer [Alma S. Wittlin]. Wien 1930; Wittlin berichtete, dass ihr, die mehrsprachig aufgewachsen war, der Erwerb von Sprachkenntnissen leicht fiel und sie aus reiner Freude am Übersetzen schon vor dem Universitätsstudium Bücher übersetzt habe (vgl. Anm. 22: Interview Ryerson mit Wittlin, 1962, SLR).
29 Vgl. ÖLA: Splitternachlass Zsolnay (s. Anm. 26).
30 A. S. Frischauer [Alma S. Wittlin]: Altspanischer Kirchenbau. Berlin 1930 (unveränderte Neuauflage 1978).

Grabung in Dalmatien mitzumachen und kappte die Verbindungen zur Museums- und Kunstgeschichte-Szene in Berlin.[31]

Trotz Scheidung (1932) blieben die Frischauers freundschaftlich verbunden. Der Schriftsteller Karl Frucht (1911–1991) berichtet in seiner Autobiografie, dass er eigentlich als Sekretär bei Paul beschäftigt sein sollte, dann aber – weil weder ausgebildet noch geschickt – zuerst als solcher bei Alma tätig war. Eine kurze Passage gibt Einblick in ihre Verhältnisse:

> Alma [...] war geduldig mit mir. Sie diktierte ganz langsam, und während sie wartete, färbte sie ihre Fingernägel. Sie mietete eine bessere Schreibmaschine für mich, und bevor ich mich versah, lebte ich in ihrer Wohnung beim Stadtpark [Wien, 3. Bezirk, Heumarkt 9]. Sie war Journalistin und häufig auf langen Reisen, von Spanien bis hinauf nach Lappland, und ich hatte nichts weiter zu tun, als ihr die Post nachzusenden. Für die langen Stunden des Müßiggangs [...] stand mir eine riesige Bibliothek zur Verfügung [...].[32]

Die Machtübernahme der Nationalsozialisten 1933 in Deutschland brachte gravierende ökonomische Veränderungen für demokratisch engagierte und/oder jüdische Schriftsteller in Österreich.[33] Wittlins weitere finanzielle Grundlage war vermutlich durch ihre Kontakte in der Schweiz gegeben. Sie hatte seit 1931 unter anderem für die *Schweizer Illustrierte Zeitung* geschrieben. 1936 erschien A. St. Wittlins *Isabella, Begründerin der Weltmacht Spanien* im Eugen Rentsch Verlag (Erlenbach-Zürich und Leipzig) – einem der Verlage, der mit in Deutschland (nach der Gleichschaltung) nicht mehr »zugelassenen« Autoren (weiter-)arbeitete. *Isabella*, allgemein als ein kultur- und sozialgeschichtlich interessant aufbereitetes Lebensbild einer starken Frau bezeichnet[34], war in einer Zeit gesteigerten Interesses für Spanien erschienen (2. Auflage, Dezember 1936) und wurde bald in fünf Sprachen übersetzt (Englisch, Italienisch, Spanisch, Ungarisch, Portugiesisch). Dieses Buch war wirtschaftlich ein solcher Erfolg, dass die Tantiemen im Jahr 1941, bei der Offenlegung von Wittlins Einkommenssituation in Großbritannien, noch angeführt wurden.[35]

---

31 Vgl. Interview Ryerson (s. Anm. 22).
32 Karl Frucht: Verlustanzeige. Ein Überlebensbericht. Wien 1992, S. 88.
33 Paul Frischauer emigrierte 1934 nach England. Vgl. Prutsch/Zeyringer: Die Welten des Paul Frischauer (s. Anm. 16), S. 152.
34 A. St. Wittlin [Alma S. Wittlin]: Isabella, Begründerin der Weltmacht Spanien. Erlenbach-Zürich, Leipzig 1936; Vgl. Zentralbibliothek Zürich, MS Rentsch-Verlag – Verlagsarchiv (Ms. Rentsch – 43): Aufzeichnungen zu Preis, Vertrieb, Verkauf, sowie eine Sammlung von Zeitungskritiken zu *Isabella*.
35 Vgl. SPSL 194–9/417 (s. Anm. 9).

III.2 Berufsbezogene Netzwerke, Hilfsorganisationen und Emigration

Schon seit den späten 1920er Jahren war Wittlin aktives Mitglied in verschiedenen (nicht parteipolitisch engagierten) Vereinen in Wien. Laut eigenen Aussagen war sie beim Verband der Akademikerinnen Österreichs (VAÖ), bei der äußerst regen *International Federation of Business and Professional Women* (IFBPW)[36] und beim schon erwähnten P. E. N. Sowohl die Mitgliedschaft bei diesen Vereinen – nach 1933 aufgelöst oder gleichgeschaltet – als auch später die Emigration waren für Wittlin offensichtlich mit wirtschaftlichen Überlegungen verbunden. Sie bedeuteten wichtige Kontakte und eröffneten Netzwerk-Möglichkeiten speziell für Frauen.[37]

Der österreichische Zweig der IFBPW veranstaltete 1931 in Wien den 1. (Welt-)Kongress (26.-30. Juli). Wittlin hielt einen von Radio-Wien übertragenen Vortrag mit zwei inhaltlichen Schwerpunkten: die Geschichte der internationalen Organisation und die Lage der arbeitenden Frau in Österreich.[38] Auch beim 2. Weltkongress in Paris (26. Juli bis 1. August 1936) sollte Wittlin einen Beitrag leisten, und zwar in der Sektion *Women's Contribution to the Modern World*, Abteilung: *Die Künste*, wo Wittlin als »Schriftstellerin und Journalistin, Wien« angekündigt war.[39]

Als solche arbeitete Wittlin zuerst auch in der Emigration – ab November 1937 in England –, sie verfasste Zeitschriftenbeiträge zu kunstgeschichtlichen Themen und hielt Vorträge. Diese Karriere war durch den Sprachwechsel aber grundsätzlich erschüttert. Bis dahin

---

36 Vgl. Marianne Hainisch: Erster internationaler Kongreß der Vereinigung berufstätiger Frauen. Dem Kongreß zum Gruß. In: Das Wort der Frau. Unabhängiges Sonntagsblatt für die kulturellen, sozialen und wirtschaftlichen Interessen der Frau 1/21 (1931), S. 1.
37 Zur Tätigkeit/Bedeutung solcher Organisationen/Vereine, vgl.: Christine von Oertzen: Strategie Verständigung: zur transnationalen Vernetzung von Akademikerinnen 1917–1955. Göttingen 2012; Corinna Oesch: Yella Hertzka (1873–1948). Vernetzungen und Handlungsräume in der österreichischen und internationalen Frauenbewegung. Innsbruck, Wien, Bozen 2014.
38 Vgl. Anon.: Kongress berufstätiger Frauen. In: Das Wort der Frau (s. Anm. 36), 1/22 (1931), S. 2.
39 Wittlins Beitrag ist im Programm des Kongresses 1936 vermerkt, in den »Proceedings« scheint er aber nicht auf; vgl.: The Women's Library, London School of Economics: Papers of the British (International) Federation of Business and Professional Women (BFBPW, 1933–69: NA 1297, RefNo 7HLN/D/11, box 13) und IAV (s. Anm. 36): International Federation of Business and Professional Women (Hg.): Proceedings of the Second International Congress and Sixth International Meeting of the Board of Directors, Paris, France (July 26 till August 1, 1936). Paris 1936, S. 11–13. Genauere Information zu diesen Vorgängen wird im Archiv des Bundes Österreichischer Frauenvereine vermutet, das aber bislang öffentlich nicht zugänglich ist.

Gewohntes war für Wittlin nicht mehr selbstverständlich und der soziale Abstieg abzusehen. So wollte sie eigentlich in die USA weiterziehen.[40] Dies war vermutlich der Grund für Wittlins wiederholte Kontaktnahmen mit der Vorsitzenden der IFBPW, Mary Ritter Beard (1876– 1958). Wittlin unterbreitete ihr im Februar 1939 und nochmals im April 1940 ein Konzept für ein frauenspezifisches *Publicity Center and News-Agency*, nannte als Beweggrund für diesen Vorschlag, dass es den zahlreich bestehenden Frauenvereinen an brauchbaren Archiven für journalistisches Arbeiten fehle, und bot ihre Mitarbeit an.[41] Was steckte hinter diesem Ansinnen? Nach dem Einmarsch Hitlers in Österreich im März 1938, den NS-Gewaltmaßnahmen und der dadurch verursachten neuerlichen Fluchtwelle verschlechterten sich Wittlins Erwerbsmöglichkeiten in England. Ihr Ansuchen um Einbürgerung wurde zurückgestellt. Sie wurde zwar nicht interniert und fand sogar kurzzeitig Arbeit beim *Ministry of Information*, für das sie Propaganda-Artikel für englische und kanadische Tageszeitungen verfasste.[42] Sie gelangte aber nicht in die USA, und wie viele »neue« EmigrantInnen benötigte sie nun Hilfe.

Der Akademikerin Wittlin standen die *Society for the Protection of Science and Learning* (SPSL) sowie die *International* und die *British Federation of University Women* (IFUW, BFUW) offen. Einige Dokumente aus den Archiven dieser Organisationen zeigen Wittlins prekäre Situation, welche Unterstützungen ihr zukamen und welche berufliche Strategien/Strukturen sie zu entwickeln suchte. Ihre Anfragen, z.B. betreffend Kontakte zu Übersetzern oder Literatur-Agenturen (in Hinblick auf Vortrags- oder Lesetouren), verliefen ins Leere.[43]

Es waren aber Geldzuwendungen dieser Organisationen, die es Wittlin ermöglichten, ein zweites Doktoratsstudium in Cambridge auf-

---

40 Vgl. Interview Ryerson (s. Anm. 22).
41 Vgl. SLR: Mary Ritter Beard Papers (Beard, Mary Ritter, 1876–1958. Papers, 1935– 1958; Call No.: A-9, Box 1: 1–18, Folders 18): Zwei Schreiben Wittlins (13.02.1939 und 14.04.1940, London) an Beard (New York).
42 Alma S. Wittlin: Hitler's ›New Order‹. Exiles on the Roads of Europe. In: Hull Daily Mail, 18.01.1941; Dies.: In der Wüste des Hasses. Nazi-Eindringlinge leiden unter Zivil-Nervenkrieg. In: Die Zeitung, 16.04.1941; Dies.: Hatred Against The Nazis In The Countries Under Domination Openly Shown. In: The Argus, 16.07.1941; Dies.: They Call It Peace. In: Hull Daily Mail, 10.09.1941, sowie in: Gloucestershire Echo, 10.09.1941.
43 Vgl. die Alma S. Wittlin betreffenden Archivalien im Bestand zu BFUW in The Women's Library, London School of Economics (Bestandsbildner: British Federation of Women Graduates, früher: British Federation of University Women), die als Scans im United States Holocaust Memorial Museum, Washington D.C. (USHMM) eingesehen wurden: USHMM – RG-59.026M.0002. 00000062 bis RG-026M.0002.00000167; SPSL 194–9/421 (s. Anm. 9).

zunehmen.⁴⁴ Ihr außergewöhnliches, interdisziplinäres Forschungsvorhaben betraf die Fächer Psychologie und Erziehungswissenschaften in Zusammenhang mit ihrer Museumsarbeit am *University Museum*, die wiederum den Lebensunterhalt gewährleistete. Neben der Herausgabe ihres schon erwähnten, Aufsehen erregenden Museumsbuches (1949)⁴⁵, einer kritischen Darstellung der gesellschaftspolitisch »vernachlässigten« Institution »Museum«, wurde diese Arbeit durch weitere wichtige Vernetzungen ertragreich. So gelang es Wittlin, bei der *British Association for the Advancement of Science* einen Artikel zur Museumsarbeit im (Nachkriegs-)Wiederaufbau zu publizieren.⁴⁶ Sie erreichte auch weitere Förderungen, ein Stipendium der *Royal Literary Society* (1946) und einen *Research Grant* durch das *Ministry of Education* (1948), und verfasste zwei Artikel für *Chambers's Encyclopedia*.⁴⁷

Bei aller fachlichen Anerkennung hatte sich Wittlin mit ihrer unverhohlenen Kritik am etablierten Museumswesen aber nicht ausschließlich Freunde geschaffen. Die Rückkehr der Kuratoren aus den kriegsbedingten Verpflichtungen markierte somit das Ende ihrer Museumsarbeit in England. Für die mittlerweile 50-Jährige blieben existenzielle Unsicherheit und das dringliche Bedürfnis nach einem dauerhaften Arbeitsverhältnis.⁴⁸

Eine diesbezügliche Chance ergab sich durch Wittlins regen Austausch mit dem oben erwähnten Hermon Ould beim P.E.N. Im Zuge der vielfältigen Anstrengungen nach dem Zweiten Weltkrieg um Re-education und besseren Kulturaustausch und bemüht um das Schaffen transnationaler Netzwerke wurde 1950 ein *P.E.N.-International Bulletin of Selected Books* gegründet, unter der Schirmherrschaft und mit tragender Finanzierung durch die UNESCO.⁴⁹

---

44 Vgl.: SPSL 194-9/424 (s. Anm. 9). Schreiben von Wittlin (Cambridge, 06.02.1943) an The Secretary, SPSL, London.
45 Wittlin berichtet, dass dieses Buch sogar das Zustandekommen einer Radio-Sendereihe der BBC ausgelöst habe. Vgl. Ryerson Interview (s. Anm. 22).
46 Alma Wittlin: The Part of the Museum in Modern Society. In: The Advancement of Science 3/9 (1944), S. 57–61.
47 Alma Stefanie Wittlin [A.S.Wi]: Art. Primitive. In: Chambers's Encyclopedia. Bd. 1. London 1950, S. 644–645. Dies.: Masks. In: Chambers's Encyclopedia. Bd. 2. London 1950, S. 139–140. Vgl. HRC (s. Anm. 14): Schreiben Wittlin (20.03.1950, London) an Ould.
48 Vgl. HRC (s. Anm. 14): Schreiben Wittlin (10.07.1946, London) an Ould, dass sie in Bezug auf ihre Museumsarbeit sehr positive Rückmeldungen vom HM (Schul-)Inspector, gleichzeitig aber die Warnung erhalten habe, mit solcher Arbeit wären Schwierigkeiten in einer veränderungsfeindlichen Umgebung zu erwarten.
49 Vgl. HRC (s. Anm. 14): P.E.N.-Collection. P.E.N. Letters, Series I, Box 28, Folder: Wise–Wolfe, Creator/Author: P.E.N., letters to Alma Wittlin: Ould (12.05.1950) an Wittlin; HRC: Records of the P.E.N. English Centre and Unesco, 118790 Manuscript, II. Records, 2 Schreiben UNESCO support 63/3, (16.12.1948 und 19.05.1950, Paris)

Wittlin, mutmaßlich die Ideengeberin – sie hatte 1946 den Vorschlag gemacht, eine P.E.N.-Zeitschrift zu initiieren, die der internationalen Verständigung der jüngsten Schriftstellerinnen und Schriftsteller dienen sollte[50] – und von Beginn an involviert, wurde mit der Aufgabe des Acting Editor des *P.E.N.-Bulletin* betraut. Trotz sehr guter Resonanz scheint dieses komplexe internationale Projekt nach Oulds Tod (21. September 1951) schlagartig an Bedeutung für den P.E.N. verloren zu haben.

Diese Umstände wie auch die schwerfällige Finanzkonstruktion unter UNESCO-Bedingungen – für Wittlins beschränkte Verhältnisse zu ungewiss – haben sie dann wohl bewogen, diese Arbeit im Verlauf des Sommers 1952 zu beenden. In der dichten Korrespondenz »Wittlin – P.E.N.« werden einige dieser Schwierigkeiten angesprochen: (U.a.) waren internationale Banktransfers sehr aufwändig und kostspielig; die Umrechnung von Kursen und Anweisung von Honoraren in bestimmten Währungen war nicht UNESCO-kompatibel; Jahresabschlüsse innerhalb der internationalen Organisation waren (aus diversen Gründen) nur sehr zögerlich zu erreichen. So konnten die Projektplanung 1952 für das *P.E.N.-Bulletin* und die weitere Vertragssituation – jedenfalls für Wittlin – nicht rechtzeitig geklärt werden.[51]

Wittlin, die im Mai 1952 auf eine längere Promotion-Tour für das *P.E.N.-Bulletin* in die USA gereist war, hatte überdies in New Mexico ein vielversprechendes, neuartiges Museumsprojekt begonnen. Sie blieb dort, qualifizierte sich als *Science Education Consultant*, durfte aber ohne US-Staatsbürgerschaft kein Gehalt beziehen[52] und begann mit dem Aufbau eines Kindermuseums. Dieses, unter anderem mit einer Wanderausstellung, *Science Comes to You, Incorporated* in Santa Fe und Albuquerque betrieben, war die erste der zwei Firmengründungen Wittlins in den USA – beide mit andauernden Finanzproblemen behaftet.

---

an Ould (London) zur Beauftragung durch die Generalkonferenz. Das P.E.N.-International Bulletin of Selected Books wurde vom Internationalen P.E.N. in Zusammenarbeit mit der UNESCO bis 1980 herausgegeben.
50 Vgl. HRC (s. Anm. 14): Schreiben Wittlin (20.09.1946, London) an Ould.
51 Vgl. HRC (s. Anm. 49): David Carver, Nachfolger Oulds als Generalsekretär des Internationalen P.E.N. (16.05.1952 und 05.10.1952, London) an Wittlin (Albuquerque); Register Korrespondenz Carver-Wittlin; HRC (s. Anm. 14): HRC: Wittlin (04.05.1953, Albuquerque) an Carver.
52 Vgl. AAUW, Archiv, Washington D.C.: Fellow's File: WITTLIN, Dr. Alma S., 1965–66/1972–73.

IV. Wittlins Projekte im Land der unbegrenzten Möglichkeiten

Wittlins wesentliche Unternehmungen in den USA sind (in chronologischer Reihenfolge): die eben erwähnte Museumsarbeit in New Mexico (1952–1961); ihre erziehungswissenschaftliche Forschung; die Herausgabe des zweiten Museumsbuchs (1970); die Gründung (1974) und Leitung des *Biopsychological Institute for Education* in Palo Alto, Kalifornien.

IV.1 Das »Museumsprojekt« in New Mexico
Dieses Museumsprojekt und sein mobiler Ableger – eigentlich Förderprogramme für Science Education – entsprachen den mannigfaltigen Anstrengungen aufseiten der USA, im politischen Klima des Kalten Krieges und des Sputnik-Race die naturwissenschaftliche »Vorreiterstellung« der Sowjetunion zu brechen. Der Beginn und mühsame Verlauf des *Kindermuseum/Science Museum* ist in zahlreichen oft nur kurzen Zeitungsnotizen der Lokalpresse nachzuvollziehen.[53] 1962 stellte Wittlin fest, dass sie nach neun arbeitsreichen Jahren in New Mexico ein Mini-Science Museum, einen Science Club für Kinder und ein beliebtes Konferenz-Programm für Erwachsene verlassen hatte. Zumeist sei das *tatsächlich geplante* Science Museum eine »Ein-Frau Show« gewesen, bei der fallweise zwei Leute mitarbeiteten, »a teacher and a student«. Wittlin fügte noch an, dass sie die Hälfte der Zeit ihre eigene PR-Agentin war und damit beschäftigt, Geld aufzutreiben, und dass sie eine solche Tätigkeit schon immer und absolut verabscheut habe.[54]

IV.2 Lernforschung und zweites Museumsbuch
In den folgenden Jahren erreichte Wittlin aber dennoch finanzielle Unterstützung für ihre erziehungswissenschaftliche Forschung, und zwar durch US-amerikanische, frauenspezifische Einrichtungen.

Einerseits erhielt sie ein Fellowship am eben erst gegründeten *Radcliffe Institute for Independent Study* in Boston, wo sie von 1961 bis 1963 tätig war und unter anderem mit Erziehungswissenschaftlern der *Harvard Graduate School of Education* arbeitete. Andererseits bekam Wittlin von der *American Association of University Women* (AAUW)

---

53 Vgl. Anon. [M. M.]: Children's Museum, First in State, Opened at Santa Fe by Dr. Wittlin. Albuquerque Journal, 21.11.1952; Berichte und kurze Notizen erschienen bis 1960 in Albuquerque Journal, Albuquerque Tribune und The New Mexican (Santa Fe).
54 Vgl. Ryerson Interview (s. Anm. 22).

zwei Forschungs-Grants zugesprochen (1965/66 und 1972/73).[55] Zwischenzeitlich hielt sie sich mit Lehraufträgen an diversen Universitäten in Kalifornien und mit Beratungstätigkeit über Wasser.

So gelang es Wittlin, guten Kontakt zur Führungsebene der *Smithsonian Institution* (SI) in Washington D. C. herzustellen. Sie wurde eingeladen, bei wichtigen Konferenzen und fallweise als Konsulentin für Museumskommunikation mitzuarbeiten.[56] Es ist anzunehmen, dass diese Verbindung die Herausgabe ihres zweiten Museumsbuchs, *Museums. In Search of a Usable Future* (1970), bei der MIT-Press befördert hatte – eine weitere »Kometen«-Stunde für die nunmehr 71-jährige Museums- und Erziehungswissenschaftlerin.

IV.3 Das Biopsychological Institute for Education (BPIE)
Zu Wittlins letzter Unternehmung, dem BPIE, »a non-profit corporation«, die 1974 in Palo Alto, Kalifornien registriert wurde, liegen nur spärlich Auskünfte vor.

Die Stanford University in Palo Alto beherbergt einen kleinen Archiv-Bestand zu Alma Wittlin. Es sind dies von ihr persönlich 1984 übergebene schriftliche und fotografische Dokumente zu ihren wissenschaftlichen Arbeiten.[57] Das BPIE wird zwar als Kontaktadresse genannt, es wird aber nicht näher darauf eingegangen.

Ein vierseitiges Typoskript – wiederum aus dem Archiv der SI – umreißt die Vorstellungen und Zielsetzungen des BPIE. Als Strategien werden genannt: Seminare, Konferenzen, Publikationen, Bibliothek, Forschung, Lerngruppen, Lernmonitoring. Im Beirat dieser Einrichtung finden sich namhafte Wissenschaftler, so Konrad Lorenz, Buckminster Fuller, Linus Pauling, Ashley Montagu. Ein Zitat von Bertrand Russell ist dem Programm als Motto vorangestellt:

> Not only will men of science have to grapple with the sciences that deal with man; but – and this is a far more difficult matter – they will have to persuade the world to listen to what they have discovered. If they cannot

---

55 Vgl. AAUW (s. Anm. 52).
56 Vgl. SIA (s. Anm. 18): Schreiben von Frank A. Taylor, (Director of Museums) und Rittterbush (TS, 05.12.1969 und 29.12.1969, SI, Washington D.C.) an Wittlin (Claremont, CA).
57 Vgl. Stanford University Libraries, Department of Special Collections: Alma S. Wittlin Papers, ca. 1939–1983. M1336. Es gibt keine Aufzeichnungen, unter welchen Umständen und Gesichtspunkten dieser Vorlass aufgenommen wurde. Mein Dank für freundliche Unterstützung geht an Sara Timby, Manuscripts cataloger.

succeed in this difficult enterprise, man will destroy himself by his halfway cleverness.⁵⁸

Von Karl H. Pribram (geb. 1919, Wien), dem bekannten Neurowissenschaftler und vormaligen Präsident des BPIE, wurde mir in einem persönlichen Gespräch am 13. April 2011 in Washington D.C. versichert, dass das BPIE in den 1970er Jahre ein sehr interessantes Projekt dargestellt habe, das aus Geldmangel aber nie wirklich wirksam wurde.

V. Coda

Alma S. Wittlin befand sich oft in »bester Gesellschaft«. Ursprünglich – jedoch in traditionelle Frauenrollen verwiesen – war dies im Familienverband, aus dem Wittlin sich die Befreiung quasi »ertrotzte«, dann in beruflich begründeten Kontakten, z.B. am Kaiser-Friedrich-Museum und bei den Kunsthistorikern in Berlin, mit Verlagen (Zsolnay, de Gruyter, Rentsch, MIT-Press), in wissenschaftlichen Kreisen (u.a. Mannheim; BAAS, SI, BPIE) und bei (inter-)nationalen Organisationen (VAÖ, IFUW, IFBPW, AAUW, P.E.N, UNESCO).

Ihre ersten beruflichen Erfolge in Berlin (ab 1926), mit hervorragend begonnener Wissenschaftslaufbahn, wurden von A.S. Frischauer (geb. Wittlin) – so ist ihren Äußerungen zu entnehmen – den vorherrschenden Vorstellungen von fraulichen Verpflichtungen untergeordnet. Danach, mittlerweile geschieden und selbständig, gelangen Wittlin aber weitere Karrieren als Schriftstellerin und Museologin, die sie unter großem persönlichen Einsatz, mit zäher Zielstrebigkeit auch gegen widrige Umstände verfolgte. In dieser Phase und diesen Tätigkeitsfeldern agierte sie gut vorbereitet und professionell vernetzt. Sie stellen somit in Bezug auf Vorbedingungen und Verlauf einen Gegensatz dar zu Wittlins späteren, eher optimistisch-kreativen als business-mäßig abgesicherten und realistischen Versuchen in den USA, ihre Ideen als »Self-made«-Unternehmerin zu verwirklichen.

Wittlin – gewohnt, ihren »Kopf durchzusetzen«, und gewissermaßen »frei« in Bezug auf Vorstellungen und Vorurteile – war grundsätzlich eine unabhängige Einzelkämpferin. Dennoch versuchte sie immer wieder, Kooperationen zu erreichen. Mit anerkannten Leistungen in mehreren Fachgebieten und mit ihren innovativen (teils noch immer aktuellen) Ansätzen dürfte der Durchbruch oft vor allem wegen des

---

58 Vgl. SIA: Alma S. Wittlin Papers (s. Anm. 21); SIA: Record Unit (RU) 000190 (Box 72 of 89), The M.I.T. Press, Cambridge/MA 02142 (o.J.).

mangelnden stabilen Umfelds und damit fehlender Strukturen sowie Finanzierungsrückhalt ausgeblieben sein. Entwurzelung, mehrfache Neubeginne und, bei gleichzeitigem Altern, zunehmende Anpassungsschwierigkeiten und Ungeduld mögen dabei auch mitgespielt haben.

Im Vorwort zum Sammelband *Entrepreneurship in schwierigen Zeiten* wird, unter Bezug auf die großen wirtschaftlichen und politischen Umbrüche während der ersten Hälfte des 20. Jahrhunderts, festgestellt:

> Von [den] Entwicklungen [...] waren Millionen von Menschen und Unternehmen individuell betroffen. Sie wurden Opfer von Terror und Krieg, trachteten sich mit den Entwicklungen zu arrangieren und wussten immer wieder auch situationsspezifische Chancen zu nutzen.[59]

Dieses »Chancen-Nutzen« scheint auf Alma Wittlin besonders zuzutreffen. Sie, die von Haus aus angehalten war, sich um Ökonomisches nicht zu kümmern, fand immer wieder Möglichkeiten und entwickelte den jeweiligen Handlungsräumen angepasste Strategien. Wittlin, so ihre Aussage, war bedacht und stolz darauf, ihre Unabhängigkeit zu bewahren, auch wenn sich keine finanzielle Erfolgsstory ergab.[60] Dem für ihre Herkunft aus der konservativ-großbürgerlichen Gesellschaft der k. k. Provinz typischen weiblichen Lebensentwurf unter den Vorzeichen *Passivität* und *Bevormundung* begegnete sie mit Durchsetzungswillen und Kreativität und wagte ihren eigenen Weg. Solange die erforderlichen Ausbildungsvoraussetzungen gegeben waren, die Netzwerke funktionierten oder verständnisvolle und anregende Mentoren sie begleiteten und vor allem, solange die allgemeine gesellschaftliche Situation nicht durch Krieg und Terror vergiftet war, konnte Wittlin in unterschiedlichsten Arbeitsfeldern durchaus erfolgreich agieren. Sie war eine mehrfach begabte, unabhängige und energisch durchhaltende Frau: »not a nine-to-five organization woman«, wie sie sich, 86-jährig, in ihrem letzten veröffentlichten Beitrag selbst charakterisierte.[61]

Die hier geschilderten Momente, die wirtschaftliche Gegebenheiten und Veränderungen in Alma Wittlins Biografie in gewisser Kontingenz beleuchten, zeigen somit beispielhaft und teils wohl auch verallgemeinerbar (gebildete, »privilegierte« Frau; »rassisch« Verfolgte; Erschütterung und sozialer Abstieg; mehrere Karrieren, auch jenseits der

---

59 Peter Eigner, Herbert Matis und Andreas Resch: Vorwort. In: Dies. (Hg.): Entrepreneurship in schwierigen Zeiten. Unternehmertum, Karrieren und Umbrüche während der ersten Hälfte des 20. Jahrhunderts. Beiträge gesammelt zu Ehren von Peter Berger. Wien 2013, S. 7–14; hier: S. 7.
60 Ryerson Interview (s. Anm. 22).
61 Wittlin: How people learn (s. Anm. 19), S. 20.

Ursprungsqualifizierung; Netzwerk-Abhängigkeit) bestimmte Aspekte ökonomischer Bedingungen und Möglichkeiten einer Exilierten auf.

Helmut G. Asper

Die Vergessenen
Eine Fernsehdokumentation aus dem Jahr 1956, »die etwas bewirkt hat«[1]

Am 8. Mai 1956 sendete der *Süddeutsche Rundfunk* im Gemeinschaftsprogramm des Deutschen Fernsehens zur besten Sendezeit um 20 Uhr[2] die Dokumentation *Die Vergessenen*, in der Peter Adler und Peter Dreessen die katastrophale Notlage deutsch-jüdischer Emigranten in Paris schildern, die Verfolgung und Krieg überlebt und elf Jahre nach Kriegsende noch keinerlei Entschädigung von der Bundesrepublik Deutschland erhalten hatten. Der nur 25 Minuten lange Dokumentarfilm war die wohl wichtigste Fernsehsendung des Jahres 1956 über die Opfer des Nationalsozialismus, ganz sicher war es die Sendung mit der nachhaltigsten Wirkung. Denn mit dieser Dokumentation rief der *Süddeutsche Rundfunk* zu einer bundesweiten Spendenaktion auf, an der sich zahlreiche Fernsehzuschauer, Handel, Industrie und auch die Politik beteiligten und die insgesamt 1,5 Mio. DM erlöste. Von diesen Spenden konnte die jüdische Selbsthilfeorganisation *Solidarité des Réfugiés Israélites*[3] in der Nähe von Paris ein Altenheim einrichten und Wohnungen für die Emigranten kaufen, in denen heute noch Nachkommen der Emigranten und bedürftige jüdische Familien wohnen.

I. Opfer doppelter Verfolgung

Der Schriftsteller Peter Adler (1923–2012) war im Berlin des »Dritten Reichs« aufgewachsen und 1941 nach dem Notabitur zur Wehrmacht einberufen worden. Nach dem Krieg studierte er Germanistik und

---

1 Peter Dreessen in der Moderation des Films bei der Wiederholung des Films »Die Vergessenen« 1960. In dieser Fassung ist der Film mehrfach in verschiedenen Fernsehprogrammen gezeigt worden, z. B. am 15.09.1966 im Dritten Programm des Norddeutschen Rundfunks, und auch als DVD veröffentlicht: Kay Hoffmann (Hg.): Zeichen der Zeit – Die Stuttgarter Schule (1956–1973). Stuttgart 1996, 5 DVD-Videos, 1 Booklet.
2 Sendebeginn war 20 Uhr, der 08.05.1956 war ein Dienstag, und die »Tagesschau« wurde bis Herbst 1956 nur dreimal wöchentlich – Montag, Mittwoch und Freitag – ausgestrahlt.
3 Zur *Solidarité des Réfugiés Israélites* (ab jetzt: *Solidarité*) siehe weiter unten.

Die Vergessenen. Eine Fernsehdokumentation aus dem Jahr 1956

Geschichte[4] und gehörte mit u. a. Martin Walser, Helmut Jedele und Heinz Huber zu den Hörfunk-Pionieren des *Süddeutschen Rundfunks*, die wesentlich am Aufbau der Fernsehabteilung mitgewirkt haben. Themenschwerpunkt von Adlers Rundfunkfeatures »war die jüngste deutsche Vergangenheit«.[5] Bereits 1954 hatte er mit seiner erschütternden Hördokumentation *Die Totenmauer* im *Süddeutschen Rundfunk* an den Aufstand und die Ermordung der Juden im Warschauer Ghetto erinnert.[6] Bei einem Aufenthalt in Paris war er auf die elenden Verhältnisse der deutsch-jüdischen Emigranten in Paris aufmerksam geworden, die in den Armenvierteln der Stadt in Kellerlöchern und Dachkammern »mehr dahin vegetierten, als dass sie lebten«.[7] Denn die nach 1933 aus Deutschland von den Nazis vertriebenen Juden »besaßen überhaupt nichts mehr«, schilderte auch Ruth Fabian die trostlose Situation der Emigranten:

> Bei der ersten Flucht hatten viele noch etwas Vermögen retten können, das sie darauf verwendeten, sich in Frankreich eine neue Existenz aufzubauen. Als die Nationalsozialisten das Land besetzten, gerieten sie nicht nur zum zweiten Mal in Gefahr, sondern sie verloren auch noch ihre letzte Habe. Das Geld wurde dazu verwendet, »Passeure« zu bezahlen oder »Pensionen« an die Leute, die ihnen Unterschlupf gewährten. Da die meisten jahrelang in der Illegalität gelebt hatten, waren reguläre Verdienste nicht mehr möglich gewesen. Bei Kriegsende standen sie vor dem Nichts [...] Gleichzeitig wurden die psychischen und physischen Auswirkungen der Doppelverfolgung spürbar. Die Flüchtlinge hatten nicht mehr genug Spannkraft, abermals von Neuem zu beginnen. Viele hatten, ohne dass sie es unbedingt selber wussten, durch die traumatische Erfahrung jahrelanger Verfolgung und Gefahr, Entbehrungen und Illegalität Schäden davongetragen, an denen sie ihr ganzes Leben zu leiden haben würden und deren Auswirkungen oft noch bei ihren Kindern spürbar sind.[8]

Als die deutsch-jüdischen Emigranten nach Kriegsende aus den Lagern oder ihren Verstecken nach Paris bzw. in ihre früheren Wohnorte zurückkehrten, war es für sie außerordentlich schwierig bis unmöglich, ihren von den deutschen Truppen beschlagnahmten Besitz wiederzuer-

---

4 Auskunft von Armgart Adler an den Verf. vom 31.08.2014.
5 Kay Hoffmann: Zeichen der Zeit. Zur Geschichte der ›Stuttgarter Schule‹. München 1996, S. 47–49; hier: S. 48.
6 Peter Adler: Die Vergessenen. Drei Stücke zur jüdischen Zeitgeschichte. München 1959, darin: Die Totenmauer. Dem Gedächtnis der Juden von Warschau, S. 7–40; Die Vergessenen. Aufzeichnungen über das Leben deutscher Juden in Paris, S. 41–74; Das Land der Verheißung. Aus der Chronik der Heimkehr Israels, S. 75–104.
7 Peter Adler in der Moderation bei der Wiederholung des Films (s. Anm. 1).
8 Ruth Fabian und Corinna Coulmas: Die deutsche Emigration in Frankreich nach 1933. München, New York, London, Paris 1978, S. 146.

langen. Zwar verfügte die Regierung de Gaulle die Annullierung »aller Transaktionen, die Ausdruck der Diskriminierung von Juden sind«, aber es gab »in Frankreich mächtige Interessengruppen, die gegen die Rückerstattung des jüdischen Besitzes kämpften. Es handelte sich dabei vornehmlich um die Bewohner ehemaliger jüdischer Wohnungen [...]«.[9]

Denn in Frankreich entwickelte sich nach Kriegsende ein starker »Antisemitismus, der sich plötzlich an zahlreichen Orten in der französischen Bevölkerung bemerkbar machte«[10], und vor allem die deutschjüdischen Emigranten wurden erneut diskriminiert. Selbst diejenigen von ihnen, die noch arbeiten konnten, fanden wegen der schlechten Lage der französischen Wirtschaft keine geregelte Anstellung. Damit gerieten sie wahrhaft in einen Teufelskreis: In Frankreich waren sie ihrer letzten Habe und ihrer Verdienstmöglichkeiten beraubt und konnten kaum selbst für ihren Lebensunterhalt sorgen – und von Deutschland erhielten sie keinerlei Hilfe und Entschädigungen.

I.1 Vom Rundfunkfeature zur Fernsehdokumentation

Was Peter Adler bei seinen Recherchen in Paris erlebte, erschütterte ihn, und es empörte ihn, dass die Emigranten bei den deutschen Entschädigungsbehörden um die Anerkennung ihrer Ansprüche förmlich betteln mussten, weil die Behörden »die Abwicklung der Anträge in einer Weise erschweren, dass man den Eindruck hat, sie warteten darauf, dass der Antragsteller stirbt, um etwas einsparen zu können«.[11] Peter Adler befürchtete, dass »die Emigranten trotz ihres Entschädigungsanspruchs in Gefahr waren, unterzugehen, ehe sie auf den verschlungenen Pfaden der deutschen Wiedergutmachungsbürokratie Hilfe erreichte. Ich wollte über den Rundfunk an die deutsche Öffentlichkeit appellieren, Soforthilfe zu leisten.«[12]

Dabei war Hauptsorge der Emigranten »noch lange Jahre nach dem Krieg [...] die Wohnungsnot [...]. Die wenigen zur Verfügung stehenden Wohnungen waren teuer, und da die Emigranten im Allgemeinen über keinerlei Kapital verfügten, hausten sie oft unter den unwürdigsten Bedingungen.«[13]

Deshalb versuchte die jüdische Selbsthilfeorganisation *Solidarité* Spenden zu sammeln für ein Wohnheim für die alten und kranken Emigranten, und für dieses Vorhaben setzte Adler sich in seiner bewegenden Hördokumentation *Die Vergessenen* ein, die im März 1956 während der

---

9 Fabian/Coulmas: Die deutsche Emigration in Frankreich nach 1933 (s. Anm. 8), S. 149.
10 Fabian/Coulmas: Die deutsche Emigration in Frankreich nach 1933 (s. Anm. 8), S. 148.
11 Adler: Die Vergessenen (s. Anm. 6), S. 65.
12 Peter Adler in der Moderation bei der Wiederholung des Films (s. Anm. 1).
13 Fabian/Coulmas: Die deutsche Emigration in Frankreich nach 1933 (s. Anm. 8), S. 151.

Woche der Brüderlichkeit vom *Süddeutschen Rundfunk* erstgesendet und von fast allen anderen Landesrundfunkanstalten übernommen wurde. Diese Sendung wurde zur Initialzündung für die Spendenaktion, denn der damalige Intendant des *Süddeutschen Rundfunks*, der 1945 aus der Emigration zurückgekehrte Fritz Eberhard, unterstützte Adlers Vorhaben und initiierte eine Spendenaktion, deren Erlös für die Emigranten bestimmt war. Um dem Thema und der Spendenaktion größere Publizität zu verschaffen, regte Eberhard an, einen Dokumentarfilm für das Gemeinschaftsprogramm der ARD zu drehen.[14]

Die 1954 gegründete Dokumentarfilmabteilung des *Süddeutschen Rundfunks* leitete der frühere Hörfunkautor und -redakteur Heinz Huber[15], der in der Redaktion junge Journalisten von Hörfunk und Presse versammelte, die nach neuen Wegen des dokumentarischen Films im Medium Fernsehen suchten, denn durch die Nazi-Zeit gab es in Deutschland keine Tradition des Dokumentarfilms, an die man anknüpfen konnte. In ihren kultur- und zeitkritischen Filmen, die unter dem Reihentitel *Zeichen der Zeit* gesendet wurden, entwickelte die Redaktion bei aller individuellen Verschiedenheit der jungen Filmemacher[16] einen betont nüchternen Stil. Sie schilderten die gesellschaftliche Realität »unheroisch (…) entlarvend (…) und kritisch«[17], und ihre Filme wurden als *Stuttgarter Schule* zum Vorbild für dokumentarische Filmarbeit im Fernsehen.

I.2 Die Fernsehdokumentation *Die Vergessenen*

Den Film[18] mit demselben Titel wie das Hörfunkfeature *Die Vergessenen* realisierte Peter Dreessen[19] gemeinsam mit Peter Adler, dem Kameramann Willy Pankau und dem Cutter Guntram von Ehrenstein. Bei den Dreharbeiten der Dokumentation in Paris wählten die Journalisten

---

14 Fritz Eberhard (eigentlich Helmut von Rauschenplat) war von 1949 bis 1958 Intendant des *Süddeutschen Rundfunks* und wesentlich verantwortlich für den Aufbau der Dokumentarfilmabteilung, vgl. Hoffmann: Zeichen der Zeit (s. Anm. 5), S. 19ff.

15 Zu Heinz Hubers Bedeutung für die Dokumentarfilmabteilung und den Dokumentarfilm im Fernsehen vgl. Alexander W. Schweitzer: Heinz Huber. Ein Portrait. In: Hoffmann: Zeichen der Zeit (s. Anm. 5), S. 84–91.

16 Bekannte Vertreter der »Stuttgarter Schule« sind neben den Genannten u. a. Dieter Ertel, Peter Nestler, Roman Brodmann, Elmar Hügler und Helmut Greulich, vgl. Hoffmann: Zeichen der Zeit (s. Anm. 5).

17 Wilhelm Bittorf in der Diskussion »Nahezu alles anders machen«. In: Rüdiger Steinmetz und Helfried Spitra (Hg.): Dokumentarfilm als »Zeichen der Zeit«. München 1992, S. 27.

18 Angaben nach Vor- und Abspann des Films.

19 Der Journalist Peter Dreessen gehörte zum festen Mitarbeiterstab der Redaktion, er war 1955 vom Magazin *Der Spiegel* zur Dokumentarfilmredaktion gekommen. Vgl. Hoffmann: Zeichen der Zeit (s. Anm. 5), S. 62–66.

acht Emigranten aus, deren Lebens- und Wohnsituation sie exemplarisch schilderten. »Die Leute, bei denen wir in Paris auftauchten«, schrieb Peter Dreessen später, »waren meist zu Tränen gerührt über die bloße Tatsache, dass Deutsche sich überhaupt noch an sie erinnern. So beschämend war das. Wir hatten erwartet, man würde uns die Treppen hinunter werfen.«[20]

Die Filmszenen wurden nicht eigens für den Film gestellt, vielmehr hat das Team die Emigranten besucht und nach kurzen Vorgesprächen bei ihren täglichen Verrichtungen begleitet und sie in ihrer Behausung – das Wort Wohnung verbietet sich hier – gefilmt. Mit zahlreichen Schwenks in den Kammern vermittelt die Kamera ein eindringliches, ja erschütterndes Bild von den Lebensumständen der Emigranten. Kameramann Willy Pankau war

> mit der Kamera ständig in Bewegung und [ich] hab meine Einstellung gemacht, ohne dass dieser Mann etwas für uns tun musste […] ich hab mich wirklich umgeschaut und hab versucht einen Eindruck zu geben wie der Mensch lebte […]. Viel mehr brauchte man nicht, denn das was man sah, das war genug.[21]

Damit hat Pankau in *Die Vergessenen* bereits ein Konzept von teilnehmender Beobachtung entwickelt, das Guntram von Ehrenstein mit Recht als frühes Beispiel der »living camera« bezeichnet hat.[22]

Dabei bleibt Pankaus Kamera auch bei Nah- und Großaufnahmen immer respektvoll, denn trotz ihrer erbarmungswürdigen Lebensumstände strahlen die Porträtierten alle eine große Würde aus. In seiner Nüchternheit ist der in Schwarz-Weiß auf 16 mm gedrehte Film ein markantes Beispiel für die Anfänge der *Stuttgarter Schule*. Weil die zur Verfügung stehende Kamera nicht schallgedämpft und zu laut war, um gleichzeitig einen synchronen Ton aufzunehmen[23], wurden keine Interviews mit den Exilanten geführt, sondern nachträglich eine Musikuntermalung und ein Kommentar hinzugefügt, den Peter Dreessen selbst sprach. Nur vereinzelt wurden einige separat aufgenommene Originaltöne später hinzugemischt und halbwegs synchron angelegt.

Der Film beginnt dramatisch mit der Konfrontation des emigrierten Malers Alfred Kaufmann mit einer deutschen Touristengruppe vor

---

20 Brief von Peter Dreessen an den Journalisten Matthias Riehl am 18.06.1956, SWR Historisches Archiv 29/273 (ab jetzt: Archiv SWR 29/273).
21 Willy »Justus« Pankau in der Filmdokumentation *Das Beste an der ARD sind ihre Anfänge* von Alexander Kluge und Meinhard Prill. Erstsendung 21.11.1990.
22 Guntram von Ehrenstein in *Das Beste an der ARD sind ihre Anfänge* (s. Anm. 21).
23 Über die unzulänglichen technischen Bedingungen vgl. Hoffmann: Zeichen der Zeit (s. Anm. 5), S. 106.

Sacré Cœur[24] und der Kommentar weist auf den Unterschied hin: »Kaufmann gehört nicht zu der deutschen Reisegesellschaft, er ist früher gekommen. 1933, er ist Jude und durfte damals kein Deutscher mehr sein. Seit 1933 fristet der frühere Maler als Emigrant sein Leben.«[25] Die Kamera begleitet Kaufmann dann zu Heines Grab auf dem Friedhof Montmartre, das ein protziger Kranz des deutschen Bundespräsidenten schmückt, und der Kommentator kommt geradewegs zu seinem Thema:

> Als Emigrant wie sein Düsseldorfer Landsmann Heinrich Heine vor hundert Jahren. Heinrich Heine hat man auf dem Friedhof Montmartre ein schönes Denkmal gesetzt. Alfred Kaufmann hat bis heute, elf Jahre nach dem Kriege, von der Bundesrepublik keinen Pfennig erhalten.

Die Kamera folgt dem Emigranten in seine elende Mansarde in einem abbruchreifen Haus, man sieht, wie er sich auf dem Flur Wasser holen muss (Abb. 1, S. 263), das er auf einem alten Spirituskocher erhitzt:

> Das ist sein Wohnviertel am Boulevard Rochechouart und das ist das Haus, in dem er lebt. Seine Wohnung. Seit elf Jahren wohnt der heute Einundsiebzigjährige so. Einen Ofen gibt es nicht – und das Licht ist gesperrt. Alfred Kaufmann hat nicht einmal dafür Geld. Ein menschenwürdiges Zimmer aber kostet in Paris tausende von Mark.

Mit den Worten »In allen Armenvierteln des großen Paris hausen die vergessenen deutschen Juden.« leitet der Film über zur Schilderung weiterer Emigranten. Immer wieder zeigt die Kamera die abbruchreifen Häuser, die menschenunwürdigen Behausungen, die tristen Ausblicke durch Dachluken auf Dächer und Kamine, und der Kommentar schildert bei jedem der dargestellten Emigranten nüchtern deren Schicksal und Lebensumstände:
- Die alte Frau Dörfler aus Leipzig kümmert sich um ihr Enkelkind (Abb. 2, S. 263). Ihr Mann wurde 1939 von den Nazis abgeholt und umgebracht, nach Jahren der Angst konnte sie sich mit ihrem Sohn retten;
- Therese D., die früher Sängerin an der Städtischen Oper Berlin war, haust in einer unbeheizten Mansarde (Abb. 3, S. 263), deren Wände notdürftig mit alten Zeitungen beklebt sind als Schutz gegen die Kälte, doch fürchtet sie, »den nächsten Winter nicht zu überleben«.

---

24 Die Szenen vor Sacré Cœur und auf dem Friedhof sind nicht gestellt, Alfred Kaufmann wohnte ganz in der Nähe am Blvd. Rochechouart und besuchte auch öfter den Friedhof, wie das Filmteam erfuhr.
25 Der gänzlich off-screen gesprochene Kommentar ist wiedergegeben nach der DVD-Edition des Films (s. Anm. 1).

– Der frühere Anwalt Otto Elkan aus Frankfurt ist einer der wenigen Emigranten, der noch arbeiten kann, freilich nicht in seinem eigentlichen Beruf, er zeichnet Karikaturen für die Vorzimmer von Zahnärzten, doch kann er von dem geringen Verdienst auch nur eine Dachkammer bezahlen, die gleichzeitig Wohn-Arbeits-Schlafzimmer und Küche ist (Abb. 4, S. 263);
– Josef Damies geht trotz Krankheit und seiner fast 80 Jahre täglich mit einem schweren Ballen Stoffreste auf dem Rücken auf die Pariser Straßenmärkte, um dort etwas zu verkaufen:

> Er ist voller Furcht vor den Kunden, sie könnten merken, dass er ein Fremder ist, denn sein Französisch ist sehr schlecht, er hat es nicht recht lernen können, er war schon ein alter Mann, als er aus Deutschland floh. Er ist voller Furcht vor den französischen Konkurrenten, dass sie ihn wegstoßen, ihm seinen Platz nehmen. Er ist voller Furcht vor den Marktverwaltern, dass sie ihn finden und dann muss er 150 Franken zahlen, das sind etwa eine Mark siebzig und dann bringt er kaum noch etwas Verdienst heim. Wenn Josef Damies nach den Vormittagen der Angst zu seiner Frau heimkehrt (Abb. 5, S. 263), ist er erschöpft, er ist auch sehr krank, am liebsten würde er überhaupt nicht mehr gehen, aber dann reicht es nicht mehr zum nackten Leben.

Man sieht den von Frau Damies trotz der bitteren Armut freundlich gedeckten Tisch, die enge, nur mit veraltetem Hausrat und dem Notdürftigsten ausgestattete Dachkammer, die sauber und ordentlich aufgeräumt ist, und der Kommentator betont: »In rührender Weise halten die Frauen unter den elendesten Umständen auf Sauberkeit und Ordnung.«

– Frau A. und ihr Mann müssen von einem Betrag leben, der noch unter dem Existenzminimum für eine Person liegt. Die Kamera beobachtet Frau A., wie sie Fotos betrachtet von ermordeten Angehörigen (Abb. 6, S. 263), denn »16 Angehörige, darunter Kinder, sind vernichtet worden. Geblieben sind ein paar Familienfotos, Gräber und Elend.«
– Der halb gelähmte Noah Tisch haust seit sechs Jahren in einer winzigen Dachbodenkammer sechs Stockwerke hoch (Abb. 7, S. 263). Auf sein Schicksal hatte der Sozialreferent der *Solidarité* Peter Adler aufmerksam gemacht: »In der letzten Woche haben wir einen Mann gefunden, der auf seinem Mantel in einem Dachboden lag. Er war halb gelähmt und hatte seit fünf Jahren nicht ein einziges Mal warm gegessen.«[26] Tisch lebt lediglich von Zuwendungen mitleidiger Menschen und schleppt sich jeden Tag mühsam die Treppe hinunter und

---

26 Adler: Die Vergessenen (s. Anm. 6), S. 61.

verbringt den Tag auf einem Platz am Fenster im Café unten im Haus. Sein Schicksal war kein Einzelfall: »Und die Allerärmsten kennen wir ja nicht mal. Sie leben hilflos in irgendwelchen Löchern und schämen sich, um Hilfe zu bitten«, erklärte der Sozialreferent der *Solidarité* in Adlers Hörfunkfeature.[27]

– Die letzte Filmepisode zeigt den Arzt Dr. Heinemann (Abb. 8, S. 263), der in seinem Dachzimmer auf einem alten und nicht richtig gestimmten Klavier, das er aus einer Kneipe bekommen hat, ein Stück klassischer Musik spielt. Er war 1939 mehrere Wochen lang im KZ Dachau inhaftiert und konnte nach seiner Freilassung nach Frankreich fliehen. Von der Darstellung seines Schicksals leitet der Kommentar über zum Schlussappell an die Zuschauer:

> So sieht sein Leben nach dem Kriege in Paris aus. Aber er klagt nicht, er hofft, seine Krebsforschungen fortsetzen zu können, helfen zu können, er, dem zuerst von uns geholfen werden müsste, wie allen anderen, allen den deutschen jüdischen Emigranten in Paris und Frankreich, deren Elend elf Jahre nach dem NS-Staat auch unsere Schuld ist.

Nach dem Ende der Filmausstrahlung hielt Fritz Eberhard eine kurze Live-Ansprache, in der er nachdrücklich »das Schneckentempo der Wiedergutmachung in Deutschland«[28] kritisierte und die Zuschauer aufrief, sich an der Spendenaktion für die Einrichtung eines Altenheims und den Kauf von Wohnungen zu beteiligen. Danach folgte unter der Leitung von Eugen Kogon die einstündige Diskussion mit dem Titel »Können wir mit uns zufrieden sein?«[29] u. a. mit den Politikern Fritz Erler (SPD), dem damaligen Bundestagspräsidenten Eugen Gerstenmaier (CDU), Erich Mende (FDP) und Kurt Georg Kiesinger (CDU).[30] Die live ausgestrahlte Sendung ist nicht erhalten, den recht kritischen Presseberichten ist zu entnehmen, dass die Ansichten der Politiker recht geteilt waren. Gerstenmaier fand die Entwicklung der

---

27 Adler: Die Vergessenen (s. Anm. 6), S. 61.
28 Rolf Becker: Der Bildschirm als moralische Anstalt. In: Kölner Stadt-Anzeiger, 12.05.1956. Alle Presseberichte werden zit. n. dem Pressespiegel im SWR Historisches Archiv Stuttgart 49/64 (ab jetzt: Archiv SWR 49/64).
29 Die Regie der Live-Sendung hatte Martin Walser.
30 Laut Sendeplan im Archiv SWR 29/273 nahmen an der Diskussion weiterhin teil die Hannoveraner Regierungspräsidentin Dorothea ›Theanolte‹ Bähnisch (SPD), der Pfarrer und Schriftsteller Albrecht Goes, die Theologen Hellmut Gollwitzer und Werner Schöllgen und der damalige Vorsitzende des Deutschen Bundesjugendrings Heinz Westphal. Die Zusammensetzung der Runde wäre eine eigene Betrachtung wert, würde jedoch den Rahmen des Beitrags sprengen: Mehrere Teilnehmer gehörten im »Dritten Reich« zum Widerstand, waren verhaftet und zu KZ-Haft verurteilt worden, ein Teilnehmer war seit 1933 NSDAP-Mitglied gewesen und ein anderer Berufsoffizier in der Wehrmacht und Ritterkreuzträger.

jungen Demokratie einschließlich der Bemühungen um die Wiedergutmachung per Saldo positiv; Erler, Mende und Albrecht Goes kritisierten dagegen, dass zu viele Deutsche sich vor einer Auseinandersetzung mit dem Nationalsozialismus scheuten. Alle Politiker zeigten sich jedoch betroffen von der Dokumentation und versprachen schnelle und unbürokratische Hilfe. Gerstenmaier regte eine Vorführung des Films für die Abgeordneten des Deutschen Bundestags an, der im Frühjahr 1956 das neue Bundesentschädigungsgesetz vorbereitete, weshalb die Dokumentation auch von großer Aktualität war.

Den Fernsehabend beschloss der halbstündige Film *Max Beckmann. Das Werk eines Malers* von Heinz Huber, Sendeschluss war um 22.15 Uhr. Der gesamte Fernsehabend am 8. Mai 1956, dem Tag der Befreiung vom Faschismus, stand ganz bewusst im Zeichen der Erinnerung und der Auseinandersetzung mit dem Nationalsozialismus. Denn es war eben nicht nicht nur ein »Engagement Einzelner«[31], sondern der *Süddeutsche Rundfunk* als Institution setzte sich mit seinen Sendungen und der Spendenaktion aktiv für die Nazi-Opfer ein und rüttelte die deutsche Öffentlichkeit auf.[32] Die Erinnerung an den 11. Jahrestag des Kriegsendes stand »unausgesprochen und doch unüberhörbar hinter den drei Fernsehsendungen des *Süddeutschen Rundfunks*, die ein Abendprogramm von seltener Geschlossenheit, Eindringlichkeit, aber auch Schwierigkeit füllten«[33], betonte auch der Rezensent im *Kölner Stadt-Anzeiger*.

II. Die Sendung und ihre Wirkung

Das Echo des Films *Die Vergessenen* bei Fernsehpublikum und Presse war überwältigend. Sowohl die großen überregionalen deutschen Zeitungen als auch die Mehrzahl der lokalen Zeitungen[34] berichteten aus-

---

31 Das verkennt Christoph Classen gründlich in seiner inhaltlich und methodisch problematischen Untersuchung: Bilder der Vergangenheit. Die Zeit des Nationalsozialismus im Fernsehen der Bundesrepublik Deutschland 1955–1965. Köln, Weimar, Wien 1999. Seine Behauptung, dass in der Öffentlichkeit 1956 »Fragen der Wiedergutmachung […] keine Rolle mehr spielten« (S. 161f.), ist falsch, denn im Frühjahr 1956 debattierte der Deutsche Bundestag über die Neufassung des Bundesentschädigungsgesetzes; siehe dazu weiter unten.
32 Das Engagement der ARD zeigt sich auch darin, dass die beiden Filmdokumentationen aus dem Studio Köln gesendet wurden, um die damals aus technischen Gründen notwendigen Umschaltpausen zwischen den Sendeanstalten zu vermeiden.
33 Becker: Der Bildschirm als moralische Anstalt (s. Anm. 28).
34 Der umfangreiche Pressespiegel im Archiv SWR 49/64 enthält Ausschnitte sowohl der überregionalen Zeitungen als auch zahlreicher lokaler Zeitungen sowie der Presseagenturen und Fachinformationsdienste.

führlich über den Film, der auch die Journalisten tief erschüttert hatte: »Es konnten einem schon die Tränen kommen beim Anblick dieser Bilder«, schrieb Rolf Becker im *Kölner Stadt-Anzeiger*, »Bilder einer grossartig geführten Kamera, ebenso patheslos wie unerbittlich vorgezeigte Dokumente eines abgründigen Elends«.[35] Allgemein wurde die viel zu späte und zu bürokratische Wiedergutmachung kritisiert, und deshalb unterstützten die Zeitungen den Spendenaufruf mit der Veröffentlichung des Spendenkontos.[36] Der *Süddeutsche Rundfunk* erhielt zahlreiche Post von Zuschauern, denen es »ein Bedürfnis war«, den Filmemachern »von ganzem Herzen zu danken«[37] für die Dokumentation, und die erschüttert waren von der »grausamen Wirklichkeit«[38], die der Film so schonungslos zeigte. Zwar gab es auch »Schmähbriefe auf diese Sendung«[39], die das »Schicksal der Emigranten nicht als deutsches Problem ansahen bzw. die Ansicht vertraten, das Elend sei selbstverschuldet«[40], doch überwog die Zustimmung auch zur Spendenaktion, die ebenfalls außerordentlich erfolgreich war: Allein aus Zuschauerspenden kamen 130.000 DM zusammen[41], die Spendenliste des *Südfunks Stuttgart*[42] weist ca. 2.000 Einzelspenden von Privatpersonen aus, darunter kleine Einzelspenden von 5 DM, 10 DM oder 20 DM, aber auch Beträge von 100 DM, 200 DM und höher, manche Zuschauer überwiesen auch mehrmals monatlich einen kleinen Betrag. Einige Berufsangaben wie Arzt, Tierarzt, Generalleutnant, Pfarrer, Krankenschwester, Bankdirektor oder Buchhändler belegen, dass sich Menschen quer durch alle Schichten und Altersgruppen daran beteiligten, so hat z. B. auch die Schülermitverwaltung eines Karlsruher Gymnasiums eine Spende von 45 DM überwiesen.

Die Filmemacher engagierten sich persönlich bei der Spendenaktion. Peter Dreessen, der die zahlreiche Zuschauerpost gewissenhaft beantwortete, referierte über das Thema im Mai 1956 auf der Frühjahrstagung des *Grünwalder Kreises*[43], wo dann ebenfalls ein Aufruf für die Spenden-

---

35 Becker: Der Bildschirm als moralische Anstalt (s. Anm. 28).
36 Auszüge aus Pressestimmen sind abgedruckt bei Hoffmann: Zeichen der Zeit (s. Anm. 5), S. 100–108.
37 Hschr. Brief, Archiv SWR 29/273. Die Absender wurden vom Archiv aus Datenschutzgründen geschwärzt.
38 Hschr. Brief, Archiv SWR 29/273.
39 Peter Dreessen im Brief vom 20.06.1956, Archiv SWR 29/273.
40 Hoffmann: Zeichen der Zeit (s. Anm. 5), S. 101.
41 Peter Dreessen in der Moderation bei der Wiederholung des Films (s. Anm. 1).
42 Informationen lt. Spenderliste im Archiv SWR 29/273, die Namen wurden vom Archiv aus Datenschutzgründen geschwärzt.
43 Dreessen war Mitglied der Stuttgarter Regionalgruppe des *Grünwalder Kreises*, der von Hans-Werner Richter und Hans-Joachim Vogel gegründet worden war, sich gegen neofaschistische Tendenzen in der BRD engagierte und für eine Auseinandersetzung

aktion verabschiedet wurde. Peter Adler, der 1957 für sein Engagement vom Zentralrat der Juden in Deutschland mit dem erstmals vergebenen Leo-Baeck-Preis ausgezeichnet wurde[44], sammelte in ganz Deutschland persönlich bei Handel und Industrie insgesamt 270.000 DM Spenden, wobei er einige Überzeugungsarbeit leisten musste.

Weitere 100.000 DM Spenden kamen von Organisationen: So rief der *Bund der Verfolgten des Naziregimes* in seiner Zeitung *Die Mahnung* zu Spenden auf und konnte 384 DM überweisen[45], der *Jüdische Frauenverein Köln* hatte eine »kleine Sammlung veranstaltet«[46], die Fernsehanstalten spendeten ebenso Beträge wie Stadtgemeinden – der Pforzheimer Bürgermeister überwies 1.000 DM –, und die nordrheinwestfälische Landtagsfraktion der SPD spendete 3.000 DM.[47] Der Gesamtbetrag auf dem Spendenkonto des *Südfunks Stuttgart* betrug schließlich ca. 500.000 DM.

Dieser sowohl publizistische als auch finanzielle Erfolg von Sendung und Spendenaktion zeigt, dass trotz der noch begrenzten Reichweite des Mediums Fernsehen – im gesamten Bundesgebiet gab es Mitte 1956 nur ca. 100.000 angemeldete Fernsehgeräte[48] – mit seiner Hilfe damals dennoch eine breite Öffentlichkeit über die Notwendigkeit der Entschädigung der Nazi-Opfer aufgeklärt und für eine aktive Hilfe gewonnen werden konnte.

III. *Die Vergessenen* im Deutschen Bundestag

Bereits in der Plenumsdiskussion am 6. Juni 1956 über die Änderung des Bundesentschädigungsgesetzes[49] prangerten Bundestagsabgeordnete mit Hinweis auf den Film *Die Vergessenen* die völlige Unzuläng-

---

mit der Nazi-Vergangenheit eintrat. Vgl. Johannes Heesch: Der Grünwalder Kreis. In: Gesine Schwan, Jerzy Holzer, Marie-Claire Lavabre und Birgit Schwelling (Hg.): Demokratische politische Identität. Deutschland, Polen und Frankreich im Vergleich. Wiesbaden 2006, S. 35–70; hier: S. 60.

44 Peter Adler erhielt den Preis gemeinsam mit Hermann Levin Goldschmidt: 50 Jahre Leo-Baeck-Preis. 1957–2007 Dokumentation. Hg. v. Zentralrat der Juden in Deutschland. Berlin 2007, S. 15.
45 Schreiben des BVN vom 12.07.1957, Archiv SWR 29/273.
46 Schreiben des Jüdischen Frauenvereins Köln vom 08.08.1956, Archiv SWR 29/273.
47 Die Angaben über Einzelspenden sind den Pressemeldungen, der Zuschauerpost und der Spenderliste im Archiv SWR 29/273 entnommen.
48 Michael Meyen: Hauptsache Unterhaltung. Mediennutzung und Medienbewertung in Deutschland in den 50er Jahren. Münster, Hamburg, Berlin, London 2001, S. 254.
49 Protokoll der 147. Sitzung des Bundestags v. 6. Juni 1956, S. 7785–7810 und S. 7816–7831. Offizielle Bezeichnung war »Drittes Gesetz zur Änderung des Bundesergänzungsgesetzes zur Entschädigung für Opfer nationalsozialistischer Verfolgung.«

lichkeit der bisherigen Wiedergutmachung an. Der zuständige Ausschuss war ähnlich entsetzt wie die Filmemacher über den Umgang der Entschädigungsbehörden mit den Nazi-Opfern: »Der Ausschuss hat mit Erschrecken und Entsetzen Entscheidungen von Entschädigungsbehörden und -gerichten zur Kenntnis genommen, die zum völligen Versagen, ja zum Teil in das Gegenteil der Wiedergutmachung führen muß«[50], kritisierte der Berichterstatter Otto Heinrich Greve (SPD) und forderte eine bessere Aufklärung und Schulung der Beamten und Angestellten, die in den Entschädigungsämtern und -gerichten arbeiteten, denn Behörden und Gerichte hätten »in jedem Falle in dem für den Berechtigten günstigsten Sinn und Umfang wiedergutzumachen«.[51] Das in der Sitzung vom 6. Juni 1956 einstimmig angenommene neue Entschädigungsgesetz war trotz mancher Mängel ein Fortschritt gegenüber dem früheren Gesetz, vor allem wurde der Kreis der Opfer des Nazi-Regimes und der Anspruchsberechtigten erheblich erweitert, wenn auch z. B. Fragen der Entschädigung ausländischer Nazi-Opfer noch ungelöst blieben.[52]

Am 19. Juni wurde den Abgeordneten des Deutschen Bundestags der Film *Die Vergessenen* vorgeführt, eingeleitet von Peter Adler und dem Abgeordneten Franz Böhm (CDU), der sich seit Jahren für die Entschädigung der im Ausland lebenden Nazi-Opfer einsetzte.[53] Bei der Haushaltsberatung am 21. Juni setzte der Bundestag dann ein Zeichen für die unbürokratische Hilfe für die jüdischen Emigranten, und alle Fraktionen brachten auf Vorschlag von Bundestagspräsident Gerstenmaier gemeinsam den Antrag ein: »Der Bundestag wolle beschließen: Für die Schaffung eines Wohn- und Altersheimes zur Unterbringung alter, insbesondere pflegebedürftiger deutscher Emigranten, die auch heute noch als Opfer des Nationalsozialismus in besonders bedrückenden Verhältnissen in Paris leben 1.000 000 DM.«[54]

---

50 Protokoll der 147. Sitzung (s. Anm. 49), S. 7790.
51 Protokoll der 147. Sitzung (s. Anm. 49), S. 7817.
52 Vgl. Hans Günter Hockerts, Claudia Moisel und Tobias Winstel (Hg.): Grenzen der Wiedergutmachung. Die Entschädigung für NS-Verfolgte in West- und Osteuropa 1945–2000. Göttingen 2006.
53 Franz Böhm war von der deutschen Botschaft in Paris über die erbärmliche Lage deutscher Emigranten in Paris unterrichtet worden und hatte gemeinsam mit Heinrich von Brentano und anderen in der Wiedergutmachungsfrage engagierten Politikern Anfang 1955 den *Hilfsverein für die Opfer des Nationalsozialismus im Ausland e.V.* gegründet.
54 Protokoll der 151. Sitzung des Bundestags v. 21. Juni 1956; hier: S. 8127.

Bundestagsvizepräsident Carlo Schmid (SPD), der sich ebenfalls besonders für die Hilfsaktion engagierte, erläuterte eindringlich die Notwendigkeit dieser Soforthilfe:

> Es leben heute noch in Frankreich etwa 10.000 jüdische Emigranten, die deutsche Staatsbürger gewesen sind. Von diesen sind 70% über 60 Jahre alt, 65% sind krank, die meisten davon tuberkulös, 30% sind auf Unterstützung angewiesen und haben niemand, der sie unterstützen könnte. Wer sich den Film angesehen hat, der vorgestern hier gezeigt wurde und aus dem zu ersehen ist, wie diese Menschen leben müssen, dem brauche ich nicht m e h r zu sagen.[55]

Nach Schmids Ansprache wurde der Antrag vom Bundestag einstimmig angenommen.

IV. Ein Heim und Wohnungen für jüdische Emigranten

Spendenaktion und Soforthilfe des Bundestags hatten somit insgesamt 1,5 Millionen DM erbracht, damit konnte die 1952 gegründete und ehrenamtlich geleitete jüdische Selbsthilfeorganisation *Solidarité* endlich ihre Pläne verwirklichen und ein Altenheim und Wohnungen für die Emigranten kaufen. Die *Solidarité* war damals die einzige Vertretung der deutschen Emigranten in Frankreich, die sich »in Wohnungsproblemen und Sozialarbeit spezialisiert« hatte, schrieb Ruth Fabian[56], die im Rahmen der *Solidarité* ehrenamtlich für alle juristischen Fragen und für die Verteilung der Wohnungen verantwortlich war. Geplant war, einen Wohnblock am Rande von Paris zu erwerben, damit die »am schlimmsten Leidenden der ›Vergessenen‹ noch vor Einbruch des Winters eine menschenwürdige Wohnung« erhielten.[57] Nach längerer Suche erwarb die *Solidarité* für 400.000 DM im südlich von Paris gelegenen Limours ein ehemaliges Schloss und richtete es als Wohnheim für die jüdischen Emigranten ein. Über die offizielle Eröffnung, die am 5. Mai 1957 in Anwesenheit von Fritz Eberhard und Carlo Schmid stattfand, berichtete der *Süddeutsche Rundfunk* in der Filmdokumenta-

---

55 Protokoll der 151. Sitzung, S. 8046, Sperrung im Original.
56 Fabian/Coulmas: Die deutsche Emigration in Frankreich nach 1933 (s. Anm. 8), S. 150, dort auch Ausführungen zur Vorgeschichte und Gründung der Selbsthilfeorganisation.
57 Brief von Peter Dreessen vom 14.06.1956, Archiv SWR 29/273.

tion *Das Haus der Vergessenen*.⁵⁸ In diesem Wohnheim, das bis kurz vor ihrem Tod von der Emigrantin Ruth Fabian geleitet wurde⁵⁹, lebten anfangs etwa 40 Emigranten, darunter auch mehrere Personen, die im Film *Die Vergessenen* porträtiert worden waren.⁶⁰ Das Heim wurde zu einem kulturellen Treffpunkt der deutsch-jüdischen Emigranten und zu einer Stätte der Begegnungen mit jungen Menschen aus Deutschland, die von der 1958 gegründeten *Aktion Sühnezeichen Friedensdienste* als freiwillige Helfer nach Paris geschickt wurden. Für diejenigen Emigranten, die noch in der Lage waren, zu arbeiten und für sich selbst zu sorgen, konnte die *Solidarité* in der näheren Umgebung von Paris 1- bis 3-Zimmer-Wohnungen kaufen und weitere 21 Wohnungen neu bauen, die Carlo Schmid im Frühjahr 1960 der *Solidarité* übergab. Auch darüber berichtete der *Süddeutsche Rundfunk* in einer weiteren Folgesendung zu *Die Vergessenen* von Peter Dreessen.⁶¹ Damit waren von den Spendenmitteln insgesamt nahezu 70 Wohnungen für die Emigranten gekauft bzw. neu gebaut worden: Im Laufe der Jahre in denen nach und nach die Bewohner starben, kamen keine neuen Bewerber dazu, und das Wohnheim musste – auch wegen notwendig gewordener Renovierungsmaßnahmen – im Jahr 2000 geschlossen und dann 2003 endgültig verkauft werden. Auch ein Teil der Wohnungen musste im Laufe der Jahre verkauft werden, um die Kosten des Altersheims und den Unterhalt der anderen Wohnungen zu finanzieren, in denen noch einige Überlebende wohnen, sowie Kinder oder Enkelkinder von Emigranten und andere unterstützungsbedürftige jüdische Familien⁶², berichtet Annette Antignac, die heute in der Nachfolge ihrer Mutter Ruth Fabian gemeinsam mit anderen ehrenamtlichen Helfern die noch bestehenden 39 Wohnungen verwaltet.

---

58 Über Kauf und Einweihung des Heims informierte der *Süddeutsche Rundfunk* 1957 mit dem Film *Das Haus der Vergessenen* von Dieter Ertel und Willy Pankau, Erstsendung 12.04.1957. Entwurf des Sendemanuskripts im Archiv SWR 29/273.
59 Klaus Voigt: Zum Tode von Ruth Fabian. In: Neuer Nachrichtenbrief der Gesellschaft für Exilforschung, Nr. 7, Juni 1996, S. 6–7.
60 U. a. Dr. Heinemann, die frühere Opernsängerin Therese D. und Frau Cygé, die im Film nur kurz beim Wäschewaschen gezeigt worden war. Informationen lt. Entwurf des Sendemanuskripts (s. Anm. 58).
61 Erstsendung 02.05.1960.
62 Auskunft von Annette Antignac an den Verf. vom 18.02.2014. Die *Solidarité* hat 2014 ca. 300 Mitglieder, an die viermal im Jahr ein Informationsblatt von 4–6 Seiten versendet wird.

V. Ein Film, der »etwas bewirkt hat«

Hörfunkfeature und Film *Die Vergessenen* und die vom *Süddeutschen Rundfunk* gestartete Spendenaktion belegen, dass bereits in den so oft pauschal geschmähten 1950er Jahren Journalisten und Filmemacher und auch das Fernsehen als Institution sich engagiert mit der Aufarbeitung der Nazi-Vergangenheit und ihren Folgen beschäftigt haben. Mit dem Hörfunkfeature, dem Film und der kontinuierlichen Berichterstattung über die vergessenen Emigranten 1960 haben die Journalisten und Filmemacher des *Süddeutschen Rundfunks* eine breite Öffentlichkeit mobilisiert und in der kontrovers diskutierten Frage der Entschädigung der Nazi-Opfer zu einem Bewusstseinswandel beigetragen[63], wie die Reaktionen von Presse, Politik und Zuschauern und der außerordentliche Erfolg der Spendenaktion belegen. Der Film *Die Vergessenen* und der Fernsehabend vom 8. Mai 1956 sind für dieses Engagement ein herausragendes Beispiel, waren aber kein Einzelfall. Bereits in den 1950er Jahren haben sich im deutschen Fernsehen und Rundfunk[64] Dokumentationen und fiktive Produktionen mit der Nazi-Vergangenheit auseinandergesetzt, über Nazi-Verbrechen aufgeklärt und dabei die Opfer in den Mittelpunkt gerückt.[65] Erwähnt seien lediglich:

- 04.04.1956 das Fernsehspiel *Der Flüchtling* nach dem Schauspiel von Fritz Hochwälder;
- 18.04.1957 der Film *Nacht und Nebel* von Alain Resnais, dessen Ausstrahlung besonders bemerkenswert ist, weil die deutsche Bundesregierung bei der Uraufführung des Films 1956 in Cannes mit Erfolg gegen die Aufnahme des Films in das offizielle Festivalprogramm protestiert hatte;[66]

---

63 Umfragen belegen, dass 1949 nur 54 % der befragten Bürger eine Pflicht zur Wiedergutmachung sahen. Noch 1952 hielten 44 % der Befragten die Zahlung von 3 Milliarden DM Entschädigung an Israel für überflüssig. Siehe Elisabeth Noelle-Neumann und Erich Peter Neumann (Hg.): Jahrbuch der öffentlichen Meinung 1947–1955. 2. durchges. Aufl., Allensbach 1956, S. 128 ff.

64 Schon die drei Hörfunkfeatures von Peter Adler, aber auch Einzelstudien wie Christof Schneider: Nationalsozialismus als Thema im Programm des Nordwestdeutschen Rundfunks (1945–1948). Potsdam 1999 (= Veröffentlichungen des Deutschen Rundfunkarchivs, Bd. 23) belegen, dass im Medium Rundfunk schon in den 1950er Jahren wesentliche Aufklärungsarbeit über die Verbrechen des Nationalsozialismus geleistet wurde.

65 Classen: Bilder der Vergangenheit (s. Anm. 31), S. 86 ff. hat anscheinend die irrige Vorstellung, dass nur Filme, in denen Aufnahmen von KZ- und Holocaust-Opfern zu sehen sind, den Völkermord an den Juden behandeln.

66 Vgl. Sonja M. Schultz: Der Nationalsozialismus im Film. Berlin 2012, S. 96–100; hier: S. 99.

- seit 1958 wurde vom *Westdeutschen Rundfunk* und der Dokumentarfilmabteilung des *Süddeutschen Rundfunks* die 14-teilige Dokumentationsserie *Das Dritte Reich* vorbereitet, die erste umfassende Darstellung im Fernsehen. Die Serie wurde von Oktober 1960 bis Mai 1961 gesendet und mehrfach wiederholt;[67]
- 14.09.1959 die Dokumentation »*... Als wär's ein Stück von Dir*« über Anne Frank vom *Norddeutschen Rundfunk*;[68]
- 22.03.1960 strahlte die ARD die 1. Folge des fünfteiligen Fernsehspiels *Am grünen Strand der Spree* nach dem Roman von Hans Scholz aus. Darin wird in einer langen Szene die Massenerschießung von Juden gezeigt.[69]

Die keineswegs vollständige Liste zeigt, dass das Fernsehen schon in den 1950er Jahren kontinuierlich zur Aufklärung über die Nazi-Vergangenheit beigetragen und einen Prozess des Umdenkens mit eingeleitet hat, der in den 1960er Jahren verstärkt wurde durch die aktuelle Berichterstattung über den Eichmann-Prozess in Jerusalem (1961), den 1. Auschwitz-Prozess in Frankfurt (1963) und auch durch Fernsehinszenierungen der dokumentarischen Theaterstücke *Der Stellvertreter* von Rolf Hochhuth (1963), *Die Geschichte von Joel Brand* von Heinar Kipphardt (1964) und *Die Ermittlung* von Peter Weiss (1966), die den Holocaust thematisieren.

Das frühe Engagement von Rundfunk und Fernsehen in den 1950er Jahren wird in der einschlägigen Forschung nicht in ausreichendem Maße gewürdigt, so wird der Film *Die Vergessenen* unverständlicherweise so gut wie kaum erwähnt[70], sogar absichtlich ausgeklammert[71], oder aus offenkundiger Unkenntnis übersehen[72], obwohl der nur

---

67 Knut Hickethier: Geschichte des deutschen Fernsehens. Stuttgart, Weimar 1998, S. 174 f.
68 Zit. n. der Cinematographie des Holocaust (www.cine-holocaust.de).
69 Hickethier: Geschichte des deutschen Fernsehens (s. Anm. 67), S. 156. Das Fernsehspiel wurde mehrfach in verschiedenen ARD-Programmen wiederholt.
70 Dabei ist der Film durch mehrfache Wiederholung in den öffentlich-rechtlichen Fernsehprogrammen und durch die Publikation und DVD-Edition Kay Hoffmanns (s. Anm. 1 und 5) sehr gut dokumentiert und auch zugänglich.
71 Classen: Bilder der Vergangenheit (s. Anm. 31), S. 24, klammert die Filme *Die Vergessenen* und *Das Haus der Vergessenen* explizit aus, weil das Thema nicht der Nationalsozialismus selbst sei, obwohl der Film in Bild und Kommentar Verfolgung und Ermordung der Juden thematisiert, und das ist auch in der zeitgenössischen Rezeption so wahrgenommen worden. Die außerordentliche Wirkung des nur 25 Minuten langen Films verdeutlicht auch die Problematik von Classens quantitativem Ansatz.
72 Peter Reichel: Erfundene Erinnerung. Weltkrieg und Judenmord im Film und Theater. Frankfurt a. M. 2007. Im Kapitel »Fernsehfilme, die Geschichte machten« behauptet

25 Minuten lange Film wahrhaft Geschichte gemacht und »etwas bewirkt hat«, wie Peter Dreessen in seiner Moderation des Films bei dessen Wiederholung 1960 sehr bescheiden angemerkt hat.

Mein besonderer Dank gilt Frau Armgart Adler für Auskünfte über ihren Vater Peter Adler; Frau Annette Antignac für Auskünfte über die *Solidarité des Réfugiés Israélites* sowie dem Archivar des *Südwestfunks Stuttgart*, Herrn Tobias Fasora, der mir die zahlreichen Dokumente im Schriftgutarchiv des *Südwestfunks Stuttgart* zugänglich gemacht hat. Weiter danke ich Kay Hoffmann für seine Auskünfte über den Film »Die Vergessenen« und den Mitarbeitern und Mitarbeiterinnen im Archiv des Deutschen Bundestags, die mir die Protokolle der Bundestagssitzungen zugänglich gemacht haben.

Reichel, der den Film *Die Vergessenen* offensichtlich nicht kennt, »erst die Hollywooddarstellung des Holocaust als Familienepos erreichte die Gesellschaft insgesamt« (S. 250). Reichels Buch ist hier nur als Beispiel angeführt für die zahlreichen Bücher und Aufsätze über Auseinandersetzung mit Nationalsozialismus und Holocaust in Film und Fernsehen, die sich immer nur denselben Filmen und Sendungen widmen.

Die Vergessenen. **Eine Fernsehdokumentation aus dem Jahr 1956**

Abb. 1

Abb. 2

Abb. 3

Abb. 4

Abb. 5

Abb. 6

Abb. 7

Abb. 8

Sylvia Asmus und Kathrin Massar

Was kostet Exil?
Überlegungen zum Wert und zur Preisgestaltung der Werke und Zeugnisse des Exils 1933-1945

Am 19. Februar 1939 fand im New Yorker Hotel Delmonico eine Manuskriptauktion statt. Sie wurde ausgerichtet von der *League of American Writers*, der *Booksellers Guild of America* und der *American Guild for German Cultural Freedom*. Letztere brachte 52 Lose in die Auktion ein, deren Erlös Schriftstellerinnen und Schriftstellern zugutekommen sollte, die aus dem Machtbereich der nationalsozialistischen Diktatur hatten fliehen müssen. Exilierte, aber auch US-amerikanische Schriftsteller und Komponisten hatten Manuskripte für die Auktion gespendet. Die Teilnahme an der Auktion war Bestandteil einer umfangreichen Fundraising-Kampagne der *American Guild* im Winter 1938/39, bei der insgesamt 200.000 US-Dollar zur Unterstützung hilfsbedürftiger exilierter Künstler eingeworben werden sollten. Die Öffentlichkeit war durch die Presse über dieses Anliegen informiert worden[1], und auch im Auktionskatalog war ausdrücklich ausgewiesen, dass der Verkaufserlös zugunsten der Exilierten gehen sollte. Dennoch war die Kauflust gering und das Ergebnis ernüchternd: Nur sieben der 52 Nummern fanden einen Käufer. So etwa Thomas Manns Manuskript »Dieser Friede«. Handschriftlich mit Tinte verfasst und 30 Seiten lang, erbrachte es 300 Dollar. Sigmund Freuds Manuskript »Der Prometheus-Complex«, ebenfalls Tinte, mit handschriftlichen Korrekturen, 7 Seiten umfassend, erzielte 200 US-Dollar.[2] Der Reinerlös für die *American Guild* aus der Auktion belief sich auf insgesamt 700 US-Dollar.

Schnell ließe sich schlussfolgern, dass das Interesse an Werken exilierter Autoren in den USA gering war. Weiterhin könnte man vermuten, dass deutschsprachige Werke in den USA aufgrund der Sprachbarriere nur schwer Käufer fanden, was auf dem allgemeinen

---

1 Vgl. Werner Berthold, Brita Eckert und Frank Wende: Deutsche Intellektuelle im Exil. Ihre Akademie und die »American Guild for German Cultural Freedom«. Eine Ausstellung des Deutschen Exilarchivs 1933–1945 der Deutschen Bibliothek, Frankfurt am Main. München 1993, S. 243–244.
2 Geht man von der gesamtwirtschaftlichen Entwicklung als Bezugsgröße aus, so entsprechen 100 $ im Jahr 1939 etwa 7.400 $ heute. Siehe dazu Anm. 10 im Beitrag von Claus-Dieter Krohn in diesem Band, S. 158.

BENEFIT AUCTION

OF

MANUSCRIPTS, LETTERS AND BOOKS

Under the Auspices of
THE LEAGUE OF AMERICAN WRITERS
and
THE BOOKSELLERS GUILD OF AMERICA
IN COOPERATION WITH
THE AMERICAN GUILD FOR
GERMAN CULTURAL FREEDOM, INC.

For the benefit of Exiled Anti-Nazi writers, and the Rehabilitation Fund of the Abraham Lincoln Brigade

❂

To Be Held At
THE HOTEL DELMONICO
PARK AVENUE AT 59TH STREET

SUNDAY NIGHT, FEBRUARY 19TH, 1939, AT 8:00 P.M.
(ADMITTANCE BY TICKET ONLY)

[Exhibition at the Hotel Delmonico from February 17th]

❂

Sale Conducted by MR. EDWARD LAZARE
(Assisted by many celebrities)

Abb. 1: Titelseite des Katalogs zur Manuskriptauktion der American Guild for German Cultural Freedom am 19. Februar 1939. Deutsches Exilarchiv 1933–1945 der Deutschen Nationalbibliothek, Archiv der American Guild for German Cultural Freedom, New York/Deutsche Akademie im Exil, EB 70/117

Autografenmarkt in den USA durchaus ein Kriterium ist.³ Jedoch blieben nicht nur viele Werke von Exilautoren unverkauft zurück – etwa ein Kapitel aus Klaus Manns *Der Vulkan* in der ersten korrigierten Fassung oder Rudolf Oldens signiertes Manuskript seiner Hitler-Biografie –, sondern auch Werke US-amerikanischer Autoren. Das Kriterium der Sprache scheint auch insofern nicht zutreffend zu sein, als vor allem die Werke der Musik ein wenig erfolgreiches Gebiet auf der Auktion waren. Dies steht ebenfalls im Widerspruch zu allgemeinen Tendenzen des Autografenmarktes, denen zufolge Musikmanuskripte weltweit häufig Spitzenpreise erzielen.⁴

Das Beispiel dieser Manuskriptauktion verdeutlicht, dass die Frage »Was kostet Exil?« vielschichtig ist und auf ganz unterschiedliche Weise verstanden werden kann. Sie verweist auf den oftmals hohen Preis, den auch viele der Schriftstellerinnen und Schriftsteller zahlten, die von den Auktionserlösen profitieren sollten: sozialer Abstieg, Vergessenwerden, Brüche in der (Schaffens-)Biografie, Hilfsbedürftigkeit. Das Beispiel verweist aber genauso auch auf die Frage danach, was das Exil aus der Perspektive der aufnehmenden Gesellschaft kostet und was den etablierten Mitgliedern dieser Gesellschaft die Unterstützung der Ankömmlinge wert ist. Und zuletzt schließlich zielt die Frage ganz konkret auf den Wert und damit auf die Preise, die Werke, Briefe und andere Zeugnisse exilierter Künstler und Wissenschaftler auf dem Autografen-, Antiquariats- und Nachlassmarkt erzielen können – historisch wie gegenwärtig. Darum soll es im vorliegenden Beitrag gehen. Die Tatsache, dass sich der Misserfolg bestimmter Stücke bei der Manuskriptauktion der *American Guild* nicht eindeutig begründen lässt, zeigt: Wert und Preis schwanken, sie sind abhängig von Rahmenbedingungen, die auch, aber nicht nur, historisch bedingt sind. Insbesondere Auktionen stellen dabei einen Sonderfall dar, denn: »Der Zuschlagspreis beruht auf einer nie wiederkehrenden Konstellation von äußeren und inneren Einflüssen auf die Bieter.«⁵

Welchen Wert haben und welchen Preis erzielen nun Werke und Zeugnisse Exilierter auf dem Antiquariats- und Autografenmarkt? Wie kommen diese Preise zustande? Lassen sich Kriterien erkennen, vielleicht auch Zusammenhänge mit gesellschaftlichen Vorgängen und Forschungskonjunkturen? Der vorliegende Beitrag kann keine umfassende Antwort auf diese Fragen liefern. Eine wissenschaftliche Auswertung

---

3 Beate Ofczarek-Späth: Mit Autographen handeln. In: Aus dem Antiquariat. Zeitschrift für Antiquare und Büchersammler, Neue Folge 4/5 (2006), S. 387.
4 Ofczarek-Späth: Mit Autographen handeln (s. Anm. 3), S. 387.
5 Günther Mecklenburg, zit. n. Gottfried Mälzer: Autographen als Sammelobjekte. In: Börsenblatt für den Deutschen Buchhandel 165/9 (1998), S. A 10.

von Antiquariats-, Lager- und Messekatalogen und eine Forschungsarbeit zum Thema stehen noch aus. Vielmehr soll hier versucht werden, einige allgemeine Einflussfaktoren auf die Preisgestaltung zu erläutern sowie verschiedene historische Aspekte im Hinblick auf Erwerbungsprinzipien und Erwerbungsformen von Werken und Zeugnissen des Exils anzusprechen, durch die sich die Rahmenbedingungen für die Wert- und Preisbestimmung konstituieren. An zwei Beispielen aus der Erwerbungsgeschichte des Deutschen Exilarchivs 1933–1945 der Deutschen Nationalbibliothek sollen anschließend einige dieser Aspekte am konkreten Fall dargestellt werden.

I. Kriterien der Wertbestimmung

Zunächst ist zu klären, welche durch das gehandelte Stück selbst bedingten Kriterien die Preise von Autografen[6] beeinflussen. Eckart Henning[7] führt aus, dass es für Autografen keine objektiven Wertmaßstäbe gibt. Wert und Preis der Ware »Autograf« müssen nicht notwendigerweise miteinander kongruieren. Ideeller und ökonomischer Wert können auseinanderklaffen; für den ökonomischen Wert der Ware gilt, dass dieser darüber hinaus nicht nur abhängig vom – schwer zu bestimmenden, weil intrinsisch nicht herzuleitenden – Nutzwert ist, sondern auch vom Verhältnis von Angebot und Nachfrage. Dabei gilt: »Dem Marktgeschehen haftet stets etwas Prozesshaftes an, bei dem der Käufer sein Objekt wie der Jäger sein Wild umkreist – beide können aber noch entweichen.«[8] Mögen auch keine objektiven Wertkriterien vorliegen, so gilt aber doch: »Der Autographenhandel [...] weist Eigenheiten auf und folgt besonderen Regeln.«[9] Folgende Einflussfaktoren lassen sich ausmachen:

Zunächst einmal spielt die Persönlichkeit des Verfassers oder der Verfasserin eine Rolle, deren Bekanntheitsgrad und Bedeutung, die der Handel in der Regel nach der Länge von Artikeln in einschlägigen Lexika bestimmt. Vereinfacht heißt das – und dies lässt sich aus Archivsicht bestätigen: »[...] ein originales Schreiben von Thomas Mann erzielt aller Voraussicht nach einen wesentlich höheren Preis als eines

---

6 Den Begriff »Autograf« verwenden wir hier im weiten Sinne des »Selbstgeschriebenen«; er schließt sowohl Handgeschriebenes als auch Typoskripte ein.
7 Eckart Henning: Wertpapiere? Vom materiellen und ideellen Wert der Autographen. In: Aus dem Antiquariat. Zeitschrift für Antiquare und Büchersammler, Neue Folge 11/5 (2013), S. 234–242.
8 Henning: Wertpapiere? (s. Anm. 7), S. 236.
9 Henning: Wertpapiere? (s. Anm. 7), S. 236.

von Hermann Kesten.«[10] Dem nachgeordnet ist die Persönlichkeit des Adressaten; auch sie kann den Wert eines Autografen beeinflussen.

Des Weiteren spielt der Inhalt, der Quellenwert des Stücks eine Rolle. Ein ausführlicher und aussagekräftiger Brief von Thomas Mann wird höher gehandelt als ein kurzes Dankschreiben. Als wertsteigernd gibt Henning auch die Bezugnahme des Verfassers auf ein eigenes Werk an.[11] Bei Werkmanuskripten bestimmt die Güte des Werks den Kaufpreis mit.

Auch das Gebiet, aus dem das Stück stammt, spielt eine wichtige Rolle[12]: So rangierten in der Wertung des Preises von Autografen im deutschsprachigen Raum solche aus dem Bereich Musik vor z. B. der Literatur, Wissenschaft und Geschichte. In den USA hingegen sind beispielsweise – ebenfalls nach der Musik – solche besonders hoch einzuschätzen, die auf die Landesgeschichte bezogen sind. Diese sind zudem sehr selten, womit ein weiteres Kriterium angesprochen ist: Auch die Seltenheit eines Stücks spielt eine Rolle, bezogen auf gesuchte Namen und Inhalte. Sie kann bemessen werden nach der Angebotshäufigkeit innerhalb eines bestimmten Zeitraums.

Schließlich fließt in die Preisbestimmung eines Stücks auch die Frage mit ein, ob es bisher unveröffentlicht ist. Wert- und damit preissteigernd ist, wenn es sich um ein bis dato unbekanntes Objekt handelt, das folglich noch nicht veröffentlicht wurde und eventuell sogar inhaltlich Neues präsentiert, das für die Forschung erhellend sein kann. Dieser Punkt ist aus der Sicht des Antiquars oft schwer einzuschätzen, weshalb entsprechende Informationen in Katalogen oft fehlen.[13]

Deutlich leichter zu bemessende Kriterien sind solche, die sich auf den Erhaltungszustand beziehen. Vollständigkeit (Ortsangabe, Datierung, Unterschrift bei Briefen) und guter materieller Erhaltungszustand heben den Wert, Gebrauchsspuren, z. B. Säurefraß oder mangelnde Lesbarkeit einer verblassenden Schrift, mindern ihn. Gruppiert werden Schriftstücke schließlich auch danach, ob es sich um eine Handschrift im Wortsinne handelt, also ein handschriftlich verfasstes Stück oder um ein maschinenschriftliches. Bei Letzterem gibt es weitere Abstufungen: mit eigenhändiger Unterschrift, gefolgt vom maschinenschriftlichen Durchschlag, dieser wiederum mit oder ohne Paraphe.

Aber es gibt auch Einflussfaktoren, die außerhalb des Schriftstücks liegen. Wie in anderen Bereichen regulieren auch im Fall der Autografen und Publikationen Angebot und Nachfrage die Preise. In Zeiten, in

---

10 Mälzer: Autographen als Sammelobjekte (s. Anm. 5), S. A 5–A 6.
11 Henning: Wertpapiere? (s. Anm. 7), S. 237.
12 Ofczarek-Späth: Mit Autographen handeln (s. Anm. 3), S. 387.
13 Mälzer: Autographen als Sammelobjekte (s. Anm. 5), S. A 7.

denen Autografen als lohnende Investition angesehen werden, steigt die Nachfrage, was Auswirkungen auf die erzielten Preise hat. Henning bemerkt, dass die »Preise für Autografen [...] zurzeit im Hinblick auf die europäische Rezession nach oben [klettern]«.[14]

Angebot und Nachfrage werden auch durch die rasante Entwicklung der Kommunikationsmedien gesteuert. Die Vielzahl von Angeboten auf weltweit verfügbaren Angebotsplattformen hat zu einem Preisverfall bei (Exil-)Publikationen geführt, sofern es sich nicht um besonders rare Exemplare oder Unikate handelt. Was früher schwer zu finden war, liegt heute nur einen Klick weit entfernt. Auch die zeit- und ortsunabhängige Verfügbarkeit digitalisierter Inhalte wirkt auf Angebot und Nachfrage.

Ein weiterer Einflussfaktor mit Blick auf die Preise – besonders von Autografen – ist auch der Käufer: Handelt es sich um einen Sammler, einen womöglich nur nach einer Kapitalanlage suchenden Investor oder um eine öffentliche Einrichtung, z. B. ein Archiv? Welche Sammlungsgrundsätze lenken die Erwerbungen? Diese bestimmen mit darüber, wie die Dokumente beurteilt werden, z. B. hinsichtlich des literarischen Rangs des Verfassers oder aber als zeitgeschichtliche Quellen.

Aus der Sicht des Archivs spielt auch die historische Entwicklung von Erwerbungsprinzipien, die von Forschungskonjunkturen beeinflusst sein kann, eine Rolle. So lässt sich etwa für die Bestandentwicklung des Deutschen Exilarchivs 1933–1945 sagen, dass zu Beginn die gedruckte Exilliteratur im Mittelpunkt des Interesses stand. Bio-bibliografisches Material diente zur Bearbeitung von camouflierter Literatur. Erst nach und nach rückte der Quellenwert ungedruckter Unterlagen und damit deren Erwerbung stärker in den Fokus und wurde auch gesetzlich im Sammelauftrag des Archivs verankert. Die Ausweitung des Sammelspektrums auf ungedruckte Unterlagen in den 1970er Jahren steht mit der Entwicklung der Exilforschung in Zusammenhang. Besonders richtungsweisend war die Ende der 1960er Jahre beginnende Förderung der Exilforschung durch die Deutsche Forschungsgemeinschaft.[15]

Persönlichkeit und Inhalt wurden bereits als zentrale Faktoren für die Bestimmung des Preises angesprochen. Im Kontext des Blicks auf Exilautografen als zeitgeschichtliche Quellen allerdings sind dies Kriterien, die oftmals schwer zu bestimmen sind. Denn wer ist unter diesem Blickwinkel eine wichtige Persönlichkeit? Grundsätzlich nur eine

---

14 Henning: Wertpapiere? (s. Anm. 7), S. 235.
15 Vgl. Sylvia Asmus: Von der Emigrantenbibliothek zum Deutschen Exilarchiv. In: Exilforschung. Ein internationales Jahrbuch 29 (2011): Bibliotheken und Sammlungen im Exil. München 2011, S. 166–178.

schöpferische Person, die ein Werk hervorgebracht hat? Oder auch eine Person, deren Lebenslauf zum »Exil der kleinen Leute« (Wolfgang Benz) zählt? Ist es vor diesem Hintergrund eine Person, die durch das Exil aus dem Fokus der Biografik geraten ist? Oder eine, die sich behauptet hat trotz der Umstände? Also verkürzt gefragt: eine Person, die entweder keinen oder einen langen Lexikoneintrag hat? Und darüber hinaus: Welches Nachschlagewerk legt man hier als Referenz an? Und welches sind bezogen auf das Exil wichtige Inhalte? Sind es Fakten zu einem Lebensweg oder besondere emotionale Lagen, die in einem Schriftstück zum Ausdruck kommen sollen? Ist gar eine besondere Schicksalshaftigkeit eines Lebenslaufs wertsteigernd?

An diesem Punkt kommt auch die Perspektive des Verkäufers ins Spiel. Denn neben Auktionen und Ankäufen von Lagerhändlern mit festen Listenpreisen spielt, zum Beispiel im Deutschen Exilarchiv 1933–1945, auch die Übernahme aus privater Hand eine wichtige Rolle.

Waren es früher die Bestandsbildner selbst, die ihre Unterlagen bewusst an bestimmte Archive übergaben, weil sie diese in einem speziellen Kontext aufbewahrt und zugänglich wissen wollten, sind heute meist Familienmitglieder der zweiten oder dritten Generation die Verhandlungspartner. Gemeinsam ist beiden häufig das Bestreben, dem Bestandsbildner mit der Übergabe seiner Unterlagen an öffentliche Einrichtungen einen Platz im kulturellen Gedächtnis zu sichern und die überlieferten Zeugnisse – auch für die Forschung – zu erhalten. Dabei kann es sowohl monetär wie inhaltlich zu divergierenden Bewertungen kommen. Familienbriefe beispielsweise können interessante Informationen bereithalten und für Archive wie für die Forschung daher besonders wertvoll sein. Für den Bestandsbildner bzw. dessen Erben bedeutet die Übergabe solcher Zeugnisse hingegen, ehemals Privates in einer Gedächtnisinstitution öffentlich zugänglich zu machen.[16] Hinzu kommt, dass die Kinder und Enkel der Nachlasser oftmals mit der deutschen Sprache oder auch mit den Themen, die der Nachlass berührt, nicht oder nur wenig vertraut sind. Dadurch ergeben sich aus Verkäufersicht manchmal Einschätzungen des Quellenwerts von Dokumenten, die zwar familienbiografisch plausibel und verständlich sind, jedoch aus der Sicht der ankaufenden Institution zuweilen umsichtig angepasst werden müssen. Das gilt für Überschätztes und damit zu teuer Angebotenes – etwa einen Thomas-Mann-Brief, der in der Familienerzählung im Lauf der Jahrzehnte zu Recht einen heraus-

---

16 Vgl. Sylvia Asmus: Verstreute Informationsobjekte in Nachlässen. In: Diachrone Zugänglichkeit als Prozess. Kulturelle Überlieferung in systematischer Sicht. Hg. v. Michael Hollmann und André Schüller-Zwierlein. Berlin 2014, S. 172–184.

gehobenen Platz erobert hat, jedoch im Kontext überlieferter und bekannter Thomas-Mann-Autografen keinen entsprechend großen Quellenwert besitzt – genauso wie für Unterschätztes, das auch schon einmal zum Wegwerfen zur Seite gelegt und dem Archiv gar nicht erst angeboten wird. Ökonomische Interessen der Verkäufer können auch dazu führen, dass besonders wertvolle Autografen aus Beständen herausgelöst und über den Autografenhandel veräußert werden. Überlieferte Kontexte werden so zerstört.

II. »Fischzug im Meer der alten Zeit«[17] – der Antiquar, Emigrant und Nachlasser Walter Zadek

Eine besondere Rolle für den Aufbau der Sammlung des Deutschen Exilarchivs 1933–1945 spielte Walter Zadek (1900–1992). Er trat dem Archiv gegenüber zu Beginn der 1960er Jahre zunächst als Buchhändler und Antiquar in Erscheinung. Im Verlauf der Jahrzehnte währenden Zusammenarbeit und damit auch im Verlauf des Wandels der Erwerbungsprinzipien geriet er immer stärker auch in seiner Eigenschaft als Emigrant und damit als potenzieller Nachlasser in den Blick. Zadek agierte dem Archiv gegenüber also einerseits als Geschäftsmann, der mit den Werken und Zeugnissen des Exils handelte, und andererseits als Emigrant, für den die gehandelten Stücke mit der Geschichte der eigenen Biografie eng verwoben waren.

Walter Zadek, gelernter Buchhändler, zuletzt in der Weimarer Republik als Journalist und Redakteur tätig gewesen, emigrierte 1933 aus Berlin über die Niederlande nach Palästina.[18] Bereits in Amsterdam hatte er damit begonnen, Kontakte zu Exilverlagen zu knüpfen, um über buchhändlerische Alleinvertretungsrechte für Palästina zu verhandeln, die er als Großbuchhändler in Tel Aviv dann für einige Jahre wahrnahm. Durch den Zweiten Weltkrieg kamen die Geschäftsbeziehungen zu europäischen (Exil-)Verlagen zum Erliegen, und Zadek gründete daraufhin ein Antiquariat, das er phasenweise auch als Leihbibliothek betrieb.[19] Ende der 1940er Jahre entwickelte Walter Zadek die Idee, die

---

17 Walter Zadek an Werner Berthold (Deutsches Exilarchiv 1933–1945 der Deutschen Nationalbibliothek), Frankfurt a. M., 02.07.1975.
18 Zur Biografie vgl. Ernst Fischer: Verleger, Buchhändler und Antiquare aus Deutschland und Österreich in der Emigration nach 1933. Ein biographisches Handbuch. Elbingen 2011, S. 353–355.
19 Uri Benjamin (d. i. Walter Zadek): Die Welt als Vaterland (III). In: Börsenblatt für den Deutschen Buchhandel, Frankfurter Ausgabe 144/24 (1977), S. A 95–A 104; hier: S. A 95. Die Teile (I) und (II) dieses autobiografischen Abrisses finden sich unter gleichem Titel in den Ausgaben 144/8 (1977), S. A 1–A 5 und 144/16 (1977), S. A 38–A 42.

Werke der Exilliteratur, die in der Zeit von 1933 bis 1945 in Deutschland nicht hatten verlegt, gekauft und gelesen werden können, in Deutschland selbst antiquarisch anzubieten, da er dort einen Markt für diese Publikationen vermutete, bei Antiquariaten, Bibliotheken und Archiven. Ab Mitte der 1950er Jahre unternahm Zadek zu diesem Zweck fast jährlich Recherche-, Ankaufs- und Verkaufsreisen durch Europa. Die Korrespondenz mit dem befreundeten Schriftstellerpaar Lisa Tetzner und Kurt Kläber in der Schweiz gibt einen Eindruck von ihrer Ausdehnung:

> ich möchte von genua über piacenza, cremona, mantua, padua, venedig nach triest fahren und sehen, ob es im westlichen, einst k.u.k. jugoslavien (ljubljana, zagreb) noch alte deutsche bücher gibt. […]. dann graz, wien, salzburg, innsbruck, vaduz, bregenz, lindau, st. gallen, zürich. […]. dann bern und nordschweiz und den rhein abwärts bis frankfurt.[20]

1961 bestückte Walter Zadek für das Frankfurter Antiquariat Amelang erstmals einen ganzen Katalog »Deutsche Literatur im Exil«.[21] Dieser stellte einen Wendepunkt in der Preisentwicklung dar. Denn am Ende der Recherchen für den Katalog stand fest: »Legt man Reisespesen und Zeiteinbuße auf diese [1.100 Bände des Katalogs; Anm. d. Verf.] um, dann ergibt das ansehnliche Einzelpreise. Die nackte Einkaufsumme stellt den geringsten Teil davon dar.«[22] So definierte dieser Katalog im Vergleich mit bisherigen Antiquariatsangeboten von Exilliteratur ein neues, deutlich höheres Preisniveau. Auch das Deutsche Exilarchiv 1933–1945[23] ergänzte aus dem Katalog die stetig anwachsende Sammlung. Vergleicht man im Erwerbungsjournal die Preise von kurz zuvor bei anderen Antiquaren erworbenen Büchern mit jenen aus dem Amelang-Katalog, so betragen Letztere zum Teil das Drei- und Vierfache. In

---

20 Walter Zadek an Lisa Tetzner, Tel Aviv, 11.02.1961. Deutsches Exilarchiv 1933–1945 der Deutschen Nationalbibliothek, Nachlass Walter Zadek, EB 87/089. Kleinschreibung im Original.
21 Antiquariat Amelang: Deutsche Literatur im Exil 1933–1945. Frankfurt a.M. 1961. (Im Jahr darauf erschien unter gleichem Titel ein Folgekatalog.) Zadek fungierte als Zulieferer für das Antiquariat Amelang, sein Name taucht im Katalog nicht auf. Unabhängig davon trat er auch mit eigenen Angebotslisten in Deutschland als Antiquar in Erscheinung und unterhielt über viele Jahre ein Bücherlager in Frankfurt a.M.
22 Uri Benjamin (d. i. Walter Zadek): Der Antiquar und die Exilliteratur. Oder: Der noch unentdeckte Anteil des Buchhandels am Aufbau der seltenen Sammlungen. In: Börsenblatt für den Deutschen Buchhandel, Frankfurter Ausgabe 137/49, S. A 82–A84; hier: S. A 83.
23 Zum Zeitpunkt der Gründung hieß die Sammlung »Bibliothek für Emigrationsliteratur«, Mitte der 1980er Jahre wurde sie in »Deutsches Exilarchiv 1933–1945« umbenannt.

Bezug auf die in der Folge auch sprunghaft höheren Preise in seinen eigenen Angebotslisten argumentierte Zadek später, dass

> diese Preise in den Spezial-Katalogen durch die jahrelange persönliche Beschaffung der Bände [...] bedingt waren und auch durch die monatelange bibliografische Erfassung. Wer das alles leistete und bezahlte, hat ein Recht, seine Unkosten dem Anschaffungspreis zuzuschlagen.[24]

Schon bei den gedruckten Werken, später aber verstärkt beim Ankauf von Autografen kommt neben den rein materiellen preisbestimmenden Faktoren noch ein weiterer Aspekt ins Spiel: der mögliche ideelle Wert der Stücke aus Zadeks Perspektive als Emigrant. Bereits unter den frühen Ankäufen von Büchern und Broschüren fällt auf, dass Titelseite oder Umschlag eines Werks häufig mit Bleistiftkommentaren Zadeks versehen sind. Besonders intensiv nahm Zadek solche Kommentierungen an Autografen aus seinem eigenen autobiografischen Kontext vor, die ab den 1970er Jahren nach und nach in den Fokus seiner Geschäftsbeziehung zum Deutschen Exilarchiv 1933–1945 rückten. Kann man bei den gedruckten Werken zumindest nach beispielhafter Durchsicht keine besonderen Preisausschläge an den kommentierten Stücken erkennen, so stellt sich im Fall der Autografen jedoch erneut die Frage: Hat Zadek hier seine eigene Erfahrung als Emigrant »in Wert gesetzt«?

Anders als im Fall der gedruckten Werke hat Walter Zadek sich nie direkt zur Preisfindung der von ihm angebotenen Autografen geäußert. Man ist auf die dargestellten brancheneigenen Kriterien angewiesen, die Zadek als professioneller Antiquar mit Sicherheit kannte und einbezog. Indirekt gibt Zadek jedoch durch seine Kommentierung Einblick in den ideellen Wert, den er den Stücken beimaß.[25]

Zadeks Kommentare haben unterschiedliche Funktion, z. B. können sie der Entschlüsselung von Pseudonymen oder Abkürzungen dienen. Als Beispiel sei ein Brief an Walter Zadek angeführt[26], der vom Absender mit »Ihr H S« gezeichnet ist. Zadek entschlüsselt durch einen Bleistifteintrag die Initialen am oberen Rand als »Hans Sochaczewer«. Andere Kommentare beziehen sich auf die Bedeutung einer Person (»berühmte Leiterin der Jugend = Alijah, nach der Strassen, Institute,

---

24 Uri Benjamin (d. i. Walter Zadek): Sumus de vagantium ordine laudando. Aus eines vierrädrigen Antiquars Logbuch anläßlich einer Europareise. In: Börsenblatt für den Deutschen Buchhandel, Frankfurter Ausgabe 131/33, S. 705–719; hier: S. 707–708.
25 Dies wurde für den vorliegenden Beitrag überblicksartig an zwei Gruppen von Einzelautografen untersucht, die Zadek Mitte der 1970er Jahre an das Deutsche Exilarchiv 1933–1945 verkaufte. Sie sind unter den Signaturen EB autograph 121–145 und 174–190 in die Sammlung eingegangen. Im Folgenden werden Beispiele daraus angeführt.
26 José Orabuena (d. i. Hans Sochaczewer) an Walter Zadek, Ascona, 28.04.1933 (EB autograph 145).

Orte in Israel benannt worden sind«[27]), auf ihr Schicksal (»später von den Nazis umgebracht«[28]) oder benennen übergreifende Aspekte, für die das jeweilige Stück nach Zadeks Auffassung Informationen liefern kann, z. B. »Emigrations=Verleger sucht Hilfskraft unter den Emigranten (die aber keine bezahlte Arbeit annehmen dürfen)«[29], »Unternehmen deutscher Emigranten«[30], »Gegenseitige Hilfe«[31] oder knapp: »Exil«.[32]

Zadeks Kommentare sind damit einerseits tatsächlich in der Lage, Aussagen zu einem Stück zu treffen, die einen Erkenntniswert haben, der für die Preisfindung nach den oben aufgeführten Kriterien mitbestimmend ist. Er kommentiert hier jedoch auch als Emigrant, der die Zeugnisse seiner Biografie auf bestimmte Weise verstanden wissen möchte. In Artikeln und Interviews hat Zadek stets bereitwillig Einblick in sein Selbstverständnis als Antiquar gegeben, der zugleich auch Zeitzeuge ist und damit gleichsam in der Pflicht steht, sein Insider-Wissen für die Nachkommenden festzuhalten.[33]

Nimmt man die ausgewählten Beispiele unter dem Gesichtspunkt des Verkaufspreises in den Blick, so ist erkennbar, dass Zadek für ein einseitiges Schriftstück einen Standardpreis von 10 DM festsetzte. Davon abweichend wurden manche Stücke preiswerter oder teurer angeboten. Das teuerste Stück aus der hier betrachteten Serie von Autografen ist der einseitige, lediglich mit »Exil« kommentierte Brief des Dichters David Luschnat an Walter Zadek vom 11. August 1935.[34] Der Brief enthält eine detailreiche Beschreibung der bitteren Lebensumstände Luschnats im Exil. Zadek muss sich dessen bewusst gewesen sein, dass dieser Inhalt als gewichtig gelten konnte, ohne dass man mit weiteren Kommentaren darauf hätte hinweisen müssen. Dass ein Brief einen höheren ideellen und materiellen Wert besitzt, wenn darin die Schwere der Situation eines Emigranten zum Ausdruck kommt, belegt auch das oben genannte Schreiben von Hans Sochaczewer an Walter

---

27 Henrietta Szold an Walter Zadek, Jerusalem, 19.11.1935 (EB autograph 139).
28 Walter Landauer an Walter Zadek, Paris, 08.11.1933 (EB autograph 185).
29 Fritz H. Landshoff an Walter Zadek und Frau, Amsterdam, 12.06.1933 (EB autograph 182).
30 Walter Zadek an Hugo Herrmann, Tel Aviv, 24.04.1936 (EB autograph 183).
31 Egon Weigl an Walter Zadek, Prag, 29.04.1933 (EB autograph 188).
32 David Luschnat an Walter Zadek, Nizza, 11.08.1935 (EB autograph 144). Hervorhebung im Original.
33 Vgl. z. B. Benjamin (d. i. Zadek): Der Antiquar und die Exilliteratur (s. Anm. 22) und Walter Zadek: Kein Utopia. Araber, Juden, Engländer in Palästina. Fotografien aus den Jahren 1935 bis 1941. Berlin 1986, S. 22.
34 Luschnat an Zadek (s. Anm. 32).

Was kostet Exil? 275

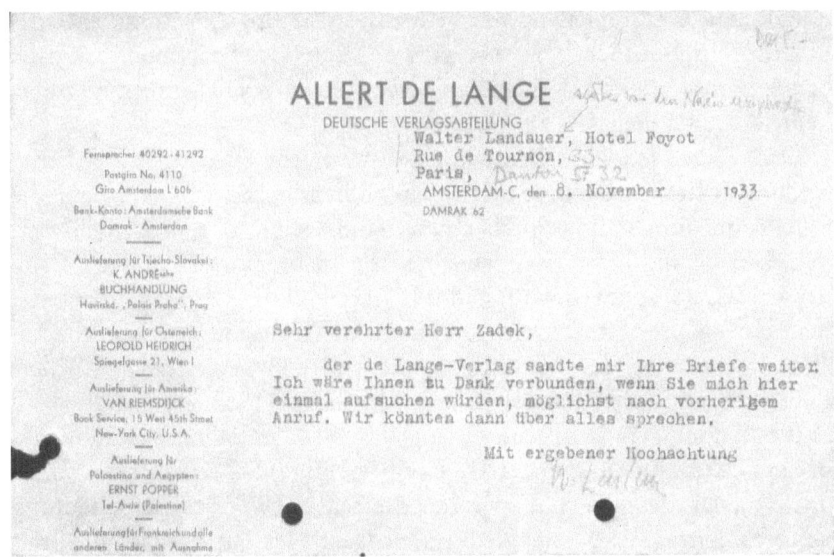

Abb. 2a: Brief von Walter Landauer an Walter Zadek, Paris, 8. November 1933, Vorderseite. Deutsches Exilarchiv 1933–1945 der Deutschen Nationalbibliothek, EB autograph 185

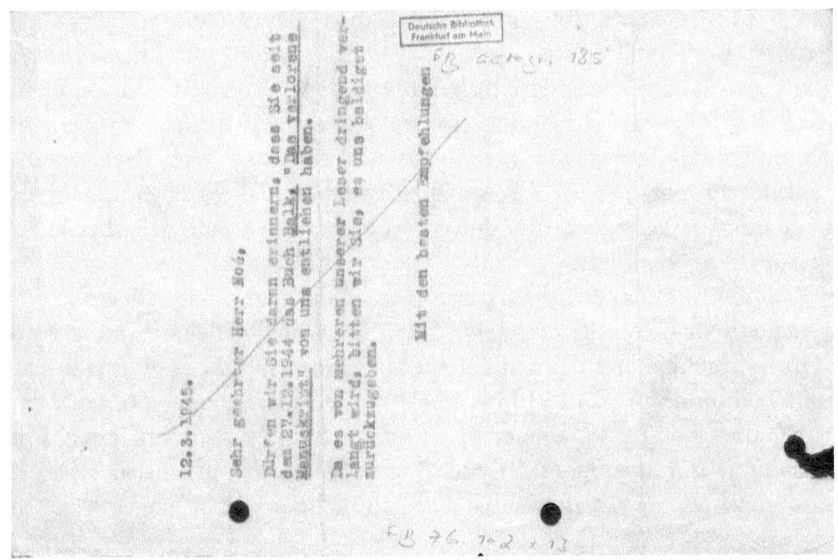

Abb. 2b: Brief von Walter Landauer an Walter Zadek, Paris, 8. November 1933, Rückseite.

Zadek, das er abschließend mit »ein Brief voll Angst«[35] kommentierte. Überdurchschnittlich bewertet wird ebenfalls das Schreiben, das nach der Ansicht Zadeks auf eine allgemeine Schwierigkeit von Emigranten, keine Arbeit annehmen zu dürfen, verweist.[36]

Dass Zadek jedoch neben den eher »weichen« Spielregeln der Preisfindung auch die objektiven Kriterien zu handhaben wusste, zeigen die Stücke, die vom Standardpreis abweichend preiswerter angeboten wurden: Der Grund hierfür lag jeweils nicht im Inhalt oder in der Person des Verfassers, sondern wohl in der Materialität des Objekts. Betrachtet man eines dieser Stücke, ein Schreiben des Verlegers der deutschsprachigen Abteilung des Allert de Lange Verlags in Amsterdam, Walter Landauer, an Walter Zadek vom 8. November 1933[37], genauer, dann gibt es jedoch gerade in seiner mangelhaften Materialität Erstaunliches preis: Das einstmals abgeheftete (weil wichtige) Schreiben (s. Abb. 2a und 2b), wurde zu einem späteren Zeitpunkt, als es seine Bedeutung verloren hatte, aus einem Ordner gerissen. Das Papier wurde in der Mitte durchgetrennt, auf der Rückseite weiterbenutzt, und zwar im Zusammenhang mit Zadeks zeitweilig betriebener Leihbibliothek. Es wurde erneut gelocht und abgeheftet und befand sich wahrscheinlich bis zu dem Zeitpunkt in jenem Aktenordner, als Walter Zadek begann, für das Deutsche Exilarchiv 1933–1945 seinen »Fischzug im Meer der alten Zeit« auszuführen, sprich: in seinen eigenen Unterlagen nach Briefen und anderen flankierenden Dokumenten zur Literatur des Exils zu suchen. Zadek strich den Text auf der Rückseite durch, wendete das Stück erneut und versah es auf der Vorderseite mit einem Kommentar; »später von den Nazis umgebracht«. Den Preis veranschlagte er mit DM 5. Ein stark beschädigter Brief eines einstmals bedeutenden Verlegers, rückseitig beschriftet, mehrfach gelocht: Mehr war nicht zu erzielen.

Gerade in seiner beschädigten Materialität liegt paradoxerweise der Quellenwert dieses Briefs, denn daran lässt sich Zadeks Prozess vom (Groß-)Buchhändler der Exilverlage (1933 bis 1939) über den Antiquar und Leihbibliothekar (1939 bis 1945) hin zum Belieferer von Antiquariaten und Archiven in Deutschland »in a nutshell« nachvollziehen. Ein ideeller, ja durch seine materielle Verankerung auch intrinsischer Wert des Stücks, der für Zadek selbst so noch nicht absehbar gewesen ist.

---

35 Orabuena (d. i. Sochaczewer) an Zadek (s. Anm. 26).
36 Landshoff an Zadek und Frau (s. Anm. 29).
37 Landauer an Zadek (s. Anm. 28).

III. »Das Eigentliche ist ganz etwas anderes« – Hubertus Prinz zu Löwenstein und das Archiv der *American Guild for German Cultural Freedom/Deutsche Akademie im Exil*

Anders als Walter Zadek waren Prinz Hubertus und Prinzessin Helga zu Löwenstein, ebenfalls Bestandsbildner in der Sammlung des Deutschen Exilarchivs 1933–1945, keine Antiquare und Autografenhändler. Ihre Bewertung der Exildokumente erfolgte allein aus der Perspektive von Akteuren der Zeitgeschichte, die mit den Unterlagen die Dokumentation ihrer eigenen Lebensgeschichte und -leistung abgaben, um diese gesichert und für die Forschung zugänglich zu wissen.

Prinz Hubertus zu Löwenstein-Wertheim-Freudenberg wurde 1906 auf Schloss Schönwörth in Tirol geboren.[38] Sein Studium der Rechts- und Staatswissenschaften in München, Hamburg, Genf und Berlin schloss er mit der Promotion zum Thema »Umrisse der Idee des faschistischen Staates und ihre Verwirklichung (unter Vergleich mit den wichtigsten Gebieten des deutschen Staatsrechts)« 1931 ab. In seinen Veröffentlichungen in der Vossischen Zeitung und im Berliner Tageblatt sowie durch seine Mitgliedschaft im *Reichsbanner Schwarz-Rot-Gold* bezog er Position gegen den Nationalsozialismus. Nachdem seine Berliner Wohnung durch SA und Polizei im März 1933 durchsucht worden war, reisten Prinz zu Löwenstein und seine Frau Helga nach Tirol aus, wo sie sich auf Schloss Neumatzen niederließen. Im November 1934 folgte die Ausbürgerung auf der 3. Ausbürgerungsliste. Löwenstein engagierte sich weiter publizistisch, 1934/1935 trat er u. a. mit der Herausgabe der Zeitschrift »Das Reich« für den Verbleib des Saargebiets unter Völkerbundverwaltung ein, 1934 waren seine Publikationen *The Tragedy of a Nation. Germany 1918–1934* und *After Hitlers Fall. Germany's coming Reich* bei Faber & Faber in London erschienen. Ab 1935 hielt sich Löwenstein abwechselnd in den USA, in England und in Frankreich auf. In den USA gründete er die *Deutsche Akademie im Exil* und die *American Guild for German Cultural Freedom* und war als Gastprofessor der Carnegie-Stiftung an unterschiedlichen Colleges tätig. Bereits im September 1946 kehrte Löwenstein mit seiner Familie nach Deutschland zurück, wo er weiter publizistisch und politisch tätig war. Am 28. November 1984 ist er in Bonn gestorben.

Der Nachlass des Publizisten und Politikers Hubertus Prinz zu Löwenstein liegt verteilt vor: Ein Teil der Unterlagen wird im Bundes-

---

38 Zur Biografie vgl. Berthold/Eckert/Wende: Deutsche Intellektuelle im Exil (s. Anm. 1).

archiv, ein anderer im Deutschen Exilarchiv 1933–1945 der Deutschen Nationalbibliothek verwahrt, auch im Institut für Zeitgeschichte sind Teile überliefert. Löwenstein selbst hatte die Aufteilung des Materials mit bestimmt. Die Aufteilung sah ursprünglich vor, dass der politische Nachlass Löwensteins im Bundesarchiv, das Archiv der *American Guild for German Cultural Freedom / Deutsche Akademie im Exil* im Deutschen Exilarchiv aufbewahrt werden sollte. Mit der sukzessiven Übergabe von weiteren Unterlagen an die beiden Einrichtungen verwischten sich die Kriterien für die Bestandsspaltung jedoch zunehmend, denn die Zuordnung ließ unterschiedliche Anbindungen zu. Auch Exildokumente aus den persönlichen Unterlagen wurden folglich dem Exilarchiv übergeben, so dass auch dort ein Teilnachlass eingerichtet wurde, der besonders für die Exilbiografie Löwensteins aussagekräftig ist.[39]

Im März 1967 trat das Deutsche Exilarchiv erstmals mit der Bitte um Kopien von Löwensteins politischer Exilkorrespondenz an diesen heran, nicht ahnend, welche Unterlagen sich im Besitz der Löwensteins befanden. In seinem Antwortschreiben führt Löwenstein aus:

> Worum es ginge, ist nicht mein Briefwechsel [...]. Das Eigentliche ist ganz etwas anderes: Ich bin Gründer und Generalsekretär der American Guild for German Cultural Freedom gewesen, und dazu der Deutschen Akademie im Exil. Mehrere hundert deutsche Geistesschaffende haben unsere Stipendien, Druckgarantien, etc. erhalten – darunter Hermann Broch, Bert Brecht, Hans Sahl, Walter Mehring, Wiesengrund-Adorno, Jesse Thoor, Prof. Fraenkel, usw. usw. Es gibt Korrespondenzen mit nahezu allen Persönlichkeiten der Emigration: Sigmund Freud, die Manns, Alfred Neumann, Franz Werfel, Albert Einstein, Bronislaw Hubermann, Klemperer, Stefan Zweig, Arnold Zweig – usw.-usw.-usw. Das Ganze umfasst mehrere Kisten und stellt einen recht beachtlichen Wert dar, sowohl ideell, wie auch materiell.[40]

Nach einer Vor-Ort-Sichtung des Materials bekundete das Deutsche Exilarchiv Interesse an der Übernahme der Unterlagen und bemühte sich um die Einwerbung von Mitteln. Aus der überlieferten Erwerbungskorrespondenz geht hervor, dass auch die Australische Nationalbibliothek am Ankauf des Archivs interessiert war und ein Angebot vorgelegt hatte. Allerdings bevorzugte Löwenstein offenbar die Unterbringung des Archivs in einer deutschen oder US-amerikanischen Einrichtung, sollte von dort ein akzeptables Ankaufsangebot vorgelegt werden.

---

39 Vgl. Asmus: Verstreute Informationsobjekte in Nachlässen (s. Anm. 16).
40 Hubertus Prinz zu Löwenstein an Werner Berthold (Deutsches Exilarchiv 1933–1945 der Deutschen Nationalbibliothek), Bonn, 19.03.1967.

Im Antrag an die Stiftung Volkswagenwerk, die den Ankauf letztlich auch finanziell unterstützte, werden unterschiedliche Kriterien angeführt, die einen Ankaufspreis von 65.000 DM rechtfertigen konnten. Zunächst wird auf die im Archiv überlieferte Fülle von Schreiben bekannter Persönlichkeiten verwiesen. »Der vom Besitzer geforderte […] Preis ist – schon in Anbetracht der zahlreichen Autographen namhafter Persönlichkeiten des Exils – als angemessen zu bezeichnen.«[41] Auch die fast lückenlose Überlieferung und der Erhaltungszustand der Akten wurden als Kriterien angeführt: »Das Archiv besteht aus etwa 300 […] (in gutem Zustand befindlichen) Dossiers, in denen Bittschreiben der Autoren, die von den Antragstellern ausgefüllten Fragebogen der Guild, Befürwortungsschreiben […], Arbeitsproben, ganze Manuskripte usw., enthalten sind.« Stärker noch wird die Aussagekraft des Materials betont:

> [Das Archiv] gibt ebenso sehr Aufschluß über die soziale Lage der Autoren im Exil wie über ihre Arbeitsvorhaben und deren Verwirklichung. Mit dem Ankauf des Archivs […] könnte zum ersten Male eine umfassende, die Exil-Situation in all ihrer Differenziertheit objektiv wiederspiegelnde Sammlung ungedruckter Exil-Dokumente für die deutsche Forschung gewonnen werden. […] die American Guild förderte Exilanten aller Richtungen, Marxisten wie Konservative usw.[42]

Zuletzt wird die Forschungskonjunktur als weiteres Kriterium angeführt:

> Abschließend darf ich darauf hinweisen, daß gerade jetzt – zu einem Zeitpunkt, an dem die deutsche Exil-Forschung durch mehrere Forschungsprojekte der DFG wesentliche Impulse erhalten hat – ein besonders starkes Interesse an dem im Archiv der »American Guild for German Cultural Freedom« enthaltenen Material besteht.[43]

Tatsächlich hatte die Deutsche Forschungsgemeinschaft kurz vor der Übernahme des Archivs der *American Guild* mit der Förderung von Gemeinschaftsprojekten zur Erschließung ungedruckter Quellen begonnen. Das erste Projekt (Dokumentation I), an dem das Deutsche Exilarchiv bereits beteiligt war, fokussierte auf die Auswertung unge-

---

41 Antrag der Deutschen Bibliothek an die Stiftung Volkswagenwerk, [Frankfurt a. M.], 03.04.1970.
42 Anl. zum Antrag der Deutschen Bibliothek an die Stiftung Volkswagenwerk, [Frankfurt a. M.], 17.02.1970/03.04.1970.
43 Anl. zum Antrag der Deutschen Bibliothek an die Stiftung Volkswagenwerk (s. Anm. 42).

druckter politischer Quellen.⁴⁴ In der sich anschließenden Dokumentation II standen ungedruckte Quellen zur deutschen Emigration 1933–1945 in Literaturarchiven im Fokus. An diesem Projekt beteiligte sich das Deutsche Exilarchiv bereits mit der formalen und inhaltlichen Erschließung des Archivs der *American Guild*.⁴⁵

Die Argumente überzeugten intern wie extern. Das Archiv konnte für das Deutsche Exilarchiv angekauft werden.

Nach Übernahme des Archivs wurden sukzessive weitere Unterlagen aus dem Besitz der Löwensteins übergeben, die entweder noch zum Bestand der *American Guild* gehörten oder die Exilbiografie der Löwensteins dokumentierten. Letztere erforderten andere Bewertungskategorien. Aus den Schreiben Prinz zu Löwensteins geht als Kategorie zur Bewertung besonders der unikale Charakter der Materialien hervor. »Einmalig«, »handgeschrieben«, »handschriftlich korrigiert« sind von ihm gewählte Attribute zur Beschreibung von Unikaten. Zum überlieferten Manuskript seines Werkes *The Germans in History* führt er aus:

> Es ist [...] ein einmaliges Material – des Buches, das ich 1943 handschriftlich begann, im Auftrag von Columbia University Press. (1950 kam das Buch neugegossen, in 1. Auflage als ›Deutsche Geschichte‹ bei Scheffler heraus [...]). Das englische Material ist aber die in der Emigration entstandene ›Urmaterie‹.⁴⁶

Besonders deutlich wird Löwensteins Betonung des Unikalen als Kriterium zur Wertermittlung, als er dem Exilarchiv sein Werk *Enemies of the cross* anbietet:

> Es gibt ein Werk von mir, das nie erschienen ist: Enemies of the cross, geschrieben 1938/1939 für den längst nicht mehr existierenden »Modern Age« Verlag in New York. Es liegt vor in der Form von (von mir veranlassten) eingebundenen Druckfahnen. Alles übrige ist zerstört: Manuskript, die ausgedruckten Seiten, die Platten, etc. Der Modern Age Verlag gehörte einem sehr wohlhabenden Ehepaar, das Anstoss nahm, als ich in den letzten Kapiteln den Ribbentrop-Molotow-Pakt zur Teilung Polens ebenso scharf kritisierte, wie die »Enemies of the Cross« im Nazimus und Faschismus. Der Verlag verlangte, dass ich das ändere – natürlich weigerte

---

44 1969 begann die Zusammenarbeit des Bundesarchivs Koblenz, der damaligen Deutschen Bibliothek, des Forschungsinstituts der Friedrich-Ebert-Stiftung und des Archivs des Deutschen Gewerkschaftsbundes sowie des Instituts für Zeitgeschichte an dem Projekt Dokumentation zur Emigration 1933–1945 (Dokumentation I).
45 Vgl. Asmus: Von der Emigrantenbibliothek zum Deutschen Exilarchiv (s. Anm. 15).
46 Hubertus Prinz zu Löwenstein an Werner Berthold (Deutsches Exilarchiv 1933–1945 der Deutschen Nationalbibliothek), Bonn, 02.03.1980.

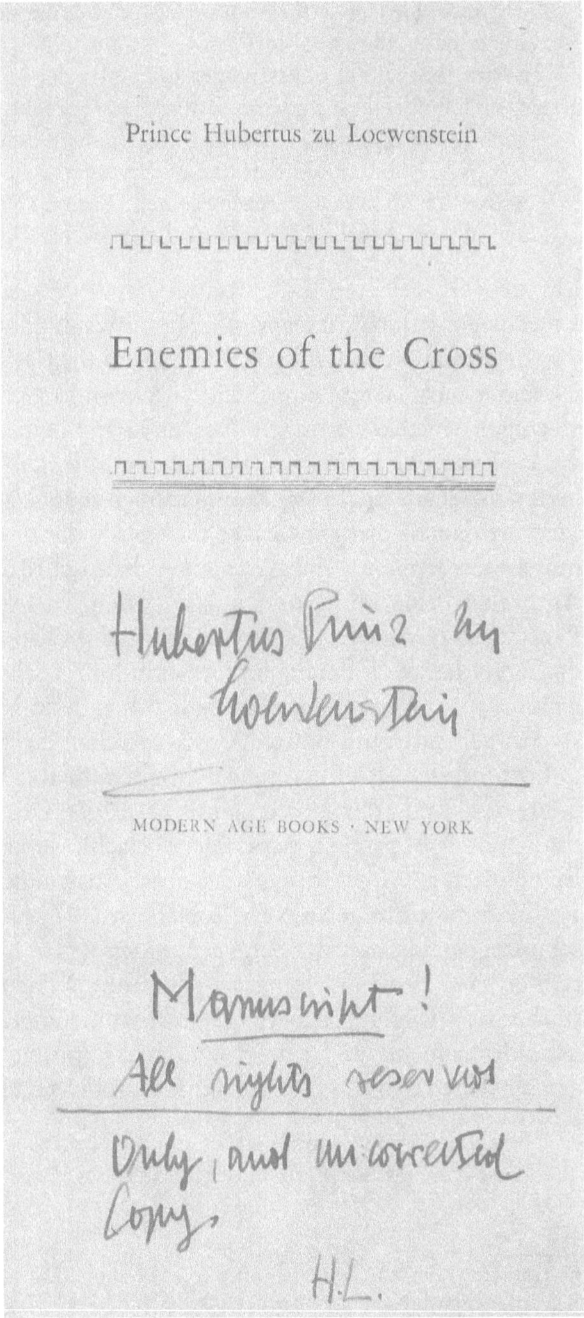
Prince Hubertus zu Loewenstein

Enemies of the Cross

Hubertus Prinz zu Loewenstein

MODERN AGE BOOKS · NEW YORK

Manuskript!
All rights reserved
Only, and uncorrected Copy.
H.L.

Abb. 3: Hubertus Prinz zu Löwensein, *Enemies of the Cross*, Titelseite der zum Buchblock gebundenen Druckfahnen. Deutsches Exilarchiv 1933–1945 der Deutschen Nationalbibliothek, EB 80b/5

> ich mich. [...] Hierauf sabotierte Modern Age das Erscheinen und zerstörte dann alles was dort vorlag – zum Glück wusste der Verlag aber nicht, dass ich ein vollständiges Exemplar der »Fahnen« besitze – jenes, das ich binden liess und von dem ich jetzt spreche. [...] Es ist eines meiner wichtigsten Exilwerke überhaupt [...]. Und wie gesagt: ES IST EIN UNIKAT! Sollten Sie sich dafür interessieren (ich wäre glücklich, dann wüsste ich, dass es auch nach meinem Tode nicht verloren geht, sondern der Wissenschaft und Forschung dienen werde) [...].[47]

Mit dem vorgelegten Ankaufsangebot des Exilarchivs war Prinz zu Löwenstein jedoch dieses Mal nicht einverstanden: »Was das Angebot von DM 250 für das Unikat[48] ›Enemies of the Cross‹ anbelangt, so kann ich leider nicht darauf eingehen. Es scheint mir in Anbetracht auch der sonstigen Wertbemessungen überaus knapp bemessen zu sein.«[49]

Das Deutsche Exilarchiv wertete den unikalen Charakter von Autografen durchaus hoch. Bei Publikationen jedoch scheint der Informationswert damals primäres Entscheidungskriterium gewesen zu sein. So musste der Ankauf eines mit einer handschriftlichen Widmung des Autors an Prinz Hubertus zu Löwenstein versehenen Exemplars von Paul Zechs *Neue Welt*, 1939, vom Deutschen Exilarchiv abgelehnt werden, weil das Werk bereits in der Sammlung vorhanden war.[50] Die Verhandlung um *Enemies of the Cross* führte letztlich doch zum Ankauf, so dass es heute zum Bestand des Deutschen Exilarchivs zählt.

Löwenstein betont in seinen Schreiben die Relevanz des Sammlungskontextes. Ende der 1970er Jahre hatte das Deutsche Exilarchiv verstärkt damit begonnen, persönliche Nachlässe von deutschsprachigen Emigranten aufzunehmen. Auch diese Ausweitung war eine Reaktion auf die Entwicklungen der Exilforschung. 1974 hatte die Deutsche Forschungsgemeinschaft das Schwerpunktprogramm Exilforschung eingerichtet, 1987 den Forschungsschwerpunkt Wissenschaftsemigration. Je stärker sich das Exilarchiv für die Aufnahme ungedruckter Quellen öffnete, desto mehr fand Löwenstein Anknüpfungspunkte, um Unterlagen zu seiner Exilbiografie an das Exilarchiv zu übergeben.

> Nächste Woche bekommen Sie noch viel mehr – nämlich die deutschen Pässe von meiner Frau und mir, ausgestellt vor der Emigration – mit

---

47 Hubertus Prinz zu Löwenstein an Werner Berthold (Deutsches Exilarchiv 1933–1945 der Deutschen Nationalbibliothek), Bonn, 12.11.1980. Hervorhebung im Original.
48 Hervorhebung im Original.
49 Hubertus Prinz zu Löwenstein an Werner Berthold (Deutsches Exilarchiv 1933–1945 der Deutschen Nationalbibliothek), Bonn, 04.02.1981.
50 Werner Berthold (Deutsches Exilarchiv 1933–1945 der Deutschen Nationalbibliothek) an Hubertus Prinz zu Löwenstein, Frankfurt a. M., 28.10.1980.

Nazi-Ausreisevisum und verschiedenen anderen Visen. Mit diesen, längst abgelaufenen Pässen, sind wir im Oktober 1946 nach Deutschland zurückgekommen. Das ist aber bei weitem nicht alles: Wir haben andere Dokumente aus der Emigrationszeit gefunden, die unbedingt in Ihr Archiv gehören.[51]

Bei der Bewertung dieser Dokumente wurden besonders die inhaltliche Aussagekraft und die Seltenheit der Dokumente herangezogen, dabei orientierte sich das Exilarchiv auch an den Preisen, die auf dem Antiquariatsmarkt erzielt wurden. Die Bewertung von Briefen, soweit die Verfasser gehandelt wurden, erfolgte in Anlehnung an die Ergebnisse aktueller Auktionen.

IV. Schlussbetrachtung

So unterschiedlich die beiden aufgeführten Beispiele aus der Erwerbungsgeschichte des Deutschen Exilarchivs auch sind, so bestätigen sie doch beide auf ihre Weise die im ersten Teil des Beitrags dargestellten Kriterien für die Wertbestimmung und Preisgestaltung von Werken und Zeugnissen des Exils. Gleichzeitig zeigen sie auch, dass über diese scheinbar objektiven Kategorien der Preisfindung hinaus jeder Fall ein besonderer ist. Und so gilt, was eingangs über Auktionen gesagt wurde, letztlich auch für Privatverkäufe. Es ist die individuelle Gemengelage der Bedingungen, die mit über den Verkaufspreis eines Stücks oder einer Sammlung entscheidet: die Beziehung zwischen Käufer und Verkäufer, die Themen, auf die man gemeinsam stößt. Nicht selten findet sich in einem solchen Austausch Material, nach dem man gar nicht gesucht hat.

Das auf diese Weise entdeckte Archiv der *American Guild* enthielt in sich einen weiteren unerwarteten Fund: Der Misserfolg vieler Manuskripte bei der Auktion der *American Guild for German Cultural Freedom* in New York am 19. Februar 1939 führte dazu, dass einige Stücke ganz zurückgezogen und an ihren Urheber bzw. Stifter zurückgegeben wurden. Die meisten jedoch wurden am 14. Januar 1940 in eine weitere Auktion eingebracht. Was abermals nicht verkauft wurde und auch nicht zurückgegeben werden musste, hat im Archiv der *American Guild* überdauert. So kommt es, dass sich heute unter den Archivalien des Deutschen Exilarchivs 1933–1945 drei Handschriften des Komponisten Erich Wolfgang Korngold befinden, unter anderem Skizzen zur

---

51 Hubertus Prinz zu Löwenstein an Brita Eckert (Deutsches Exilarchiv 1933–1945 der Deutschen Nationalbibliothek), Bonn, 31.03.1984.

Filmmusik *Anthony Adverse* (*Ein rastloses Leben*) von 1936, für die Korngold im Jahr darauf mit einem Oscar ausgezeichnet wurde. Den Preis des Exils bekam der erfolgreiche Filmkomponist gleichwohl zu spüren: Als er nach dem Ende des Zweiten Weltkriegs Österreich besuchte, stellte er fest, dass er dort weder bekannt noch erwünscht war. Der Geschmack der Wiener hatte sich weiterentwickelt – an Korngolds Werk vorbei.

Rezensionen

Hans-Michael Koetzle (Hg.): *Augen auf! 100 Jahre Leica.* Heidelberg (Kehrer Verlag) 2014. 564 S.;
Wolfgang Jacobsen (Hg.): *Hans Casparius. Von der Kamera berührt. Menschen, Gesichter, Gefühle.* München (edition text+kritik) 2014. 144 S.;
Robert Frank: *The Americans.* Fotografien von Robert Frank. Einführung von Jack Kerouac. Göttingen (Steidl Verlag) 2014. o. S.;
Alex Rühle (Hg.): *Robert Frank. Books and Films, 1947–2014.* Idee: Gerhard Steidl. Konzept und Redaktion: Alex Rühle. München (Süddeutscher Verlag Zeitungsdruck) 2014. 64 S.;
Thomas Reche (Hg.): *Erich Lessing. Anderswo.* Wädenswil (Nimbus Verlag) 2014. 168 S.;
Boris Friedewald: *Meisterinnen des Lichts. Große Fotografinnen aus zwei Jahrhunderten.* München, London, New York (Prestel Verlag) 2014. 240 S.;
C/O Berlin (Hg.): *Lore Krüger. Ein Koffer voller Bilder. Fotografien 1934–1944.* Deutsch/Englisch. Berlin (Edition Braus) 2015. 168 S.;
Howard Greenberg (Hg.): *Vivian Maier. Das Meisterwerk der unbekannten Photographin 1926–2009. Die sensationelle Entdeckung von John Maloof.* Mit Texten von Marvin Heiferman und Laura Lippman. München (Schirmer/Mosel Verlag) 2014. 288 S.;
John Maloof (Hg.): *Vivian Maier. Self-Portraits.* Essay von Elizabeth Avedon. Brooklyn/NY (Power House Books) 2013. 120 S.;
Rainer Placke (Hg.): *Painted Jazz! Talking about Blue Note.* Illustration: Dietrich Rünger. Vorwort: Joe Lovano. Bad Oeynhausen (Jazzprezzo Verlag) 2014. 236 S. und 2 CDs;
Richard Havers: *Blue Note. The Finest in Jazz since 1939.* München (Sieveking Verlag) 2014. 400 S.

Es herrschte großes Gedränge, als am 23. Oktober 2014 im Haus der Photographie der Deichtorhallen Hamburg die Ausstellung »Augen auf!« eröffnet wurde. Schließlich galt es ein Jahrhundertereignis zu feiern: »100 Jahre Leica Fotografie«, so der Untertitel der Schau. Damals hatte der Feinmechaniker Oskar Barnack der Firma Ernst Leitz in Wetzlar das erste Modell einer Kleinkamera mit 35 mm Kinofilm entwickelt, die kriegsbedingt erst 1925 als Leica in Serie ging. Mit ihr war nicht einfach nur ein neuer Fotoapparat entwickelt worden; die Leica veränderte die bisherige Fotografie. Jenseits ihrer Leichtigkeit (400 Gramm) war die kleine, in jede Manteltasche passende Kamera ein technikgeschichtliches Schwergewicht. Die 36 Aufnahmen garantierende, schon bald mit Wechselobjektiven ausstattbare Leica revolutionierte den Blick auf die Wirklichkeit. Erst die Handlichkeit dieser Kleinbildkamera, die serielles, fast geräuschloses Auslösen anbot, ermöglichte die schnelle Erfassung des Alltags und seines Tempos. Die Fotoreportage, aber auch die Modefotografie jenseits des Studios, profitierten von der technischen Innovation. Das Genre der »street photography«, vertreten durch Fotografen wie Henri Cartier-Bresson, Robert Doisenau, Helen Levitt oder die erst vor Kurzem entdeckte Vivian Maier, wäre ohne die Leica kaum zu denken. Hans-Michael Koetzle, zehn Jahre lang Chefredakteur der Zeitschrift *Leica World* und Kurator der Ausstellung, dokumentiert in seinem kiloschweren, aufwändig illustrierten und sorgfältig gestalteten Begleitbuch ein bedeutendes Kapitel unserer Technik-, Kunst- und Kulturgeschichte. Die Frage, wie viel Exil in dieser vorzüglichen Veröffentlichung Berücksichtigung findet, ist müßig. Keine Fotografin, kein Fotograf, wollten sie nicht den beruflichen Anschluss verlieren, kam an der Leica vorbei. Die Namen der im Buch per Foto gewürdigten Ellen Auerbach, Micha Bar-Am, Robert Capa, Alfred Eisenstaedt, Gisèle Freund, Tim N. Gidal, Erich Lessing, László Moholy-Nagy, Erich Salomon u. v. a. bezeugen es.

Spätestens seit dem 2012 herausgegebenen *Amerika Bilderbuch* von Richard A. Bermann/Arnold Höllriegel sollte dessen Bildbegleiter Hans Casparius (1900–1986) auch innerhalb der Exilforschung kein Unbekannter mehr sein. Schon 1978 hatte die Staatliche Kunsthalle Berlin dem gebürtigen Berliner eine große Werkschau gewidmet; die Stiftung Deutsche Kinemathek publizierte dazu den Katalog *Photo: Casparius*. Wolfgang Jacobsen, Leiter der Forschung an der Deutschen Kinemathek, konzentriert sich in seiner Veröffentlichung *Hans Casparius. Von der Kamera berührt. Menschen, Gesichter, Gefühle* auf Porträtaufnahmen. Umrahmt von Selbstporträts des Fotografen präsentiert Jacobsen vor allem Aufnahmen von Schauspielerinnen und Schauspielern, z. B. von Elisabeth Bergner, Rudolf Forster, Kurt Lilien, Theo Lingen, Lotte Lenya, Peter Lorre, Carola Neher, Asta Nielsen, Eugen Schüfftan. Es sind keine Stand-, sondern Werkfotos vom Set, insbesondere zur Verfilmung von Brechts *Die 3-Groschen-Oper*. Beim Durchblättern des Fotobuchs stößt man auch auf Persönlichkeiten der Zeit, wie den Rabbiner Leo Baeck, die Regisseurin Leni Riefenstahl und den Komponisten Kurt Weill. Selbstverständlich finden sich Fotografien von den gemeinsamen Reisen mit Arnold Höllriegel in die USA und die libysche Wüste. Von besonderem Interesse sind Casparius' Aufnahmen von seiner Reise durch Palästina, die schon 1934 in dem im Leipziger Verlag E. P. Tal gedruckten Buch *Das Palästina-Bilder-Buch* veröffentlicht wurden. Mit seiner von Sympathie getragenen Zusammenstellung erinnert Wolfgang Jacobsen an den »leidenschaftlichen Augenmenschen« Hans Casparius.

Ein in seiner äußeren Form recht ungewöhnlicher Katalog gilt dem in Zürich geborenen Fotografen Robert Frank, der im November 2014 im kanadischen Mabou seinen 90. Geburtstag feiern konnte. Zu der in der Akademie der Bildenden Künste in München im November/Dezember 2014 gezeigten Ausstellung »Robert Frank, Books and Films, 1947–2014«, einer Kooperation vom Süddeutschen Verlag und dem Steidl Verlag, wurden Fotografien von Robert Frank auf drei Meter lange Papierbahnen gedruckt. Konsequenterweise erschien der Katalog nicht als prachtvoller Hochglanzband, sondern im Design der *Süddeutschen Zeitung* zum Stückpreis von 2,60 Euro. Robert Frank soll von der Konzeption begeistert gewesen sein: »Cheap, quick and dirty, that's how I like it.« Die Idee zu dieser Form der Ausstellung, die noch in weiteren 50 Städten weltweit gezeigt werden soll, hatte Franks deutscher Verleger Gerhard Steidl.

In seinem Verlag erschien nunmehr in achter unpaginierter Auflage Franks bahnbrechende Fotoreportage *The Americans*, 1958 erstmals erschienen, in den weiteren Auflagen von einem Vorwort des amerikanischen Schriftstellers Jack Kerouac eingeleitet. Ausgestattet durch ein Guggenheim-Stipendium reiste Frank, der 1947 aus der Schweiz in die USA emigriert war, zwischen 1955 und 1957 durch 48 Bundesstaaten. Mit seinen Leica-Kameras und deren Wechselobjektiven dokumentierte er die Kluft zwischen Schwarz und Weiß, zwischen Arm und Reich, entlarvte auf unsentimentale Weise den Mythos vom Traumland Amerika. Für seinen Fotoband, der ohne Text und Bildlegenden auskommen sollte, wählte Frank aus 27.000 Fotografien 83 Aufnahmen aus. Kerouac schrieb damals: »Robert Frank, Swiss, unobtrusive, nice, with that little camera that he raises and snaps with one hand he sucked a sad poem right out of America onto film, taking rank among the tragic poets of the world.« Und attestierte ihm: »You got eyes.«

Die aktuelle, auf Zeitungspapier gedruckte Katalog-Hommage zu Rudolf Frank besticht nicht nur durch die Form. Von besonderem Interesse sind die Beiträge von Gerhard Steidl und Sarah Greenough, Kuratorin und Leiterin des Department of Photographs in der National Gallery of Art in Washington, berührend die Schilderungen persönlicher Begegnungen von Alex Rühle, die Erinnerungen des Fotografen Joel Sternfeld, nicht zuletzt die Interviews mit Robert Frank selbst. Insgesamt eine gute Idee in überzeugender Ausführung.

Ein Jahr älter als Robert Frank ist der in Wien geborene, heute dort wieder lebende Fotograf Erich Lessing. Über Italien war er 1939 noch rechtzeitig nach Palästina emigriert, arbeitete dort zuerst als Karpfenzüchter und Taxifahrer, als Strand- und Kinderfotograf. Nach seiner Rückkehr nach Wien 1947 wurde er Reporter und Fotograf für Associated Press, vier Jahre später Mitglied der Bildagentur »Magnum«. Insbesondere seine Reportage über den Aufstand in Ungarn 1956 begründete seinen Ruf als bedeutender Fotojournalist der Nachkriegszeit. Das von dem Verleger Thomas Reche herausgegebene und mit einem einfühlsamen Nachwort versehene Buch *Erich Lessing. Anderswo* zeigt einen eher ungewöhnlichen Erich Lessing. Namhafte Persönlichkeiten und Politiker tauchen in diesem Band nicht auf. Für diesen Fotoband wurden aus dem Pariser Magnum-Archiv Aufnahmen unbekannter Menschen ausgewählt, zumeist ganzseitig präsentierte Fotos aus den Nachkriegsjahren in Wien, aus Deutschland West und Ost, selbstverständlich auch von der Ungarischen Revolution 1956. Beeindruckend die selbst unter schwierigen Lichtverhältnissen entstandenen Fotos aus Stahlwerken in Essen, Mühlheim, Nowa Huta und Pilsen, von Kohlegruben in Belgien, von Werften und Werftarbeitern in Belfast und Hamburg. Das Schlusswort stammt von Lessing selbst: »Ich sehe mir die Welt durch meine Augen an und nicht durch den Sucher der Kamera. Ich interpretiere nicht, ich verändere nichts in der Dunkelkammer. Ich bin realistischer Photograph.« Für sein Jahrzehnte umfassendes, fotografisches Schaffen wurde Erich Lessing 2013 mit dem Ehrenkreuz für Wissenschaft und Kunst 1. Klasse der Republik Österreich ausgezeichnet.

Wenn es eines weiteren gedruckten Beweises bedurft hätte, dass Frauen sich in dem vermeintlich von Männern dominierten Beruf des Fotografen behaupten konnten und können, dann liefert ihn der von Boris Friedewald zusammengestellte Fotoband *Meisterinnen des Lichts. Große Fotografinnen aus zwei Jahrhunderten* kündigt der Untertitel des Buches an: In alphabetischer Reihung werden sie präsentiert, bei Berenice Abbott beginnend, bei Madame Yevonde endend. Natürlich finden sich hier namhafte Fotografinnen wie Margaret Bourke-White, Candida Höfer, Herlinde Koelbl, Dorothea Lange, Helen Levitt, Vivian Maier, Madame d'Ora, Bettina Rheims u. a. Auf jeweils einer Seite stellt Boris Friedewald jede Fotografin in ihrem biografischen Werdegang vor, ergänzt und illustriert durch mehrere ihrer Fotografien, nicht nur in schwarzweiß, sondern auch, oftmals überraschend, mit ins Auge springender Farbigkeit. Dieser vorzüglich gedruckte Fotoband würdigt natürlich auch, ohne enzyklopädische Vollständigkeit zu erheben, Fotografinnen des Exils wie Ellen Auerbach, Trude Fleischmann, Gisèle Freund, Evelyn Hofer, Lotte Jacobi, Germaine Krull, Lisette Model und Grete Stern. Seiner Auswahl beeindruckender Fotografinnen stellt Boris Friedewald ein Zitat Gisèle Freunds voran. Gefragt, welche Eigenschaften für eine Fotoreporterin wesentlich seien, hatte sie selbstbewusst geantwortet: »... Geduld, Neugier und eine offene Geisteshaltung, Geschicklichkeit und Mut in völlig unerwarteten Situationen: alles Fähigkeiten, die Frauen besitzen.«

Weder bei Boris Friedewald noch in anderen einschlägigen Fotografen-Lexika findet sich der Name von Lore Krüger (1914–2009). Ihre beeindruckenden Fotografien wurden erstmals von Januar bis April 2015 im neuen C/O Berlin unter dem Titel »Lore Krüger. Ein Koffer voller Bilder« ausgestellt; das begleitende Katalogbuch trägt den gleichen Titel. Als Lore Heinemann in Magdeburg geboren, floh sie schon bald nach Machtantritt der Nationalsozialisten aus Deutschland. Über London, Mallorca, Barcelona gelangte sie nach Paris, wo sie bei der Fotografin Florence Henri, einer Bauhaus-Schülerin, eine Ausbildung zur Fotografin begann. Hochinteressant sind Krügers seit 1936 entstandene Fotogramme, sensible wie spannende Form- und Belichtungskompositionen. Dass sie aber auch ein Auge für den Alltag hatte und ihren Wunsch realisierte, »das Leben zu beobachten und mit meiner Kamera einzufangen«, bezeugen Aufnahmen von Straßenszenen in Paris, Sinti- und Romafamilien in Südfrankreich, Fischern und Bauern auf Mallorca. Nach Kriegsbeginn und dem Einmarsch deutscher Truppen in Frankreich wurde sie als »feindliche Ausländerin« im berüchtigten Lager Gurs interniert. Nach ihrer Freilassung wollte sie mit ihrem Mann, dem Gewerkschafter Ernst Krüger, und ihrer Schwester nach Mexiko auswandern. Doch statt in Mexiko landeten die Krügers in New York. Politisch engagiert gründete sie gemeinsam mit anderen Emigranten die antifaschistische Zeitschrift *German-Ameri-*

can. Als »Pariser Fotografin« sorgte sie für den Lebensunterhalt der Familie.

Nach Kriegsende kehrte Lore Krüger nach Deutschland zurück. In Berlin, in der DDR, fand sie ihre politische Heimat, jedoch ohne wieder zu fotografieren. Für den Aufbau-Verlag übersetzte sie englische und amerikanische Autoren, u. a. Joseph Conrad, Daniel Defoe, Dors Lessing, Robert Louis Stevenson und Mark Twain. Ihre posthum erschienene Autobiographie trug den Titel *Quer durch die Welt. Das Lebensbild einer verfolgten Jüdin*. Die Ausstellung und der Begleitkatalog fügen nun einen ganzen Koffer voller Bilder hinzu.

Eine wahre Entdeckung war und ist die Fotografin Vivian Maier (1926–2009). Als ihre Fotografien im Januar 2011 in Hamburg erstmals gezeigt wurden und ein erstes Katalogbuch erschien, war ihr Name den wenigsten vertraut. Das änderte sich spätestens im Sommer 2014, als in deutschen Kinos der Film »Finding Vivian Maier« lief. Mittlerweile werden ihre Fotografien weltweit gezeigt, die jüngste Präsentation »Vivian Maier. Street Photographer« fand im Willy-Brandt-Haus von Februar bis April 2015 statt. Die nun bei Schirmer/Mosel veröffentlichte, voluminöse Monografie *Vivian Maier* würdigt, wie es der Untertitel zurecht ankündigt: *Das Meisterwerk der unbekannten Photographin*.

Die 1926 in New Yorks Bronx geborene Maier, Tochter französisch-österreichischer Einwanderer, wuchs sowohl in der amerikanischen Metropole als auch in einem kleinen französischen Alpendorf auf. Erst seit 1938 lebte sie wieder in New York, später in Chicago. Ihren Lebensunterhalt verdiente sie bis ins hohe Alter als Kindermädchen; ihre Leidenschaft aber gehörte der Fotografie. Über 50 Jahre muss sie jede freie Minute für das Fotografieren genutzt haben. Die Ausstellung zeigte 120 Werke, die Monografie präsentiert 233 Motive, aus einem Gesamtbestand von mehr als 30.000 Negativen! Fotos, die allesamt nicht zu Lebzeiten gezeigt worden waren.

Vorrangig mit der zweiäugigen Rolleiflex, aber auch mit der kompakteren Leica ausgestattet, fotografierte Vivian Maier das urbane Leben in beiden amerikanischen Großstädten, offen für skurrile Momente des Alltags. Sie schuf eindringliche Porträts, aber erfasste auch herrliche Szenen des Großstadt- und Straßenlebens. Eine präzise Beobachterin, deren Bilder einen geschärften Sinn für Komposition und Perspektive aufweisen. Immer durchsetzt von höchst eigenwilligen Selbstporträts, immer wieder in Schaufenster, Spiegel oder Radkappen hinein, zuweilen nur als Schattenwurf auf dem Trottoir, Rasenflächen oder an Mauerwänden, erstmals zusammengefasst in dem Band *Vivian Maier. Self-Portraits*. In der Todesanzeige einer Familie, deren Kinder Vivian Maier viele Jahre betreut hatte, hieß es: »Filmkritikerin und Fotografin ersten Ranges. Eine wirklich außergewöhnliche Frau, die allen fehlen wird, deren langes, wundervolles Leben wir alle ehren und nie vergessen werden.« Die von ihrem »Entdecker« John Maloof, dem Fotografie-Experten und New Yorker Galeristen Howard Greenberg herausgegebene Monografie bewahrt sie vor diesem Vergessen. Der gehaltvolle, nachdenklich stimmende Aufsatz »Verloren und wiedergefunden« von Marvin Heiferman unterstreicht, dass das letzte Wort zu und das letzte Bild von Vivian Maier noch lange nicht gedruckt sind.

Das Plattenlabel »Blue Note« muss man keinem Jazzenthusiasten vorstellen. Den wenigsten aber wird bekannt sein, dass es 1939 von zwei gebürtigen Berlinern, den in die USA emigrierten Juden Alfred Lion und Francis Wolff, gegründet wurde. Rechtzeitig zum 75-jährigen Bestehen der jazzgeschichtlich renommiertesten Plattenfirma erschienen zwei reich illustrierte Veröffentlichungen, die die Pionierleistungen der beiden Begründer würdigen. Das großformatige Buch *Painted Jazz* wartet nicht nur mit diversen Fotos und Plattencovern auf; die von dem Publizisten und Fernsehmoderator Roger Willemsen rezensierten Lieblingstitel des Labels werden von abstrakten Bildern des Düsseldorfer Künstlers Dietrich Rünger illustriert. Die Verbindung von Malerei und Musik prägt die ganze Veröffentlichung. Von besonderem Interesse ist der Beitrag von Theresia Ziehe, Kuratorin der 2009 gezeigten Ausstellung »It must schwing. Blue Note. – Fotografien von Francis Wolff und Jimmy Katz« im Jüdischen Museum Berlin. Unter der Überschrift »Talkin' about The Lion and the Wolff« schildert sie, durch zahlreiche Privatfotos dokumentiert, den Weg der beiden Jazzfans von Berlin nach New York. Ein besonderes »Schmankerl« des aufwändig gestalteten Buches sind zwei beigefügte CDs. Sie geben eine Radiosendung des Norddeutschen Rundfunks von 1964 wieder, darin befragte der in den USA lebende Journalist Eric T. Vogel die beiden Blue-Note-Gründer zu ihrer Leidenschaft für den Jazz, der Entstehung des Labels und dessen 25-jähriger Geschichte. Ein Gespräch, das auf Deutsch geführt wurde. Für diesen auch musikalisch begleiteten Hörgenuss gebührt der Dank Stefan Gerdes, dem Leiter der NDR Jazz-Redaktion!

Noch stärker als in *Painted Jazz* unterstreicht Richard Havers in seinem 400-seitigen Werk *Blue Note* die Bedeutung der beiden deutschen Emigranten für die Geschichte des Jazz. Dies gilt für Alfred Lion als Produzenten, dem der Kritiker Leonard Feather attestierte, dass er »eines der hervorragenden Beispiele von Integrität in der Musikbranche« war. Im visuellen Gedächtnis verbleiben die unzähligen (Porträt-) Aufnahmen von Francis Wolff, die auch für die Stilgeschichte des Plattencoverdesigns prägend wurden. Er hat alle namhaften Größen des Jazz porträtiert: Sidney Bechet, Art Blakey, Ornette Coleman, Miles Davis, Thelonius Monk, Jimmy Smith u. a. Die Intimität seiner wunderbaren Fotos, im Buch zusätzlich durch Kontaktbögen illustriert, bezeugen die nicht nur räumliche Nähe von Alfred Lion und Francis Wolff zu ihren Musikern. Die Freiheitsliebe von Lion und Wolff fand bei Blue Note ihren musikalischen wie fotografischen Ausdruck, für Rassendiskriminierung gab es in ihrer Firma keinen Platz.

Wilfried Weinke

Hanno Loewy (Hg.): *Jukebox – Jewkbox! Ein jüdisches Jahrhundert auf Schellack und Vinyl.* Herausgegeben für das Jüdische Museum Hohenems und das Jüdische Museum München. Hohenems (Bucher Verlag) 2014. 311 S.

Moe (Moses) Ash, in Warschau geborener Sohn des Schriftstellers Shalom Ash, gründete 1935 in den USA eine schnell profilierte Schallplatten-Produktion, die mit jüdischer Folkmusik begann, bald aber das Repertoire erweiterte und auch amerikanische Musik sowie die sogenannte »Weltmusik« aufnahm. Unter dem neuen Label Folkways erschien dort etwa die inoffizielle Hymne des »anderen« Amerika, Woody Guthries *This Land is your Land*. Die Platten des Propheten der amerikanischen Folkmusik Pete Seeger gehören ebenfalls in dieses Programm. Eindrucksvoll dokumentiert das reich illustrierte Begleitbuch einer Ausstellung, in welchem Umfang jüdische Emigranten der zweiten, vollständig sozialisierten und akkulturierten Generation vor allem in den USA, aber auch in Großbritannien und Palästina/Israel zur Entstehung, Entwicklung und Wandlung der modernen Popularmusik seit den 1920er Jahren beigetragen haben. Ausgangsdaten dafür waren sowohl die nichtliturgische Volksmusiktradition der Klezmorim als auch die frei gestaltbare synagogale osteuropäische Musik.

Am Anfang stand die Erfindung der Schallplatte und des Grammofons 1887 durch den aus Hannover in die USA eingewanderten Ingenieur Emil Berliner, woraus alsbald ein florierendes international operierendes Unternehmen wurde; sein Bruder Joseph gründete mit der »Deutschen Grammophon Gesellschaft« eine Produktionsstätte in Deutschland, weitere folgten in England und anderen Ländern. Mit den bedeutenden Komponisten und Interpreten der Frühzeit, so dem aus Weißrussland stammenden Irving Berlin, der mit seinem Lied *White Christmas* zu einem der führenden amerikanischen Komponisten wurde, und dem Kantor Yossele Rosenblatt aus der Ukraine, der nach Zwischentätigkeit in Hamburg in den USA wegen seiner schönen Stimme mit zahlreichen Schallplatten zu einem auch von Nichtjuden vielgehörten Sänger wurde, beginnt der Band. Er geht weiter etwa zu den New Yorker Bagelman, später Barry Sisters aus russisch-österreichischer Familie mit ihren erfolgreichen jiddischen Jazzpop-Gesängen seit den 1940er und 1950er Jahren, eine Dekade später zu Bob Dylan (Robert Allen Zimmermann), dessen Großeltern aus Odessa stammten, sowie den Wiener Emigranten Georg Kreisler und

Theodor Bikel. Letzterer initiierte mit Pete Seeger ab Ende der 1950er Jahre das Newport Folk Festival. Den Schluss bilden der deutsche Emigrantensohn Billy Joel, bekannt insbesondere durch seinen Song *The Stranger*, das Gesangduo Paul Simon und Art Garfunkel sowie die Jewish Radicals der Punk-Rock-Szene um Lou Reed (Lewis Allen Rabinowitz) mit seiner Band Velvet Underground oder die rappenden Beastie Boys, um nur einige Namen zu nennen. Vergleichbare Bedeutung sollten in Großbritannien die Punk-Band *The Clash*, in Israel dagegen das gesittetere Sängerpaar Esther und Abi Ofarim haben, deren Lieder über eine heile, friedliche Welt gerade in Deutschland sehr erfolgreich waren, weil sie akzeptablere Alternativen zu den amerikanischen »Neger«-Musikimporten Jazz und Rock'n'Roll in der Marika Rökk- und Rudi Schuricke-Kultur der Wiederaufbaugesellschaft nach dem Holocaust boten.

Chronologisch präsentiert der Band die Stationen und stilistischen Ausformungen der Popularkultur, konkretisiert jeweils mit Beispielen bedeutender Künstler. Stilgerecht werden dazu einige akustische Belege auf einer Vinyl-Platte im alten 45er-Format mitgeliefert. Darüber hinaus kommen Zeitzeugen verschiedener Altersstufen zu Wort, die ihre Erinnerungen an die ersten Begegnungen mit Schallplatten des einen oder anderen sie beeindruckenden Interpreten vorstellen. In den Blick geraten dabei Bereiche jüdischer Musikkultur, die bislang unbekannt waren oder so nicht gesehen wurden, wohingegen auf die Vorstellung etwa der schon vielfach interpretierten Berliner Unterhaltungskünstler der Weimarer Republik, die nach 1933 ihre Karrieren häufig in Hollywood fortsetzen konnten, verzichtet wird.

Wie die Entstehung des Kinos oder die neuen literarischen Unterhaltungsformen der Comic-Hefte im frühen 20. Jahrhundert ist auch die moderne Unterhaltungsmusik ohne den Einfluss jüdischer Migranten nicht zu denken. Die industriell induzierte Moderne, ihre gesellschaftlichen Auf- und Umbrüche, ihre Utopien und Erwartungen eröffneten gerade Minderheiten und Außenseitern ungewöhnliche Möglichkeiten. Was die Hollywood-Studios mit ihren jüdischen Bossen für das Kino waren, wurden die »Tin Pan Alley«, die jüdisch dominierten Musikverlage der 28th Street in New York bis in die zweite Hälfte des 20. Jahrhunderts für die moderne Popmusik. Diese Musik fasste und transportierte Erfahrungen von Exil, Entwurzelung und Fremdheit auf unterschiedlichen Ebenen, im sozialkritischen amerikanischen Folksong – der sich fundamental von der schlichten deutschen Volksmusik unterscheidet –, in den Stilmischungen der wiederbelebten Klezmer-Tradition als Experimentierfeld von Grenzerfahrungen sowie in den banaleren Schlagern. Einsamkeit, Isolierung, aber auch Hoffnungen und Aktionsbereitschaft gehörten immer wieder zu ihren zentralen Topoi.

Die Anfang des 20. Jahrhunderts in den USA beliebten Minstrel-Shows, d. h. Darbietungen weißer Künstler mit schwarz gefärbten Gesichtern, die die von Afro-Amerikanern beherrschte Unterhaltungsmusik – Ragtime und Jazz – vor weißem *working class*-Publikum imitierten und karikierten, wurden ebenso von jüdischen Interpreten genutzt, allerdings mehr zur eigenen Erfahrungsverarbeitung. Das überliefert authentisch der erste amerikanische Tonfilm *The Jazz Singer* von 1927, in dem der aus Litauen stammende Al Jolson (Asa Joelson) quasi autobiografisch den Aufstieg eines armen jüdischen Jungen zum gefeierten Broadway-Star im Konflikt mit seinem orthodox-unerbittlichen Vater, einem Synagogenkantor in fünfter Generation, spielt. Seine Auftritte mit verfremdendem *Blackface* folgen aber nicht der Segregationsideologie der Minstrels, sondern deuten Verwandlungs- und Hybridisierungsprozesse an, die Voraussetzung für Integration und Erfolg sind. Zu diesem Kontext wäre ein Hinweis auf den deutschen Emigranten Alfred Lion sinnvoll gewesen: Mit seinem 1939 in New York gegründeten Label *Blue Note Records* hatte er den Jazz nicht allein von seinem rassistisch-subkulturellen Stigma befreit, sondern ebenfalls für seine Anerkennung als eigenständige afro-amerikanische Kunstform gesorgt, deren von der Sklaverei und Unterdrückung geprägte spezifische Expressivität nicht weniger Hoffnungen und Erwartungen ausdrückte als die jüdische Folkmusik.

Die Filmfigur des Jazz Singers spiegelt idealtypisch die Motivation vieler Juden wider, sich der Popmusik zuzuwenden. Der Band bietet zahlreiche Belege, wie sie die Synagoge als »Prison« und ihre Emanzipation als »Displacement of Religion« begriffen. Jahrzehnte später, nach erfolgreicher transnationaler Integration, erinnerte man sich aber durchaus der ursprünglichen Herkunft. Das zeigt die Entwicklung der Klezmer-Musik. Von den 1920er bis zu den 1960er Jahren hatten die Interpreten sie zunehmend mit amerikanische Musikstilen gemischt, so dem »weißen« Jazz, des Swing, oder lateinamerikanischen Rhythmen. Eine LP von 1959 mit dem Titel *Bagels and Bongos* ist dafür typisch. Das Musical *Fiddler on the Roof/Anatevka* und der dazu folgende Film leiteten in den 1970er Jahren dann aber die Wandlung zur selbstbewussten Wiederaneignung alter Traditionen ein, die überhaupt zu einem neuen Interesse an der jiddischen Sprache und Kultur führte.

Zu dieser Art Popkultur zählen ebenfalls die Comedians, Repräsentanten des einst jüdischen Humors, die als Migranten nicht mehr nur die überkommenen Stereotypen landsmannschaftlicher Eigenschaften selbstironisch vorführten, sondern auch die Begegnung mit ihren neuen Lebenswelten thematisierten, ja häufig die Mythen des amerikanischen Mainstream-Selbstverständnisses mit distanziertem Blick herausforderten. Aus dem ahasverischen wandernden Juden wurden so souveräne Akteure einer neuen »Power of Diaspora«, wofür insbesondere die provozierenden *Stand-up*-Comedians der Beat-Generation Lenny Bruce (Leonard Alfred Schneider) und Mickey Katz standen bzw. stehen; Merkmale ihrer ätzenden Kultur- und Sozialkritik findet man auch bei dem nach Österreich zurückgekehrten Emigranten Georg Kreisler.

Insgesamt bietet die vorgestellte Musiküberlieferung aus dem Zeitalter von Schellack und Vinyl ein facettenreiches Bild der jüdisch-migrantischen Popularkultur. Ihre quantitative Dimension und ihre mobilen, über weite Grenzen hinweg aktiven Träger konturierten so etwas wie den »Jewish Atlantic«. Das ist eine originelle Ergänzung der seit den 1990er Jahren in den Postcolonial Studies diskutierten Vorstellungen des den Modernisierungsprozess mitkonstituierenden »Black Atlantic« (Paul Gilroy) durch die Sklaverei. Dort sind längst Anleihen bei der jüdischen Geschichte zu Fragen der Diaspora, Zwangswanderung, Fremdheit und *Otherness* gemacht worden.

Claus-Dieter Krohn

Robert Warshow: *Die unmittelbare Erfahrung. Filme, Comics, Theater und andere Aspekte der Populärkultur.* Aus dem Amerikanischen von Thekla Dannenberg. Berlin (Vorwerk 8) 2014. 256 S.

Wenngleich nicht auf den ersten Blick erkennbar, so fällt Robert Warshow doch zweifellos ins Spektrum der Exilforschung. Der Vertreter der zweiten Generation jüdischer Einwanderer einst aus Osteuropa, in diesem Fall Russland, stand in den USA für etwas, was durchaus auch für deutsche linke Emigranten nach 1933 typisch wurde. Als Associate Editor der vom American Jewish Committee herausgegebenen Zeitschrift *Commentary* zählte er in den 1950er Jahren zu jener einzigartigen Gruppierung, die als »New York Intellectuals« bekannt und berühmt wurde und die weiterhin auch noch über die *Partisan Review* und die von dem deutschen Emigranten und Soziologen Louis Coser, ursprünglich Ludwig Cohn, gegründete *Dissent* als Sprachrohr verfügte. Für die deutschen intellektuellen Emigranten wurden diese Zeitschriften ebenfalls zum bevorzugten Publikationsorgan, genannt seien etwa Hannah Arendt, Erich Fromm, Herbert Marcuse, Norbert Mühlen, Henry Pachter (Heinz Pächter), Franz Rosenzweig oder Robert Weltsch.

Amerikanern und Deutschen gemeinsam war zumeist die jüdische Herkunft, von der sie sich längst emanzipiert hatten, die aktiv betriebene Überwindung der Einwandererbzw. Außenseiter-Existenz, der gesellschaftskritische Blick und damit mehrheitlich die linken, von marxistischen Positionen bestimmten politischen Überzeugungen. Diese unterschieden sich jedoch erheblich. Während die emigrierten linken Intellektuellen im Deutschland der 1920er Jahre wohl einflussreich, aber angesichts unterschiedlich ausgeprägter sozialistischer Theorieinterpretationen heterogener waren und im gesamten geistigen Leben dort ohnehin nur eine Strömung unter anderen repräsentierten, wurden ihre in den 1930er Jahren politisierten amerikanischen Kollegen von einer intellektuellen Dynamik geprägt, die fast ausschließlich von der kommunistischen Partei bestimmt worden war. Während der Akkulturationsprozess bei jenen in den USA stark vor der Negativfolie des Faschismus in Europa geschah, erschien bei diesen nach Bekanntwerden der Stalin'schen Verbrechen und ihrer Abkehr von den bisherigen Irrtümern Amerika quasi in neuem Licht.

Diesen Wandel zeigt die Sammlung der von Warshow zwischen 1946 und 1955 publizierten Artikel; er starb im selben Jahr mit 37 Jahren. Unter dem Titel *The Immediate Experience* war die Sammlung bereits 1962 in den USA erschienen. Ihr Gegenstand sind Buch-, Comic-, Film- und Theaterbesprechungen, die den selbstreflexiven Prozess des Umdenkens transparent machen. In einigen biografisch orientierten Texten, besonders aber in einer Besprechung des Briefwechsels der 1953 zum Tode verurteilten Atomspione Julius und Ethel Rosenberg, analysiert Warshow den Mechanismus der Unehrlichkeit und leeren Worthülsen der Kommunisten, die aus Überzeugung und Gewohnheit die eigenen Lebenslügen nicht mehr erkannten. Gerade ihre intellektuellen Anhänger hätten sich damit von der Wirklichkeit entfernt, ihr politischer Aktivismus sei zum reinen Selbstzweck geworden, der die realen Dinge von Bedeutung, erwähnt wurde dazu der New Deal, als äußerliche Phänomene der gewöhnlichen Welt nicht mehr wahrnehmen konnte oder wollte.

Diese Befunde waren allerdings noch nicht sonderlich originell, mit ihnen reihte sich Warshow in die große internationale Phalanx der KP-Renegaten nach dem Zweiten Weltkrieg und dem Ende der bisherigen Anti-Hitler-Koalition ein. Bei solch einer simplen Abrechnung mit den einst vertretenen Überzeugungen blieb er jedoch nicht stehen, vielmehr interessierte ihn, wie es zu der Korrumpierung des Denkens kam und welche Lehren daraus gezogen werden müssten. Verantwortlich dafür seien jene bildungsbürgerlichen Kritiker wie er und seine Mitstreiter, die sich im Zeichen der Volksfront der 1930er Jahre an einer geschlossenen Welterklärung berauscht hatten, weil sie glaubten, damit aktiv an der politischen Gestaltung mitwirken zu können. Tatsächlich hätten sie sich aber vor allem der eigenen Erfahrungen beraubt. Diese verlorene »unmittelbare Erfahrung« wiederzugewinnen wurde fortan zum Kern von Warshows Publikationen – der Titel des Bandes macht das deutlich. Erprobungsfeld dafür wurden seine Streifzüge durch die Populärkultur, in der sich das wahre Leben Amerikas für ihn offenbarte. Kino oder Comics bedeuteten zwar einen »Niveauverlust«, aber der anarchische Nihilismus der Marx Brothers oder der illusionslose Zynismus eines Humphrey-Bogart-Films seien einem T.S. Eliot-Gedicht durchaus ebenbürtig, denn sie zeigten in ihrer Klarheit und Frische eine Realität, die den höheren Graden der kulturellen Skala abhanden gekommen sei. Wunderbar ist in diesem Zusammenhang Warshows Kritik an der bis heute exponierten Eierkopf-Zeitschrift *New Yorker*, die zur »anstößigen Welt« der Politik, Wirtschaft und provinziellen Moral Distanz halte und sich so intelligent vorkommen könne, ohne klar denken zu müssen.

Unübersehbar enthielt Warshows Faszination an der Popkultur, dieser originären amerikanischen Schöpfung, auch ein Element von Dankbarkeit gegenüber dem Land, das den verfolgten Juden Zuflucht und Schutz gewährt hatte. Sich in diesem Land dazugehörig zu fühlen, zeigten insbesondere die Comics, deren Superhelden fast alle aus der Feder jüdischer Künstler kamen und als »Geschöpfe von Morgen« oder Beschützer der Unterdrückten treffliche Anspielungen auf die Hybriditätsdiskurse über die Fremdheit, aber auch, wie im Fall Warshow, den Konflikt zwischen den Generationen boten. Die Popkultur wurde für ihn zum wichtigen Vehikel für den Ausstieg aus dem überkommenen (hoch-)kulturellen Ghetto auf dem Weg zu einer transnationalen oder universalen Kultur. Ihr wurde so ein wichtiger Beitrag zur intellektuellen Aneignung und Durchsetzung der Moderne zugeschrieben, wie sie Max Weber mit seinem Diktum von der »Entzauberung« der Welt vorgegeben hatte und zu der bereits die deutschen Intellektuellen der 1920er Jahre Wesentliches beigesteuert hatten. Nicht von ungefähr zitiert Warshow mehrfach Siegfried Kracauer, den Schöpfer der modernen Filmsoziologie, der wie auch Nathan Leites, ein anderer deutscher Emigrant, die Grundlinien für alle folgenden Filmanalysen vorgegeben habe. Auffallend ist zudem, dass hinter seinen Bemühungen um die Wiedergewinnung und Verarbeitung der unmittelbaren Erfahrung Walter Benjamin auftaucht, der den gleichen Prozess beispielgebend für die eigene Weltwahrnehmung an Baudelaires Rezeption der Moderne herausgearbeitet hatte.

Claus-Dieter Krohn

Margit Franz und Heimo Halbrainer (Hg.): *Going East – Going South. Österreichisches Exil in Asien und Afrika*. Graz (CLIO) 2014. 699 S.;
Fritz Kolb: *Leben in der Retorte. Als österreichischer Alpinist in indischen Internierungslagern*. Mit einem Geleitwort von Bundespräsident Dr. Heinz Fischer. Herausgegeben von Margit Franz und Karl Wimmler. Graz (CLIO) 2014. 263 S.

Auf den ersten Blick erscheint der umfangreiche Band überdimensioniert. Er behandelt allein österreichische Exilanten, von denen lediglich je etwa 1.000 nach Afrika und nach Asien geflohen waren, wobei in Einzelfällen die Zugehörigkeit zu diesem Personenkorpus nicht einmal eindeutig ist; nicht berücksichtigt werden Palästina und Shanghai, da für sie bereits umfangreiche Arbeiten vorliegen. Beim genaueren Hineinschauen allerdings erweist er seine außerordentliche Qualität, wenngleich ihm hier und da einige Straffungen gut getan hätten. Den 24 Beiträgerinnen und Beiträgern ist es gelungen, einen wichtigen Schritt zur Beseitigung der vielen noch weißen Flecken in der Forschung zur territorialen Dispersion der Flüchtlinge aus dem NS-Herrschaftsbereich getan zu haben. Das ist eine Pionierleistung, die den Band zur wichtigen Ergänzung der bisher vorliegenden systematischen Überblicke macht.

Vorgestellt werden jene geografischen Räume, deren Bedeutung für die bisherige Exilforschung, die ja vielfach Elitenforschung ist, nicht ohne Weiteres erkennbar sind. Diese Regionen waren mit wenigen Ausnahmen – so etwa (Britisch-)Indien und Südafrika – keine Zufluchtsstätten. Die meisten Personen waren dort nach dem »Anschluss« 1938 auf der Flucht oder auch bei Reisen lediglich »hängen« geblieben, als die klassischen Ziele zunehmend verschlossen blieben. Die Notwendigkeit, sich dort zu integrieren, wurde zunächst nicht gesehen und erfolgte später zumeist nur unter dem Druck der Verhältnisse. Vergleichsweise nur wenige Einzelne oder kleine Gruppen waren davon betroffen; in ihrer Isolation waren sie nicht in der Lage, kollektives Gehör oder eine bemerkbare öffentliche Wahrnehmung zu finden.

Dies hat nun der Band geändert. Durch die Mischung von analytischen Texten über die einzelnen Regionen und ergänzenden persönlichen Zeugnissen von Betroffenen, bereits publiziert oder aus archivalischen Nachlässen, gelingt es, ein dichtes Bild jener bisher marginalisierten Räume zu konturieren. Neben den unterschiedlichen personalen Mikrostudien ist die systematische Präsentation der ans Licht beförderten »neuen Landkarte« von hohem Informationswert. Einleitend werden in enumerativer Form die nachfolgend behandelten Territorien alphabetisch von »Ägypten« und »Aden« bis zu »Uganda« und der »Türkei« für Afrika und Asien getrennt vorgestellt; für sie werden neben den einstigen Kolonialnamen die heutigen Bezeichnungen wiedergegeben, die jeweiligen politischen Verhältnisse sowie die (von den Kolonialmächten vorgegebenen) Einreisebedingungen dargestellt und die dort jeweils ansässig gewordenen Flüchtlinge zahlenmäßig festgehalten. Angestrebt wurde dabei, nicht nur die österreichischen Flüchtlinge quantitativ zu ermitteln, sondern auch die bereits im Lande befindlichen deutschen. Wo exaktere Angaben noch ausstehen, wurde von der pauschalen, aber realistischen Formel 1:10 ausgegangen.

Den unmittelbaren österreichischen Aspekt transzendieren verschiedene systematische Beiträge, so etwa zu den internationalen Projekten für die Kollektivansiedlung jüdischer Flüchtlinge, die eine lange Tradition seit Ende des 19. Jahrhunderts haben und nach der gescheiterten Flüchtlingskonferenz von Evian 1938 neu, jedoch ohne Erfolg aktiviert wurden. Dazu zählen Artikel über die zwangsweise Deportation von Palästina-Flüchtlingen durch die britische Mandatsmacht in ihre Kolonie Mauritius und in die ähnlich wie Shanghai international verwaltete Stadt Tanger, wo neben einer größeren Population aus Österreich auch höhere Anteile deutscher Exilanten lebten. In der Forschung sind diese Territorien zwar immer wieder erwähnt, aber bisher nicht genauer betrachtet worden. Zahlreiche weitere Texte erhellen über ihr thematisches Feld des territorialen Österreich-Exils hinausgehend zudem grundsätzliche Aspekte und Zusammenhänge der Flucht nach 1933. Für die aktuellen akkulturations- und integrationstheoretischen Fragestellungen sei beispielsweise die Biografie des Lemberger Juden Leopold Weiss genannt, der in den 1920er Jahren als Reiseschriftsteller in Berlin zum Islam konvertiert war, später in Indien als Muhammed Asad zu einem wichtigen Koranexperten, Übersetzer nachprophetischer Schriften und bei der Teilung des Kolonialgebiets in das hinduistische Indien und das moslemische Pakistan zeitweise in den höchsten Etagen dieses neuen Staates, auch als Botschafter des Landes bei der UN, tätig wurde.

Von komplementärem Interesse können die Biografien der einstigen Wiener sozialistischen Reformpädagogen und Naturfreunde Fritz Kolb und Ludwig Krenek sein, Studienkollegen Karl Poppers, die bei einer österreichisch-britischen Himalaya-Expedition vom Beginn des Zweiten Weltkriegs überrascht worden sind und für die nächsten Jahre von der britischen Armee in Indien interniert wurden. Während Kolb mit seiner nach dem Krieg zu ihm gekommenen Frau 1948 nach Österreich zurückkehrte und in der höheren Verwaltung Karriere machte, blieb Krenek als Lehrer in Asien und ging später mit seiner Familie nach Neuseeland. Beide publizierten später zahlreiche Schriften über ihre Erfahrungen; ein in den 1980er Jahren kurz vor seinem Tode entstandenes weiteres Manuskript Kolbs zu seinem sechsjährigen Aufenthalt in unterschiedlichen Internierungslagern flankiert jetzt unter dem Titel *Leben in der Retorte* als separate Publikation den großen Sammelband. Mit ihren subtilen Beobachtungen zur mehrheitlich NS-hörigen Lagerpopulation, zum Verhalten der britischen Behörden und den Wahrnehmungen der großen Politik bzw. der Kriegsereignisse aus der großen Distanz bei den Internierten ergänzt sie die gewinnbringende Lektüre der zahlreichen Beiträge des großen Bandes. Gefragt werden könnte dabei aber auch, ob solche Personen wie die zuletzt genannten Akteure authentisch dem Kontext der Exilforschung entsprechen. Ihre Biografien geben keine Hinweise auf die erzwungene oder freiwillige Opposition zum »Anschluss« bzw. den Nationalsozialisten, ihre Einbeziehung in den Forschungskontext könnte also einen schiefen Eindruck der österreichischen »Resilienz« der 1930er Jahre hinterlassen.

Max Stein

Izabela A. Dahl und Jorunn Sem Fure (Hg.): *Skandinavien als Zuflucht für jüdische Intellektuelle 1933–1945*. Berlin (Metropol Verlag) 2014. 326 S.

Skandinavien stand lange Zeit – zumindest verglichen mit Zufluchtsorten wie der Tschechoslowakei, Frankreich, Großbritannien und den Vereinigten Staaten – eher im Schatten der Exilforschung. Norwegen und Schweden erlangten vor allem aufgrund der zwei prominenten Emigranten Willy Brandt und Herbert Wehner punktuell einige Aufmerksamkeit. Dabei war es Brandt, der in seinem autobiografischen Rückblick *Links und frei* (1982) auf die Jahre 1930 bis 1950 festhielt, Norwegen sei »nicht so flüchtlingsfreundlich« gewesen, »wie später dann und wann behauptet wurde«.

Im Großen und Ganzen lässt sich diese Aussage für Skandinavien verallgemeinern. Davon legt der von Izabela Dahl und Jorunn Sem Fure herausgegebene Band über diese Zufluchtsregion für jüdische Intellektuelle während der nationalsozialistischen Herrschaft in Deutschland insgesamt Zeugnis ab. Der Schwerpunkt des Kompendiums, das auf eine Konferenz am Nordeuropa-Institut der Berliner Humboldt-Universität zurückgeht, liegt auf Schweden. Zu den drei skandinavischen Ländern Schweden, Dänemark und Norwegen finden sich jeweils Überblicksartikel, die von biografischen Einzelstudien ergänzt werden. Für Schweden sind diese der Physikerin Lise Meitner, dem Schriftsteller Peter Weiss, dem Literaturwissenschaftler (und Pionier der Exilforschung) Walter A. Berendsohn, dem (gewerkschaftlichen) Wirtschaftsexperten Rudolf Meidner, dem Mathematiker und Philosophen Leon Rappaport (der nach 1940 im Jahr 1956 angesichts stalinistischer Verfolgung von Polen aus erneut ins schwedische Exil gedrängt wurde), der Schriftstellerin Nelly Sachs sowie dem Ideenhistoriker Erich Wittenberg gewidmet. Für Dänemark wird das Schicksal der (Ostasien-)Historikerin Hanna Kobylinski dem Vergessen entrissen, bevor für Norwegen Porträts des Geochemikers Victor M. Goldschmidt und des Psychiaters Leo Eitinger den Abschluss bilden.

Damit ist bereits das schillernde Spektrum angedeutet, dem sich die einzelnen Autoren verschiedener Disziplinen annehmen. Die Aufsatz-Miniaturen sind ganz überwiegend schon deswegen wertvoll, weil sie Originalliteratur und -quellen (nicht selten aus Archiven) aus den drei Ländern breit verarbeiten und so einem deutschsprachigen Publikum zugänglich machen. Zu den qualitativ herausragenden Stücken zählt Clemens Maier-Wolthausens sorgfältige Nachzeichnung von Sachs' Weg in die Heimatlosigkeit. Ihr Weg ins Exil war wenig privilegiert und ließ nichts vom Ruhm der späteren Literaturnobelpreisträgerin erkennen. Der »Hinterhof auf Södermalm«, schreibt Maier-Wolthausen plastisch, hatte nichts mit der »Sonnenterrasse in Kalifornien« (S. 184) eines Thomas Mann gemeinsam. Lesenswert ist auch die von Johan Östling rekonstruierte Geschichte über Erich Wittenberg, dessen akademische Karriere später in Schweden behindert wurde, weil der einstige jüdische Flüchtling sich im Nachkriegsschweden nun selbst mit dem Stigma des Nationalsozialismus belegt sah. Seine in der Tat zwischenzeitliche Nähe zum deutschnationalen Konservatismus und insbesondere zum philosophischen Idealismus ließen ihn nach 1945 nur allzu rasch als NS-Sympathisanten gelten.

Die biographischen Skizzen sind für sich genommen lesenswert. Die Einleitung und die drei überblickenden Einführungen halten wesentliche Kontextbedingungen der Emigration, Immigration oder – besonders häufig – Transmigration fest und liefern darüber hinaus Forschungsberichte. Im Kern geht die Information allerdings nicht über die Länderskizzen hinaus, die sich im *Handbuch der deutschsprachigen Emigration* (1998, hg. von Claus-Dieter Krohn u. a.) finden. Die insgesamt geringen Einwanderungszahlen (z. B. Schweden max. 5.000) werden ebenso erwähnt wie die berühmt-berüchtigten »J«-Pässe (nach Schweizer Muster) und andere Beispiele bzw. Mechanismen einer restriktiven Einwanderungspolitik.

So verdienstvoll dies ist, mangelt es dem Band doch an einem klaren Konzept. Ein spezifischer methodischer Zugang ist ebenso wenig zu erkennen wie eine Orientierung gebende Leitfrage oder eine klare Begrifflichkeit. Formeln wie »jüdische« oder »Diaspora-Identität« hätten stärker problematisiert werden müssen. Das gilt auch für die Figur des Intellektuellen, dessen Eigenschaften bestenfalls im Halbschatten bleiben. In den meisten Fällen ist ohnehin nicht zu erkennen, worin der Überschlag der an Personen orientierten Wissenschaftsgeschichte hin zu einer Intellektuellengeschichte eigentlich besteht.

Alexander Gallus

Charmian Brinson und Richard Dove: *A Matter of Intelligence. MI5 and the Surveillance of Anti-Nazi Refugees, 1933–50.* Manchester/New York (Manchester University Press) 2014. 254 S.

Seit 1999 transferiert der britische Inlandsgeheimdienst MI5 die Überwachungsakten der deutschsprachigen Flüchtlinge aus den 1930er und 1940er Jahren in das britische Staatsarchiv (The National Archive, Kew). ExilforscherInnen, die keine Möglichkeit hatten, sich mit diesem Material oder mit jenem, das MI5 dazu weiter unter Verschluss hält, zu beschäftigen, wurden enttäuscht, als der Historiker Christopher Andrew im Jahr 2009 eine voluminöse und autorisierte Geschichte des MI5 vorlegte, die kein Wort zur Überwachung der Flüchtlinge während der NS-Herrschaft enthielt. Auch die im selben Jahr von Thomas Hennessey und Clair Thomas publizierte *Unofficial History* unterschied sich darin nicht. Charmian Brinson und Richard Dove, beide im Londoner Research Centre for German and Austrian Exile Studies aktiv, haben sich nunmehr diesem Forschungsdesiderat mit ihrer Monografie angenommen.

Naturgemäß ziehen politische Flüchtlinge das Interesse von Nachrichtendiensten und Sicherheitsapparaten ihres Zufluchtslandes auf sich. Während Auslands- und Kriegsgeheimdienste an deren strategischen Kapazitäten interessiert sind, steht bei den Inlandsgeheimdiensten die innere Sicherheit im Vordergrund (counter-intelligence). In den Jahren nach der Machtübernahme der NSDAP in Deutschland 1933 nahm Großbritannien etwa 80.000 Flüchtlinge aus Deutschland und Österreich auf, etwa 10 Prozent davon waren politische Flüchtlinge im engeren Sinne – also politisch aktive Gegner des NS-Regimes, überwiegend aus der Linken. Sie standen in zweifacher Hinsicht im Fokus von MI5: im Kreis getarnter NS-Spione und AgentInnen sowie »communists or suspected communists« als potenzielle politische Gegner.

Aus den etwa 5.000 Überwachungsakten zu den Flüchtlingen aus Deutschland und Österreich sowie einigen ihrer Organisationen haben Brinson und Dove eine Fülle von thematischen und personen- bzw. organisationsbezogenen Details destilliert, die sie in drei zeitliche Blöcke gliedern: Die Phase der NS-Herrschaft vor Kriegsbeginn (Fallstudien u. a. zu Dora Fabian, Otto Lehmann-Russbueldt, der Auslandsorganisation der NSDAP), die Periode des Krieges (u. a. Internierungspolitik, Freier Deutscher Kulturbund in England, Austrian Centre und Eva Kolmer, Czech Refugee Trust Fund) und die Nachkriegsjahre mit dem Beginn des Kalten Krieges (u. a. Atomspionage durch Klaus Fuchs und Engelbert Broda). Durch das Buch ziehen sich drei zentrale Fragen: Warum richtete der MI5 seine Aufmerksamkeit über die gesamte Periode so stark auf die »rote Gefahr«? Hat der MI5 dabei die falschen Deutschen aus falschen Gründen überwacht? Und warum blieb die Geschichte der Überwachung der Flüchtlinge so lange unerzählt? Die Antwort auf die erste Frage finden Brinson/Dove kurzgefasst in der Existenz eines virulenten Antikommunismus bei den britischen Nachrichtendiensten, der sich mit dem deutschsowjetischen Pakt von 1939 bestätigt sah und das britische Bündnis mit der Sowjetunion überdauerte. Zur zweiten Frage arbeiten Brinson und Dove heraus, dass eine reduktive und voreingenommene Sicht auf linke (oder vermeintlich linke) Flüchtlinge zu einem Wust von für die innere Sicherheit Großbritanniens irrelevanten Datensammlungen mit einer Verschwendung von Ressourcen geführt hatte. Die massive Befürwortung der Internierung von Flüchtlingen und der Aufbau von Informantenzirkeln im Kreise der Flüchtlinge in den Internierungslagern gehören – wie hier erstmals dargestellt wird – zu den absoluten Sackgassen der Sicherheitspolitik des MI5. Zugleich versagte der MI5 bei der Aufdeckung tatsächlicher Gefahren, etwa der hochbrisanten Atomspionage durch die beiden jungen Flüchtlinge Engelbert Broda und Klaus Fuchs für die Sowjetunion. Eine Antwort auf die dritte von Brinson/Dove gestellte Frage liegt damit auf dem Tisch: Das Kapitel der Überwachung der deutschsprachigen Flüchtlinge gehört zu den Fehlschlägen und Irrtümern des ansonsten für seinen *war record* häufig gelobten MI5. Brinson/Dove unterschlagen jedoch nicht die Schwierigkeiten, Beschränkungen und Widerstände, mit denen der Dienst zu kämpfen hatte, wenn er mit seinen Vermutungen richtig lag. Neben der gut lesbaren und stringenten Aufbereitung des schwierigen Quellenmaterials liegt in dieser abwägenden, jenseits von Effekthascherei liegenden Argumentation eine besondere Stärke dieses Buches.

Peter Pirker

Wilhelm Speyer: *Das faule Mädchen. Filmnovellen und weitere Texte aus dem amerikanischen Exil*. Erstdrucke aus dem Nachlass. Hg. v. Helga Karrenbrock und Walter

Fähnders. (= Aisthesis *Archiv*, Bd. 19). Bielefeld (Aisthesis Verlag) 2014. 197 S.

Der Band versammelt neun literarische Texte und drei z. T. schon bekannte »Politische Statements« des Schriftstellers Wilhelm Speyer, die aus einem Textkonvolut ausgewählt wurden, das seine Erben in den USA 2010 dem Verlag übergeben haben. Speyer, der 1933 nach Österreich und 1938 weiter nach Frankreich emigrierte, hatte sich 1941 dank eines 100-Dollar-Drehbuchvertrags mit MGM und mit Hilfe des Emergency Rescue Committee schließlich in die USA retten können. Doch stammt keiner der Texte aus der für Speyer enttäuschenden Vertragszeit bei MGM, die im März 1942 endete, weshalb die Überschrift des Nachworts »100-Dollar-Texte für Hollywood« irreführend ist.

Filmstories sind nur »Der Mann mit der weißen Kravatte«, »Treatment« und »Dr. Palland«, die jedoch alle später entstanden sind und die Speyer mithilfe der Agentur Paul Kohner versucht hat, an Produzenten und Studios zu verkaufen. Dafür spricht auch, dass es von »Treatment« und »Dr. Palland« englische Übersetzungen gibt, die in der »Editorischen Notiz« leider nicht angegeben sind, in der die Herausgeber auch keine Angaben dazu machen, welche der Exil-Manuskripte Speyers, die Johanna Roden im Standardwerk *Deutsche Exilliteratur seit 1933* (Bd. 1, Teil 2, S. 210 ff.) verzeichnet hat, von den Erben dem Verlag übergeben wurden. Sie begründen weder die Auswahl der Texte, noch gehen sie näher auf diese ein. So fehlt unbegreiflicherweise der Hinweis darauf, dass »Der Mann mit der weißen Kravatte« ein Entwurf für eine kritische Filmbiografie über den französischen Vichy-Ministerpräsidenten Pierre Laval ist, dessen Karriere und Kollaboration mit den Nazis auch in den USA Schlagzeilen gemacht hatte. Speyers Treatment schließt mit de Gaulles Einmarsch in Paris und ist also wohl nach dem 25. August 1944 entstanden und vor der Hinrichtung Lavals am 15. Oktober 1945.

Schon mit dem 1942 entstandenen Treatment »Dr. Palland« versuchte Speyer sich an der Konjunktur der Anti-Nazi-Filme in Hollywood zu beteiligen. Diese Widerstands- und Liebesgeschichte um den jüdischen holländischen Arzt Dr. Palland und die gefeierte Schauspielerin Juliana spielt kurz vor und während der Besetzung Hollands durch die Nazis, denen das Paar schließlich nach England entkommt. Die Idee für diesen Film – und wohl auch für die medizinischen Details – verdankte Speyer dem Arzt Dr. Kurt Jonas, vermutlich ebenfalls ein Emigrant, mit dem er vertraglich die Aufteilung des erhofften Gewinns regelte, wie aus einem im Nachwort abgedruckten Brief hervorgeht (S. 187).

Leider gehen die Herausgeber solchen Spuren nicht nach, ihre Darstellung von Speyers amerikanischen Exiljahren und seiner Situation in Hollywood bleibt ebenso oberflächlich wie ihre allgemeinen Ausführungen zur Situation der emigrierten Autoren in Hollywood und zum Schreiben für das »*transitorische Medium*« Film (S. 186 ff.). Dabei gehen sie recht sorglos mit den Zitatnachweisen um und produzieren zahlreiche Fehler, die anscheinend auch keinem Lektor aufgefallen sind. So verwechseln sie den European Film Fund mit dem Emergency Rescue Committee und machen Ernst Lubitsch zu dessen Präsidenten (S. 167); nicht Bruno und Liesl Frank haben Speyer den Vertrag mit MGM verschafft (S. 175), sondern Gottfried Reinhardt und Paul Kohner; das auf S. 170 f. im Faksimile wiedergegebene Affidavit ist zwar eine *von* Speyer selbst abgegebene eidesstattliche Erklärung – aber eben nicht das Affidavit (= Bürgschaftserklärung) »*für ihn*«, wie die Unterschrift suggeriert. Speyers Neffe kann wohl nicht 1942 (!) in New York bei Klaus Manns *Sammlung* gearbeitet haben (S. 189), da diese Zeitschrift bekanntlich nur bis 1935 in Amsterdam erschienen ist. Am Beispiel von Samuel Goldwyn erwecken die Autoren das Klischee von der »literarischen Ignoranz« (S. 185) der Hollywood-Produzenten zum Leben und beweisen dabei lediglich ihre eigene filmhistorische Ignoranz und wissenschaftliche Unkorrektheit: denn Goldwyn war keiner der »Chefs« von MGM (S. 185), sondern einer der bedeutendsten unabhängigen Produzenten Hollywoods, der die Bitte eines Drehbuchautors, er brauche mehr Zeit, um ein gutes Script abzuliefern, keineswegs mit »I don't want it good I want it short« beschied (S. 185), wie die Autoren fälschlich behaupten, sondern wesentlich witziger mit »I want it Thursday«, wie Hans Kafka in seiner *Aufbau*-Kolumne ganz korrekt überliefert hat, die von den Autoren falsch zitiert wird.

Mit ihrem enttäuschenden Editionsbericht und fehlerhaften Nachwort beschädigen die Autoren selbst die an sich verdienstliche Veröffentlichung der bisher ungedruckten Filmtexte und Kurzgeschichten Speyers aus den amerikanischen Exiljahren.

Helmut G. Asper

Max Ophüls: *Spiel im Dasein. Eine Rückblende*. Mit einem Vorwort von Marcel Ophüls und einem Nachwort von Hilde Ophüls. Hg. u. kommentiert von Helmut G. Asper. Berlin (Alexander Verlag) 2015. 310 S.;
Marcel Ophüls: *Meines Vaters Sohn. Erinnerungen*. Aus dem Französischen von Jens Rostock. Berlin (Propyläen) 2015. 320 S.

Keine Frage, Max Ophüls, geborener Oppenheimer, konnte nicht nur großartige Filme drehen, sondern auch hervorragend, witzig und ironisch schreiben. Das dokumentiert die Wiederauflage seiner bereits Ende der 1950er Jahre publizierten Erinnerungen. Geschrieben worden waren sie allerdings schon unmittelbar nach dem Krieg in der Zeit zwischen August 1945 und Dezember 1946; ihr Schlusssatz »In der Freundschaft zu Preston Sturges liegt meine Zukunft« steckte das Programm ab. Der nach erfolgreicher Tätigkeit in der französischen Emigration 1941 mit seiner Familie in die USA weiter geflohene Ophüls hatte jahrelang ohne oder mit minderen Beschäftigungen in Hollywood herumgesessen, ehe ihm der amerikanische Regisseur Sturges mit einer neuen, unabhängigen, von dem Medienmogul Howard Hughes finanzierten Produktionsfirma eine zukunftssichernde Zusammenarbeit anbot. Eigentlich wollte deren Presseabteilung von ihm nur ein Curriculum Vitae und seine Filmografie haben, daraus ist dann der umfangreiche Erinnerungstext seiner Tätigkeit als Schauspieler in den Anfängen nach dem Ersten Weltkrieg, dann als Theater- und seit den späten 1920er Jahren als Filmregisseur bei der UFA geworden. Sie enden mit Ophüls' erfolgreichen Produktionen in Frankreich nach seiner Flucht dorthin im März 1933. Für die Exilforschung bietet der Text also nur im letzten Teil einige interessante Nuancen, sonst enthalten die Erinnerungen viel des üblichen Theaterklatsches, mit dabei sind allerdings spannende atmosphärische Schilderungen etwa zum Antisemitismus am Burgtheater oder zur Berliner Szene Ende der 1920er Jahre, eindrucksvolle Reflexionen über die deutsche Staatstheaterkultur mit ihren »Darstellungsbeamten« sowie treffende Kurzporträts von KollegInnen, genannt seien nur Conrad Veidt oder Adele Sandrock. Sie sind interessant vor allem wegen ihrer lockeren Schreibe und positiven Gestimmtheit, wozu sicher auch Ophüls' politisches Desinteresse beigetragen hat, ja er sprach selbst von seiner »Überzeugungslosigkeit« (S. 53), so dass er zum Beispiel Berührungsängste mit den Nazis nicht hatte. Bei der Niederschrift wäre vor dem Hintergrund seiner Vertreibung aus Deutschland und dem jahrelangen beruflichen Leerlauf ein elegischer und melancholischer Ton verständlich gewesen, der für viele biografische Exilschriften so typisch ist. Prägend ist jedoch Ophüls' überquellende Erzählfreude, die es gelegentlich mit den Tatsachen auch nicht so genau nimmt – dafür greift der sorgfältige, fast ein Drittel des Bandes ausmachende Kommentar des Herausgebers hilfreich ein. Denn seine Emigration, so schrieb er, war für ihn keine Härte, sondern eine Reise (S. 139), und daher präsentierte er sich dem amerikanischen Publikum auch nicht als Opfer, sondern als akkulturationsbereiter Weltbürger.

Dies ist umso auffallender, als die mit hohen Erwartungen verknüpfte Beziehung oder gar Freundschaft zu Preston Sturges schon nach wenigen Filmprojekten zerbrochen war. Als Reaktion darauf drehte der nunmehr bereits mit einem Namen im amerikanischen Filmgeschäft ausgestattete Ophüls einen Film, der jene lockere Handschrift des gerade vorgelegten langen Lebenslaufs in bewegte Bilder der inzwischen erlebten amerikanischen Umgangsformen übertrug und dabei mit Selbstironie die eigene Person nicht schonte. Der 1948 gedrehte Film *Caught* verriet im souveränen Urteil nicht allein seine inzwischen erfolgte

Integration, die noch deutlicher wird, wenn man diesen Film mit seinem im gleichen Jahr erschienenen zweiten Film *Brief einer Unbekannten* vergleicht. Während Ophüls in diesem eine poetisch-morbide Liebestragödie nach der Novelle Stefan Zweigs historisch verfremdend in das alte Wien vor dem Ersten Weltkrieg verlegt hatte, lässt sich *Caught* dem sozialkritischen Genre des *film noir* in der Nachkriegszeit zuordnen. Ätzend zeichnet er einen von Robert Ryan gespielten besitzergreifenden neurotischen und orientierungslosen Milliardär, der als Mischung aus Howard Hughes und Preston Sturges zu verstehen ist. Ophüls' eigene Rolle verkörpert dabei der ihm physiognomisch ähnlich sehende Schauspieler Curt Bois – bekannt nicht nur als Taschendieb aus dem Film *Casablanca* –, der wie bereits der Titel andeutet, als serviles und willenlos abhängiges Faktotum um seinen prätentiösen Chef herumschwänzelt.

Locker schreiben kann auch Ophüls' Sohn Marcel, wie dessen zur gleichen Zeit erschienene Erinnerungen zeigen, wenngleich nicht ganz so pointenreich. Im Wahrheitsanspruch ist der augenscheinlich diktierte Text mit seinen Assoziationen, Sprunghaftigkeiten und nicht selten narzistischen Selbststilisierungen wohl noch weniger zuverlässig als der seines Vaters. Dieser steht, wie bereits der Titel andeutet, sowieso übermächtig im Hintergrund, das erste Drittel des Bandes ist nahezu identisch mit den väterlichen Erinnerungen, erzählt die Geschichte nur aus der Sicht des Sohnes. Als 17-Jähriger wollte sich Marcel Ophüls 1944 in Kalifornien von der France-Libre-Bewegung des Generals de Gaulle rekrutieren lassen, was die Mutter hintertrieb, als amerikanischer Soldat diente er später in Japan und konnte daher nach Ableistung des Dienstes nach der sogenannten GI-Bill ein kostenloses Studium aufnehmen, das er allerdings wegen der Rückkehr der Familie nach Frankreich nicht abschloss. Beginnend mit Regieassistenzen bei John Huston, Anatole Litvak, Julien Duvivier und seinem Vater, insbesondere bei dessen letztem Werk *Lola Montez*, entfaltete sich anschließend eine aufregende berufliche transatlantische Karriere als französischer und amerikanischer Filmemacher, aber auch als Redakteur in den 1950er Jahren beim Südwestfunk Baden-Baden und in den 1960ern beim NDR in Hamburg. Viele der Jobs endeten mit spektakulären Entlassungen und Eklats, bei deren Schilderung sich die Lust des Autors am *name dropping* zu interessanten und detaillierteren Beobachtungen verdichtet.

Die eigene Handschrift als zeithistorischer Dokumentarfilmer, die Ophüls berühmt machen sollte, entwickelte er ab 1967 als Mitarbeiter beim französischen Sender ORTF zunächst mit einem Film über das Münchener Abkommen 1938. Daran schloss 1969 seine berühmte Dokumentation *Das Haus nebenan* (*Le chagrin et la pitié*) an, eine Chronik der Kollaboration und Résistance in einer französischen Stadt während des Vichy-Regimes und im Krieg, die ihm internationale Anerkennung brachte, nur in Frankreich lief der Film nach Intervention des Staatspräsidenten de Gaulle einstweilen nicht. Da die Franzosen, so der Autor, nicht die Erfinder des Faschismus gewesen waren, realisierte er danach im Auftrag der BBC seine zweiteilige Dokumentation *The Memory of Justice* (1973 ff.) über die Nürnberger Prozesse, die die NS-Verbrechen, das Verhalten der französischen Armee in Algerien und das der USA in Vietnam vergleichend vorstellt. Während seiner NDR-Tätigkeit fand Ophüls die Unterstützung des Chefredakteurs Peter Merseburger für einen Film über das Massaker von My Lai (*The Harvest of My Lai*, 1970), in diesen Jahren begleitet noch von diversen anderen Dokumentationen (über Irland, den Mauerbau etc.). Ihren Abschluss markiert schließlich 1989 der Film *Hôtel Terminus* über den Schlächter von Lyon Klaus Barbie, der einen »Oscar« gewann.

Die Intelligenz der Komposition, das moralische Understatement und die Verwendung von Filmausschnitten kontrastierend zu den Selbstentlarvungen der mit herangezogenen einstigen Akteure, die ausführliche Kommentare des Erzählers erübrigen, zeichnen die einzigartige Methode der Ophüls'schen Filme aus. Sie geben ein Bild von Totalitarismus, Macht und Gewalt, das seine Werke zeitlos aktuell macht. Den Sehgewohnheiten der heutigen Zuschauer sind diese Filme damit erheblich näher als die poetisch abgedrehten Spielfilme seines Vaters. Nicht zu Unrecht ist der Sohn daher mächtig stolz darauf, von der amerikanischen Zeitschrift Newsweek als »Camus of the movies« tituliert worden zu sein.

Max Stein

Elisa Klapheck: *Margarete Susman und ihr jüdischer Beitrag zur politischen Philosophie.* Berlin (Hentrich & Hentrich) 2014. 408 S.

Gemessen an der diskursprägenden Bedeutung von Susmans Texten für die literarische und philosophische Avantgarde, in deren Zentrum sich Susman vor ihrer Emigration in die Schweiz 1933 bewegte, ist ihre Stellung im Forschungsdiskurs marginal. Elisa Klapheck legt mit ihrer Monografie die erste umfassende und systematische Studie zu Margarete Susmans umfangreichem, zwischen Philosophie und Literatur oszillierendem Œuvre vor. Während die bisherige Forschung Offenheit, Dialogizität und die Abwesenheit eines singulären, systematischen Denkens als Charakteristiken von Susmans Schreiben akzentuiert, konstatiert Klapheck eine »geistige Linie« in der »religiös-politischen Dimension« von Susmans Auseinandersetzung mit dem Judentum. Anhand exemplarisch ausgewählter Texte, die als repräsentativ für Susmans Gesamtwerk angesehen werden, gelingt Klapheck die detail- und kenntnisreiche Analyse und präzise Fokussierung eines bisher in der Forschung vernachlässigten zentralen Aspektes.

Susman wird als Vordenkerin einer religionsphilosophisch begründeten Theorie des politischen Judentums ausgewiesen, die mit der Akzentuierung des »religiös-politischen Potentials« im jüdischen Gesetzesdenken Tendenzen vorwegnimmt, wie sie erst seit den 1980er Jahren, unter anderem in den Theorien von Jacob Neusner, Michael Walzer und David Novak, zu verzeichnen sind. Mit der Hinwendung Susmans zur jüdischen Tradition, so zeigt Klapheck, geht eine zunehmende politische Reflexion in ihren Texten einher. In Anlehnung an Martin Bubers »Zion der Seelen« deutet auch Susman die »Wiedergeburt« jüdischer Religiosität – im Kontext der Bewegung der Jüdischen Renaissance – in einem übernationalen Sinne als geistige Nation in Europa. Susmans religiös-politisches Verständnis von »Revolution als Sühne« umfasst auch, wie Klapheck in einem Exkurs zu »Weiblichen Bewusstseinsmodi« aufzeigt, die »Revolution der Frau« als geistige Emanzipation. Susmans Essays über die Geschlechterdifferenz werden zudem als chiffrierte Kritik am Christentum lesbar gemacht. Ergiebig und anschlussfähig im Kontext der Exilforschung ist insbesondere das Kapitel »Säkulare Tora«. Der hebräische Begriff »Galut« verweist, so Klapheck, auf die für Susman zentrale Interdependenz von Exil und Offenbarung, insofern die Anerkennung der exilischen Existenz des Menschen, die Susman als *conditio humana* ausweist und zum »ewigen Sinn« der *conditio judaica* erklärt, als Voraussetzung für die Offenbarung fungiert. Auch nach 1945 hält Susman an einer positiven Diasporaexistenz des Judentums fest, wie Klapheck in ihrem abschließenden »Ausblick« ausführt. Über die Figur Hiob formuliert Susman eine »jüdisch inspirierte Theodizee«, die sich als »menschheitlicher Beitrag« versteht und auf die Notwendigkeit einer politischen Sühne verweist.

Elisa Klaphecks Untersuchung zeigt, dass das Werk Margarete Susmans als Beitrag zu einer politischen Theorie des Judentums gefasst werden kann. Die Arbeit löst damit ein wiederholt formuliertes Forschungsdesiderat ein und gibt zugleich Impulse für eine weiterführende Auseinandersetzung mit Susmans Texten, insbesondere im Kontext der Exilforschung.

Gerhild Rochus

Fritz Borinski: *The German Volkshochschule. An Experiment in Democratic Adult Education under the Weimar Republic.* Hg., eingel. und mit Annotationen versehen v. Martha Friedenthal-Haase. Bad Heilbrunn (Julius Klinkhardt) 2014. 286 S.

In den Jahren 1944/1945 entwickelte in London eine Gruppe deutscher Emigrantinnen und Emigranten zusammen mit englischen Politikern und Wissenschaftlern Pläne für den Wiederaufbau des deutschen

Bildungssystems für die Zeit nach dem Krieg. Sie hatten ein Jahr zuvor das German Educational Reconstruction Committee (GER) gegründet, eine Vereinigung von Persönlichkeiten unterschiedlicher politischer Überzeugungen, die jedoch der Glaube an die Wirkung von Bildung auf der Grundlage von Menschenwürde und demokratischen Werten einte. Geleitet wurde das GER von der sozialistischen Reformpädagogin Minna Specht, dem Literaturwissenschaftler Werner Milch und dem Rechtswissenschaftler, Soziologen und Erwachsenenbildner Fritz Borinski, der bereits ein Jahr zuvor Thesen zum Wiederaufbau der deutschen Erwachsenenbildung als Beitrag zum demokratischen Neuanfang Deutschlands entwickelt hatte. Seinem pädagogischen Grundsatz, Bildung in den Dienst der Demokratieentwicklung zu stellen, blieb er lebenslang treu: Von seinen Anfängen in der Jugendbewegung und der Volks- und Arbeiterbildung, über die Emigration nach England, bis hin zu der Zeit nach der Remigration als Leiter der niedersächsischen Heimvolkshochschule Göhrde und der Volkshochschule Bremen wie in seiner Funktion als Professor für Pädagogik an der neu gegründeten Freien Universität Berlin, wo er die Erwachsenenbildung zu einer gleichberechtigten und anerkannten Wissenschaftsdisziplin ausbaute.

Borinskis im englischen Exil verfasster, bisher unveröffentlichter Text *The German Volkshochschule* beschreibt eindrucksvoll ein bedeutsames pädagogisches Experiment in der Weimarer Republik, das von den Nationalsozialisten sofort nach ihrem Machtantritt beendet wurde. Ursprünglich sollte er in einer Drei-Länder-Studie zum Thema »Demokratie und Erwachsenenbildung« erscheinen, herausgegeben von dem ebenfalls nach England emigrierten Soziologen Karl Mannheim. Dazu kam es aus verschiedenen Gründen nicht, und obwohl Fritz Borinski sich in seiner weiteren Laufbahn immer wieder mit dem Thema beschäftigte, hat er sich nicht mehr um eine Veröffentlichung bemüht.

Martha Friedenthal-Haase, Professorin für Erwachsenenbildung und ausgewiesene Expertin für die Volkshochschulbewegung der Weimarer Republik, hat die Schrift als englischen Originaltext herausgegeben, sachkundig eingeleitet und in den zahlreichen Anmerkungen ergänzt und präzisiert. Ein prosopografischer Anhang enthält Informationen über Leben und Arbeit von Personen, die in Fritz Borinskis Schrift erwähnt werden, sowie Kurzbiografien vieler, inzwischen weitgehend vergessener Protagonisten der pädagogischen Reformbewegung.

Sowohl die vorliegende Schrift als auch der Lebensweg des Autors verweisen auf ein Kapitel in der Geschichte der Pädagogik, das bis heute nicht systematisch erforscht ist: Die Verfolgung, Vertreibung und Emigration von politisch, pädagogisch und/ oder »rassisch« unliebsamen Protagonisten der Erwachsenenbildung, ihre Überlegungen zum demokratischen Neuanfang nach 1949 und die spezifische Bedeutung der Emigration für den Erneuerungsprozess der Erwachsenen- und Weiterbildung. Der Lebensweg Fritz Borinskis steht beispielhaft für eine Generation von Pädagogen und Wissenschaftlern, deren Karriere durch den Nationalsozialismus abrupt beendet wurde und die sich nach ihrer Lebensentscheidung zur Flucht ins Ausland nur mit Mühe und auf Umwegen wieder eine berufliche Existenz aufbauen konnten.

Die bewegte Lebensgeschichte Fritz Borinskis ist eng mit seiner Arbeit als Wissenschaftler und Praktiker verwoben. 1903 in Berlin geboren, haben ihn nach eigener Aussage Politik und Pädagogik wesentlich bestimmt und geprägt. Seit der Schulzeit engagierte er sich in verschiedenen Gruppen der Jugendbewegung und war als Student die Zentralfigur des Leipziger Leuchtenburg-Kreises, einem Bund der politischen Jugendbewegung mit den Leitideen Nation und Sozialismus. Gleichzeitig kam er mit Vertretern der Volksbildung in Kontakt und arbeitete in verschiedenen Einrichtungen der Erwachsenenbildung. Leipzig galt als Hochburg der politischen Volks- und Arbeiterbildung in der Weimarer Republik, hier waren 1922 zahlreiche »freie« Bildungsinstitutionen unter dem Dach eines Volksbildungsamtes entstanden. Nach erstem juristischen Staatsexamen und Promotion (die ihm die Universität Leipzig dann 1942 wieder aberkannte) wurde Borinski 1931 Assistent von Theodor Litt und übernahm gleichzeitig die Leitung des neu gegründeten Seminars für freies Volksbildungswesen bis zu seiner Entlassung 1933. Eine freie berufliche Existenz in Deutschland sei ihm damit verwehrt gewesen. Er habe sich daher zum Exil entschlossen, so beschreibt der Sozialdemokrat und Jude Borinski 1976 in einem Rückblick seinen Weg in die Emigration. Unter prekären materiellen Bedingungen studierte er Soziologie bei Karl Mannheim an der London School of Economics, blieb aber immer seinen Wurzeln treu. So arbeitete er als Dozent in der englischen Erwachsenenbildung, leitete in australischer Internierungshaft 1940/41 eine Lagerschule und unterrichtete nach dem Krieg in England deutsche Kriegsgefangene.

Seine Arbeit gliedert der Autor in sechs Kapitel, die jeweils einen anderen methodischen Zugang zum Thema eröffnen. Im ersten Kapitel wird die Entwicklung der freien Volkshochschulbewegung nach dem Ersten Weltkrieg nachgezeichnet, die ihre Aufgaben darin sah, die durch politische und soziale Zerrissenheit gefährdete Demokratie zu unterstützen. Das zweite und dritte Kapitel beschreibt die unterschiedlichen Erscheinungsformen der Erwachsenenbildungseinrichtungen, die als Abendvolkshochschule, Volkshochschulheim oder als freie Bildungsveranstaltung jeweils institutionelle, organisatorische und programmatische Besonderheiten aufwiesen. Porträtiert wird die vielgestaltige Volkshochschulbewegung der 1920er Jahre als eine demokratische Reformbewegung, deren Grundsätze jedoch weitgehend einheitlich sind: Bildung ist kein Selbstzweck im bürgerlichen Sinn, sie soll die Persönlichkeit umfassend fördern und dient der Festigung des demokratischen Gemeinwesens auf der Grundlage humaner ethischer Prinzipien, mit Akzeptanz unterschiedlicher weltanschaulicher Positionen. Im vierten Kapitel werden unter dem Titel »Some Problems of the German Volkshochschule Movement« grundlegende Fragen der Volkshochschularbeit thematisiert, die in der Praxis der Erwachsenenbildung auch heute noch aktuell sind: Die Verständigung über Ziele in der politischen Bildung und über den Stellenwert politischer und weltanschaulicher Neutralität, die Zusammensetzung der Teilnehmenden sowie Status, Qualifizierung und Bezahlung des haupt- und nebenberuflichen Personals. Auch hier steht bei allen aufgeworfenen Problemen die Frage im Vordergrund, welche Voraussetzungen eine gelingende Erziehung zur Demokratie (»education for a democratic life«) erfordert. Das fünfte Kapitel knüpft insofern an das erste an, als es die historischen Rahmenbedingungen für den Niedergang (»fatal slump«) sowohl der Volkshochschulbewegung als auch der Weimarer Republik nachzeichnet: Mit dem Ende der Demokratie kommt auch das Ende der freien Volksbildung, nach Fritz Borinskis Auffassung eine der kreativsten Errungenschaften der Weimarer Republik. Im Schlusskapitel mit dem Titel »Some Reflections on the Future of German Adult Education« wendet Borinski den Blick nach vorn und entwickelt Überlegungen, welchen Beitrag die Erwachsenenbildung zum demokratischen Wiederaufbau Deutschlands nach dem Krieg leisten kann. Dabei knüpft er an die Pionierarbeit der Weimarer Zeit an, lässt aber auch seinen englischen Erfahrungshintergrund mit einfließen. Er verbindet historisch-soziologische Analyse mit einem demokratietheoretisch angelegten Konzept für die Zukunft eines geistig und materiell zerstörten Deutschlands. Entstanden ist »ein historisches Dokument von Authentizität und Rang, das wert ist, bekannt gemacht zu werden, und dessen Botschaft, die Stärkung der Demokratie, nicht überholt ist«, wie die Herausgeberin in der Einleitung (S. 17) zu Recht feststellt.

Mit Borinskis Schrift wird die Traditionslinie der Verbindung von Erwachsenenbildung mit gesellschaftlichem Engagement wieder ins Bewusstsein geholt, darin liegt ihr Wert für den aktuellen Diskurs in der Pädagogik und insbesondere der Erwachsenenbildung. Den Text erläutert Martha Friedenthal-Haase aus einer sehr lesenswerten fachgeschichtlichen Perspektive. Dabei wird das Leben des Autors von ihr nur so weit skizziert, wie es für das Verständnis des Textes von Bedeutung ist. Kritisch zu hinterfragen wäre aber, warum die biografische Skizze gerade dort unscharf wird, wo es um den wissenschaftspolitischen Kontext nach 1945 geht. Hier wäre mehr zu sagen gewesen, denn die ins Exil getriebenen Vertreter progressiver pädagogischer und politischer Positionen waren – wie auch die Rückkehrer in anderen Bereichen des Wissenschaftsbetriebs – durchaus nicht willkommen. Dies war einer der Gründe, warum die innovativen Ansätze der Weimarer Republik zunächst keinen Eingang in den wissenschaftlichen Kanon der Erwachsenenbildung fanden.

Annette Lorey

Janus Gudian: *Ernst Kantorowicz. Der »ganze Mensch« und die Geschichtsschreibung*. (= Gründer, Gönner und Gelehrte. Biographienreihe der Goethe-Universität Frankfurt am Main). Frankfurt a.M. (Societäts-Verlag) 2014. 221 S.

Von der Exilforschung ist der von Ernst Kantorowicz repräsentierte Typus und sein Milieu bisher kaum beachtet worden, ein Zeichen für die lange Zeit vorherrschende selektive Ausrichtung ihrer Erkenntnisinteressen. Zwar ist es ungewöhnlich, dass der Sohn einer jüdischen Likörfabrikantenfamilie aus Posen in seinen frühen Jahren als Freiwilliger des Ersten Weltkriegs zu den rabiaten Nationalisten und Chauvinisten gehörte und als aktives Freikorpsmitglied gegen den neuen polnischen Staat, dem seine Heimatstadt einverleibt wurde, und anschließend gegen die »Spartakisten« in Berlin sowie die Münchner Räterepublik kämpfte. Aber auch nach Ende dieser Phase, als Student in Heidelberg ab 1919, zählte er zu den wilden antirepublikanischen Konservativen, jetzt aber moderiert durch die Attitüde des manierierten Dandys.

Prägend dafür waren Stefan George und sein Kreis, deren modernitätsfeindliche Selbststilisierungen seinem autoritären und elitistischen Charakter entsprachen. Gestalt bekam dieser Einfluss 1927 in Kantorowicz' berühmter und berüchtigter Biografie des Staufers *Kaiser Friedrich der Zweite*, ein Werk von 650 Seiten, das ohne jede Anmerkung im Hausverlag Georges erschien und die Historikerzunft deshalb schon formal provozierte. Anderseits wurde das Werk mit seiner Botschaft des Herrschers als göttlich inspiriertem Ingenium und alleinigem Movens der Geschichte zum »Generationenbuch des nationalkonservativen Deutschland« (S. 9), das auch bei Hitler und anderen führenden Nationalsozialisten auf den Nachttischen gelegen haben soll; während der NS-Zeit erschien es 1936 in dritter Auflage.

Mit unverhohlener Ablehnung der republikanischen Gegenwart in Deutschland konfigurierte »EKa«, so nannten ihn die Freunde, den Stauferkaiser – wie bereits die Vorbemerkung deutlich machte – als Symbolfigur eines »geheimen Deutschlands«, das vom George-Kreis repräsentiert die verloren gegangenen großen geistigen und kulturellen Strömungen der Vergangenheit wiederbeleben wollte. Gemeinsamkeiten mit der völkischen Ideologie der Nazis waren nicht zu übersehen, von denen er sich als Jude allerdings abzusetzen suchte.

Seine »Antrittsvorlesung« auf der 1932 in Frankfurt erworbenen Professur, merkwürdigerweise mehr als ein Jahr später und kurz vor Verlust des Lehrstuhls, widmete sich ebenfalls diesem raunenden Geschwafel vom geheimen Deutschland. Dessen Vollkommenheitsideal in der Trias von Schönheit, Adel und Größe war zwar mit NS-Vorstellungen kompatibel, der wesentliche Unterschied aber bestand darin, dass zu jener Vollkommenheit auch die Lebensvielfalt gehöre, d.h. die Integrationsfähigkeit von anderem und Fremdem. Dieser deutliche Hinweis auf seine Existenz als Jude markierte nicht allein die Distanz zur primitiven völkischen Enge der Nazis, sondern ebenso zum George-Kreis, aus dem sich diverse Mitglieder sogleich den neuen Machthabern angedient hatten und der Meister selbst in beredtes Schweigen verfallen war. Nach der Emeritierung 1934 auf eigenen Wunsch, um einer Entlassung zuvorzukommen, lebte Kantorowicz als Emeritus mit vollen Bezügen in Berlin, bis er Ende 1938 über Großbritannien in die USA floh, wo er mithilfe des Emergency Committee in Aid of Displaced Foreign Scholars in Berkeley zunächst fortlaufende Jahresverträge erhielt. Seine Festanstellung dort 1945 war allerdings nur von kurzer Dauer, denn während der Hexenjagd in der McCarthy-Ära verlangte die State University of California von ihren Beschäftigten einen Loyalitätseid, den Kantorowicz zusammen mit anderen Kollegen ablehnte. Diese Haltung brachte dem wissenschaftlich mit einer in den USA angefertigten Studie zu den *Laudes regiae* – liturgischen Zustimmungsritualen mittelalterlicher Königskrönungen, vulgo heute: »Königspropaganda« – sonst nicht weiter Ausgewiesenen einen Ruf an das Institute for Advanced Study in Princeton ein, wo er seine 1957 publizierte große Studie *The King's Two Bodies* (dt. *Die zwei Körper des Königs*, 1992) verfasste. Diese Studie kann als deutliche Abkehr von seinen mythisierenden Arbeiten aus den 1920er Jahren angesehen werden, an deren Stelle nunmehr die historisch-rationale Analyse der mittelalterlichen Herrschermetaphorik getreten war. Dargelegt wird, welche Probleme und Aporien die aus der christlichen Theologie übernommenen zwei Naturen der Herrscher, der mortalen biologischen Existenz und ihrer die Zeit überdauernden immortalen Rolle als Inhaber der Macht, aufwarfen und wie sich diese allmählich in die modernen Souveränitätsvorstellungen der säkularen Staaten transformierten.

In Gudians Biografie – im Rahmen einer Reihe zum 100-jährigen Jubiläum der Universität Frankfurt – wird dieses Werk allerdings unverständlicherweise nicht vorgestellt. Denn anstelle einer kritischen, werkbezogenen biografischen Analyse liefert der Autor, Mitarbeiter der an der Universität Frankfurt erarbeiteten Edition der Briefe von Ernst Kantorowicz, lediglich eine Addition zumeist längerer Briefauszüge mit nur spärlichen verbindenden Kommentaren. Das ist zwar verdienstvoll, da EKa nach dem Vorbild des Meisters Stefan George die Vernichtung seiner Briefe nach dem Tode (1963) verfügt hatte, für die vorgesehene Edition also diverse andere, korrespondierende Nachlässe durchgesehen werden müssen. Aber offenbar sind die Korrespondenzen aus den Exil- und Emigrationsjahren nicht so illuminierend, um eingehender seinen Akkulturationsprozess vorzustellen. Umso wichtiger wären daher – der deduktiven Methode Kantorowicz' entsprechend – die Heranziehung seiner nach 1939 entstandenen Schriften gewesen. Der Biograf erwähnt lediglich anhand einiger brieflicher Zeugnisse die Wurzellosigkeit und Ambivalenz seines »Helden« gegenüber den USA, die einst vom George-Kreis wegen ihrer oberflächlichen materiellen Kultur in toto verachtet worden waren, wobei Kantorowicz es aber verstanden habe, sich wie schon nach dem Ersten Weltkrieg und nach der Ausgrenzung 1933 auch hier neu zu erfinden. Vielleicht war das aber nur taktische Anpassung des konservativ gebliebenen Mediävisten. Zumindest eine intellektuelle Lebensstrategie blieb bis zum Tode die idealistische Überhöhung seines Wirkungsfeldes Universität; in dieser Gelehrtenrepublik sah er die großen Traditionen des hellenischen Olymp und des römischen Pantheons bewahrt. Gepaart war diese Auratisierung allerdings mit einer ordentlichen Prise sarkastischer Selbstironie. So ätzte er in Berkeley, als visiting scholar den kleinen Asiaten die Geheimnisse Karls des Großen zu vermitteln, wobei er sich um Fehler nicht zu bekümmern brauchte. Denn bevor sie das nachprüfen könnten, würden die einschlägigen Bibliotheken und Archive Europas längst zerbombt worden sein.

Das im einzelnen und mithilfe des nach 1939 entstandenen Œuvres näher zu untersuchen, bleibt ebenso wie überhaupt die Erforschung der weiteren jüdischen Mitglieder des einstigen George-Kreises und anderer Konservativer, die gleichfalls in die USA emigriert waren, eine lohnende und innovative Aufgabe der Forschung.

Claus-Dieter Krohn

Kurzbiografien der Autorinnen und Autoren

Sylvia Asmus, Dr., Studium der Germanistik, Kunstgeschichte und Kunstpädagogik in Frankfurt a. M., der Bibliothekswissenschaft an der Humboldt-Universität Berlin, Promotion 2010; seit 2011 Leiterin des Deutschen Exilarchivs 1933–1945 und des Ausstellungsbereichs der Deutschen Nationalbibliothek Frankfurt a. M.; in dieser Funktion zuständig für Ausstellungen und Publikationen zu Themen des Exils, zuletzt *So wurde ihnen die Flucht zur Heimat. Joseph Roth und Soma Morgenstern. Eine Freundschaft* (2012); ›... mehr vorwärts als rückwärts schauen‹ – *Das deutschsprachige Exil in Brasilien 1933–1945* (2013); Projektleiterin von *Künste im Exil* (www.kuenste-im-exil.de).

Helmut G. Asper, Dr., Theater- und Filmhistoriker, Promotion 1970 an der Universität zu Köln; lehrte bis Ende 2010 Theater, Film, Fernsehen an der Fakultät für Linguistik und Literaturwissenschaft der Universität Bielefeld; zahlreiche Bücher, Rundfunksendungen und Aufsätze zum Forschungsschwerpunkt Theater- und Filmexil (www.helmut-g-asper.de).

Patrick Farges, Dr., Studium der Germanistik und Sozialwissenschaften in Paris, Berlin, Toronto und Berkeley, Promotion 2006; seit 2007 Assistenzprofessor für deutsche Geschichte an der Universität Sorbonne Nouvelle – Paris 3; Forschungsschwerpunkte: Migrationsgeschichte, Oral History, Gender- und Sexualitätsgeschichte; ausgewählte Publikation: *Bindestrich-Identitäten? Sudetendeutsche Sozialdemokraten und deutsche Juden als Exilanten in Kanada* (2015).

Margit Franz, Dr., wissenschaftliche Mitarbeiterin des Fachbereichs Zeitgeschichte am Institut für Geschichte der Karl-Franzens-Universität Graz und des Vereins Clio-Verein für Geschichts- und Bildungsarbeit Graz; Forschungsschwerpunkte: Exil 1933–1945 in Asien und Afrika, insbesondere in Britisch-Indien; ausgewählte Publikationen: *Going East – Going South. Österreichisches Exil in Asien und Afrika* (Mithg. 2014); *Gateway India: Deutschsprachiges Exil in Indien zwischen britischer Kolonialherrschaft, Maharadschas und Gandhi* (2015).

Nikola Herweg, Dr., Studium der Neuen Deutschen Literatur, Philosophie und Geschichte in Gießen, Łódź und Barcelona; Leiterin des

Helen und Kurt Wolff-Archivs für Exilliteratur im Deutschen Literaturarchiv Marbach; Gastwissenschaftlerin am Rosenzweig Minerva Research Center Jerusalem (2002–2003) und der Gakushuin Universität in Tokyo (2013); Publikationen zum Thema Exil, Exilliteratur und Gegenwartsliteratur; Editionen u. a.: *Heinz Altschul: »As I Record these Memories ...«. Erinnerungen eines deutschen Kaufmanns in Kobe (1926–29, 1934–36)* (Mithg. 2014); Mithg. der *Sämtlichen Gedichte* Hilde Domins und von Werken Felix Hartlaubs.

Hadwig Kraeutler, Dr., Studien an der Akademie der bildenden Künste und an der Universität in Wien sowie Museologie mit Schwerpunkt Museumskommunikation an der Universität in Leicester, GB; bis 2012 Mitarbeiterin der Österreichischen Galerie Belvedere (Wien), verantwortlich für Aufbau und Leitung der Abteilung Kunstvermittlung und Besucherservice (1992–2000), ab 2002 Beauftragte für museologische und konzeptionelle Fragen und Projekte; Forschungsschwerpunkte: Museologie, Kunst und Kunstvermittlung; ausgewählte Publikation: *Otto Neurath – Museum and Exhibition Work: Spaces for Communication* (2008).

Claus-Dieter Krohn, Prof. für Neuere Geschichte. Studium der Geschichte, Politikwissenschaften und Germanistik in Hamburg, Zürich und Berlin. Promotion 1973 in Hamburg, anschließend wissenschaftlicher Assistent an der Freien Universität Berlin, Habilitation 1979; lehrte bis 2007 Kultur- und Sozialgeschichte an der Leuphana Universität Lüneburg. Zahlreiche Arbeiten zur Wirtschafts-, Sozial- und Theoriegeschichte des 19. und 20. Jahrhunderts und zur Exilforschung; Mitherausgeber des *Jahrbuchs Exilforschung* seit 1986, des *Handbuchs der deutschsprachigen Emigration 1933–1945* (1998) und des *Biographischen Handbuchs der deutschsprachigen wirtschaftswissenschaftlichen Emigration nach 1933* (1999).

Kathrin Massar, Dr., Studium der Germanistik, Musikwissenschaft und Musikpädagogik in Frankfurt a. M. und Berlin; Promotion 2010; seit 2013 wissenschaftliche Mitarbeiterin am Deutschen Exilarchiv 1933–1945 der Deutschen Nationalbibliothek in Frankfurt a. M., u. a. im Projekt *Künste im Exil*. Arbeitsschwerpunkte und Publikationen zum Thema Musik und Politik im Nationalsozialismus.

Martin Münzel, Dr., Studium der Geschichtswissenschaft und Sozialwissenschaften in Kassel und Bielefeld, Promotion 2004; seit 2008 verantwortlicher Redakteur der Fachzeitschrift *Archiv und Wirtschaft*;

Forschungsprojekt zur Emigration deutscher Unternehmer nach New York City nach 1933; seit 2014 wissenschaftlicher Mitarbeiter der Unabhängigen Historikerkommission zur Geschichte des Reichsarbeitsministeriums 1933–1945 an der Humboldt-Universität zu Berlin; ausgewählte Publikation: *Die jüdischen Mitglieder der deutschen Wirtschaftselite 1927–1955. Verdrängung – Emigration – Rückkehr* (2006).

Sonja Niederacher, Dr., Historikerin; seit 2008 vom Bundeskanzleramt bestellte unabhängige Provenienzforscherin in der Leopold Museum-Privatstiftung in Wien; Forschungsschwerpunkte: Vermögensentziehungen während des Nationalsozialismus und Restitutionspraktiken nach 1945; Publikationen zu Exil und Exilforschung, jüdische Unternehmensgeschichte und kunsthistorischen Themen, u. a.: *Eigentum und Geschlecht. Jüdische Unternehmerfamilien in Wien (1900–1960)* (2012).

Thomas Pekar, Dr., Studium in Freiburg und München, Habilitation mit einer Untersuchung über die europäische Japan-Rezeption; seit 2001 Professor für deutsche Literatur- und Kulturwissenschaft an der Gakushuin Universität in Tokyo; Forschungsschwerpunkte: Exil- und Kulturkontaktforschung, Literatur der Klassischen Moderne; ausgewählte Publikationen: *Flucht und Rettung. Exil im japanischen Herrschaftsbereich (1933–1945)* (Hg. 2011); *Heinz Altschul: »As I Record these Memories...«. Erinnerungen eines deutschen Kaufmanns in Kobe (1926–29, 1934–36)* (Mithg. 2014).

Georg Pichler, Dr., Studium der Germanistik und Hispanistik an der Universität Graz, Promotion über den Spanischen Bürgerkrieg in der deutschsprachigen Literatur; seit 2000 Profesor titular für Deutsche Sprache und Literatur an der Universidad de Alcalá. Forschungsschwerpunkte: Deutschsprachige und spanische Literatur, deutsches, österreichisches und spanisches Exil der 1930er und 1940er Jahre, kulturelle Beziehungen zwischen den deutschsprachigen und spanischsprachigen Ländern. Publikation zuletzt: *Gegenwart der Vergangenheit. Die Kontroverse um Bürgerkrieg und Diktatur in Spanien* (2013).

Peter Pirker, Dr., Studium der Geschichte, Politikwissenschaft, Sozial- und Kulturanthropologie an der Universität Wien; Postdoc-Researcher und Lehrbeauftragter am Institut für Staatswissenschaft der Universität Wien; Co-Leiter des WWTF-Projektes »Politics of remembrance and the transition of public spaces. A political and social analysis of Vienna,

1995–2015«; ausgewählte Publikation: *Subversion deutscher Herrschaft. Der britische Kriegsgeheimdienst SOE und Österreich* (2012) (www.peterpirker.at).

Patrick Rössler, Dr., Studium der Publizistik, Rechts- und Politikwissenschaft an der Universität Mainz; seit 2004 Lehrstuhl für Kommunikationswissenschaft mit dem Schwerpunkt Empirische Kommunikationsforschung/Methoden an der Universität Erfurt; Forschungsschwerpunkte: Medienwirkungen, politische Kommunikation und Online-Medien, Geschichte insbesondere visueller Kommunikationsmedien, Bauhaus. Ausgewählte Publikationen: *Das Bauhaus am Kiosk. die neue linie 1929–1943* (2007); *Herbert Bayer: Die Berliner Jahre – Werbegrafik 1928–1938* (2013); *The Bauhaus and Public Relations* (2014).

Helga Schreckenberger, Dr., Studium der Germanistik an der Universität von Kansas, seit 1986 am Department of German and Russian der Universität von Vermont, seit 2009 dort Professor for German and Chair of Department; Forschungsschwerpunkte: Exilliteratur und österreichische Literatur des 20. Jahrhunderts (u. a. Gerhard Roth, Marlene Streeruwitz, Vladimir Vertlib, Adrienne Thomas), ausgewählte Publikationen: *Ästhetiken des Exils* (Hg. 2003); Die *Alchemie des Exils* (Hg. 2005); *Erste Briefe/First Letters aus dem Exil 1945–1950)* (Mithg. 2011).

Ursula Seeber, Dr., Studium der Germanistik, Klassischen Philologie und Vergleichenden Literaturwissenschaft in Innsbruck und Wien; seit 1984 Mitarbeiterin der Dokumentationsstelle für neuere österreichische Literatur, seit 1993 Leiterin der Österreichischen Exilbibliothek im Literaturhaus in Wien. Ausstellungen, Publikationen, Vermittlungsprogramme zur österreichischen Literatur und zum Exil; ausgewählte Publikationen: *Asyl wider Willen. Exil in Österreich 1933–1938* (Hg. 2003); *Anna Mahler. Ich bin in mir selbst zu Hause* (Mithg. 2004); *Edmund Wolf. Ich spreche hier nicht von mir* (Mithg. 2010); *Kurt Klagsbrunn. Fotograf im Land der Zukunft* (Mithg. 2013).

Sonja Wegner, Dr., Studium der Geschichte und Germanistik an der Universität Essen; freie Historikerin und Publizistin; Forschungsschwerpunkt: Exil in Uruguay; ausgewählte Publikation: *Zuflucht in einem fremden Land. Exil in Uruguay 1933–1945* (2013).

Veronika Zwerger, Mag., Studium der Kultur- und Sozialanthropologie und Geschichte an der Universität Wien; seit 2001 Mitarbeiterin der Österreichischen Exilbibliothek im Literaturhaus in Wien, Arbeitsschwerpunkte Nachlässe, Ausstellungen, Vermittlungsprogramme. Ausgewählte Publikation: »*Zufall heißt uns Zuhause*«. *20 Jahre Österreichische Exilbibliothek* (Mithg. 2014).

Exilforschung. Ein internationales Jahrbuch
Herausgegeben von Claus-Dieter Krohn und Lutz Winckler

Band 1/1983
Stalin und die Intellektuellen und andere Themen
391 Seiten

»... der erste Band gibt in der Tat mehr als nur eine Ahnung davon, was eine so interdisziplinär wie breit angelegte Exilforschung sein könnte.«
Neue Politische Literatur

Band 2/1984
Erinnerungen ans Exil
Kritische Lektüre der Autobiographien nach 1933 und andere Themen
415 Seiten

»Band 2 vermag mühelos das Niveau des ersten Bandes zu halten, in manchen Studien wird geradezu außergewöhnlicher Rang erreicht ...«
Wissenschaftlicher Literaturanzeiger

Band 3/1985
Gedanken an Deutschland im Exil und andere Themen
400 Seiten

»Die Beiträge beschäftigen sich nicht nur mit Exilliteratur, sondern auch mit den Lebensbedingungen der Exilierten. Sie untersuchen Möglichkeiten und Grenzen der Mediennutzung, erläutern die Probleme der Verlagsarbeit und verfolgen ›Lebensläufe im Exil‹.«
Neue Zürcher Zeitung

Band 4/1986
Das jüdische Exil und andere Themen
310 Seiten

Hannah Arendt, Bruno Frei, Nelly Sachs, Armin T. Wegner, Paul Tillich, Hans Henny Jahnn und Sergej Tschachotin sind Beiträge dieses Bandes gewidmet. Ernst Loewy schreibt über den Widerspruch, als Jude, Israeli, Deutscher zu leben.

Band 5/1987
Fluchtpunkte des Exils und andere Themen
260 Seiten

Das Thema »Akkulturation und soziale Erfahrungen im Exil« stellt neben der individuellen Exilerfahrung die Integration verschiedener Berufsgruppen in den Aufnahmeländern in den Mittelpunkt. Bisher wenig bekannte Flüchtlingszentren in Lateinamerika und Ostasien kommen ins Blickfeld.

Band 6/1988
Vertreibung der Wissenschaften und andere Themen
243 Seiten

Der Blick wird auf einen Bereich gelenkt, der von der Exilforschung bis dahin kaum wahrgenommen wurde. Das gilt sowohl für den Transfer denkgeschichtlicher und theoretischer Traditionen und die Wirkung der vertriebenen Gelehrten auf die Wissenschaftsentwicklung in den Zufluchtsländern wie auch für die Frage nach dem »Emigrationsverlust«, den die Wissenschaftsemigration für die Forschung im NS-Staat bedeutete.

Band 7/1989
Publizistik im Exil und andere Themen
249 Seiten

Der Band stellt neben der Berufsgeschichte emigrierter Journalisten in den USA exemplarisch Persönlichkeiten und Periodika des Exils vor, vermittelt an deren Beispiel Einblick in politische und literarische Debatten, aber auch in die Alltagswirklichkeit der Exilierten.

Band 8/1990
Politische Aspekte des Exils
243 Seiten

Der Band wirft Schlaglichter auf ein umfassendes Thema, beschreibt Handlungsspielräume in verschiedenen Ländern, stellt Einzelschicksale vor. Der Akzent auf dem kommunistischen Exil, dem Spannungsverhältnis zwischen antifaschistischem Widerstand und politischem Dogmatismus, verleiht ihm angesichts der politischen Umwälzungen seit 1989 Aktualität.

Band 9/1991
Exil und Remigration
263 Seiten

Der Band lenkt den Blick auf die deutsche Nachkriegsgeschichte, untersucht, wie mit rückkehrwilligen Vertriebenen aus dem Nazi-Staat in diesem Land nach 1945 umgegangen wurde.

Band 10/1992
Künste im Exil
212 Seiten. Zahlreiche Abbildungen

Beiträge zur bildenden Kunst und Musik, zu Architektur und Film im Exil stehen im Mittelpunkt dieses Jahrbuchs. Fragen der kunst- und musikhistorischen Entwicklung werden diskutiert, die verschiedenen Wege der ästhetischen Auseinandersetzung mit dem Faschismus dargestellt, Lebens- und Arbeitsbedingungen der Künstler beschrieben.

Band 11/1993
Frauen und Exil
Zwischen Anpassung und Selbstbehauptung
283 Seiten

Der Band trägt zur Erforschung der Bedingungen und künstlerischen wie biografischen Auswirkungen des Exils von Frauen bei. Literaturwissenschaftliche und biografische Auseinandersetzungen mit Lebensläufen und Texten ergänzen feministische Fragestellungen nach spezifisch »weiblichen Überlebensstrategien« im Exil.

Band 12/1994
Aspekte der künstlerischen Inneren Emigration 1933 bis 1945
236 Seiten

Der Band will eine abgebrochene Diskussion über einen kontroversen Gegenstandsbereich fortsetzen: Zur Diskussion stehen Literatur und Künste in der Inneren Emigration zwischen 1933 und 1945, Möglichkeiten und Grenzen einer innerdeutschen politischen und künstlerischen Opposition.

Band 13/1995
Kulturtransfer im Exil
276 Seiten

Das Jahrbuch 1995 macht auf Zusammenhänge des Kulturtransfers aufmerksam. Die Beiträge zeigen unter anderem, in welchem Ausmaß die aus Deutschland vertriebenen Emigranten das Bewusstsein der Nachkriegsgeneration der sechziger Jahre – in Deutschland wie in den Exilländern – prägten, welche Themen und welche Erwartungen die Exilforschung seit jener Zeit begleitet haben.

Band 14/1996
Rückblick und Perspektiven
231 Seiten

Methoden und Ziele wie auch Mythen der Exilforschung werden kritisch untersucht; der Band zielt damit auf eine problem- wie themenorientierte Erneuerung der Exilforschung. Im Zusammenhang mit der Kritik traditioneller Epochendiskurse stehen Rückblicke auf die Erträge der Forschung unter anderem in den USA, der DDR und in den skandinavischen Ländern. Zugleich werden Ausblicke auf neue Ansätze, etwa in der Frauenforschung und Literaturwissenschaft, gegeben.

Band 15/1997
Exil und Widerstand
282 Seiten

Der Widerstand gegen das nationalsozialistische Herrschaftssystem aus dem Exil heraus steht im Mittelpunkt dieses Jahrbuchs. Neben einer Problematisierung des Widerstandsbegriffs beleuchten die Beiträge typische Schicksale namhafter politischer Emigranten und untersuchen verschiedene Formen und Phasen des politischen Widerstands: z. B. bei der Braunbuch-Kampagne zum Reichstagsbrand, in der französischen Résistance, in der Zusammenarbeit mit britischen und amerikanischen Geheimdiensten sowie bei den Planungen der Exil-KPD für ein Nachkriegsdeutschland.

Band 16/1998
Exil und Avantgarden
275 Seiten

Der Band diskutiert und revidiert die Ergebnisse einer mehr als zwanzigjährigen Debatte um Bestand, Entwicklung oder Transformation der historischen Avantgarden unter den Bedingungen von Exil und Akkulturation; die Beiträge verlieren dabei den gegenwärtigen Umgang mit dem Thema Avantgarde nicht aus dem Blick.

Band 17/1999
Sprache – Identität – Kultur
Frauen im Exil
268 Seiten

Die Untersuchungen dieses Bandes fragen nach der spezifischen Konstruktion weiblicher Identität unter den Bedingungen des Exils. Welche Brüche verursacht die – erzwungene oder freiwillige – Exilerfahrung in der individuellen Sozialisation? Und welche Chancen ergeben sich möglicherweise daraus für die Entwicklung neuer, modifizierter oder alternativer Identitätskonzepte? Die Beiträge bieten unter heterogenen Forschungsansätzen literatur- und kunstwissenschaftliche, zeithistorische und autobiografische Analysen.

Band 18/2000
Exile im 20. Jahrhundert
280 Seiten

Ohne Übertreibung kann man das 20. Jahrhundert als das der Flüchtlinge bezeichnen. Erzwungene Migrationen, Fluchtbewegungen und Asylsuchende hat es zwar immer gegeben, erst im 20. Jahrhundert jedoch begannen Massenvertreibungen in einem bis dahin unbekannten Ausmaß. Die Beiträge des Bandes behandeln unterschiedliche Formen von Vertreibung, vom Exil aus dem zaristischen Russland bis hin zur Flucht chinesischer Dissidenten in der jüngsten Zeit. Das Jahrbuch will damit auf Unbekanntes aufmerksam machen und zu einer Erweiterung des Blicks in vergleichender Perspektive anregen.

Band 19/2001
Jüdische Emigration
Zwischen Assimilation und Verfolgung, Akkulturation und jüdischer Identität
294 Seiten

Das Thema der jüdischen Emigration während des »Dritten Reichs« und Probleme jüdischer Identität und Akkulturation in verschiedenen europäischen und außereuropäischen Ländern bilden den Schwerpunkt dieses Jahrbuchs. Die Beiträge befassen sich unter anderem mit der Verbreitungspolitik der Nationalsozialisten, richten die Aufmerksamkeit auf die Sicht der Betroffenen und thematisieren Defizite und Perspektiven der Wirkungsgeschichte jüdischer Emigration.

Band 20/2002
Metropolen des Exils
310 Seiten

Ausländische Metropolen wie Prag, Paris, Los Angeles, Buenos Aires oder Shanghai stellten eine urbane Fremde dar, in der die Emigrantinnen und Emigranten widersprüchlichen Erfahrungen ausgesetzt waren: Teilweise gelang ihnen der Anschluss an die großstädtische Kultur, teilweise fanden sie sich aber auch in der für sie ungewohnten Rolle einer Randgruppe wieder. Der daraus entstehende Widerspruch zwischen Integration, Marginalisierung und Exklusion wird anhand topografischer und mentalitätsgeschichtlicher Untersuchungen der Metropolenemigration, vor allem aber am Schicksal der großstädtischen politischen und kulturellen Avantgarden und ihrer Fähigkeit, sich in den neuen Metropolen zu reorganisieren, analysiert. Ein spezielles Kapitel ist dem Imaginären der Metropolen, seiner Rekonstruktion und Repräsentation in Literatur und Fotografie gewidmet.

Band 21/2003
Film und Fotografie
296 Seiten

Als »neue« Medien verbinden Film und Fotografie stärker als die traditionellen Künste Dokumentation und Fiktion, Amateurismus und Professionalität, künstlerische, technische und kommerzielle Produktionsweisen. Der Band geht den Produktions- und Rezeptionsbedingungen von Film und Fotografie im Exil nach, erforscht anhand von Länderstudien und Einzelschicksalen Akkulturations- und Integrationsmöglichkeiten und thematisiert den Umgang mit Exil und Widerstand im Nachkriegsfilm.

Band 22/2004
Bücher, Verlage, Medien
292 Seiten

Die Beiträge des Bandes fokussieren die medialen Voraussetzungen für die Entstehung einer nach Umfang und Rang weltgeschichtlich singulären Exilliteratur. Dabei geht es um das Symbol Buch ebenso wie um die politische Funktion von Zeitschriften, aber auch um die praktischen Arbeitsbedingungen von Verlagen, Buchhandlungen etc. unter den Bedingungen des Exils.

Band 23/2005
Autobiografie und wissenschaftliche Biografik
263 Seiten

Neben Autobiografien als Zeugnis und Dokument sind Erinnerung und Gedächtnis in den Vordergrund des Erkenntnisinteresses der Exilforschung gerückt. Die »narrative Identität« (Paul Ricœur) ist auf Kommunikation verwiesen, sie ist unabgeschlossen, offen für Grenzüberschreitungen und interkulturelle Erfahrungen; sie artikuliert sich in der Sprache, in den Bildern, aber auch über Orte und Dinge des Alltags. Vor diesem Hintergrund stellt der Band autobiografische Texte, wissenschaftliche Biografien und Darstellungen zur Biografik des Exils vor und diskutiert Formen und Funktionen ästhetischen, historischen, fiktionalen und wissenschaftlichen Erzählens.

Band 24/2006
Kindheit und Jugend im Exil
Ein Generationenthema
284 Seiten

Das als Kind erfahrene Unrecht ist vielfach einer der Beweggründe, im späteren Lebensalter Zeugnis abzulegen und oft mit Genugtuung auf ein erfolgreiches Leben trotz aller Hindernisse und Widrigkeiten zurückzublicken. Kindheit unter den Bedingungen von Verfolgung und Exil muss also einerseits als komplexes, tief gehendes und lang anhaltendes Geschehen mit oftmals traumatischen Wirkungen über mehrere Generationen gesehen werden, andererseits können produktive, kreative Lebensentwürfe nach der Katastrophe zu der nachträglichen Bewertung des Exils als Bereicherung geführt haben. Diesen Tatsachen wird in diesem Band konzeptionell und inhaltlich anhand neu erschlossener Quellen nachgegangen.

Band 25/2007
Übersetzung als transkultureller Prozess
305 Seiten

Übersetzen ist stets ein Akt des Dialogs zwischen dem Selbst und dem Anderen, zwischen kulturell Eigenem und Fremdem. Übersetzen bedeutet insofern auch deutende Vermittlung kultureller Verschiedenheit im Sinne einer »Äquivalenz des Nicht-Identischen« (P. Ricœur). Ein kulturtheoretisch fundierter Übersetzungsbegriff ist daher geeignet, die traditionelle Exilliteratur aus den Engpässen von muttersprachlicher Fixierung und der Fortschreibung von Nationalliteraturen herauszuführen. Er regt dazu an, das Übersetzen als Alternative zu den Risiken von Dekulturation bzw. Akkulturation aufzufassen und nach Formen der Lokalisierung neuer Identitäten zu suchen, welche in der Extraterritorialität der Sprache und in der Entstehung einer interkulturellen »Literatur des Exils« ihren Ausdruck finden.

Der Band präsentiert Überlegungen und Analysen zu Übersetzern und Übersetzungen von bzw. durch Exilautorinnen und -autoren (u. a. Hermann Broch, Heinrich Mann, Hans Sahl, Anna Seghers). Er enthält Studien zu Sprachwechsel und Mehrsprachigkeit sowie Beispiele eines Schreibens »zwischen« den Sprachen (Walter Abish, Wladimir Nabokov, Peter Weiss), die eine geografische und zeitliche Entgrenzung der »Exilliteratur« nahelegen.

Ein Register aller Beiträge der Bände 1 bis 25 des Jahrbuchs rundet den Band ab und gibt einen Überblick über den Stand der Exilforschung.

Band 26/2008
Kulturelle Räume und ästhetische Universalität
Musik und Musiker im Exil
263 Seiten

Das Themenspektrum des Bandes reicht von allgemeinen Überlegungen zum Doppelcharakter von Musik als »Werk und Zeugnis« über Musik in Exilzeitschriften, die Migration von Musiker/Komponisten-Archiven, die Frage nach »brain drain« und »brain gain« in der Musikwissenschaft bis zum Beitrag von Musikern in der Filmindustrie und einer Fallstudie zum Exil in Südamerika.

Band 27/2009
Exil, Entwurzelung, Hybridität
254 Seiten

Vor dem Hintergrund des Begriffs Hybridität, einem der Schlüsselbegriffe in den Kulturwissenschaften, versammelt der vorliegende Band Beiträge, die dazu anregen sollen, Vertreibungen und Entwurzelungen sowie die damit verbundenen Integrationsprozesse unter differenten gesellschaftspolitischen Verhältnissen, insbesondere auch im Zeichen der heutigen Massenwanderungen zu vergleichen.

Band 28/2010
Gedächtnis des Exils
Formen der Erinnerung
276 Seiten

Mit dem Zurücktreten der Zeitzeugen haben sich die Formen der Wahrnehmung des Exils verändert: Gedächtnis und Erinnerung bilden Ausgangspunkt und Rahmen der wissenschaftlichen Auseinandersetzung. Der Band stellt Institutionen des kulturellen Gedächtnisses wie Archive und Bibliotheken vor und untersucht Formen der Erinnerung und des Vergessens am Beispiel von Ausstellungen, Schulbüchern und literarischen Texten.

Band 29/2011
Bibliotheken und Sammlungen im Exil
272 Seiten

Private Bibliotheken sind Spiegelbilder von Interessen und Leidenschaften ihrer Eigentümer, sie dokumentierten einst sozialen Aufstieg und Ansehen in der bürgerlichen Kultur. Der Nationalsozialismus hat wesentliche Teile davon zerstört, eine Mitnahme dieser Überlieferung ins Exil war die Ausnahme. Bisher ließen sich immerhin überlebende Zeitzeugen ansprechen, doch solche Informationsquellen versiegen allmählich, sodass »Archive« zur künftigen Basis der Forschung werden. Während es im Bereich der Nachlassermittlung bereits umfassende Kenntnisse gibt, ist das Wissen über die verlorenen, zerstörten oder geretteten Bibliotheken derzeit noch unterentwickelt. Daher richtet der vorliegende Band den Blick auf dieses Überlieferungssegment. Dabei geht es nicht allein um die Texte, sondern auch um die Materialität, Ästhetik und haptische Bedeutung von Büchern jenseits ihrer Funktion.

Band 30/2012
Exilforschungen im historischen Prozess
358 Seiten

Die Exilforschung ist auf dem Wege der Historisierung. Eine übergreifende Bilanz steht indes noch aus. Nach drei Jahrzehnten seines Erscheinens erhellt der neue Band des Jahrbuches, wie sich die Exilforschung als eigenes Forschungsfeld entwickelt hat. Exemplarisch werden Eindrücke von den Forschungsaktivitäten in einzelnen Ländern und den transnationalen Netzwerkaktivitäten vermittelt. Auf systematische Fragestellungen und aktuelle Forschungsinteressen wird hingewiesen. Neben jüngeren Wissenschaftlerinnen und Wissenschaftlern gehören zum Kreis der Autoren einige Akteure der ersten Stunde mit ihren Deutungen aus der Doppelperspektive von beteiligtem Zeitzeugen und distanziert analysierendem Historiker.

Band 31/2013
Dinge des Exils
394 Seiten

Neben den traditionellen Bereichen der politischen Geschichte des Exils und der Erforschung von Exilliteratur sind in den letzten Jahren neue kulturwissenschaftliche Fragestellungen in den Blick der Exilforschung gerückt. Mit den »Dingen des Exils« werden in dieser Dokumentation Gegenstände fokussiert, in denen sich Erinnerungen an die verlorenen Heimaten, an das Herausgerissen- und Unterwegssein, aber auch an das Ankommen und an die Erfahrung differenter Bedeutungszuschreibungen in unterschiedlichen kulturellen Kontexten symbolisch verdichten. Zugleich zeigt das charakteristische Fremdwerden der Dinge infolge der Exilsituation die Bedeutung materieller Kultur auf, die hier interdisziplinär aus literaturwissenschaftlichen, historischen, kunst- bzw. musikwissenschaftlichen und archivwissenschaftlichen Perspektiven erkundet wird.

Band 32/2014
Sprache(n) im Exil
361 Seiten

»Aus einem Land kann man auswandern, aus der Muttersprache nicht« – mit diesen Worten behauptet Schalom Ben-Chorin, der 1935 als Fritz Rosenthal aus Deutschland nach Palästina emigrierte, den Anspruch auf kulturelle Zugehörigkeit jenseits staatlicher Machtansprüche und territorialer Grenzziehungen. Traditionelle Vorstellungen von sprachlicher Verwurzelung und einer zwingenden Verbindung von Sprache und Nation werden hier infrage gestellt. Das Exil verändert jedoch nicht nur Einstellungen zur Herkunftssprache, sondern erzwingt auch eine existenzielle Auseinandersetzung mit fremden Sprachen. Sprachpraxis und -denken Vertriebener reflektieren auf vielfältige Weise Prozesse von Sprachwechsel, (Selbst-)Übersetzung, Sprachmischung, Sprachverlust oder -bewahrung. Die Beiträge des Bandes erkunden, auf welche Weise das Exil »in fremden Sprachen« Einstellungen gegenüber einzelnen Sprachen, aber auch gegenüber Fragen von Ein- und Mehrsprachigkeit auf spezifische Weise prägt und verändert. In Bezug auf neuere linguistische Untersuchungen sowie aktuelle kulturwissenschaftliche Forschungen werden Dokumente und literarische Zeugnisse des Exils neu gelesen. Manche Textzeugnisse, die bisher nicht beachtet wurden, kommen so erstmals in den Blick. Zugleich leisten die Beiträge in ihrer Fokussierung auf die Bedeutung von Sprache(n) unter den spezifischen Bedingungen des Exils auch einen Beitrag zur Ausdifferenzierung linguistischer und kulturwissenschaftlicher Forschungen zu Sprachwechsel und Mehrsprachigkeit sowie zum vielfältig ideologisierten Konzept der Muttersprache.

Ausführliche Informationen über alle Bücher des Verlags im Internet unter:
www.etk-muenchen.de

www.ingramcontent.com/pod-product-compliance
Lightning Source LLC
Chambersburg PA
CBHW020608300426
44113CB00007B/556